中国社会科学院老年学者文库

中国社会科学院
老年学者文库

第一册

蔡锷史事日志

曾业英 编著

社会科学文献出版社
SOCIAL SCIENCES ACADEMIC PRESS (CHINA)

前　言

　　蔡锷是清末民初杰出的民主革命家、军事家、政治家。早岁入长沙时务学堂学习，深受传统文化和梁启超变革思想的影响。继而应梁启超之召赴日留学，目睹祖国危难和世界大势，决心投笔从戎，报考日本士官学校学习军事。毕业归国后先在边疆省份广西从事军事教育和新军编练，六年后转赴云南出任相当于今旅长的新军协统。随即响应武昌反清起义，领导云南新军推翻清朝地方统治，促成民国新政府的成立。由于袁世凯背叛民国，复辟帝制，四年后又机智地逃出恶网四布的帝都，冒险于海天万里以外，绕道日本，回到昆明，发动护国战争。并亲率护国第一军出征四川主战场，取得推翻“洪宪”王朝、恢复共和制度的不朽功勋。但因孑然南下之时，便已有病在身，加以艰苦的战争环境，不但觅医无从，调摄无方，而且恶衣菲食，凡事事必躬亲，无暇休息，严重损害了健康，以致医治无效，过早地逝世在了日本。蔡锷的人生虽然短暂，最终定格在34岁的盛年，但其毕生都在为国家、民族利益奋斗，并做出重要贡献，深刻影响了中国历史的走向，是个值得后人永远铭记和深入研究的历史人物。

　　本书题名为《蔡锷史事日志》，顾名思义，实是一部人物年谱长编性的纪事之作。因此，在说明本书的凡例之前，有必要将编著者的总体设想与处理要旨，先行交代一下。

　　首先要交代的是本书史料的选择问题，即仅如流行的各种个人文集般，独收蔡锷本人之作，还是更加广泛地兼收与蔡锷有关的同时代的他人之作？本书选择了后者。因为众所周知，历史人物的活动，离不开当时所处的时代环境，其主张的形成、策略的判断、决心的下定、行动的实施等，皆与其当时所处的具体环境密不可分。不把蔡锷重置于当时的“敌、我、友”各方的具体环境中，便无法呈现其历史的真实面目。唯有在此“敌、我、友”全方位环境中活动的蔡锷，才是真正的历史的蔡锷，而不是各人心目中的蔡锷。因此，本书除如一般年谱类的著述，依次按年、月、日辑录蔡锷之作外，还为全面揭示其所处的时代环境，还原历史本来内容，尽可能地辑录了以下几类对蔡锷思想、言行与实践有直接、间接影响的他人之作。

一是蔡锷各时期的师长及上司，如梁启超、广西巡抚李经羲、临时大总统孙中山及后来的袁世凯、黎元洪、国务总理段祺瑞等对蔡锷的教诲、颁令、指示，以及与蔡锷有关的其他文辞之作。二是蔡锷文武僚属，如蔡锷出任云南都督及护国第一军总司令等职后的众多部属李根源、谢汝翼、李鸿祥、李曰垓等人直接致蔡锷，以及他们彼此交往中涉及蔡锷，或蔡锷所主事务的函电、请示报告、情况通报、有关建言，等等。三是蔡锷圈内人士，如曾广轼、黄兴、谭人凤、刘显世、戴戡、唐继尧，盟友如聚集上海的国民党所谓稳健派人士陈宧等的涉蔡言论、动向。四是政敌、竞争对手对蔡锷所施举措及有关言论。五是有特定立场的社会团体、言论机关、社会人士，如作为护国军言论机关的上海《时事新报》《中华新报》与袁世凯言论机关北京、上海两地的《亚细亚日报》等报刊对蔡锷的观感、评说。六是不持特定立场的报刊及局外人士，如上海《申报》、天津《大公报》等报刊对蔡锷的观察与评判。七是外国言论机关、情报机构、有关人士，如北京英文《京报》，日本公使及驻中国上海、重庆等地的领事，以及英国驻云南等地领事对蔡锷及其相关问题的评析。本书对以上各类机构及人士有关蔡锷的言行，不论是褒还是贬，均予如实辑录，以见蔡锷当时的境遇。即使有的请示或报告，或迄未发现蔡锷的答复，或某种原因本就无蔡锷的答复，也予辑录，以见蔡锷面临过的事项。

其次是本书的结构问题。虽然总体说来，与一般年谱性著作无异，也依年、月、日编次。但是，大同之外也有不同之处，主要是没有绝对采用依年、月、日编次的方式，而对以下三方面的问题，采用了专题性的时、空相结合的集中反映方式。一是为方便读者快捷了解某个局部事件的始末与全貌，将不同时间、不同人士对该事件的前因后果、处理意见及影响等情况的说明，集中于事件发生的首日，或蔡锷表达意见之日。如1912年2月11日晚，云南永昌府突发兵变，李根源、赵藩、蔡锷、张文光等人直至3月31日，还在谈论与处理此事，就未将各人所见所说分载于各日，而按此法集中载之于2月11日之后。二是为方便读者准确理解蔡锷及与蔡锷有关的其他人士所采主张、决策、办法的来龙去脉及其效果，凡存在各方来回表达意见之事，也未按各方发表意见之日分置各处，而是一律以蔡锷或与蔡锷有关的其他人士发表意见之日为中心，依来往之序顺时编次。如辛亥云南起义后，蔡锷"援蜀""援黔"期间，与谢汝翼、李鸿祥等人来往商讨军情的函电，即是如此编次的。三是凡同一人不同时间对同一事件所发言论、主张，也按此方式处置，而不依不同时间分载各处。

再次是回忆性文章的取舍问题。蔡锷逝世后，涌现了大量记其事功的回忆性文章。但是，由于回忆者的立场、目的、涉事深浅、认知能力，以及回忆之时的时代主流价值观不尽相同，所撰回忆的准确性与价值自然也有别。有道听途说的；有夸大其词、无视事实而想当然的；有醉翁之意不在酒，借忆蔡锷来吹嘘他人或自我标榜，以带风向的；也有并非自我经历，仅为彼此援引转抄的。总之，回忆性文章中的蔡锷，往往不是历史的蔡锷，而是现实的蔡锷；不是本体的蔡锷，而是各人心目中的蔡锷；有的甚至连蔡锷都不是，而是回忆者的自我展现。因此，对于这些回忆性文章便不能有闻必录，而须对其进行力所能及的甄别和筛选。

本书所辑各方对蔡锷事迹的回忆相对有限，所辑者主要由以下两个条件综合而定：一是不止于回忆者的亲闻、亲见，还必须是亲历，并以在时间上最接近事件发生之时的回忆为准；二是须有其他亲历者的回忆，或事发当时的文辞之作可资佐证的。对于那些听之于人而"死无对证"的所谓回忆概不辑录。有的回忆虽自说是亲历，如称与蔡锷有"五年"之交，"中经数回之事变，无一次未与余谋者"的袁家普的回忆，虽也有真实的内容，但更多的是自我表彰，至于所说下面这事就更是信口讲故事了。他说："癸丑之役，公（按：指蔡锷）以余为京、沪间军事侦察员，密电往来，日以数起。克强先生据南京时，公即联桂、黔、蜀实力援助，公之意盖欲假名戡乱，由滇出兵，经湖南出武昌，屯师武汉，再行迫令袁世凯退位。"[①]

所述蔡锷让他"侦察"京、沪军事情况，联络桂、黔、蜀，以及派兵出湖南等事实是存在的，但说蔡锷的目的在"迫令袁世凯退位"，就是讲"故事"，而绝非事实了。本书所辑众多蔡锷函电，皆可证明蔡锷此时还是信任袁世凯的，虽有出兵湖南之举，仅为调停双方早息战祸而已，丝毫没

---

① 袁家普：《蔡公遗事》，《长沙日报》1916 年 11 月 11 日。又见曾业英编《蔡锷集》（二），湖南人民出版社，2008，第 1532 页。

有"迫令袁世凯退位"之意。

又如对 1915 年 12 月蔡锷抵滇的经历，雷飙 1947 年的回忆说："其时唐继尧尚有电请示袁氏，将如何办理。回电虽不得知，定是凶多吉少。而云南上中各军官来接者甚多，闻唐复饬阿迷州知事张一琨，设计谋刺，亦不敢耳。次日乃安抵滇垣。当时车站欢迎，皆系旧时军人知友而已（以上奔滇情节，均系蔡公口述）。"① 20 世纪 60 年代再撰时，文字上稍有修改，说："其时唐继尧曾为蔡公来滇事有电请示袁世凯如何办理，回电虽不得知，料是凶多吉少。闻唐曾密饬阿迷州知事张一琨设计谋刺，只以云南上中级军官来接者甚多，故未敢下手。次日乃安抵滇垣（以上赴滇情节均系蔡公口述）。"② 前后两次回忆都提到三个情况：一是唐继尧主动电询袁世凯如何处理蔡锷赴滇问题；二是不管是"复饬"还是"密饬"，都说明唐继尧有饬令"阿迷州知事张一琨设计谋刺"蔡锷之意，只因云南"上中级军官来接"蔡锷者"甚多"，才"未敢下手"；三是因为雷飙清楚自己当时在四川陈宦军中，蔡锷"赴滇情节"，非其亲见亲历，于是特地说明是蔡锷"口述"告诉他的，以示所说真实可靠。其实，本书所辑已清楚表明雷飙所说不实。唐继尧当时并无向袁请示如何处置意在赴滇的蔡锷之举，"饬令"阿迷州知事张一琨［鹍］"谋刺"蔡锷的，更不是唐继尧而是袁世凯。雷飙如此编故事，缘于他对护国战争后期唐继尧等云南军人抢占四川地盘的不满。

再如，贵州张彭年回忆说："1914 年春，蔡锷自北京给戴戡、刘显世来信，内称：'锷此次离滇来京，一是解贵州之危，再则因北洋军队只知有宫保，不知有国家。夫以国人之命运寄托在一人的身上，假使一旦无宫保，又将如何？弟意欲对此有所矫正，不料到京后见袁私心自用，喜谀恶直，歌颂之声盈耳，净劝之言绝闻。袁氏本无修养，此后行动，已无利国福民的希望。最近非法解散国、省两会，民国基础已濒危境。以目前的情势看，不久将有变动，切盼兄等积极准备，整军经武，必要时替国家保存一线国脉，至盼至祷'。戴遂约集刘显世、张协陆、熊范舆、张彭年等到家密商，以袁既非法解散国会，一人独揽大权，民国名存实亡。此后再进一步，不

---

① 《蔡松坡先生事略》（二续），《国防月刊》第 4 卷第 4 期，1947 年 12 月。
② 中国人民政治协商会议全国委员会文史资料研究委员会编《辛亥革命回忆录》第三集，文史资料出版社，1981，第 415 页。

知溃至若何景象，万一大局有变，应如蔡锷所说，当不计成败，誓守正义。即编其一本密电码寄蔡，专作大局有变，蔡（锷）、戴（戡）与黔通讯之用。黔应复蔡的函电，统由戴到京面达。"然而，细察蔡锷迄至 1915 年 5 月中日"二十一条"交涉时，还说如袁世凯真能"交涉完"，"咬定牙根，思一雪此耻"，他当"誓以血诚报之"，显然不可能在"1914 年春"，便在致戴戡、刘显世的信中说出"切盼兄等积极准备，整军经武，必要时替国家保存一线国脉，至盼至祷"这样的话。

还如，有人在四五十年后的回忆录中说辛亥前夕云南新军十九镇的人事调动，是蔡锷"向李经羲建议"的，[①] 此人当时只是"第三十七协第七十四标第三营右队"的一个"司务长"，"二十几天以后，升任本队第二排排长"，怎能知道如此机密的情况，无非道听途说而已。这也是相关回忆虽多，本书辑录有限的主要原因。

最后是对以往蔡锷研究的检讨问题。由于蔡锷是反袁称帝的英雄、元勋和胜利者，又因积劳成疾过早地逝世了，因此，景仰与尊崇者在研究和传颂蔡锷的事迹与伟业时，无不希望在各类历史进步事件中多发掘一些事迹，以彰显其完满、亮丽而崇高的形象。如有说蔡锷以"击椎生"名义在《清议报》或《新民丛报》发表过文章的，有据此视《云南》杂志等期刊上 10 多万字诗文为蔡锷逸文的，有说他回国参加过唐才常自立军起义的，有说他是拒俄运动中"最热心者"的，有说他是同盟会会员的，有说他支持孙中山"二次革命"的，还有说小凤仙助他逃出袁世凯魔掌的，等等。也有人从人物的立体性、历史的真实性出发，说蔡锷不但未参加同盟会，反倒是进步党员，还反对过孙中山"二次革命"；也有人说他因"不洁"之病而去世的；等等。可见，稍加检视以往的蔡锷研究，无论是对某些事实的研判，还是观点的阐释，均不难发现包括本人的研究在内，都有值得重新检讨乃至纠正之处。本书从事实出发，对这些问题皆力所能及地提出个人的判断，以供后人做进一步研判的参考。

如对某些诗文、函电是不是蔡锷的，提出"劫火仙"是蔡锷的笔名，但"击椎生"不是，以其名义发表的所有诗文均不是蔡锷的，而是其时正身居日本东京的梁启超追随者唐璆所作的。并提出 1911 年 11 月 30 日以

---

① 《辛亥革命回忆录》第二集，第 366 页。

"军都督府"名义发的"致黄安和电"，以及 1912 年 2 月 8 日发表的《劝禁结盟拜会公告》也不是蔡锷的。黄安和是张文光为保护蛮允、干崖等处的商道，于 1911 年 11 月 11 日任命的保商营管带。① 以"军都督府"名义发给黄的这通电报，内容也是要他"派兵严拿"隐匿盐款的"刘锦华"，"锁解来辕"。所谓"军都督府"，实为腾越的张文光"军都督府"，而不是远在昆明的蔡锷"军都督府"。《劝禁结盟拜会公告》则是李根源的，《西事汇略》卷六第 49～50 页有明确记载。因此，本书也就没有辑录这 10 多万字的所谓蔡锷诗文，同时也不再辑录本人此前编辑《蔡松坡集》《蔡锷集》时，也以讹传讹收录过的由蒋方震的《军事常识》改纂而成的所谓蔡锷的《军事计画》。

对于蔡锷是否回国参加过唐才常自立军起义等问题，本书也通过辑录原始文献，进行力所能及的辨析，提出了个人的认知。如通过辨析自立军起义时，黄忠浩恰恰就在武汉，并不在湖南长沙，指出梁启超所说蔡锷奉唐才常之派送信去湖南谋响应，被黄忠浩强留在长沙，因而得以幸免于难，其实并不是事实，说明蔡锷并未回国参加自立军起义。对于蔡锷是否参加过拒俄运动也值得进一步研究，即使参加过也不是该运动的"最热心者"。又以所辑蔡锷及其他各方函电等原始文档，证明蔡锷不但是进步党党员，还出任过湖南进步党支部长，也不存在支持孙中山"二次革命"的事实。还通过蔡锷找过什么医生看病、其治病过程，以及两种不同的诊断与治疗方向和效果的考察，证明蔡锷实际是因肺癌而逝世的，所谓因"不洁"之病而去世说，的确是"与事实完全不符"的"诬蔑"之词，等等。

此外，还对某些常为研究者引用的史料的可靠性，力所能及地进行了一定的辨析。如刘成禺回忆，说蔡锷曾与邹容围炉立谈月余，集成邹容《革命军》这部著作，其实这只是个孤证，相反，倒是章士钊的质疑反而更可信。又如哈汉章回忆蔡锷离京的过程，虽然没有第二人的呼应，但其所述细节是有据可证的，因而也是可信的，等等。

本书今天得以顺利出版，让我倍感高兴。首先是 40 余年的学术追求，无论好与不好，总算有了一个结果，对得住自己的坚持了。其次是对于众

---

① 中国人民政治协商会议云南省委员会文史资料研究委员会编《云南文史资料选辑》第 17 辑，云南人民出版社，1982，第 45 页。

多长期无私帮助与支持我耕耘这一选题的学术先进与朋友们，好歹也有个交代，让我终于有机会以书面的形式，对在以下四个方面帮助与支持过我的朋友们，聊表寸心了。

一、在资料搜集方面，要衷心感谢湖南邵阳市大祥区蔡锷故居管理局的刘沛先生及其领导与同事，内蒙古师范大学历史文化学院的张建军教授，中国社会科学院近代史研究所的高士华研究员、周斌副研究员，以及历史理论研究所的放凯博士，复旦大学历史学系的马建标教授，云南省博物馆的宋诚先生，云南省图书馆地方文献部主任杨梅，云南民族大学人文学院的段金生教授，贵州社会科学院历史研究所的田牛研究员，广西师范大学历史文化与旅游学院的唐凌教授。

二、在日文资料的翻译，以及手稿文字的辨识方面，要衷心感谢中国社会科学院近代史研究所的薛轶群博士、武汉大学历史学院李少军教授、湖南师范大学历史文化学院姚江鸿博士，以及中国社会科学院近代史研究所马忠文研究员、湖南师范大学历史文化学院吴仰湘教授。

三、在经费支持方面，坦白说我申请过国家社会科学基金的后期资助，不知是选题不合时宜，没有研究价值，还是本人能力有限，所呈申请水平不达标，或者兼而有之吧，而被评审专家否决了。虽然敝帚自珍，仍冀其有面世之日，但200多万字的篇幅，自费出版，又心有余而力不足，对本书的前景，一度有所失望，以为再无面世之机了。正束手无策之际，幸得本所金以林副所长和兼《抗日战争研究》主编的杜继东处长，以及中国社会科学院老干局的关心，本选题经过专家评审，通过了我院的学术出版资助，得以"起死回生"，因而要特别感谢本所与中国社会科学院老干局的关心与支持。

四、在出版方面，令我难以忘怀的是社会科学文献出版社的杨群、徐思彦、宋荣欣等先生与女士，在我失望迷惘之际，给了我极大的鼓励与支持，让我得以一如既往地坚持至今。自然也要向杨群、徐思彦、宋荣欣三位，还有责任编辑陈肖寒、白纪洋先生，以及社会科学文献出版社表示衷心的感谢。

本书虽由我个人署名，实乃融入了众多学术先进和朋友们的关怀和心智，可以说是集体主义精神的结晶。由此也让我深感，个人权利与利益固然重要，需要维护，但是为人处世，集体主义精神也是不可或缺的。因此，最后请允许我大声表达我的心声：集体主义精神万岁！

本书的具体凡例如下。

一、所采各类文献，一律原文照录，不采用由编著者以现代语言转述的做法。因为：第一，文献内容，往往涉及多人多事，由编著者以现代语言转述，难免内容缺失之憾；第二，现代人在现代价值观的影响下，难免或多或少形成具有现代性特征的立场与喜好，由编著者以现代语言转述，易生内容失真之弊。至于寿元绵长者，可否同采此法，则另当别论。

二、蔡锷的专著如《国际公法志》，译著如《东西洋教育史》《支那现势论》，长篇专论如《军国民篇》等，限于篇幅只做简单内容介绍，不录存全文。而包括本人在内，以往编辑蔡锷文集时均辑入的所谓《军事计画》，虽同样包含蔡锷的军事思想，因版权可证确属蒋方震，也不再辑录。

三、凡涉同一事件或人物，在重大问题上出现互为矛盾的不同记载，而又暂无可靠依据可否定或肯定其一的情况，皆不遽依个人意愿或判断，或现时社会主流价值观仅存其一，以便于研究者进一步追寻历史的原貌。

四、所录文献，均注明出处。首次出现，标明作者、书名、出版时间、页码。重复出现时，仅标书名、页码。但同题书有多个版本的，如《蔡锷集》就有三个版本，为便于读者核查求证，则仍旧标注编者。报刊、档案文献，每次出现均不省略相关信息。

五、纪年统用阳历，民国以前者后附清帝年号及阴历，民国以后者附中华民国纪年，不纪阴历。

六、记事依年、月、日次序，具体日期不详者，记于可定年、月之后，或置于适当位置。同日不同人之事，以▲号标示，单独记叙；同日同一人的多个事迹，不以▲号多次标示，仅在▲号之下一次记叙。

七、有不同版本的文献，按同题异文，并存辑入。个别文字改动的，或在正文中设"按"表述，或在注释中予以说明。对文献内容的辨析及以往研究的检讨，在正文中以"按"详析。

八、增补脱字，置于（）内，订正错字，置于［］内，缺字用□表示，衍字则加＜＞。

九、对事态发展有较大影响的国内外大事，依需要按日期记于正文，凡众所周知者，如武昌起义之类，不再标示出处。

十、所辑文献，所涉受件人的身份、地址，一般从略，事关重要或有助于理解受件人事迹者，则仍予保留。

十一、所辑函电，多数只有代日韵目，而未明标年、月，有的连韵目代日皆无。现定年、月、日，多为编著者推断。对于以往本人的一些误判，此次虽有所修正，仍难免有误，恳祈方家不吝赐教，不胜谢忱。

十二、编著者前曾编有《蔡锷集》，本书收入《蔡锷集》中内容时，订正了当年的一些编校错误，这类问题不再用校对号注明。

十三、旧人字号、少数民族人名及少数民族地区地名等，时人更重读音，音同甚至音近，不致产生误会即可，具体用字则多有不同。本书亦不做强行统一。

2022 年 6 月 29 日于东厂北巷二号

目 录

1882 年

（光绪七年辛巳十一月十二日至光绪八年壬午十一月二十二日）

12 月

（光绪八年壬午十月二十一日至十一月二十二日）

18 日（十一月初九日）

　　▲蔡锷出生于湖南省宝庆府邵阳县小东路蒋家冲（今邵阳市大祥区蔡锷乡）。①

　　按：关于蔡锷的出生日，刊有"中华民国十八年己巳季秋月谷旦焕离宪文氏"所撰《开元公派世系辨》一文的木刻印本《昭陵蔡氏三修族谱》第 16 卷《开元公派世系》第 28 页，记为"清光绪八年壬午十一月初十日巳时"（1882 年 12 月 19 日上午 9 至 11 时）。今有少数研究者采此说。但是，1943 年印行的《蔡松坡先生年谱》②记为清光绪八年壬午"十一月初九日"，即 1882 年 12 月 18 日。据编者刘达武说，他也知道"蔡氏谱作初十日"，但他还是依据蔡锷的"遗墨"，认为应是阳历"民国前三十年十二月十八日"，既有蔡锷遗墨，当可为据。

　　关于蔡锷的出生地，历来依刘达武编《蔡松坡先生年谱》，流行宝庆府邵阳县小东路蒋家冲说，未见不同意见。但自 20 世纪 80 年代后，或许因为各地都在大打"名人牌"，以推动本地旅游业，发展经济，于是出现了武冈"洞口说"和"山门说"的不同意见，形成争论不休的局面。鉴于蔡锷自称"邵阳"人氏，而且《邵阳蔡氏四修族谱》明确记载光绪九年癸未二月，蔡锷父亲蔡正陵与母亲王太夫人携儿女举家迁"武冈山门"，刘策成所辑《邵阳蔡母王太夫人荣哀录》也载"光绪九年癸未湘泉公与王太夫人携长媛荣闺、冢嗣松坡迁武冈"，山门《前溪刘氏续修支谱·事实志》又载

---

① 李抱一：《蔡松坡先生小史》，邓江祁编《蔡锷集外集》，岳麓书社，2015，第 410 页。
② 刘达武等辑《蔡松坡先生遗集》（一），亚东印书馆，1943，集首《年谱》，第 1 页。

"宝庆蔡正陵先生挈其子松坡经商，沿柩江浒上溯来此"。① 可见，蔡锷出生于邵阳，当属事实，故而仍从旧说。由此也就不难理解，《邵阳蔡母王太夫人荣哀录》所收武冈第六区区公所的挽联中，何以会有"令嗣（指蔡锷）生长山门"的说法了。"生长"一词固然也有生与长的含义，但在这里已被多数记载表明，它不过是蔡锷人生成长过程中的一个"发育生长期"的用词。

蔡锷父亲蔡政，字正陵，又字符太，别号湘泉。1847 年 11 月 16 日（道光二十七年丁未十月初九日）卯时出生，1902 年 5 月 19 日（清光绪二十八年壬寅四月十二日）丑时逝世。② 在家族中排行第二，早岁读过几年书，粗通文墨。成年后以"裁缝为业"。③ 也做过塾师，当过杂工，还贩卖过小商品。为人厚道诚实，有口皆碑。

母亲王氏，1858 年 5 月 1 日（清咸丰八年三月十八日）巳时出生，1935 年 5 月 2 日逝世。据其孙儿蔡端说：婆婆姓什么，连她自己也不知道，当她两三岁的时候，家人将她放在箩筐里挑着"逃荒"，后来因为她是女孩，成了"累赘"，就将她"捆在一棵大树上"，忍痛而去。幸好有个王家老人路过这里，"将她救下，带回家去，抚养成人，也就姓王了"，直到去世也"没有一个名字"。④ 关于蔡母的身世，1919 年有以下类似记载，一定程度上印证了蔡端之说："蔡侯实有母，童稚逢乱离。黄巾属傔扰，宝庆危累棋。翼王石达开，万蹄逼城陴。百姓夜窜走，宁辨涂东西。嗟一弱女子，被驱如犬鸡。露宿逃更匿，星行寒复饥。卒奉瞀母还，幸全足噫嘻。逮后嫔于蔡，一门称怡怡。晨起洁梨枣，暮入捧盘匜。肃肃饎冀宙，愉愉齐梁眉。涤中裙厕牏，亲助石建为。夫子观时变，殖货端木推。室内百琐屑，悉由德曜司。不辞手拮据，肯贻人瑕疵。鲁弱漆室泣，周蠢嫠纬悲。欲使黄种大，今日人才谁？老妇亦有识，老妇亦有儿。——遣之学，大者长沙羁。资遣游日本，练智救国危。大儿何名字？松坡名轰雷。"⑤

① 转引自涂玉书《邵阳蔡锷不容置疑——与〈蔡锷出生地补证〉作者商榷》，《邵阳学院学报》（社会科学版）2015 年第 4 期。

② 《昭陵蔡氏三修族谱》第 16 卷《开元公派世系》第 28 页。笔者藏该族谱影印件。谢本书《蔡锷大传》（广西师范大学出版社，2013）第 3 页说蔡锷父亲蔡正陵的"生卒年月，也不甚明了"有误，实际有明确记载。

③ 《蔡钟自传》（未刊手稿）。

④ 蔡端：《蔡锷的母亲》，蔡端编《蔡锷集》，文史资料出版社，1982，第 247—248 页。

⑤ 单畏苻：《蔡松坡母王太夫人六十寿诗》，《妇女杂志》第 5 卷第 1 号，1919 年 1 月。

蔡母善良贤惠，"素明大义而有胆识"。① 教子尤为严格，后来有人回忆："谢君干青语余曰：松坡先生为经界督办时，迎养太夫人于北京，一日余诣之，松坡有顷方出，则言曰：'子来大佳，吾母方怒，欲见杖，幸速入，为我慰解之。'时松坡先生彰显也久矣，太夫人教督犹如是，则前时可知。是知赋之者天，成之者母也。是知教之于家者善，则其效之于国者伟，更以知母教之良否，为子女智愚强弱之所系，亦国家民族智愚强弱之所系也。"②

蔡父为新生儿取名艮寅，字松坡，乳名虎儿（蔡锷这个响亮的名字，则是后来在日本留学期间自己改定的）。③ 父亲何以如此取名？未见蔡正陵说明，但后人还有他的次子蔡钟回忆说是有来历的。而谁是最先披露这一来历的人，今已不可考。先有 1916 年 11 月 22 日湖南《大公报》刊发的李抱一《蔡松坡先生小史》记载，蔡锷幼时老师张瑞嵩说："松坡未诞时，父进香南岳，夜宿祝融峰，梦坐松坡下，一老妪送一儿至，曰：善视之，不凡也。归即生先生，因赐名'松坡'。"1917 年 6 月 28 日的《长沙日报》，则在其"文艺丛刊（二）"一栏上发表戒甫《蔡公松坡轶事》一文，说："蔡松坡上将未生时，其封翁以艰子嗣，往祷南岳，因祈梦，宿岳宫。忽见户牖殷赤，熊熊如火起，信步出视，天宇澄清，旭日瞳瞳，方□照于东山之上。山腹有乔松一木，龙拿虬攫，亭竖千霄。正欣赏间，晨钟鞳鞳，遽然警寤，则明星的皪，曙色未开。回忆梦境，历历可忆，心殊疑异，然未知何祥也，归述于太夫人。夫人是夕亦同梦，嗣遂有身，生上将，因协梦兆，字曰松坡。《诗》曰：'惟岳降神，生甫及申'，岂不然哉。"1935 年，蔡钟在悼念母亲的文章中也提及类似情况，说："先兄锷生之夕，先慈梦彳亍山坡间，倏有虎自松林来，抚之甚驯，寤顷之，而先兄呱呱坠地。故先慈呼之以虎儿，字之以松坡，所以志也。"④ 20 世纪八九十年代以后也有一些所谓回忆录述及此事，如蔡锷岳叔刘黎阁之孙刘再生说：蔡锷儿时"取名艮寅，字松坡。取这名字有个来历：王氏分娩之前，梦在一个长有翠松的山坡上，遇见一只白虎，温驯地跑到

---

① 《致潘惠英函》（1916 年 1 月 27 日），曾业英编《蔡锷集》（二），湖南人民出版社，2008，第 1259 页。

② 刘策成：《邵阳蔡太夫人序》，《警察月刊》第 8、9 合期，1936 年 3 月 1 日。

③ 居正挽蔡母王太夫人联说："有子称虎儿，再造河山，伟业足光民国史；归真还鹫岭，几经桑海，遗徽克嗣大家风。"见肖伦《蔡锷之母王太夫人荣哀简录》，《邵阳文史资料》第 10 辑，1988 年 10 月，第 146 页。为叙述方便，以下行文中，一律称其为蔡锷。

④ 《哀述》，《蔡母王太夫人荣哀录》，邵阳铅印本，1935。

自己身边。一觉醒来，小孩呱呱堕地。因取名艮寅，艮为山，寅属虎，虎出松林之坡，故字松坡。父母则常是叫他虎儿。"① 对于这则回忆，一看便知只是重复蔡钟所讲故事而已，并不具有新的史料价值。

俗话说江山易改，禀性难移。人的性格与生俱来，又往往影响其一生的成败。蔡锷有着怎样的性格特征？较早言及这个问题的，是后来成为武汉大学历史系先秦诸子、楚辞、金文研究著名学者的谭戒甫，他在蔡锷逝世四天后发表的《蔡公松坡之轶事四则》一文中说："蔡松坡先生性静默，与人谈论，辄扼要数言，和易容众，未尝有连色。然遇事认真，为广西干部学堂监督时（按：此处有误，是总办），诸生好辨者，常恶语怒斥之，甚或掴之以掌，其严烈如此。貌清癯，身仅中材，颇不称其志气，且两额薄削。"② 而与蔡锷一起发动过云南"重九"反清起义的李根源也说他"沉默寡言，若有渊识"。民国成立后的新共和党发起人、国会议员胡鄂公则直说蔡锷"居恒默默而寡言笑兮，大智渊乎其如愚"。③ 追随蔡锷"十余年，患难辛苦，尤备尝而深知"的雷飚也说他"性沉静，寡言笑"，"应酬交错，非其所长，又不甚讲求"。④ 还有一位当年蔡锷在桂林时的下属也说："清光绪之季，见将军桂林时，余年方壮，气方盛，傲岸自喜，志不甘后人，尚不以将军为足重也。将军疏眉目，白面身，短而癯，欿然如不胜衣，非若曾文正仪状之魁岸也。与人语，讷讷然如不诸口，数数啮指甲而已。观其貌，聆其言，似无大过人者。逮将军由桂之滇，以一旅崛起，揭革命帜，义声倡而东南响应（按：此话颠倒了，云南乃响应武昌起义而发），三百年之清社遂屋。"⑤ 一位亲随蔡锷在前敌参与战事者则说他"临大事决大疑，则当机立断，略无犹豫迟疑之态"。⑥ 而蔡锷自己也说其"生平无刚愎暴厉之行"。⑦ "向来居心行事，绝无城府"，⑧ 甚至"赋性憨直，不解趋避瞻顾

---

① 刘再生：《蔡松坡的童年》，田伏隆主编《忆蔡锷》，岳麓书社，1996，第126页。

② 戒甫：《蔡公松坡之轶事四则》，《长沙日报》1916年11月12日。

③ 参见曾业英《蔡锷与小凤仙究竟是什么关系？》，《追寻真实的民国》，九州出版社，2013，第7页。

④ 雷飚：《蔡松坡先生生平事略》，《国防月刊》第4卷第3期，1947年11月。

⑤ 刘策成：《蔡将军松坡先生序》，《警察月刊》第8、9期合刊，1936年3月1日。

⑥ 见本书1916年6月22日记事。

⑦ 见本书1916年1月31日记事。

⑧ 见本书1916年9月6日记事。

之术，只知审察是非，不知顾虑利害"。① 这些事实都说明蔡锷的性格的确比较内向，话语不多，待人宽厚。但他又是一个敢于"冒险"、勇于任事、坚忍不拔、不达目的誓不罢休的人。他自己就说过要有"冒险"的雄心。② 而同窗多年，陪伴他走完人生旅程的好友蒋方震则举了以下两件小事，以说明他的这一性格特征。一是说他"应召入粤西，总掌戎幕"时，"尝病热，药之不瘳，则跃马以出，走数十里。归，汗出大愈。盖公之强毅自克，出于天性"。另一事是说他"身不魁伟，而绝有力。好弈，终夜不肯休，艺之强者，常以精神不继而负"。③ 蔡锷这两大性格特征，一定程度上成就了他一生的伟业。

1883 年

（光绪八年壬午十一月二十三日至光绪九年癸未十二月初三日）

▲蔡锷"家贫甚，衣食且不给"，这年 2、3 月间（光绪九年癸未二月），其父"以武冈谋生较易"，决定移居武冈。蔡锷随父母迁往武冈山门，"赁杨氏宅居焉"。④

---

① 见本书 1910 年 10 月 26 日记事。
② 见本书 1911 年 11 月 20 日前后记事。
③ 蒋百里：《蔡公行状略》，曾业英编《蔡锷集》（二），第 1523、1524 页。
④ 李抱一：《蔡松坡先生小史》，邓江祁编《蔡锷集外集》，第 395 页。据编者说，《蔡松坡先生小史》原载长沙《大公报》1916 年 11 月 11 日至 22 日，是蔡锷逝世后"全面研究蔡锷生平最早的一篇文章"。作者李抱一（1887—1936），原名缨，字华翰，湖南新化人。湖南高等学堂毕业，曾任《湖南公报》要闻版编辑，1915 年任长沙《大公报》总编辑。关于蔡正陵举家迁往武冈的具体时间，迄今所见，多有分歧。1943 年刘达武所编《蔡松坡先生年谱》说是清光绪十三年丁亥（1887），曰：是年"六岁，随家迁居武冈州西之三门王板桥"［刘达武等辑《蔡松坡先生遗集》（一），集首《年谱》，第 1 页］。李抱一在《蔡松坡先生小史》中说的是"先生周岁"时。而 2001 年 5 月 16 日，在洞口县出土的一块以"信士蔡正陵男艮寅"所立的"分路碑"，则记载该碑为"光绪九年二月立"［刘伟顺：《蔡锷出生地补证》，《邵阳学院学报》（社会科学版）2001 年第 1 期］。这就是说，蔡正陵一家"光绪九年二月（1883 年 3 月）"之前已抵达武冈。鉴于"信士蔡正陵男艮寅"所立"分路碑"的时间，较李抱一《蔡松坡先生小史》和刘达武编《蔡松坡先生年谱》都要早，故而对蔡正陵举家迁往武冈的具体时间，当以蔡锷出生后的"光绪九年二月"之前为是。

1887 年

（光绪十二年丙戌十二月初八日至光绪十三年丁亥十一月十七日）

▲蔡锷"受庭训"，① 如其自己所说"幼受家庭教育"。②

按：关于蔡锷幼年情况，现存记述众多，不尽一致。本书主要采用《蔡松坡先生事略》的记述。因为：第一，《事略》成稿于蔡锷任云南都督期间的 1913 年 2 月，较其他记述，时间要早。第二，《事略》也是蔡锷主持编纂，并亲予订正的《云南光复纪要》的组成部分。第三，邓江祁先生曾指出我在与王学庄先生合写的《蔡锷的同盟会会籍问题》（《近代史研究》1987 年第 6 期）一文中，将迄今仍珍藏在云南省图书馆的《事略》稿本封面上的手写"景阅，交刘编修"六字，错释成"蔡阅，交刘编修"，特在此向邓先生表示感谢，也对可能受过此误读影响的其他读者表示歉意。但是，我至今仍然认为，并不能因这一"景"字的误读，就否定该文对"蔡锷曾亲自审阅过《事略》全文"的判定。理由是：第一，既然《事略》是《云南光复纪要》的组成部分，蔡锷对该书的编纂又十分重视，还在多篇文稿中留下过他的审订意见和痕迹，③ 那么就很难想象唯独对此篇介绍其历史的《事略》反而不闻不问，任人自行编撰。第二，如此前我在一些论著中同时也指出过："综观《事略》全文，内容显系传主提供。"现仅举二事为证。一是《事略》提到昆明"重九"起义时说"嗣闻武汉复经失守"，强调是在有消息说武汉"失守"的情况下发动的。这正是 1912 年 3 月 3 日蔡锷致梁启超信中表达的意思。蔡在信中说："滇中举事之际，其时仅闻武昌起事，且有业行为清军所陷之谣。"④ 二是《事略》叙及蔡锷在广西的经

---

① 赵式铭、郭燮熙、刘润畴：《蔡松坡先生事略》说："六岁（按：应是虚岁，即 1887 年）受庭训。"见曾业英编《蔡锷集》（二），第 1514 页。
② 《在阿迷州军警商学各界欢迎会上的演说词》（1912 年 9 月 13 日），曾业英编《蔡锷集》（一），第 744 页。
③ 参见周钟岳总纂，蔡锷审订《云南光复纪要》，云南人民出版社，2011，第 4—7 页。
④ 曾业英编《蔡锷集》（一），第 484 页。

历时，说他曾随巡抚张鸣岐"调查沿边及安南、谅山、高平等省地势民情，短衣匹马，巡行四千余里"，虽因所记为陈年往事，涉及"调查"的时间与具体里程时，不免与事实有所出入，但基本意思与1908年2月24日蔡锷复魏景桐信中所说并无实质差别。蔡在信中如是说："旋奉命巡视南关各垒，进游谅山，综计前后里程不下两千里，为期廿余日。骑者尚不感劳乏，而马倦矣。"[①]二信皆为蔡锷的私函，当时并未公之于世，《事略》编者能将其意记于文中，除了传主的口授，似乎难有别的解释。第三，再看现存云南省图书馆的《事略》稿本的修改痕迹，如将"公（按：指蔡锷）原拟亲率七十三标，攻围军械局、五华山"一语中的"公原拟亲"四字改为"以李根源"。又如，将"步队所携子弹，人仅十五发。鏖战达旦，早经告罄，非得军械局，则子弹无从接济。乃亲（按：指蔡锷）至督队猛攻，一面出示安民"句中，删除了蔡锷"乃亲至督队猛攻，一面出示安民"两个短句。再如，将"时各属会党及绿林暴徒，纷纷来省。其数至夥，声言投效，实则欲觊劫掠。公（按：指蔡锷）严为拒绝，谕令解散，择其强朴者编成一营，命黄毓英为之长。盖知其有驾御枭暴之力也"一段全部删去。这些被删改的内容，可以说都是为贵为云南都督的蔡锷纪勋的，但却都被人为地删除了，应可视为与《云南光复纪要》其他篇章一样，也是得到蔡锷亲自授意的。否则，哪个会或者说敢在最高领导人不发话的情况下，擅自在记述其功绩的文件上做出这种否定的修改？特别是"公原拟亲率七十三标，攻围军械局、五华山"一语，写的是蔡锷的内心活动，是不是事实，只有他自己清楚，外人无从知晓，却颠覆性地将其改成了"以李根源率七十三标，攻围军械局、五华山"，如无蔡锷亲自发话修正，应无人能做或者说敢做这种改正。由此也可见蔡锷还是一个谦卑、严于律己的领导者。

▲蔡锷大弟蔡炼（字松垣）出生。[②]

---

① 见本书1908年2月24日记事。
② 《蔡钟自传》（未刊手稿）。

1888 年

（光绪十三年丁亥十一月十八日至光绪十四年戊子十一月二十九日）

▲蔡锷"就学私塾"。① "有刘辉阁者，名诸生"，见蔡锷"异之"，将比蔡锷小三岁的女儿刘森英（后改名侠贞）许配给蔡锷，结为娃娃亲，"且资之学"。刘辉阁对蔡锷的成长，"与有力焉"。②

1892 年

（光绪十七年辛卯十二月初二日至光绪十八年壬辰十一月十三日）

1 月 6 日（光绪十七年辛卯十二月初七日）

▲蔡锷二弟蔡钟（字松埠）出生。他小时候与次兄松垣"卖柴补助家用"，直到蔡锷日本士官学校毕业归国"崭露头角"，才"停止卖柴的生涯"。1904 年（光绪三十年甲辰），蔡锷命其"入邵阳县立尊德小学在校两年"，嗣后又随蔡锷到广西"在陆军小学一年"。1908 年，蔡锷再命蔡钟"留学日本，入成城中学读了三年"。1910 年（宣统二年庚戌），蔡钟"经刘承烈、周来苏二人介绍在日本加入同盟会，从事排满的革命活动"。不过，蔡钟虽然加入了同盟会，甚至 1911 年"四川已有动作"后还"奉孙中山之命，回湘和曾继梧、陈复初等新军干部策动起义，奔走呼号"，但他自述"当时只有种族的狭隘意识，其他新社会理论一无所闻"，"全凭冲动，只是革命中一小卒耳"。1913 年初，蔡锷以蔡钟"学业未成"，又命其"东渡日本入早稻田大学肄业"。1914 年回到北京，秋日即奉蔡锷命赴美国华盛顿大学政治科学习。两年后惊闻长兄蔡锷"已由北京而日本，经海防入

---

① 赵式铭、郭燮熙、刘润畴：《蔡松坡先生事略》，曾业英编《蔡锷集》（二），第 1514 页。

② 李抱一：《蔡松坡先生小史》，《蔡锷集外集》，第 396 页；刘达武等辑《蔡松坡先生遗集》（一），集首《年谱》，第 1 页；刘再生：《蔡松坡的童年》，《忆蔡锷》，第 126 页。

滇，发动护国之役，使袁贼之帝制终于倾覆"，不幸在"正当年富力强之时"，"积劳成疾辞世"的噩耗，随即回国料理蔡锷丧事。蔡钟于"痛手足之永别，哀思无极，方寸俱乱"之余，痛言自己"幼年丧父，自垂髫以来，□靠长兄支持，当父抚养教育我，今一旦之弃我而去，在我有如大厦之倾，天柱之摧，竟影响我后半世之消极颓唐。"①

▲蔡锷读完"五经"，已能写出一手好文章。②

1893 年

（光绪十八年壬辰十一月十四日至光绪十九年癸巳十一月二十四日）

▲"才名振一时，且喜言时务"的樊锥见蔡锷"有异才，即录入弟子籍，命从之学，不取学费。数年学大进"。③

一位名称葛顺，与蔡锷"同里"者，也"谓坡公家世寒素，其能入塾肄业者，实得樊君锥之力。樊为坡公之蒙师，时时伙助，始得成就。盖其人为胜朝之拔贡生，早能识坡公于幼时，谓其必成大器也"。④

蔡钟则说蔡锷"十岁时由同乡姚某带回邵阳，受业于当时讲新学的樊锥先生"。⑤

类似的记载还有，如说同邑名士樊锥，一见蔡锷则"奇之，携而授之读，衣之食之，有所适，辄徒跣从，昕夕讲授不辍。"⑥

可见，蔡锷小时候受到樊锥的器重确有其事。至于从樊锥学的具体时间，那就存在不同记载了。从李抱一的叙事时间顺序看，应发生于1895 年江标在邵阳主持的岁试之后。而刘达武所编《蔡松坡先生年谱》，则说在此之前的1894 年便"从邑名士樊锥游，遂通周秦诸子之学，尤好

① 《蔡钟自传》（未刊手稿）。
② 赵式铭、郭燮熙、刘润畴：《蔡松坡先生事略》，曾业英编《蔡锷集》（二），第 1514 页。
③ 李抱一：《蔡松坡先生小史》，《蔡锷集外集》，第 396 页。
④ 《湘人追悼黄、蔡之余闻》，《申报》1916 年 11 月 29 日。
⑤ 《蔡钟自传》（未刊手稿）。
⑥ 石建勋：《樊锥传略》，方行编《樊锥集》，中华书局，1984，第 69 页。

读韩非子、老子书”了。① 石建勋又提前了一年，说是“蔡锷甫十一岁
（按：1893 年）”的事。而《蔡松坡先生事略》则未明言其从樊锥学的时
间，仅说 1895 年“入泮”之后“随师樊山肄业长沙”。② 从蔡锷 1895 年
参加邵阳岁试而引起学政江标重视这一事实看，似以石建勋所说自 1893
年起就得到了樊锥的精心培养更为合理些，故从 1893 年说。蔡锷幼年就
学后，除了父亲，樊锥是他受益最大的老师。还有记载说他也“从武冈
张君瑞嵩学”。③

　　关于蔡锷幼年的聪敏，坊间多有记述。但皆见于蔡锷病逝之后。迄今
所见，最早的记载似是 1916 年 11 月 11 日长沙《大公报》所刊之文。该文
说蔡锷“入乡塾”后，“过目成诵，塾师命作对，敏捷工整，如有神助，
故时以‘神童’称之。宅主杨梧冈，士人也，冬至日过塾，命对曰：阳来
春有脚。先生应声曰：冬至梅出头。父命往市购竹屏，肆主固素稔者，命
之曰：孺子神童耳，能作对，携屏去，不取汝值，惟不许少游移，因指屏
画曰：福禄寿三星拱照。先生立对：公侯伯一品当朝。即携屏扬长归。时
年未满十龄，头犹挽双丫角也”。④

1895 年

（光绪二十年甲午十二月初六日至光绪二十一年乙未十一月十六日）

春

（光绪二十一年正月至三月）

　　▲蔡锷参加江标在邵阳县主持的童生岁试，被录取为“府廪生”，⑤ 即
今天所说的秀才。据蔡钟说，蔡锷“十三岁以童生入泮，他因家境困难，

①　刘达武等辑《蔡松坡先生遗集》（一），集首《年谱》，第 2 页。
②　曾业英编《蔡锷集》（二），第 1514 页。
③　李抱一：《蔡松坡先生小史》，《蔡锷集外集》，第 410 页。
④　李抱一：《蔡松坡先生小史》，《蔡锷集外集》，第 359—396 页。
⑤　马少侨：《介绍蔡锷将军的一首佚词》，《邵阳文史》第 24 辑，第 147 页；雷飚：《蔡松坡
　　先生事略》，《忆蔡锷》，第 55 页。

很想谋一西席位置，以教书减轻父亲负担。可是他年龄太小，无人聘用。他忿然出外，杳无音信者数年"。①

依当时官府惯例，自此每月已可领取一定数量的官府"廪米"的奖励了。江标发现蔡锷、石陶钧、李本深三人学问出众，还特地接见了他们，并对他们说了一番意味深长的话："邵阳先辈魏源，你们知得吗？读过他的书吗？你们要学魏先生讲求经世之学。中国前途极危，不可埋头八股试帖，功名不必在科举。"② 之后，又选调他和樊锥、石陶钧、石秉钧、石建勋等人，赴以杜本崇为山长的长沙校经书院学习。蔡锷所说"随师樊山肄业长沙"，③ 当指此而言。在这里，蔡锷与樊锥由先前的师生关系，演变成共同求学的同窗关系，而且时间还不短，起码也有三个年头。这所书院，相较于其他书院，有两大显著特点，一是不教束缚思想的八股文，专讲经史学问，无论春、秋季考还是月考，均以经史命题考核学生的作文水平；二是提倡以新学录用人才，只有理论联系实际、关心国内外时势、富有现代科学知识的人才，才能被录用。④

按：蔡钟所述蔡锷此时"忿然出外，杳无音信者数年"。察其后文，即说："当父亲去世时，长兄正在日本陆军士官学校，他为学业不能奔丧，直到回国崭露头角，我们家境稍稍好转，我和次兄才停止卖柴的生涯。"由此可见，蔡钟撰此自传时，限于社会环境，连入长沙时务学堂成为梁启超弟子都没敢写，而用"杳无音信者数年"一笔带过，明显是有所顾忌的，当可推知所谓"杳无音信者数年"的记述并不真实。

---

① 《蔡钟自传》（未刊手稿）。

② 石陶钧：《六十年的我》（节录），《湖南历史资料》第 2 期，湖南人民出版社，1981，第 18 页。

③ 赵式铭、郭燮熙、刘润畴：《蔡松坡先生事略》，曾业英编《蔡锷集》（二），第 1514 页；石建勋：《樊锥传略》，《樊锥集》，第 68 页；石建勋：《六十年的我》（节录），《湖南历史资料》第 2 期，第 19 页；马友斌：《校经书院研究》，硕士学位论文，湖南大学，2011。

④ 参见石建勋《樊锥传略》，《樊锥集》，第 68 页；石陶钧《六十年的我》（节录），《湖南历史资料》第 2 期，第 19 页；马友斌《校经书院研究》。

1897 年

（光绪二十二年丙申十一月二十八日至光绪二十三年丁酉十二月初八日）

9 月

（光绪二十三年八月初五日至九月初五日）

中旬（光绪二十三年丁酉仲秋）

▲蔡锷与樊锥、石陶钧等人参加长沙举行的乡试。蔡锷、石陶钧落第，樊锥、石秉钧二人经江标推荐，被选拔为国子监生员。①

24 日（八月二十八日）

▲蔡锷在江标的推荐下，就地参加长沙时务学堂招生考试，② 以第二名的优异成绩，录取为头班学生。③

章士钊回忆说，时务学堂头班与二班颇异。"头班收于丁酉冬，二班收于戊戌春。为时虽不远，而头班考取严格，三千名之中，取不过几十名。二班则与考者少，几于一考即获。三班更滥，考无不中，余亡弟勤士，即三班生也。而头二两班之相异处，尤在戊戌入春，梁启超在公开反对八股之旗帜外，潜踪会试，弃讲席而走，学堂精神，一落千丈。"④

---

① 石建勋：《樊锥传略》，《樊锥集》，第 68 页；马友斌：《校经书院研究》；邓江祁：《护国元勋蔡锷传》，岳麓书社，2015，第 10 页。

② 我在增订版《蔡锷集》前言中有言：蔡锷"1897 年 9 月，经湖南新任学政徐仁铸推荐"，考入"长沙时务学堂第一班"。袁泉在大作《我和外公眼中的蔡锷将军》（中华书局，2013，第 19 页）一书中指出我"纠正了蔡锷入学时间的错误，却沿袭了另一个错误……徐仁铸是 1897 年 8 月 28 日被朝廷任命为湖南学政的，但他 12 月才到任，而此时蔡锷已经入学了"。所言蔡锷不是徐仁铸推荐的，当然是对的。不过，袁先生所说徐仁铸受命和抵达长沙的时间却有误，徐受命时间应是 1897 年 10 月 24 日，抵达长沙的时间是 1898 年 1 月 6 日（见《学院奏牍》，《湘报》第 8 号，1898 年 3 月 15 日）。邓江祁著《蔡锷思想研究》说蔡锷"从邵阳赶到长沙参加了这次考试"（湖南师范大学出版社，2006，第 32 页），误。

③ 《湖南时务学堂题名》，由湖南师范大学历史学院周秋光教授提供，谨此致谢。

④ 章士钊：《疏〈黄帝魂〉》，中国人民政治协商会议全国委员会文史资料研究委员会编《辛亥革命回忆录》第一集，文史资料出版社，1981，第 290 页。

时务学堂的筹办始于 1897 年初，先由岳麓书院山长王先谦领衔呈报立案，继而得到陈宝箴的批准，最后由熊希龄等人请两江总督刘坤一准拨盐厘加价银 7000 两作为常年经费。9 月，康有为筹划出版，梁启超兼理笔政的澳门《知新报》发表《时务学堂缘起》一文，说明该学堂的宗旨是为推广新式学校，培养维新人才，以达"攘夷""强国""保种"目的。接着，陈宝箴发布招生公告，宣布本年议定暂租长沙衡清试馆开办，延聘中、西学教师授课，先行招生 60 名，择期升学。时务学堂第一次招生的考试时间定在 1897 年 9 月 24 日。尽管招生名额有限，后来还缩减为 40 名，但由于考试时间紧接乡试之后，众多参加乡试的考生尚未离去，而时务学堂的招生章程又明确规定，学生毕业后可取得参加乡试的资格，可咨送京师大学堂，或出洋留学，[①] 因此，首次招生报考的人出乎意料的多。据谭嗣同说，时务学堂招生消息发出才数日，报考的人已超过"二千人"，而后到者犹以未能报上名"为恨"。[②]《知新报》甚至说报考者达到"四千余人"，[③] 几乎是百里挑一。

按：蔡锷入学考试的名次和年龄问题，李文汉编纂的《蔡公松坡年谱》和梁启超《护国之役回顾谈》等演说，皆说名列第三名，是 40 个学生中年龄最小的，与事实稍有出入。

这次入学考试的确不易，不但考生多，而且纪律也很严格。据杨昌济说："熊秉三之办时务学堂也，招考之时焚名条数百，当时以为美谈。"[④] 所谓"焚名条"，就是将名人请托照顾入学的人情条子，计数百张通通烧了。蔡锷也的确是以优异成绩考入时务学堂的，但不是第三名，而是第二名。也不是头班 40 名学生中年龄最小的，有《湖南时务学堂题名》的记载为证。该题名录按姓名、籍贯、科举功名、年龄四大类，分别记录时务学堂第一次招考录取的 40 名学生和第二次招考录取的 30 名正式学生的情况。

---

① 《陈中丞招考时务学堂示》，谭嗣同、唐才常、熊希龄等主编《湘学新报》（一），台湾华联出版社，1966，第 207—208 页。

② 《致汪康年》（1897 年 10 月 1 日），蔡尚思、方行编《谭嗣同全集》（增订本）下册，中华书局，1981，第 512 页。

③ 中国史学会主编《戊戌变法》第 4 册，上海人民出版社，1957，第 382 页。

④ 《余归国后对于教育之所感》（1913 年），王兴国编《杨昌济文集》，湖南教育出版社，1983，第 61 页。

在 40 名头班学生中，排在第一位的是 20 岁的"湖南慈利县童生"李炳寰；第二位是 13 岁的"湖南邵阳县附生"蔡艮寅；第三位是 18 岁的"湖南长沙县童生"左景伊；排至第 40 位的是 15 岁的"湖南浏阳县附生"郑宝坤。该题名录虽未列"考试成绩"一类，也没有明言 40 人的排名顺序是否就是录取的名次，但从排名顺序不按姓名笔画，不按籍贯，也不按年龄或科举功名来看，大体可推定这个排名顺序，实际就是录取的名次。如此看来，蔡锷实际是以仅次于李炳寰的第二名录取的。或许有人会说这不是招生时按考试成绩优劣录取的名单，而是依据三月试读期满，甄别考试后的成绩重新排的名，因为在这个名单中，按学堂规定，对成绩不达标的学生，在其名下记有"改外课"三个字，如左景伊、杨树谷、杨树达、李渭贤、唐自杰等 13 人都改为"外课生"了。所谓"外课生"与"内课生"的区别，就在于学不学"西文"，即外语，凡是兼学中西文的属"内课生"，而专学中文不学西文的即为"外课生"。① 还有罗先觉一人标示为"出堂"，即取消时务学堂学籍了。但是，倘若以此证明这个名录就是三月试读期满，按甄别成绩重新排序的名单，那是不成立的。因为如是按甄别成绩重排的名单，就不可能把因成绩不达标改为"外课"生的左景伊排在第三位，更不会将"出堂"的罗先觉排在第 30 位，比留堂继续学习的郑宝坤还要高出 10 位。所谓蔡锷以"第三名"考入时务学堂的说法，大概源自《湘报》一则题为《时务学堂捷报》的报道。说的是 1898 年 3 月 18 日湖南新任学政徐仁铸巡试宝庆府时务学堂学生时，参加考试的邵阳籍学生蔡锷被取为"一等第三名"，② 这与 1897 年 9 月 24 日的第一次时务学堂招生考试显然不是一码事。不过，也有人如陈三立后来回忆说，"松坡昔考时务学堂，年十四，文不通，已斥。余因其稚特录之。后从予学乃大成"。③ 陈三立虽是湖南巡抚陈宝箴的长子，对其父在湖南所推行的维新举措，曾襄与擘画。但其所言"松坡昔考时务学堂，年十四"，既有误（实际是 15 岁），又出于蔡锷因取得反对袁世凯"洪宪"帝制的胜利，一举成名后 1922 年在南京与

---

① 《梁启超致陈三立、熊希龄函》，丁文江、赵丰田编《梁启超年谱长编》，上海人民出版社，1983，第 86 页。《湖南通史·近代卷》（湖南出版社，1994）第 398 页在括注中说外课生"相当于现在学校的旁听生"，误。

② 《时务学堂捷报》，《湘报》第 33 号，1898 年 4 月 13 日；《学宪行程》，《湘报》第 45 号，1898 年 4 月 27 日。

③ 吴宗慈：《陈三立传略》，《国史馆馆刊》创刊号，1947 年，第 100—101 页。

梁启超交谈之时，难免有事后揽功之嫌。

关于蔡锷考入时务学堂的年龄，据《湖南时务学堂题名》的记载，蔡锷考入时务学堂时是"十三岁"，可他出生于 1882 年 12 月，当已 15 岁，虚岁就是 16 了。

姑且从题名录所记，就算"十三岁"，也不能说是最小的。因为题名录里还明明白白记载着一位"十二岁"的，即"湖南长沙县童生"的杨树达。① 可见，蔡锷不是长沙时务学堂头班学生中最小的，这是可以肯定无疑的。至于题名录何以记载蔡锷为 13 岁，是手民之误，还是蔡锷自己改小了年龄，或者另有隐情？从《湘报》首次发表蔡锷"所作课卷"《〈后汉书·党锢传〉书后》时，特地标明他是"时务学堂头班学生"，"邵阳"人氏，年龄"十三岁"，以及发表郑宝坤、黄颂銮、张伯良等三人六篇"所作课卷"时也作同样的标示，说郑宝坤"十五岁"，黄颂銮"十三岁"（按：依《湖南时务学堂题名》，实际是"十五岁"，这里改小了两岁），张伯良"二十岁"（按：依《湖南时务学堂题名》，实际是"二十三岁"，这里改小了三岁），并同时发表《湘报》编者的《声明》来看，显然并非手民之误，也不是蔡锷自己改小了年龄，而是源于当时湖南新旧两派政治斗争，与湖广总督张之洞施压陈宝箴整顿积极宣传变法维新的《湘报》一事密切相关。

1898 年 7 月 20 日，《湘报》于发表时务学堂学生张伯良《问美欲认古巴为独立之国有合于公法否》一文之后，特地声明："以上均系时务学堂头班学生所作课卷，合之外课生约得五十余篇，前三月间，本报拟登报（《国闻报》例，天津学堂学生课卷皆登报），因各学生年幼气盛，恐反长其骄满之习，特抑之而不扬。惟各学生勤苦向学之诚，实近来学堂所未有。自去年九月考取，所作文字，不过粗通（原卷尚在学堂），及十一月入堂后，中间年假、事假节节延搁，每人读书之功，计日只得一百二十余天，而猛进如此，深可嘉也。且西文尤比中文为胜，头班学生现已读文法书矣。湖北某学堂自去年五月开学至今，尚不及此学堂头班学生之捷，两两比例，自知虚实。独惜变故忽乘，为德不卒，湖南办事在人之先，成事居人之后，气运如此，夫复何言。现因报馆迁徙对门，须十五日方能出版，以后学生

---

① 《湖南时务学堂题名》。

文字，逐日续登，以供众览，特此声明。"① 综观这则声明，原来是时务学堂在与"湖北某学堂"争先进，比高低。所以，它强调时务学堂头班学生虽然入学考试"所作文字，不过粗通"，入校后的"读书之功"也不过"一百二十余天"，但由于他们"勤苦向学"，进步很快，没有像天津学堂那样及时发表出来，是因为这些学生"年幼气盛"，易生"骄满之习"，不利其成长，学校故意压着不发而已。而"湖北某学堂自去年五月开学至今"，尚不及该校头班学生之捷，两相比较，虚实自见。明白了这一点，就可理解《湘报》为何在发表蔡锷《〈后汉书·党锢传〉书后》一文、黄颂銮《〈后汉书·党锢传〉书后》《孟子"以大事小、以小事大"为交涉学之精义》《读〈史记·游侠传〉书后》等三文时，特别标明他们只有 13 岁了，原来是为抗拒张之洞施压于时务学堂而有意为之。在《湘报》看来，时务学堂比"湖北某学堂"更为先进，没有整顿的必要，而更为先进的重要标志，就是时务学堂学生"年幼"，却能比"湖北某学堂"的学生写出更优秀的文章。

11 月
（十月初七日至十一月初七日）

14 日（十月二十日）

▲梁启超自上海抵达长沙，就任时务学堂中文总教习。

29 日（十一月初六日）

▲时务学堂正式开学。据梁启超后来回忆，蔡锷"十五岁时，他入湖南时务学堂，作第一批学生，从邵阳家下到长沙，穷得到搭船的钱都没有。十一月大冷天气，冒冰霜走路去的"。② 也就是说，他是自挑行李，日夜兼程，顶着初冬的寒风，前往时务学堂报到的。

蔡锷入学后，按学校要求，在头 6 个月里，学的是"普通学"，包括经学、诸子学、公理学、中外史志，以及比较浅显的自然科学知识，如代数、几何、物理、化学，还有英语等。主要精读了两部书，一部是《孟子》，另

---

① 《湘报》第 116 号，1898 年 7 月 20 日。
② 梁启超：《蔡松坡与袁世凯》，松坡图书馆辑《松坡图书馆十五年份报告》，1927 年铅印本，附录。

一部是《春秋公羊传》。精读两书之前，他遵照梁启超的要求，首先认真阅读了他为引导学生更好理解这两部书的理念而精心撰写的两份辅导教材《读孟子界说》《读春秋界说》，然后对《孟子》《春秋公羊传》这两部书所包含的民权思想和"微言大义"进行了反复钻研。6 个月之后，他开始转入"专门学"的学习，包括公法、掌故和自然科学方面的知识，如《墨子》《老子》《公法会通》《万国公法》《日本国志》《欧洲史略》《历代职官表》《地学浅识》《几何原本》等。蔡锷不但精读了各类原著，还结合外国政治、法律知识，进行了比较深入的参照研读。

按：时务学堂位于长沙小东街，即今天的中山西路三贵街口的时务学堂，校舍是一套五进二层的私人旧宅。原本是乾嘉年间的礼部尚书、协办大学士刘权之的，后来转卖给了益阳人周桂午，托了校长熊希龄的人情，才以较为低廉的价格，从他的同科进士周桂午手里租来的，略显破旧。一百多年的老房子，有些破旧不足为奇，何况学堂的经费又不充足，连必要的图书资料都无力购置，以致有人讥讽它"寒俭如三家村塾"。[1] 不过，学堂也有突出优点。首先，老师是最好的，集中了省内外的精华。中文总教习梁启超不用说，全国闻名，其他分教习，如韩文举、叶觉迈等人，都是他"自行"挑选、"聘定"的，[2] 肯定也错不了。唐才常虽不是梁老师"自行"聘请的，也是省内屈指可数的优秀人才。其次，学校办学目的明确，就是要把他们培养成有益于国家民族的人。梁启超为他们制定的《学约十章》，其中第一条就要求他们不能为做官发财、光宗耀祖而学习，"若志在科第""志在衣食"，那就另请高明，或"从学究以游"，或"由市侩之道"，就别进时务学堂这个门了。[3] 再次，所读之书，以中学为基础，兼有西学，而且教学方法也有别于其他书院，重在对知识的理解，不求死记硬背，鼓励学生结合国内外大事进行独立思考，撰写读书笔记，以培养学生的自主学习能力。诸如此类，都是蔡锷自从受到江标接见，以及追随樊锥求学以后所逐渐形成的新追求，诚如其同窗学友唐才质所说：我们求学，是为了探求孔子学说的精髓，"以匡济时艰"，自应刻苦磨炼品德和意志，

---

① 《南学会问答》，《湘报》第 44 号，1898 年 4 月 26 日。

② 《附录梁卓如启超原函》，《湘报》第 112 号，1898 年 7 月 15 日。

③ 梁启超：《学约十章》，《湖南时务学堂初集》，光绪二十四年刻本，第 1 页。

"做一个堂堂正正的男子，决不可随俗浮沉以自污"。①

冬间

（十月二十六日至十二月二十九日）

▲蔡锷目睹破旧的时务学堂校舍，写有小诗一首。说："悍鼠斗□□，寒风冲破壁。秃笔硬如铁，残灯光寂寂。"②

1898 年

（光绪二十三年十二月初九日至光绪二十四年十一月十九日）

1 月前后

（光绪二十三年十二月初九日至光绪二十四年正月初十日前后）

▲蔡锷在读书札记中问："孔子大一统，所以泯杀机也。今之贤士大夫欲督其督，郡其郡，邑其邑，无乃与夫子大相刺谬乎？"

梁启超批答："古今万国，所以强盛之由，莫不由众小国而合为一大国，见之美国、英国、德国、意大利、奥斯马加、日本、瑞士皆是也。前此互争，是以弱，今合为一，是以强。孔子大一统之义，正为此也。见美、日诸国所办各事，皆有数种大政提归政府办理，如海军、陆军、刑律、交涉之类，其余地方各公事则归各地方自理，政府不干预之，此是最善之法。今中国则反是，如海军之类，应归于一者也，而南、北洋各自为政，不相顾焉。一盗案之微，州、县治之足矣，而上劳朝审，皆极可笑。然至今日，方且并此之法而不能整顿，于是中国不徒变为十八国，并且变为四万万国矣。国权之失，莫过于是。政府现无可望，则不得不至望于督抚、州、县。若能有一省一府一县之整顿，则余省、府、县亦不无万一之望。"

问："读隐公二年、三年《春秋》讳内大恶之义三：不忍言也，不必

---

① 唐才质：《唐才常和时务学堂》，湖南历史资料编辑委员会编《湖南历史资料》1958 年第 3 期。

② 曾业英编《蔡锷集》（一），第 1 页。

言也，不可言也。何不忍言？子不丑父，臣不丑君也。何不必言？无益也。何不可言？惧罪也。究以口授为万世也，此孔子作《春秋》之苦心也。"

梁启超批答："《春秋》每立一义，必有所以然之故。其所以然者，或一端焉，或数端焉，不能察，寂若无，能察之，无乎不在。朱子曰：'能通所以然，是第一等学问。'若能每条以此求之，则圣人之意不难见矣。"

问："孔子讥世卿，以为民权不伸，君权不伸也。何以？不伸，君则为木偶，民则为奴隶也。故君之令不可及民，民之愿不可闻上，上下相锢，终无已日。故此风愈甚，其君民愈蹙，此风愈久，其患愈深。生非贵族，不可以闻国事。故其族愈众，势愈强，则其相争也愈大。争则相怨，相怨则离，离则同门荷戈之衅开矣。故犯上之祸，所以不胜屈指也。自秦以后，二权略伸，孔子之功大矣。然流弊无穷也，使益之以西人之法，则尽善矣。西法何？议院之制也。议院之制何？万心之推也。此法可兴，则君公其君，臣公其臣，民公其民，身公其身，心公其心。前之弊在身心不相属，今之弊在心不相属。混天下为一心，庶无扞格之虞矣。"

梁启超批答："'流弊'一语极谬。孔子讥世卿，立选举，汝殆鉴于今日科举之极弊，而发此言也。然凡行一制度，必条理始末且行之然后可。苟仅行其一二而已，适见其敝也，今日之学西法是也。孔子选举之制，一出学校，六经遗规，粲然具见。后世仅用其选举，而不用其学校，徒有取士之政，而无教士之政，欲得人才，乌可冀也。不责历代奉行之不善，而为'流弊无穷'，何其谬也！至于议院之法，何必西人？孔固深知其意，而屡言之者也。见于《春秋》者，亦指不胜屈也，但别见他条耳。《春秋》固当合全书以议之，不能执一二条而议其法之不备也。此固是矣。然亦知心必如何而后能公，如何而后能一乎？必举国之人见识相等，然后其心能一。譬诸有十人于此，皆君子人也，而守旧党五人焉，开新党五人焉，则其势必不能一也。故必有术开天下之智，使之相等，则不求一而自一矣。不然，日日痛恨于人心之不一，皆空言耳，何补于事哉！"

问："外小事不书，何以书宋之渴葬？闵贤君之葬不得时也，何以贤？以其能让国也。故《春秋》极重在不争。"

梁启超批答："此是大义。能让国者，十世犹将宥之。"

问："《春秋》非改制度之书，用制度之书也，固自言之矣。曰：述而不作，信而好古。又曰：非天子不议礼，不制度，不考文。虽有其位，苟无其德，虽有其德，苟无其位，不敢作礼、乐焉。虽曰乘殷辂，服周冕，行夏时，乐韶舞，亦因而已耳。如视其书为改制度之书，视其人为改制度之人，则孔子不能逃僭越之罪矣。孔子闵三坟之放失，百国之纷罗，从而修之，不得已也。故孔子曰：知我者其惟《春秋》乎！罪我者其惟《春秋》乎！知我者何？知其为因制度之书，非改制度之书也。知其为不得已之苦心，非自好自用之人也。罪我者何？罪其为改制度之人，改制度之书也，为自用自专之人也。此孔子所以惧也。如曰孔子惧罪，彼者罪我，则更相刺谬矣。《春秋》乃劝惩之书，非罪人之书也。"

梁启超批答："此论犹属似是而非。大约孔子《春秋》之制，可分为四种：一、周之旧制。二、三代旧制。三、当时列国沿用之旧制。四、孔子自创之制。即以讥世卿一条考之，内有伊尹、尹陟，是三代乃世卿也。周有尹氏、刘氏等，是周乃世卿也。晋有六卿、鲁有三桓、郑有七穆，是当时列国世卿也。若讥世卿，则主选举者，乃孔子所改之制也。以此类细推之，不一而足，何得谓孔子非改制度乎？

"夫改制度，亦何足奇？即如黄梨洲之作《明夷待访录》，冯林一之作《校邠庐抗议》，自有所见，则著之于篇中，以待后人。其中固不无变今从古之处，然必谓黄氏、冯氏之所言，皆古人所有者，则黄、冯固不服也。即如鄙人之无似，亦尝引吭发噫，为《变法通议》之篇。若必谓鄙人之《变法通议》为皆因仍古人，鄙人固不敢服也。而乃谓孔子之所知所能，乃出黄氏、冯氏及鄙人之下，抑何悖欤？且汝谓改制度为可罪者，是犹有极守旧之见存耳。制度者，无一时而不当改者也。西人惟时时改之，是以强；中国惟终古不改，是以弱。盖一时之天下，有一时之治法，欲以数千年蚩蚩之旧法，处数千年以后之天下，不能一日而少安也。然则道之不能徒用因也明矣。有固必有革，有损必有益，孔子对子张之言，谓其或继周者，虽百世可知，谓知其损益也。若徒因也，则又何待圣人哉！

"至汝之为此说也，必曰制度虽当改，然孔子布衣也，非所应行也。不知此又迂谬守旧之言也。虎哥也，果鲁士西亚也，皆布衣而创万国公法，天下韪之，未有以为不当者也。今西国，每国报纸以数千万计，中国近亦颇知此义，有识者莫不曰此开民智，强国本之第一义也。而迂谬守旧之人，必曰此处士横议也。如汝所论，则究为开民智乎？为处士横议乎？

"夫以今日后生小子，而蒿目时弊，昌言更革，识者犹且许之。至于孔子，则必不许其有此事，且不许其有此志，此何理也？夫天下之事理、制度，亦问其当与不当而已，不问其出于何人也。苟其当也，虽樵夫、牧竖之言，犹为有功而可采矣，况孔子虽布衣而实圣人者乎！如其不当也，虽一王之制，历朝相传之法，而樵夫、牧竖亦可从而议之，而况于圣人乎！孔子言：'天下有道，则庶人不议。'又曰：'天下有道，某不与易也。'此言天下有道时，可以如是而已。惟周末极乱，孔子故托于庶人之议，思以易天下，所谓知其不可而为之者也。譬之今之豪杰，使生于康、乾无外患时，何必为此激昂慷慨之言哉？然则孔子之改制度，乃极不得已之苦心，而无一毫不可为训之处明矣。所谓罪我者，正恐后世迁谬守旧之瞀儒，以改制为罪而已。

"汝试熟思之，如尚不谓然，下次可详辨。《中庸》曰：'辨之弗明弗措也。'博辨数次，必豁然矣。"

问："庄元年，不言即位；'夫人孙于齐'，不言反，不言姜氏；'单伯逆王姬'，不言使；'齐侯［师］迁纪邢［邧］、鄑、郚'，不言取；'公子庆父帅师伐于馀丘'，馀丘不系［系］乎邾娄；'纪侯大去其国'，不言齐灭之；'公及齐人狩于郜'，不言齐侯；'公会齐人、宋人、陈人、蔡人伐卫'，不言纳朔；皆孔子既修之《春秋》也。未修之《春秋》，则言反；言姜氏；言使；言取；言邾娄之馀丘；言齐灭之；言齐侯；言纳朔矣。"

梁启超批答："通极。就此例以读全书，可见记号之间，无一字无深意。真所谓万物散聚，皆在《春秋》也。"

问："师还，何以谓之善辞？嘉得休息也。殆可以劝据乱世之穷兵者。

"《春秋》不记诸侯与大夫盟者，为太平世设也，以禹一雇工，稷一农夫耳。

"读《春秋》，如测恒星，孩提只知其为萤火，长则知其为星。读天文书，则知其星之名号。以几何之法算之，以显微之镜测之，则知其为不可思议之地球，则知其内之动、植物件之多，且庶且备。《春秋》犹是也。俗儒只知其为字为取功名之用，妄儒只知其为断章烂报，皆不知几何之法，显微之镜也。几何法何？三世之义也。显微镜何？既修之《春秋》，口说之《春秋》也。以此法测之，则知其中有多少之道，多少之理，多少之人，多少之用，多少之益。此太史公所以云'文成数万，其指数千也'。无几何法、显微镜而测恒星，则恒星为数万小光而已。无三世之《春秋》以读《春秋》，则《春秋》为数本古传而已。"

梁启超批答："比例精当，见地莹澈。然同一用几何法而其布算之密合与否，亦恒存乎其人。譬如地球绕太阳为一圆轨道，其成轨道之故，由于太阳有摄力，而地球有离力，稍通重学者即明其理矣。然太阳摄力之外，尚有内而金星，外而火星，亦各有其摄力加于地球，而轨道之例，可以由此而变焉。太阳又自摄于一公重心，而轨道之例，又可以从此而变焉。非参伍错综，比例极精，则不能确然得其中数也。然则己方以为能用几何学，犹未知真能用与否也。又如用粗粗之天文镜，则可以知恒星之为太阳，行星之为地球矣。用稍精之天文镜，则能知天河之皆为星，其星皆为日球矣。用更精者，则知无量数之星云星气，皆为天河，皆为恒星，皆为日球矣。用粗镜者，自以为知，非真知也。用精镜，自以为知过于粗镜，然亦非真知也。镜之界无限，然则吾之学亦无限，乌知乎？今所谓能用镜者，真为能用否乎？今既知用几何法矣，知用天文镜矣，亦惟于几何之学密益求密，天文之镜精益求精而已。"

问："宋万弑其君，闵公自取之也。孟子曰：'君子视臣如草芥，则臣视君如寇仇。'可以痛警据乱之世矣。

"曹沫片语，而复汶阳之田，千古之大侠也。我四十不动心，孟子之侠也。一心侠，一气侠，至今其种无一存也，以致外人欺伺。其患皆成于诸臣昏庸残暴者鞭笞之，束缚之也。请论学时，此条万不可不先及之。不然，再阅百年，则黄种成豕马，成木石，听人舞弄而不知矣。"

梁启超批答："今日已为豕马、木石矣，有待百年？吾辈日日以此呼号于众，而一二人之口犹无济也，愿诸君之学速成，更学辩才，以发其热肠，则此义或可不绝于天壤也。"[①]

2月
（光绪二十四年正月十一日至二月八日）

14日（正月二十四日）

▲皮锡瑞观看梁启超所阅时务学堂学生的读书札记之后，在日记中说：

———————

① 曾业英编《蔡锷集》（一），第1—7页。

"下午，观卓如所阅卷"，蔡锷"幼而才，长于议论"。[1]

本月

▲时务学堂功课分数榜，"除二十一日（按：2 月 11 日）以后陆续来堂者各应按日计分外，其余概以十分为及格"，核计加分者十八人，内除抵消犯有"小过及前欠分数者三人免奖外，其应得奖者十五人"，蔡锷居得奖者的第八位。[2]

3 月

（二月初九日至三月初十日）

3 日（二月十一日）

▲梁启超因病离湘，赴沪就医。

本月

▲蔡锷在试读三月后的甄别考试中，英文成绩不尽如人意，补考后获准"仍归头班"。[3]

▲蔡锷在时务学堂功课中文分数 18 人获加分奖榜单中，得 13 分，超及格分 1 分，居中西文兼学者的第 16 位。[4]

5 月

（闰三月十一日至四月十二日）

▲蔡锷在时务学堂功课中文分数 28 人获加分奖榜单中，列 18 人"超等"奖的第 14 位。西文分数榜，除中文"甄别额课各一日及因考迟到者应各按日记分外"，以 27 分为及格，获奖者 15 人，蔡锷得 45.5 分，超 18.5 分，居第 13 位。[5]

---

[1] 吴仰湘点校《皮锡瑞日记》第 2 册，中华书局，2020，第 557 页。

[2] 《时务学堂正月功课分数榜》，《湘报》第 2 号，1898 年 3 月 8 日。

[3] 《时务学堂三月期满甄别学生去留榜》，《湘报》第 46 号，1898 年 4 月 28 日；《时务学堂第二班学生并头班补行甄别榜》，《湘报》第 91 号，1898 年 6 月 20 日。

[4] 《时务学堂二月分中文学生分数榜》，《湘报》第 44 号，1898 年 4 月 26 日。

[5] 《时务学堂闰月课榜》《时务学堂闰月分西文分数榜》，《湘报》第 81、68 号，1898 年 6 月 8 日、5 月 24 日。

6 月

（四月十三日至五月十二日）

▲蔡锷属时务学堂中西文兼学者，以 8 分为及格。在功课中文分数 12 人获超额加分奖榜单中，得 15.5 分，超 7.5 分，居第 6 位。[①]

7 月

（五月十三日至六月十三日）

12 日（五月二十四日）

▲蔡锷发表《〈后汉书·党锢传〉书后》。说：

> 有以心党，有以气党。无量世界食其赐者，心党也。虽食其赐，不无畛域，气党也。言为天下法，行为天下则。人力所通，舟车所至，凡有血气，莫不尊亲。汇万流之精，贯百王之英，是谓心党之上。合大群，立大功，成大业，救大危，释大难，有所畛域，是谓心党之次。揭大义，号召天下，挺然其独立也，莽然其众适也，万枪不敢逼，万挫不可钝，视人之仇，如人之恨，破身烂肉，以伸大义，是谓气党之上。理不必直，义不必宜，惟以一腔热血，数片横骨，是谓气党之次。

> 呜呼！心党尚矣，吾不得而见矣。窃汗且喘，揭橥走天下，欲求古人所谓气党者，而亦跫然足音，千载寥廓，罔一遇焉。呜呼！其故何由哉？其在上者，秦政剥之，汉桓、灵剥之，魏武剥之，两晋、南北、五祀、唐、宋、元、明之民贼，靡不出死力以剥之；其在下者，汉之训诂剥之，六朝、唐之辞章剥之，宋之章句剥之，自元至今帖括剥之，以至有匈奴之祸，五胡之祸，突厥、吐蕃之祸，契丹、回回之祸，金、辽、蒙古之祸，今则有无面无祸，无地不祸，无日不祸。其剥愈甚，其受祸更不可拯。悠悠千年，往车来轸，何其衰也！

> 祖龙之鞭笞诸侯也，孟尝、信陵党出，而秦气夺矣，山东党出，而气销矣。吕氏之篡也，朱处［虚］党出，而大乱灭矣。王莽之弑也，白水党出，而中原恢复矣。董卓之劫也，关东党出，而奸首授矣。曹

[①] 《时务学堂头班学生四月分中文榜》，《湘报》第 113 号，1898 年 7 月 16 日。

武之逆也，涿郡党出，而瞒魂折矣。苻坚之嚣张也，安石党出，而贼破矣。武氏、韦氏之僭也，狄、张、隆基党出，而宗庙宁矣。惇、蔡之弄也，洛、蜀党出，而心志稍苏矣。中兴之乱也，曾、胡党出，而大乱弭矣。美之制于英也，华盛顿党出，而大阱出矣。德之灭于法也，俾思麦党出，而仇复矣。法之覆于德也，爹亚党出，而国势张矣。日本之劫于俄、英、美也，萨、长浪士党出，而维新成矣。

嗟夫！中国亦天下之雄国也，初挫于英，不知振；再挫于法，不知振；三挫于日，不知振。以致君无党君，卿无党卿，士无党士，农无党农，工无党工，商无党商，妇无党妇，无气之气，无心之心。呜呼！尚能有为哉！尚能有为哉！不宁惟是，一二豪杰之士，告之以党术，授之以党权，导之以党路，求所以药其不党之痼疾而起者，而举天下非笑之、戮辱之。甲与乙相善也，甲处大泽，群虎相与谋之。乙乃大声呼也，而授之以御虎之器，而指之以御虎之方，甲谓乙诳己，莫之信。未几，而爪牙临身，乙愈怜之，而呼之愈疾，而语之愈哀。又视为惊己，将信而将疑之。未几，而虎果来矣，知乙之不诳己，不惊己，靡及已。

哀乎！今之计也，四万万人不足恃，足恃者自一人而已。一可十，十可百，百可千，千可万，万可四万万。不然，秦赖楚，楚赖秦，究无一可赖。今日之中国，深中此弊也。国之破不足虑，种之厄不足虑，惟教之亡足虑，心之死、气之销足为大虑。心不死、气不销，则可望俾思麦生，爹亚生，萨、长浪徒生也。中立而不倚，强哉矫！国无道，至死不变，强哉矫！此保教之道也。吁！孟子所以不动心于战国之时也。[①]

本月

▲ "除节假及休沐适值功课日期外"，中西文兼学者以 4 分为及格。蔡锷在时务学堂功课中文分数 13 人获加分奖榜单中，得 8.5 分，超 4.5 分，居第 3 位。西文分数榜，除节假日外，以 14 分为及格，获奖者 16 人。蔡

① 曾业英编《蔡锷集》（一），第 7—9 页。

锷得 24 分，超 10 分，居第 5 位。①

　　按：蔡锷不但月月获颁加分奖，还逐次提前了自己的排名。梁启超事后夸赞他是时务学堂的"高才生"。戊戌政变后，黄遵宪也满腔热情，在一首怀人诗中把改变中国命运的希望寄托在蔡锷等人身上，说："谬种千年兔园册，此中没埋几英豪。国方年少吾将老，青眼高歌望尔曹。"② 他在这里借用唐太宗儿子蒋王李恽指使僚佐编成一部毫无学问的《兔园策》的典故，指控封建统治者推行科举制度，埋没了多少优秀人才。如今自己快成老朽了，已难有作为，"青眼高歌"的未来，只好指望蔡锷等人了。十五六岁的蔡锷便得到梁、黄、皮等人的夸赞，一方面说明他当时的学习成绩的确优秀，另一方面也说明他十分"勤苦向学"。③

8 月
（六月十四日至七月十五日）

　　▲梁启超等人在时务学堂宣传康有为的"孔子改制"理论，提倡兴民权，开议院，引起王先谦、叶德辉、孔宪教等守旧势力的恐慌。他们向陈宝箴递上一份所谓《湘绅公呈》，诋毁梁启超等人"自命西学通人"，实皆康有为门下"谬种"，攻击谭嗣同、唐才常、樊锥等人为"乘风扬波、肆其簧鼓"之徒，请求对时务学堂"严加整顿，屏退主张异说之人"。④ 后因这些攻讦没有收到效果，时务学堂、《湘报》馆、南学会"晏然自如，保卫局大著成效，商民称善"，新政之设，水到渠成，又在岳麓书院的学生宾凤阳等人在此前为诋毁梁启超等人而写给王先谦的信函中，加上一些不齿于人的人身攻击之词，说时务学堂"教习争风，择堂中子弟文秀者，身染花露，肆行鸡奸"，并印成传单，在长沙大街小巷"四处张贴分送"，以诋毁全体时务学堂师生。

　　22 日（七月初六日），蔡锷与张伯良等时务学堂学生"受此奇辱"，

----

① 《时务学堂头班学生五月分中文榜》《时务学堂头班学生五月分西文分数榜》，《湘报》第 115、114 号，1898 年 7 月 19 日、7 月 18 日。
② 唐才质：《追忆蔡松坡先生》，《忆蔡锷》，第 136 页。
③ 参见《湘报》为发表时务学堂学生"所作课卷"而撰写的按语（《湘报》第 116 号，1898 年 7 月 20 日）。
④ 苏舆：《翼教丛编》卷五，第 12 页。

"愤激填膺"，认为事涉"一生名节"，"士可杀不可辱"，不能"曲为容忍"，诉之于陈宝箴，请求严惩宾凤阳等人。说：

> 为恳请严提劣衿，审讯实坐，以雪冤谤而昭名节事。窃湖南遵旨设立时务学堂，蒙抚宪助拨巨款，调取生徒肄业。其中所期望者甚殷，学堂课程、章程均经宪台鉴定，条理严密，即致信、会客，亦须管堂察验，私毫不敢错窜。外间舆论，且反有归咎条规过严，此人人所共见共闻者也。五月间，王先谦、叶德辉、张祖同、孔宪教、刘凤苞、蔡枚功、汪颹、黄自元、郑祖焕、严家燡等假学术为名，觊觎谋占学堂总理及教习各席，挟嫌捏词，具呈抚辕。又据称有岳麓生宾凤阳、杨宣霖、黄兆枚、刘翊忠、张锦焘、欧阳鹏、吴泽、彭祖尧、张砥中等原函，并呈抚宪等情。生等本拟与之互讦，辨别是非，以前奉上谕，举宋明积习为戒，又屡次上谕申儆，臣工虽痛斥守旧党之挟私，而又稍予姑容，以冀其改过自新，故生等仰体朝廷德意，一切置之不论不议之列。讵料该劣衿宾凤阳等势穷词遁，既见有天下书院均改为学堂之上谕，又见六月二十三日上谕揭出抚宪办事苦心，有惩办阻挠新政绅士之语，而学堂报馆学会晏然自如，保卫局大著成效，商民称善，新政之设，势如水之流行。该劣衿等变羞成怒，而又不敢彰明较著，于是造为谣谤，鼓惑人心，并将前次原函添加蜚语，谓学堂教习，争风择堂中子弟文秀者，身染花露，肆行鸡奸，刊刷揭帖，四处张贴分送，冀以泄其私忿。生等伏思古今学术源流各异，本可不必计较，惟此乃生等一生名节攸关，岂能曲为容忍。伏思宪台立设学堂，原以造就人才，讲求立身大节，以副朝廷育植之至意。若如该劣衿等揭帖，肆加诬蔑，污人品行，以无为有，生等受此奇辱，上无以对宪台，中无以报父母，下无以告师友，复何面目存立人间！生等年虽幼弱，亦尝明于士可杀不可辱之义，此冤不雪，则生等腼然苟活，不齿人类，虽生之年，犹死之日，宪台亦何必建造学堂，送考出洋为也。生等含冤莫白，愤激填膺，为此公同具禀台辕，立恳派差赏提劣衿宾凤阳等十人到案质讯，严加追究，果系何人所捏，是否有人指使，务期水落石出，以雪此耻，不独生等感戴二天，即生等之父母、师友，亦没齿不忘矣。生等悲痛饮泣，誓不俱生，除禀抚、学宪外，理合具禀陈明，

所有原刊书本揭帖附于后，伏乞宪台批饬差提该劣衿等到案质讯施行，实为德便。

附录

抚院陈批。据禀并抄黏揭帖所刊宾凤阳等上王院长禀函，殊深诧异。查本年五月间，岳麓王院长等以学堂关系紧要，公恳主持以端学术而挽敝习等词，具呈到院，并附宾凤阳等呈王院长函禀各件。本部院查阅宾凤阳原函，只有指斥教习诸人学术宗旨之语，尚无格外污蔑之词。兹阅该学生等抄黏此函，丑诋诬蔑，直是市井下流声口，乃犹自托于维持学教之名，以图报复私忿，此等伎俩，阅者无不共见其肺肝。若出于读书士子之手，无论不足污人，适自处于下流败类，为众论所不齿耳。又查揭帖所称，不解这班禽兽及学堂诸人自命豪杰，至阴为此禽兽之行数语，鄙俚恶劣，有如梦呓狂吠，为前次王院长附来宾凤阳等原函所无，是否宾凤阳等自行删去，迨刊布揭帖时始行增入，抑或另有痞徒，假托羼杂揭帖，传播已久，宾凤阳等岂无见闻。如果系为人假托妄增，自应早为辨白，以自明其不为此市井无赖之行。乃竟嘿无一言，听其流播，是诚何心。此等飞诬揭帖，原于被谤之教习与肄业诸生毫无所损，惟其意专欲谣散学堂，阻挠新政，既显悖朝廷兴学育才之至意，又大为人心风俗之害，极堪痛恨。仰总理学堂事务布政司迅饬长沙府查明宾凤阳等系何学生员，立传到司，彻底根究竟出自何人，刊于何时何地，务得确情禀复，严加惩办，以挽浇风，而端士习。切切，仍候学院批示。

学院徐批。据禀并抄黏各件，阅之不胜诧怪。夫辨论学术，本非挟忿逞私之事，何得以市井秽恶毫无影响之谈，极口诬蔑，复阅一过，至不忍形之笔墨。君子之行，不以所恶废乡，宾凤阳等竟敢狂吠不休，毁辱桑梓，不识是何居心。此等谣言，原不值有识者一晒，与学堂教习肄业生之名节毫无所累。惟本院职司风教，若不严行根究，无以对三湘读书向学之士。仰三学官传谕各士，确切查明宾凤阳等系何学生员，立传讯究，以惩滥习，而定士心。切切弗误。①

① 《时务学堂禀词》（1898 年 8 月 22 日），王先谦：《虚受堂书札》卷一，光绪三十三年（1907）刊本，第 48—52 页。

在陈宝箴等人的干预下，宾凤阳等人以与时务学堂"诸生向无嫌怨，并有族弟黄颂銮、黄锡銮在堂肄业"等词为自己开脱。[①] 唐才质后来说，他和蔡锷等人在时务学堂"一面求学，一面论政，此而对于以王先谦、叶德辉、孔宪教为首的旧派的猖狂进攻，又要随时注意防御和反击"，[②] 当指此而言。

9月
（七月十六日至八月十五日）

20 日（八月初五日）

▲蔡锷在陈宝箴举办的选送湖南留日学生的考试中，突破 5000 名竞争者，以第二名的优异成绩中的，成为 50 名幸运儿之一。[③]

但是，由于慈禧太后次日发动政变，囚禁光绪皇帝于瀛台，康有为、梁启超等人推动的维新变法宣告失败。时务学堂被迫停办。南学会创始人、主讲天文并授课于时务学堂的谭嗣同[④]慷慨悲歌，引颈就义。康广仁、杨深秀、杨锐、林旭、刘光第等五人也同时血溅北京菜市口。陈宝箴、徐仁铸、江标、熊希龄等人被革职，南学会遭解散，湖南保卫局被裁撤。包括蔡锷在内，经过严格考试，而取得赴日留学资格的"拟遣学生"，也因"新政推覆，后其事者，遂罢此举"。[⑤]

21 日（八月初六日）

▲西太后发动政变、囚禁光绪帝于瀛台后，蔡锷与范源濂等人决心继

---

① 《附举人黄兆枚呈词》，《虚受堂书札》卷一，第 59 页。

② 唐才质：《唐才常和时务学堂》，《湖南历史资料》1958 年第 3 期。

③ 《抚院辕抄》，《湘报》第 164 号，1898 年 9 月 26 日；李文汉编纂《蔡公松坡年谱》卷上，"戊戌清光绪二十四年西一八九八年"。谢本书著《蔡锷大传》说"梁启超先后来信，拟从时务学堂和其他书院学生中，挑选七八十名最优秀的青年，送往日本去学习，学成归国，为国效劳。蔡锷听了当然很高兴"，"谭嗣同走后不久，湖南巡抚陈宝箴公布了招收 70 名学生留学日本的办法……最后录取了 70 名，蔡锷以第二名的优秀成绩入选。"（见该书第 21 页）谢先生所说，有两点与事实不符，一是此事实际是湖广总督张之洞提议的，与梁启超无关；二是录取的名额也不是 70 名，而是 50 名（见《抚宪告示》，《湘报》第 129 号，1898 年 8 月 16 日）。

④ 据梁启超说，谭嗣同、唐才常和他一样，"都在"长沙时务学堂"教授"过（梁启超口述、周传儒笔记《蔡松坡遗事》，北京《晨报·蔡公松坡十年周忌纪念特刊》，1926 年 11 月 8 日）。

⑤ 周家纯：《致湖南青年劝学外洋书》，《游学译编》第 4 册，光绪二十九年正月十五日。

续求新学。

范源濂回忆，"长沙时务学堂因党祸改组，学生多愤而退学，君（按：指蔡锷）与余亦与焉。时同学虽皆年幼，而精神团结，尝冒险远行，互相访问通讯。盖其时科举尚未废，吾侪闻诸师鄙帖括，谋富强之议论，稍知国势阽危，非求新学无以图存，幼稚纯洁之心，遂自以为责无旁贷矣。吾侪商榷之结果决定继续求学。顾是时国内研究'时务'之学校寥若晨星。武昌虽有两湖书院，洎戊戌政变后对于长沙时务学堂之退学生则竣拒不纳。南京亦无学校。于是吾侪乃不得不以上海为目的地。"①

唐才质也回忆说："我和一些同学离开时务学堂后，打算到湖北继续学习，但武昌两湖书院对于时务学堂的退学生，拒不收纳，其他的地方也没有适当的学校可以插足。光绪二十五年夏五月（一八九九年六月），我同范源濂、蔡艮寅（锷）三人，前往上海，考入上海南洋公学。"②

梁启超的回忆则说："戊戌政变，时务学堂解散，我亡命到日本。当时那些同学，虽然受社会上极大的压迫，志气一点不消极；他们四十人中，有十一人相约出来找我，可是并不知道我在什么地方。他们冒了许多的困难和危险，居然由家里逃出来，跑到上海。但是到上海后，一个人不认得；又费了许多手续，慢慢打听，才知道我的住址，能够与我通信。后来我听说，松坡到上海，住在旅馆的时候，身上不多不少，只剩下一百二十个有孔的铜钱。"③

22 日（八月初七日）

▲蔡锷发表《秦始皇功罪论》，说："千古之罪，未有一人成之者；千古之功，未有一人树之者。尧不得舜，必为鲧惑已；舜不得皋陶，必为瞽瞍惑已；武王不得姜、召，必为管、蔡惑已；桓公不得仲，必为竖刁诸人惑已。纣有飞廉，故其暴成；平有无费，故其奸成；蜀有黄皓，故其亡成；魏有司马，故其篡成；宋有京、桧，故其和成。秦得非然欤？有商鞅，而井田废成，《诗》《书》燔成，宦游禁成；有穰侯，而奢侈成，吞噬成；有

---

① 范源濂口述，李光忠笔记《学生时代之蔡松坡》，北京《晨报·蔡公松坡十年周忌纪念特刊》，1926 年 11 月 8 日。

② 唐才质：《唐才常和时务学堂》，《湖南历史资料》1958 年第 3 期。

③ 《蔡松坡遗事》，北京《晨报·蔡公松坡十年周忌纪念特刊》，1926 年 11 月 8 日。

白起、蒙恬，而杀戮成，残酷成。始皇被臣下之锢蔽，困数祀之遗规，非心为此也，势此也；非自然之势成之，不获已之势成之也。始皇痛当世之士各以其缯缴之说，以弋其上，所用非所吐，所吐非所用，此其禁宦游、燔《诗》《书》之不获已也。痛周天下之亡亡于诸侯，诸侯之亡亡于世卿，此其夷封建为郡邑之不获已也。至其废井田，好杀戮，好奢侈，此其成于祖宗、限于臣下之不获已者也。然则无片过乎？曰：始皇，千古之大罪人也，乌无过！过何？不智民，而愚民而已。然亦由于私天下之心之不获已也。一言蔽之，始皇之功不成功者，不获已也；罪不成罪者，不获已也。师之当师其所以兴，革之当革其所以亡可也。吁！听言不可不慎也，用人不可不慎也，始皇其龟鉴钦！"①

1899 年

（光绪二十四年戊戌十一月二十日至光绪二十五年己亥十一月二十九日）

2月

（光绪二十四年十二月二十一日至光绪二十五年正月十九日）

▲长沙时务学堂改名为求实书院。

6月

（四月二十三日至五月二十三日）

▲蔡锷与范源濂分别以第 6 名、第 5 名的成绩考取上海南洋公学外班生。② 范源濂回忆说："己亥之夏五月，蔡君与唐君才质及余同考入上海南洋公学。时暑假已届，新生例须下期入校。吾侪三人在上海举目无亲，资斧濒绝。幸值前长沙时务学堂教习李维格先生在南洋公学任教，特许先行入宿舍。七月，梁任公先生自日本来函相招，又幸得唐才常先生资助，遂东渡。"③

---

①　曾业英编《蔡锷集》（一），第 9—10 页。
②　《梁启超先生在南洋公学演说》，《宗圣学报》第 2 卷第 6 册第 18 号，1917 年 4 月。
③　《学生时代之蔡松坡》，北京《晨报·蔡公松坡十年周忌纪念特刊》，1926 年 11 月 8 日。

8月

（六月二十五日至七月二十六日）

▲蔡锷应梁启超之招，与唐才质等人抵达日本东京。① 唐才质回忆说："梁启超听说我们来沪，自日本寄函相招，又得到先长兄才常的资助，买轮东渡。"② 梁启超的回忆则说："他们来了之后，我在日本东京小石川久坚町，租了三间屋子；我们十几个人，打地铺，晚上同在地板上睡，早上卷起被窝每人一张小桌念书。那时的生活，物质方面，虽然很苦，但是我们精神方面，异常快乐，觉得比在长沙时，兴味还好。"③

梁启超所说居所局促，生活艰困，应是实际情况。他当年在复孙中山的一封信中就提到过此事，说："捧读来示，欣悉一切。弟自问前者狭隘之见，不免有之，若盈满则未有也。至于办事宗旨，弟数年来，至今未尝稍变，惟务求国之独立而已。若其方略，则随时变通，但可以救我国民者，则倾心助之，初无成心也。与君虽相见数次，究未能各倾肺腑，今约会晤，甚善甚善。惟弟现寓狭隘，室中前后左右皆学生，不便畅谈。若枉驾，祈于下礼拜三日下午三点钟到上野精养轩小酌叙谭为盼。此请大安。弟名心。印。十八。"④

至于学习内容，梁启超说："主要的功课是叫他们预备上日本学堂。我除了用以前在时务学堂教书的方法，让大家读书做札记之外；他们大部分的时间，都是预备日本话同其他几种普通学——如数学；这样的生活，前后有九个月的时间。"⑤ 唐才质也证实："梁启超在东京小石川久坚町，租了三间房屋给我们居住，又延请日人重田讲授日语等课，为投考日本学校的准备。"⑥

---

① 《湖南同乡留学日本题名》，《游学译编》第 10 册，1903 年 9 月 6 日。
② 唐才质：《唐才常和时务学堂》，《湖南历史资料》1958 年第 3 期。
③ 《蔡松坡遗事》，北京《晨报·蔡公松坡十年周忌纪念特刊》，1926 年 11 月 8 日。
④ 中华书局藏抄件。又见《梁启超年谱长编》，第 181—182 页。
⑤ 《蔡松坡遗事》，北京《晨报·蔡公松坡十年周忌纪念特刊》，1926 年 11 月 8 日。
⑥ 唐才质：《唐才常和时务学堂》，《湖南历史资料》1958 年第 3 期。

9—10 月

（八至九月）

▲蔡锷与"刘百刚、吴禄贞等成立励志会，留学之结合自此始"。[1]

按：据清政府驻日公使李盛铎说："励志会始自去秋（按：1899 年秋），专为研究学问及译书而设，月聚一次。演说皆系学问，未及国事。惟本年六月有由鄂来东学生沈翔云赴该会演说，语多悖谬，刊入《清议报》。"[2] 冯自由回忆说："励志会为庚子（1900 年）东京留学界所组织。其时各省学生东渡留学者不过百数十人，尚无何种结合，此会实为留学界创设团体之先河。有会章五条，不外以联络情感策励志节为宗旨，对于国家别无政见。"[3] 冯的回忆，除了组会时间有误外，其他内容均属实。而章士钊则说："东京留学初期，有励志会之设，会员包容甚广，表现革命大团结之气象。非微雷（奋）、杨（廷栋），即曹汝霖、金邦平等，亦无例外。"[4] 但 1914 年 3 月 4 日袁世凯军政执法处发布处决沈翔云的《通告》却夸大其词说："沈翔云即沈虬斋，供年三十九岁，系浙江吴兴人。前在湖北武备学堂及日本成城学校肄业，因励志会宗旨与同盟会相合，故入励志会，与陈其美、黄兴、孙文、李烈钧等交好。"[5]

10 月

（八月二十七日至九月二十七日）

▲蔡锷改原名艮寅为孟博，[6] 与经梁启超"函招"、先后到达东京的长沙时务学堂同学唐才质、范源濂、林述唐、秦力山、李群、周宏业、陈为璜、蔡钟浩、田邦璇、李炳寰等"二十余人"，以"特别生"名义，以及从横滨大同学校择优选拔而来的"优级生"冯自由、郑贯一、冯斯栾、曾

---

① 《蔡松坡先生事略》，曾业英编《蔡锷集》（二），第 1514 页。

② 《李盛铎致张之洞电》（1900 年 11 月 14 日），陈旭麓等主编《义和团运动·盛宣怀档案资料选辑之七》，上海人民出版社，2001，第 381 页。

③ 《励志会与译书汇编》，冯自由：《革命逸史》初集，中华书局，1981，第 98—99 页。

④ 章士钊：《疏〈黄帝魂〉》，《辛亥革命回忆录》第一集，第 268 页。

⑤ 《沈翔云枪毙之罪状》，上海《时报》1914 年 4 月 11 日。

⑥ 《东京大同高等学校课卷》（一），曾业英编《蔡锷集》（一），第 10 页。

广勷、郑云汉、张汝智等七人，一起成为由横滨华商郑席儒、曾卓轩等人大力赞助下正式开学的东京大同高等学校的首批学生。①

对于蔡锷在该校的表现，范源濂回忆说："蔡君及吾辈抵日本后，即入东京大同高等学校。时是校尚系草创，设备甚简，且无运动场，吾侪常赴日本体育会练习，练习时其教师恒择一学生使之试教，蔡君成绩最佳。是校旋得横滨、神户华侨资助，建新校舍，更名曰清华学校，推日人犬养毅为名誉校长（日本法律规定外人在境内设学校时其校长须以日本人充之）。梁任公先生方有美洲之行（按：1899 年 12 月 19 日离日游美洲），实际上校务无人主持，惟赖学生自治。余经理对外对内一切事务，每晨晚同学必齐集点名。校内秩序非常整肃。每晨五六时蔡君恒率同学入操场操练，是校出身者多习陆军，盖有由矣。蔡君留是校预备日语及普通学，既毕业，志在学陆军。"又说："方戊戌、庚子前后数年间，国内政局昏暗，外侮日亟。吾辈在日本留学，一面为党祸牵连，与家人通信亦须秘密转折迭寄，更不必言经济上之困难，一而因甲午之役、庚子之役，日本迭次战胜我国，故在在均受深切之刺激。一般日人或恃其新胜，傲态相陵，或挟其敌忾，视如仇雠。而其知识界之优秀分子与吾侪相接近者则预料留学生之必将领导国内群众，故待之优礼有加，而勖以图强雪耻。吾侪处境如此，故无日不在愤慨激昂中也。继而同学由湘、粤及他省赴日者渐众，得朝夕相聚者约三十人。课余每相与议论时事，各抒怀抱。此三十人中，按其主张，约分三派。一、谓应急起改革政治，和平手段既无望，即当先事破坏，再图建设，此派人数最多。二、谓宜从事军事学问，期握统驭〔驭〕并训练国民之实权而于国事有济。此派人数次多，蔡君其一也。三、谓他国之富强原于教育，我国欲与齐驱，非先教育国民不可，故决应注重教育。此说余最主之。如此辩论，各有理由，自各持其所说。卒之彼此相谅，互认为不可偏废，唯当本各人之性情能力行其所信，以期殊途同归，共谋国是而已。"②

章士钊也有类似回忆，说："查当时留学生谈革命者，显分两派。一派出言无择，嬉笑怒骂……又一派则适得其反。彼等志存颠覆，而迹求隐晦，

---

① 《东京高等大同学校》《秦力山事略》，《革命逸史》初集，第 72、85 页。
② 《学生时代之蔡松坡》，北京《晨报·蔡公松坡十年周忌纪念特刊》，1926 年 11 月 8 日。

平日谨言词，慎交游，常恐以意外之疏忽，而招来本事之损害，如杨笃生、蔡松坡皆其流亚也。"[1]

按：东京大同高等学校由梁启超提议创办，并亲任校长。其创办的目的与招收学生的标准，梁启超在 8 月 25 日致大隈伯爵函中有清楚交代。其函说：

> □□大隈伯爵阁下，不侍几秋，久已逾月，盛夏溽暑，伏惟自爱万福。今窃有所欲陈者，横滨大同学校，承明公及木堂先生（按：即犬养毅）热心提倡，横滨绅商同感激涕零，启超等尤钦佩无似。虽然，大同学校，其规模不过一小学，其来学者局于横滨商人子弟之一部分，固不足以得非常之才，而经费有限，又校区在于市廛之间，不能施完备之教育，此启超所深以为遗憾而不能屡于心者也。是以近者与滨中同志计划，思设一高等学校于东京。今得寄附金八千，大略规模，可望有成。然启超此次之计划，其目的专在招集内地之青年志士（以湖南、两广为主，他省副之），使之就学。而此项学生，多属寒士，非惟不能自备学资，即衣食舟车之费，亦须待人而给。故今者企兴此学校，其岁出经常费，视通常之校，殆数倍焉。滨中诸人拟募寄附金六万，然后此校之基础乃巩固。求诸于南洋、米洲居留之人，此企似尚非难。虽然，诸同人之意，以此校托庇于日本，尤深望日本热心同志之人，有所赞助，以表两邦人士组织密接之实情，尤欲得一世之人杰。内外所仰望如明公者，乐赞于其间，则登高以呼，景从者众，而集事更当易易。诸同人皆怀此志，不敢请也，而属启超介绍之。启超窃惟敝邦之危局，至今日而极矣，欲拯救之，必赖人才，而养成人才，必不可缓待诸今日以后矣。而近年由官吏派来游学之生徒，虽有其人，然志气软弱，见识隘陋，必非可以救危局之人物也。欲得此人物，必不可不求诸于草野贫贱而坚苦卓立之寒士，故非设此校无由达此目的。而此校既设，各省之青年志士咸集，则贵邦青年有欲通支那内部细情，增一层社交之亲

① 章士钊：《疏〈黄帝魂〉》，《辛亥革命回忆录》第一集，第 247—248 页。

密乎，亦可以来学于此校，斯实双方之大利益也。想明公与贵党诸
达人君子必乐赞之，故敢冒昧陈其情，若承不弃，则该学校之发起
人等，尚欲以日间求谒于左右也。如何之处，伏望赐一答言，不胜
荣幸。本欲造谒面陈，以通译人不便，故以笔代舌，伏惟亮鉴，不
备。梁启超顿首拜上大隈伯爵阁下。八月二十五日。

其学校创立之趣旨书，曾刊登于《清议报》中，今附呈一览。[①]

东京大同高等学校在教学方面，与当年的长沙时务学堂既有相同之处，
又有明显的区别。相同的是沿袭了长沙时务学堂要求学生"作札记"的教
学方法，规定学生必须"日作札记四则"，以甲、乙两等分优劣。[②] 最大的
区别是"校内功课，除日、英二国文字"以及"其他几种普通学——如数
学"外，因为从学者皆为原长沙时务学堂和横滨大同学校的学生，已有了
很好的中国传统学问基础，加上梁启超当时与孙中山等革命志士"往返颇
密"，且有"联合组党"的计划，[③] 因此，梁启超不再选用中国古代的儒家
经典作为教材，而是专讲欧、美各国革命历史及古希腊哲学与法国卢梭、
孟德斯鸠，英国达尔文、斯宾塞等人的进化论及自由平等、天赋人权等学
说。学生们的阅读兴趣也齐齐转向了外国书籍，那些追随梁启超，第一次
走出国门的原长沙时务学堂学生更是如此。蔡锷就坦率说过，他这时对传
播西学的日本书籍"嗜之若饴"，而把中国书籍置之"脑外"了。[④] 不少人
因此而"高谈革命，各以卢骚、福禄特尔、丹顿、罗伯斯比尔、华盛顿相
期许"。[⑤] 有人还以古代名贤自况，如广东香山籍的郑道就自称为中国的
"摩西"。[⑥] 这是希伯来语，天主教称为梅瑟，伊斯兰教称为穆萨。据传，
摩西是公元前13世纪时犹太人的民族领袖，是他带领希伯来人从埃及迁徙
到巴勒斯坦，最终摆脱了被奴役的悲惨生活。但是，严格说来，梁启超在
大同高等学校亲自授课的时间并不长。由于他在《清议报》大发"排满言
论"，引起康有为不满，于是派叶觉迈携款赶到日本，要求梁启超立即离开

---

① 据日本京都大学狭间直树教授寄赠原件复印件抄录。
② 《汉变烈士事略·李炳寰》，彭国兴、刘晴波编《秦力山集》，中华书局，1987，第14页。
③ 《东京高等大同学校》，《革命逸史》初集，第72页。
④ 曾业英编《蔡锷集》（一），第36页；《郑贯公事略》，《革命逸史》初集，第83页。
⑤ 《东京高等大同学校》，《革命逸史》初集，第72页。
⑥ 《郑贯公事略》，《革命逸史》初集，第83页。

日本前往檀香山创设保皇会，并改派麦孟华代理东京大同高等学校校务。梁启超不得不告别大同高等学校，前往美洲。麦孟华随后以学生醉心民族主义，与保皇会宗旨不合为由，废除了大同高等学校的"汉文讲席"，将其改成了攻读日文的专修学校。① 蔡锷的日语能力就是在这段时间里快速提升的。他本来就天资聪颖，感化力强，记忆力好，又向来勤奋好学，短短数月，就不但能与日本人流利对话，还能执"各外报以读之"，② 并熟练翻译各种日文书籍。1901 年 4 月 28 日，东京大同高等学校在日本政党的资助下，建成新校舍，侨商郑席儒与日本前文部大臣犬养毅决定将其改名为东亚商业学校，同时招收日本学生。中国学生除原有的旧生外，又新增了蒋百里，以及蒋尊簋、王宠惠等人，全部学生增至"百余人"。③ 新学校虽按日本法律，推选日人犬养毅为名誉校长，但校务实际"无人主持"，全靠"学生自治"。范源濂被举为负责人，由他"经理对外对内一切事务"。在范的主持下，校内秩序整肃，早晚必齐集点名，每晨五、六时则由蔡锷带领前往"操场操练"，锻炼体魄，这为蔡锷、蒋百里、蒋尊簋等人此后走上学习军事的道路奠定了良好的身体基础。④ 东亚商业学校如此续办了两年，经费再度告急，无法维持，最终改由清政府驻日公使蔡钧接办，易名为清华学校，寓以"大清统治中华"之意。⑤ 不过，这已与蔡锷没有任何关系了，因为他早在 1901 年 12 月 17 日就已进入成城学校，转学陆军了。⑥

蔡锷新改的名字"孟博"，原为东汉桓、灵帝时一个叫范滂的官员的字。据《后汉书》记载，范滂（137 - 169），字孟博，汝南征羌（今河南漯河市召陵区）人。东汉末年，宦官、外戚交替专权，垄断仕进，甚至公开卖官鬻爵，政治极为黑暗、险恶。但范滂却志节非凡，敢于仗义执言，

---

① 《东京高等大同学校》，《革命逸史》初集，第 73 页。
② 《人道乎抑人道之贼乎》（1900 年 12 月 12 日），曾业英编《蔡锷集》（一），第 24 页。
③ 《开办东亚商业学校记》（1901 年 4 月 28 日），《秦力山集》，第 24 页。
④ 《少年时代之蔡松坡》，北京《晨报·蔡公松坡十年周忌纪念特刊》，1926 年 11 月 8 日。
⑤ 《东京高等大同学校》，《革命逸史》初集，第 73 页。
⑥ 镰田和宏：《蔡锷与日本》，依闻译，《船山学刊》1996 年第 1 期。李文汉 1943 年 4 月编纂的《蔡公松坡年谱》，依据范源濂《少年时代之蔡松坡》一文的说法，说蔡锷 1900 年"仍留清华学校"（见该年谱 1900 年条），误。谢本书著《蔡锷大传》又据李文汉的记载，说蔡锷在东京大同高等学校更名为"清华学校"后，仍在该校学习，而且每天早晨五、六点钟，"带领同学到操场练操"（该书第 23 页），再误。

自立直行，激励世俗，因而被时人称为"八顾"之一。他初被朝廷任命为负责巡查地方盗贼的"清诏使"，则"慨然有澄清天下之志"。升任为守卫皇宫门户的"光禄勋主事"后，因不满顶头上司摆官僚架子，弃官而去。再次被征召时，又因举奏祸害百姓的达官、权贵20多人，被疑为有私心，以志向无法实现，再次辞官。后经汝南太守宗资举荐，又一次被朝廷暂任为掌管查考、记录官员勋劳的"功曹"官。范滂就职后，雷厉风行，严惩不法之徒，将其一律逐出官府，而对品德高尚的人，那怕是贫寒之士，也必予提拔、重用，从不背公徇私。据说，范滂有个外甥叫李颂，因为也是世家豪族子弟，宗资受人之托，给安排了个小官。范滂却不认为这是个合适人选，硬生生给挡下了。宗资见范滂连这点面子都不给，简直是忘恩负义，非常生气，又不好直接对范发火，于是就把怒火转嫁到他手下的一个小秘书，不惜大打出手，施以酷刑。直到这个小秘书仰着头说了下面这席话，才住手："范滂这样做是公正的，是用利刃切割腐朽的东西。今天宁肯被你打死，也不能背叛范滂。"宗资虽手下留情，放过了这个小秘书，但范滂及其所荐用的人却从此惹上了党祸，被一些借机报私怨的仇家诬指为"范党"，打入死牢。后虽经人营救，幸免于难，但也被禁终身不得再做官了。不久，党祸再起，朝廷下令急捕范滂等人。执行缉捕的人心有不忍，拿着诏书在旅社伏床大哭。范滂闻讯后，知道这是自己的事让他为难了，当即赶往县狱。县令对范滂的遭遇也十分同情，居然丢下官印，拉着前来投案的范滂，要和他一起逃走，说："天下这么大，快走吧，你为何偏要在这里等死？"范滂连连摇手说："使不得，使不得。我死了，灾祸就可平息了，怎么可以因我而连累您呢？再说了，我和您逃走，也会让我的老母流离他乡，无片刻安身之所呀！"而范母也是个识大体，明是非的女性，她前往监狱与范滂诀别时，听了儿子说自己"死得其所，希望母亲大人能割舍这份难以割舍的恩情，不要为他的死再增添悲伤"一番话之后，竟自抑难以忍受的失子之痛，勉励儿子说："你现在能够与前辈齐名，得到众人的称颂，死也无憾了！好名声与长寿，不可兼得啊！"[1] 路过的人，听到他母子俩的对话，没有不落泪的。范滂年仅33岁，就从容告别了短暂的人生。纵观蔡锷一生，不难发现，在个人精神和品行方面，他与范滂有不少相似之

---

[1] 参见《后汉书》卷六七《党锢列传》，中华书局，第2203—2208页。

处，他以范滂的字做自己的名字，表明范是他心中的偶像，意味着他希望自己能像范滂那样，做一个不谄事权贵，不阿附邪恶，清廉刚直，循善不群，广受社会欢迎和爱戴的人。

11 月前后
（十月、十一月初前后）

▲蔡锷在读书"札记"中问："古今之大患，莫甚于以己之才力心思，不敢卓立绝出，而驾乎人之上，相率因循，以仰人之鼻息，承人之目耳，自窒其脑筋，束其手足，此贱丈夫之所为，甘于为人之奴隶者也。以为千万人之所是，吾独从而非之，千万人之所非，吾独从而是之，千万人之所闭，吾独从而开之，宁不为人窃笑乎？此终古所以无进化之理也。虽然，盖未知是非无定之理耳。夫儒崇乐，墨非之。墨救人，杨守身。古之所非，今以为是。此数百年以为是，后数百年必有以为非者。且以有形之草木禽兽，固无一定之象，况无色相无涯涘之公理乎！夫千万人之所非者是之，是者非之，闭者开之，梦之所不及者吾言之，冒险也。一人冒险，而遂开千古文明之境界，日本之藤寅是也。冒险者，进化之大原因也。原因甚微，结果剧大，可不勉哉。"

梁启超批答："英国大儒约翰弥勒曰：侵人自由之权，为第一大罪，自放弃其自由之权者罪亦如之。言自由之学者，必以思想自由为第一义，若人人皆以古人之是非为是非，则天下无复思想矣。庄子曰：其作始也简，其将毕也必巨，故大人者能以造因为事者也。"

问："分民之阶级，与破除阶级之见者，优劣判若天渊，然无阶级中复有无穷阶级存焉。下等社会之人，不能有上等社会之权，即授之以权，则亦不能保守，其权即为无权，此天演之阶级也，人为每为天演力所抵制者此也。欲胜天演之力，非平世界之智慧不可，平之之道，其大发其原动力乎。进化之关键，舍此无由，则天演之力，转而为铸文明之具也。天演与人力所以互相胜负也欤。"

梁启超批答："自由权者，自得之者也，非人所能授我也。若人能以授我，则必非我之自由权也。授之以权，亦不能保守，此最可痛之事，然亦必然之理。然则寻常人骂独夫民贼之夺我民权者，是冤词也，己苟不放弃其自由权，谁得而夺之？凡被人夺者，必其不能自保守也，于人乎何尤？"

问："演言谓：尚武人群，以农工商供兵役。农工商人群，以兵资保卫。上所言者，野蛮之世也，下所言者，近日欧美进化之世也。予以为进于化之极，必人人能伸自由之权，识自由之理，人人自为保卫，且无所侵争，则无所谓保卫，又何以兵力为哉。人心中有国界，故致有以兵平不平之事。他日合地球为一大群，欧亚美为腰腹，群岛为手足，天下豪俊为头目，公理为以太，又安有手与足之争，手足与腰腹之争哉，则无兵之世，可决而定也。"

梁启超批答："自由之理大明，人人不相争，自然无所用兵，且不惟兵无所用而已，即政府之职，亦不过以调停裁判其人民之偶有侵人自由者而劝止之，如斯而已。他事非所干涉也，政府犹然，而况于兵。"

问："俄倡设弭兵会，人多以诡诈目之，谓不足信，盖亦未之思耳。王阳明曰：未能知说甚行，故知先于行，空谈先于实事，一定之理也，迂儒何足以知之？夫天下事，每以空谈起点，而遂成其后，安知此时之欺诈，后日不得不转为至诚者？此时之出诸口，安知后日之不能见诸实事者？儒生议论，尚足以移动全球之大局，况昭昭然联为会者乎？即其不诚，亦文明之先声也。而张之洞乃作非弭兵议以非之，抑何忍心倍理，甘为野蛮据乱之人耶。"

梁启超批答："虽然此理固是也，然合为一大群之后，则第二之原动力，无从发生，恐又变成退化之局，如中国此前千年之世界，然斯亦不可不虑也。汝试深思之，答此难。"

问："国家之有主权，即代表人民之公共权也。权散于私民，则涣散而微小，归于统一，则强大而坚固，故不能不立一主权之国家。国家所主之权，国民所与之者也。国民之权大，则国家之主权亦必大，国民之权小，则国家之主权亦必小。此二权者有聚分之别，无上下之分，故所聚之权，常视其所分之权为大小强弱。故善治国者，常行其强大国民之权而舒伸之之政，故国家之主权，亦因之以强大舒伸，今之环球诸强国是也。不善治国者，常行其弱小国民之权而屈抑之之政，故国家之主权，亦因之而弱小屈抑，今之中国及土耳其是也。推及其初，不过遂一己之私，而侵夺人民之权，人民之权既就于消亡，而己之权随之以化为乌有，其眼光如豆，只顾一己，不顾大局，只顾一时，不及未来，野蛮人之思想作为种种如是，亦可笑已。"

梁启超批答:"约翰弥勒言:专制之国,必无爱国之人,若有之则其君主一人耳,可为此文注脚。以大智大慧人,观小智小慧人之举动,不觉其可笑,只觉其可怜耳。"

问:"孔子曰:匹夫不可夺志。志者何?自由之志也。志于自由,必不可以夺之,可以夺之者必其不自由也。夫志尚可以夺之,则无不可以夺之矣。中国无具此不可夺之志,乌能与自由者享自由之权利哉!权利者,天下之公物也,己不能享之,人必代而享之,于人无尤也。无自由之希望,必不能有自由之力量,无其力量,则不能置足于大地争竞之场也必矣。夫希望之所至,力量随之,力量之所至,成事之现象随之,其效至速也。善夫!中村正直之言曰:国家所以有自主之权者,由于人民有自主之权,人民所以有自主之权者,由于有自主之志行,盖深知国家自强之大根原也。"

梁启超批答:"志之自由,则思想之自由也,为一切自由之起点。权利者,天下之公物也云云数语,德国学者所称道之说也。"①

▲梁启超在日本东京"红叶馆设宴祖饯"林圭等回国"勤王"起义人员。冯自由回忆说:"林述唐名锡圭,湘阴人,乃时务学堂学生。己亥秋,偕秦力山、蔡松坡等同莅日本,肄业于东京高等大同学校,才识干练,与湘鄂哥老会素有渊源,同学以其有类《水浒传》中林冲,咸以豹子头称之。东渡后数月,唐才常谋在湘鄂二省大举,力邀林回国相助进行,林遂约留学界同志粤人黎科、鄂人傅慈祥、吴禄贞、戢元丞,闽人郑葆晟,燕人蔡丞煜,湘人秦力山、李炳寰、蔡钟浩、田邦璇等结伴赴鄂。梁启超特在红叶馆设宴祖饯,并邀孙总理、陈少白、沈翔云、宫崎寅藏、平山周诸人作陪。"②陈少白也回忆说:"一天晚上,梁启超及康有为其他的门生在日本某菜馆开了一个送别大会,送别林士圭等回汉口去筹备起事。到会的除了康有为的学生外(康有为是时不在日本),有日本的同志朋友,孙先生和我们兴中会的会员多人参加在内。他们知道我船到日本,就派人到横滨码头来接,一同乘车到东京,把我送到这里来。大家见过面,把酒畅谈,真是

① 以上各文见曾业英编《蔡锷集》(一),第10—14页。
② 《康门十三太保与革命党》,《革命逸史》二集,第31—32页。

悲壮淋漓，激昂慷慨，都兼而有之了……在席上梁启超还把合作的话，殷殷商酌，林士圭珍重告别。"①

12 月

（十月二十九日至十一月二十九日）

19 日（十一月十七日）

▲梁启超离开东京，前往檀香山组织保皇会。据冯自由回忆，梁启超离日后，《清议报》"改由麦孟华主编，其论文译著由欧榘甲、罗孝高及大同学校诸生秦力山、蔡松坡、郑贯一、周宏业等分别任之"。说：他"己亥秋，肄业于东京牛込区东五轩町高等大（同）学校"。"时梁启超方与孙总理（按：指孙中山）磋商联合组织新党问题，议推总理为会长，而启超副之，日常来往东京、横滨间，高谈民族主义。康徒之赞同者有韩文举、欧榘甲、梁子纲、张智若、罗伯雅等十余人，独徐勤、麦孟华数人反对耳。故高等大同学校充满革命空气。所取教材有《卢骚民约论》《法国大革命史》《摩西出埃及记》《华盛顿传》《英国革命史》诸书。学生林锡圭、秦鼎彝（力山）、蔡艮寅（后更名锷，字松坡）、李炳寰、范源濂（静生）、田邦璇、蔡钟浩、周宏业（伯勋）、郑贯一、冯斯栾、唐才质、李群、陈为璜、李渭璜及余等三十余人，皆志大言大，各以摩西、罗伯斯比尔、丹顿、华盛顿、卢骚、福禄特尔、克林威尔诸杰自命。是秋，康有为在新加坡得徐勤告密，函谓'卓如（启超字）近为行者（按：指孙中山）所惑，有组织新党企图，行将实现'等语。读之大怒，立派叶觉迈至日本，严令启超赴檀香山开设保皇会，不许逗留。康徒向视其师如父，启超遂不得不离日赴檀……启超所创之横滨《清议报》于启超行后，改由麦孟华主编，其论文译著由欧榘甲、罗孝高及大同学校诸生秦力山、蔡松坡、郑贯一、周宏业等分别任之。"②

---

① 陈少白：《兴中会革命史要》，中国史学会主编《辛亥革命》第 1 册，上海人民出版社，1981，第 62 页。

② 《秦力山集》，第 4 页注"＊"；《记东京大同学校及余更名自由经过》，《革命逸史》四集，第 97—98 页。

1900 年

（光绪二十五年己亥十二月初一日至光绪二十六年庚子十一月初十日）

5月

（光绪二十六年四月初三日至五月初四日）

12 日（四月十四日）

▲湖广总督张之洞派遣的"长期留学生"沈翔云，与"短期留学生"之一的黄兴（按：时名黄轸）等人，搭乘日本博爱丸邮船自上海启程前往日本东京。①

　　按：20 世纪末，多有学者依据冯自由以下回忆："沈云翔（按：实系'沈翔云'之误），字虬斋，浙江乌程县人。少有大志，肄业于武昌自强学堂。己亥（一八九九年）鄂督张之洞遴选优秀学生派送日本留学，云翔预焉。时孙总理、陈少白、梁启超先后亡命日本，彼此往还，相与研究革命方略，至为透辟，云翔偕同学戢翼翚（元丞）、吴禄贞（绶卿）访之，一见如故，对总理尤倾倒备至。己亥庚子间，各省留东学生渐增至百数十人，湘之秦力山、林述唐、李炳寰、蔡松坡、田邦璇、蔡钟浩，鄂之刘百刚、吴念慈、傅慈祥，粤之黎科，闽之郑葆丞，燕之蔡丞煜，皖之程家柽诸人，均属有志之士。云翔一一引见总理，共商天下事，总理深得其助。"② 提出蔡锷这期间在沈翔云的引见下，见到了孙中山，而且对孙中山多有帮助。如有学者说："早在 1899 年间，蔡锷和秦力山等东渡求学的'有志之士'，在日本东京，经过与孙中山'往还至密'的兴中会员、学友沈云翔之引见，

---

① 上海总领事代理小田切万寿之助：《关于张权及湖北省武官来本邦视察军事并湖北留学生启航赴日之报告》，日本外务省外交史料馆藏《在本邦清国留学生杂纂》（学生监督并视察员之部），转引自孔祥吉、村田雄二郎《孙中山友人沈翔云史实考略》，林家有主编《孙中山研究》第 1 辑，中山大学出版社，2008，第 175 页。

② 《沈云翔事略》，《革命逸史》初集，第 80—81 页。

便和'倾倒备至'的孙中山相识了，并且还一起'共商天下事，总理（孙中山）深得其助'。"① 还有学者说：协助唐才常自立军活动的蔡锷等人"对孙中山尤其'倾倒备至'。孙中山还曾接见沈云翔、秦力山、林述唐、李炳寰、蔡锷、刘百刚等'有志之士'，'共商天下事，总理（孙中山）深得其助'。"② 实际与事实严重不符。因有学者在日本外务省外交史料馆新发现的档案史料，已证实沈翔云是 1900 年 5 月 12 日到达日本的，并非冯自由所说 1899 年。③ 刚刚到达日本的沈翔云，尚不具备将秦力山、林述唐、李炳寰、蔡锷、田邦璇、蔡钟浩等人一一引见给孙中山的资力与条件。

7 月 26 日至 11 月 21 日

（七月初一日至九月三十日）

▲冯自由与郑贯一、冯斯栾三人在此期间发刊《开智录》杂志。冯自由回忆说："己亥冬，梁启超自日本赴檀岛，横滨《清议报》笔政由麦孟华摄理。报中文字则由湘籍学生秦力山、蔡松坡、周宏业诸人分任之。粤籍学生郑贯一亦驻该报任助理编辑。时《清议报》言论大受康有为直接干涉，稍涉急激之文字俱不许登载。诸记者咸以为苦，而莫敢撄其锋。郑乃约同学冯懋龙、冯斯栾同创《开智录》，专发挥自由平等真理，且创作歌谣谐谈等门，引人入胜。郑号自立，二冯，一号自由，一号自强，故世有三自之称。是报为半月刊，即假《清议报》为发行及印刷机关，以是凡有《清议报》销流之地，即莫不有《开智录》。各地华侨以其文字浅显，立论新奇，多欢迎之，尤以南洋群岛为最。美洲保皇会因党务颇受此报影响，特致书横滨保皇会，质问宗旨不同之故。《清议报》经理冯紫珊遂不许《开智录》在该报印刷，并解除郑编辑之职。《开智录》出世仅半载，以无所凭借，由是告终。"④ 又说："庚子四、五月间，余仍在大同学校。一日，代校长麦孟华语余等曰，现在《清议报》有一极困难问题，康先生对于报中言论，事事皆来责难。梁任公（超笔名）之饮冰室自由书来函不许再提

① 尚明轩：《蔡锷与孙中山》，郭汉民等编《蔡锷新论》，湖南人民出版社，1997，第288—289 页。
② 谢本书：《讨袁名将——蔡锷》，兰州大学出版社，1997，第28—29 页。
③ 孔祥吉、村田雄二郎：《孙中山友人沈翔云史实考略》，《孙中山研究》第 1 辑，第 175 页。
④ 《横滨〈开智录〉》，《革命逸史》初集，第95—96 页。

'自由'二字，即'独立'二字亦在禁止之列。此后可暂以'自立'二字代之，此字可包括自由、独立两种意义。康先生再来信责备时，乃再商办法云云。"于是"是秋，余与郑贯一、冯斯栾三人发刊《开智录》杂志，专提倡自由、平等学说。余之笔名曰'自由'，郑贯一号'自立'，冯斯栾号'自强'，世称三自。是为余命名'自由'于刊物之开始。"①

▲蔡锷以"奋翮生"名义为《开智录》撰写并发表《〈开智会〉序》一文。说：

今日之日何时也？列强虎视于外，国贼充塞于朝，蠹吏虬飞，腐士如鲫，迩来团匪肇衅，外强借口以逞野心，遂致首都破裂，圣主西狩，盗贼横行，万民失主。督抚无自立之谋，义士雁桀尸之恨，列国之运动各分，则瓜分之局成矣。否则，共复满洲政府而取保全之策，则吾国民一受列强之压制，一受满人之钳御，则为两层奴隶之势成矣。居今日而捐躯弃家，出万死不顾，摩顶放踵，以供天下牺牲，图国民之自立，故吾中国人人应尽之责耳。计不出此，犹以开智为议，创区区小举，不亦悲乎？吾恐智未及拓而国已墟，同胞之凌夷殆尽也。虽然，纵览神州，遍问黄种，其不沉酣于睡梦中者几何？釜中偷生，自知焦烂之祸之遍至，而犹诩诩徘徊，置大局于不问者，亦复数不胜数，是更可为痛泣者也。故吾国之沦亡，沦亡于国民之智不开，智即开而与梦梦者等，是仍谓之未开也。

近世人之言曰：国民有一分之智，即能握一分之权，智未开而虽有权，亦不为我所握矣，此不易之至言耳。亚利安种族膨胀之力，磅礴四溢，今日万马骈首，万弩齐射，以直向我绝东。然其所欲者，不过始欲握举国之利权，继则欲握四万万人之政权，及二万里土地之管辖权耳。虽然，中国所有一切之权，中国民不欲授之于人，则人无得而受之，盖其权操纵在己。然智力孱弱，则人得而夺之，是以争权之道，必在充足吾国民智力也。智力既充，则虽一时瓜分，不能绝吾国民之华盛顿也。片时受两层奴隶之辱，不能使吾民之自由钟息声也。一言以蔽之曰：中国之亡，非随今日政府以亡，乃国民之智未拓，则

一亡之后，无建新政府之日耳。

贯庵君，粤人也，热血澎然，奇骨森然，东驰西骋，足无停步，欲有所图，惜志弘而力歉。近于横滨创一开智会，属余叙之。时适内局鼎沸，义士遇害之际，余心绪澎湃，归思茫然，不能振笔，遂拉杂成篇焉。奋翮生序于东京。①

按：《开智录》创刊的具体日期，今尚无准确而清晰的记述。1980 年代，上海复旦大学教授陈匡时等人"看到"并全文披露了该刊一至六期的内容，在其第一期上清楚标出出版于"1900 年 12 月 22 日（中历庚子年十一月初一日，东历三十三年十二月二十二日）"。但又明确标明是"改良第一期"。据冯自由说，最初是"油印出版，规模颇狭"，今所见"改良第一期"《开智录》却是"铅印"版。② 可见此期《开智录》并不是该刊的真正创刊号，"1900 年 12 月 22 日"也不是该刊的真正创刊时间，其真正的创刊时间应是在此之前的"油印"版期间。惜迄今未能发现该刊的"油印"版，因而无法确定其真正的创刊时日。

不过，冯自由既已说明《开智录》杂志由他与郑贯一、冯斯栾三人发刊于"是秋"，即庚子年的"秋"天。而中历这年的"秋"天，包含七月、八月、闰八月、九月共计四个月，起自 7 月 26 日，终于 11 月 21 日，总计 119 天。也就是说，《开智录》当创刊于这个时间段之内。冯自由又说《开智录》"为半月刊"。而其"改良第一期"的《会事·本会进支数》中，且记有"进售去第二、三期旧报共四十本，银四元"，"支活版印改良第一期五百本，银二十三元五毫"，③ 意谓开智会收到售卖《开智录》"第二、三期旧报"所得"银四元"，支出印刷"活版"《开智录》"改良第一期五百本"所需"银二十三元五毫"。如此看来，《开智录》的确如冯自由所说，发行过两种版本，一是"油印"的"旧报"版，二是铅印的"改良"版。而我们今天所见到的《开智录》，只是衔接油印"旧报"版的铅印"改良"版。那么，油印的"旧报"版发刊过多少期呢？从"改良第一期"《会

---

① 《开智录》改良第一期，1900 年 12 月 22 日。
② 陈匡时整理校点《开智录》（上），《中国文化研究集刊》第四辑，复旦大学出版社，1987，第 326 页。
③ 陈匡时整理校点《开智录》（上），《中国文化研究集刊》第四辑，第 356 页。

事·本会进支数》中所刊售卖的"旧报"只有"第二、三期"看，似乎也就发刊过这么三期，按其"为半月刊"推算，既然"改良第一期"发刊于"庚子年十一月初一日"，那么，其最初的油印"旧报"第二、三期则当发刊于中历的十月初一日与十五日。依次上推，便知其第一期当发刊于中历的九月十五日，即 11 月 6 日。可见，《开智录》油印"旧报"虽然正式发刊于 1900 年 11 月 6 日，但其酝酿时间则应更早，诚如蔡锷在其《〈开智会〉序》中所说，是在国家"内局鼎沸"，自立军"义士遇害之际"。

8 月
（光绪二十六年七月初七日至八月初七日）

21 日（七月二十七日）

▲唐才常在汉口发动自立军起义。次日，唐才常等死难。[1]

按：1916 年 11 月 8 日，蔡锷因讨袁称帝，积劳成疾逝世后，在悼念、追忆蔡锷的活动中，开始有人言及蔡锷参与过唐才常武汉自立军起义之事。迄今所见，较早提及此事的是自称"自甲寅（1914）以来从公（按：指蔡锷）之后者三载，于公之嘉言懿行，略知梗概"的赵默。他在 1916 年 11 月悼念蔡锷的文章中直言："庚子汉口之役，先生与焉。同行者死十一人，惧株连，家书不通者半载。邵阳有营商于汉口者，亲见公在汉举事状，遂为先生殉难，家中举丧。先是先生聘定邵阳刘氏女，至是刘丈送女守制。迨先生补官费入士官，方知尚在人间，乡人至今传为美谈。"[2]

同年 12 月 16 日，梁启超在上海南洋公学演说中，也言及此事。说："今日到此校演说，鄙人极有一感觉，蔡公松坡实为此校前班学生。公之至此校，名讳非用锷，乃蔡艮寅是也（查蔡公锷即己亥年五月，南洋公学考取外班生第六名蔡艮寅是也，第五名即今教育总长范静生君是也）。其未来沪时之所经历，或为在座诸君所未及知，请略言之。公家寒甚，至不能具衣食，而公求学之志未尝稍懈。公有一表兄，家亦甚贫，公向借钱二百文，步至汉口，路中辛勤可想而知。幸公有一友在汉口，赠以六元始得至沪，

① 冯自由：《自立会起事始末》，杜迈之等人辑《自立会史料集》，岳麓书社，1983，第 19 页。

② 赵默：《蔡松坡先生逸事》，北京《民苏报》1916 年 12 月 1 日。

而入此校。肄业后，公在汉口谋革命，同事者五人，唐才常其一也，后事败公得脱，即东走日本。自此时至今，所谓五人仅存三人而已。今教育总长范静生君，即此三人之一也。启超在湘主时务学校始识公，即深器之，其后共历患难。今适在公之丧后而临此校，故有所感触也。鄙人以为蔡公之于此间甚有关系，故拟将蔡公遗像送至贵校，以留纪念而资观感（大拍掌）。"①

次年 1 月 31 日，《中华童子界》刊发的《蔡锷小史》也说"蔡君松坡，原名艮寅，庚子岁汉口革命，君与其事"，② 而且交代了蔡锷幸未蒙难的原因，说："庚子夏，唐才常谋在汉口起事，君及同学诸人多归国参与其事。事败之日，君及范源濂以先时他出，得免于难。"1922 年 12 月 25 日，梁启超在南京学界的演讲中，再次简略提到此事，并沿着上述蔡锷"先时他出，得免于难"的思路，进而提出蔡锷是替唐才常送信到湖南才幸免于难的。说："我们那时候天天摩拳擦掌要革命，唐先生便带着他们去实行。可怜赤手空拳的一群文弱书生，哪里会不失败。我的学生就跟着唐先生死去大半，那时蔡公正替唐先生带信到湖南，幸免于难。"③ 从此以后，梁启超在有关蔡锷的各种场合的演讲或谈话均忘不了讲述此事，而且一次比一次讲得详细、生动，迄今所见，起码有以下两次。

一次说："蔡松坡在全班四十人中，也算是高材生之一，当时的批评：最好的是李炳寰，其次是林圭，蔡松坡可以轮到第三，李，林，二人，都是于庚子革命之役殉难了。那一役主持的人是时务学堂教员唐佛尘先生才

① 《梁任公在南洋公学演说纪略》（1916 年 12 月 16 日），《申报》1916 年 12 月 17 日。
② 有人针对我在《史学月刊》2017 年第 9 期发表的《蔡锷未回国参加唐才常自立军"勤王"起义》一文中，说过"值得一提的是，蔡锷 1916 年 11 月 8 日逝世后，国内众多报刊为纪念这位反袁称帝的护国英雄，虽然发表了各地一大批悼念文电、纪念会演说词，以及介绍他的光辉业迹的生平略史，但却没有一人以任何形式言及他当年回国参加过唐才常自立军'勤王'起义"这么一句话，便以此为据全面否定我的研究。诚然，这一判断已为事实证明，当时所依据的资料是片面的，忽略了上述 1916 年 12 月 1 日北京《民苏报》赵默《蔡松坡先生逸事》等文的记述，结论过于轻率、武断，应予纠正。但是，质疑者却仅引上半句，以证明蔡锷逝世后，在"悼念文电、纪念会演说词，以及介绍他的光辉业迹的生平略史"中，有人言及过蔡锷"当年回国参加过唐才常自立军'勤王'起义"，而不引下半句"事败之日"，蔡锷"及范源濂以先时他出，得免于难"，似乎也是不够严谨，甚至有断章取义之嫌了。
③ 梁启超：《护国之役回顾谈》，云南社会科学院历史研究所、贵州社会科学院历史研究所编《护国文献》上册，贵州人民出版社，1985，第 304 页。

常，他是中国第一次革命的领袖，成仁于汉口，我们同学随同殉难的有二十多人，与唐先生同为中国第一次革命的牺牲者。那时因蔡松坡年纪还小，唐先生不许他直接加入革命事务，叫他带信到湖南给黄泽生先生。黄先生是当时在湖南带领新军的，他是罗忠节公的再传弟子，生平一切私淑罗忠节公；他虽然和我们一致，却认为时机未到，屡劝唐先生忍耐待时。他不愿意蔡松坡跟着牺牲，便扣留着不放他回去。松坡当时气愤极了，后来汉口事完全失败，黄先生因筹点学费，派松坡往日本留学。"① 梁启超在这次谈话中，将此前所说的唐才常让蔡锷"带信到湖南"，进一步具体化到黄忠浩其人了。

第二次所说就更富有故事性了："我认得松坡，是在光绪二十二年，那时松坡只有十五岁，是我们在湖南所办时务学堂的第一届的学生，那时的同学，共有四十人，他是最小的一个……他有一位母舅，名叫樊锥，学问极好，大概松坡小的时候很受他教训的影响……到了戊戌政变，时务学堂解散，我亡命到日本。当时那些同学，虽然受社会上极大的压迫，志气一点不消极，他们四十人中，有十一人相约出来找我……他们来了之后，我在日本东京小石川久坚町，租了三间屋子。我们十几个人，打地铺，晚上同在地板上睡，早上卷起被窝每人一张小桌念书……九个月后，正是庚子秋天，唐绂丞（按：唐才常字绂丞）先生，在汉口作头一次的革命事；当时跟我出来的十一个人，全都回去参加，大半死在里头。松坡那时年龄最小，唐先生看他还不能担任什么重要的职务，临起事的前半月，叫他带封信回湖南找黄泽生先生（宗浩）（泽生当时在湖南练新军，他生平最敬仰罗泽南的为人，后来辛亥革命，被民党看错了，遂及于难）；要求泽生同时在湖南起事。泽生本来是我们的同志，不过他认为这种革命，目的虽对，方法不行，结果一定把许多同志白白地葬送了，所以他没有参加，他亦曾劝过唐先生，劝不转来，只好严守秘密。松坡把信带到后，泽生知道事情一定失败，把所有同志，都葬送了，未免太冤；他把松坡藏在家里，不让回去；松坡因此幸而得免，都是黄先生保护他，顾全他。后来汉口的事情完了，黄先生筹好学费，把松坡再送到日本叫他好好的求学；他又回来，

---

① 周传儒、吴其昌笔记《北海谈话记》，梁启超著，夏晓虹辑《〈饮冰室合集〉集外文》中册，北京大学出版社，2005，第 1034 页。

还是随从我过从前那学生生活。"①

赵默所说蔡锷"与焉"庚子汉口之役，并非其亲历、亲见，实际是转述一位在汉口经商的邵阳商人的话。虽然很动人，颇具故事性，可作不错的戏剧素材，但对真实的蔡锷来说，却有三个致命伤。一是其说实际是由数日前的另一则报道添油加醋地改篡而成。该报道如是说：戊戌政变后，"（蔡锷）辗转至东京，译书著文以自给，梁任公嘉其志，收入新民丛报馆（按：实际是清议报馆），后由湘抚陈补予官费学习陆军，入士官学校，以第三期毕业回国。六年中，未与人通函，同乡人多谓物故。其岳家送女过门守贞，及蔡归，乡里传为美谈"。② 二是所谓蔡锷家人直到蔡锷"补官费入士官"，方知其"尚在人间"，绝对不是事实。因为蔡锷1902年冬就回国探过亲（详后），绝对不存在"六年中，未与人通函，同乡人多谓物故。其岳家送女过门守贞"的情况，而他的"湘抚陈补予官费"也是1903年11月获得的（详后）。三是所谓"乡人至今传为美谈"，也无事实依据。诚然，蔡锷逝世后，的确有有心人汇集真假混杂的96个故事，于1924年出版过一本《蔡松坡故事》③；蔡锷家乡也至今流传着他诸如"对对子""以武会友""献征联""赋佳句"之类的佳话，④ 但却未发现赵默所说的这则"美谈"。《蔡松坡故事》一书中虽有"结婚之美谈"一节，说：蔡锷"未至东洋时，已聘定某姓女为室，而未娶也。先生匆匆东行，结婚之期，逐致延搁。而抵东以后，又复一志学问，旧时朋友，音信断绝。于是道路喧传蔡某已死矣。此言传入中国，其太夫人闻之，哭之恸。而其未婚妻乃欲过门守贞，侍养老姑、太夫人不能却而允之。忽忽六七年，先生忽自日本归来，举室相惊，以为异事，始知先传先生已死者，乃谣言也。于是重行结婚之礼，亲友称庆相传，以为美谈云。"⑤ 但所说蔡锷"已死"的原因，是他"一志学问"，与"旧时朋友，音信断绝"，并不是"与焉"庚子汉口之役。可见，赵默所说，不过是采自数日前得知于街巷老妪的传闻，而且又独自添油加醋了，并不能成为蔡锷参加过庚子自立军起义的证据。

---

① 梁启超口述，周传儒笔记《蔡松坡遗事》，北京《晨报·蔡公松坡十年周忌纪念特刊》，1926年11月8日。

② 《蔡松坡先生之略史·修养时代》，上海《中华新报》1916年11月15日。

③ 谭锡康编辑《蔡松坡故事》，上海唯一书局印刷、上海国民书局发行，1924。

④ 《忆蔡锷》，第126—135页。

⑤ 《蔡松坡故事》，第34页。

或许正是这一原因，使后来的蔡锷年谱编撰者和历史研究者均摒弃赵默之说，转而采信了梁启超的蔡锷被派去湖南送信，得以"幸免于难"的说法。支撑这一共识的理由有以下几条。

（1）李文汉编纂的《蔡公松坡年谱》说："是年（按：1900 年）秋，唐才常在汉口起义。公与同学杨述唐、李虎村、傅良弼、黎科、蔡煜（丞）等十一人均回国参加，多数死难。公年龄最幼，唐才常以为不能担任重任，当起义前半月，派公致书于湖南黄泽生。黄君本革命同志，对于革命极表同情，微觉方法稍差，恐徒牺牲同志，不易成功，劝唐才常，不听，只好严守秘密，待机而动。黄即得信，料事必败，有志青年，同时牺牲为可惜，坚留公于其家，不让赴难，幸得免。事后，黄君备资，仍劝东渡，勉以求学待时。"（2）刘达武编的《蔡松坡先生年谱》说："（光绪）二十六年庚子（1900 年），十九岁。四月，偕唐才常十九〔几〕人回国谋起事汉口，失败。死者十人。公以任务他出，得免，仍返横滨。"（3）唐才质两次为文谈到此事，一次是 1965 年写的《自立会庚子革命记》，在其中的《自立会志士事迹志略》部分对蔡锷做了如下介绍："庚子唐才常谋在武汉起义救国，时务学堂学生留日者十一人，陆续回国参与其事。松坡有志在日本学习陆军，求学有成就，遂未同行。旋亦变计，决定独自归沪，参与起义。唐以松坡在同学中年龄最小，不欲其担负艰巨，即备一函，嘱赴湘见黄君忠浩，面商机要。黄君原在湖南训练新军，亦为同志，此时已奉令移鄂，认为此种革命，目的虽对，方法不行，结果使许多青年志士，白白牺牲，未免可惜，于是挽留松坡，暂住家内，从长计议。不日武汉起义失败，松坡尚居黄寓，幸而得免。黄君筹措川资，仍送松坡赴日留学，以竟其志。"另一次是 1981 年出版的《湖南文史资料选辑》第一辑上发表的《追忆蔡松坡先生》。他在文中说："松坡原名艮寅……母舅樊锥……庚子（1900 年）春间，家兄才常先生决意在武汉起义，军事部署，略已就绪。当日时务学堂同学来到东京十一人中，除松坡愿留日本学习陆军，静生愿研究学术，致身教育以外，余皆回国参与其事。同学既行之后，松坡心不自安，旋亦毅然变计，只身回沪转汉，参与武汉起义。才常先生以松坡在同学中年龄最幼，暂不欲其担任艰巨以误学业，即函介赴湘见黄忠浩，面商机要，要求黄在武汉发动之后，同时在湘起义，以相策应。黄原在湘训练新军，此时正奉令移鄂。黄认为才常先生所谋，目的虽对，方法不行。结果使无数

青年志士，白白牺牲，未免可惜。于是挽留松坡商论数日，未即遣行。未
几自立军起义失败，松坡尚留黄寓，因而得免于难。黄仍送松坡赴日留学，
以图上进。"

　　李文汉、刘达武和唐才质所说蔡锷1900年由日回国参加唐才常自立军
"勤王"起义的经过，虽详略不一，但仍可清楚看出，他们的记载实际均来
源于梁启超的《蔡松坡遗事》。不但核心内容相同，都说蔡锷得以在唐才常
自立军"勤王"起义中幸免于难，是因唐才常见他"年龄最小"，有意保
护他，于"起义前半月"，派他送信去了湖南黄忠浩处，被黄留在家里不让
走才躲过这一劫的，而且连使用的语言，也有多处完全相同，或基本相同。
如唐才质一次提到樊锥是蔡锷的"母舅"，①两次提到黄忠浩所以不放蔡锷
走，是因为他认为唐才常所谋，"目的虽对，方法不行"，均与梁启超的说
法一字不差。李文汉所说唐才常派蔡锷送信给湖南黄忠浩的时间是"起义
前半月"，与梁启超所说"起事的前半月"，虽有二字的差别，但含义相
同。梁启超的原话，如此近似地出现在李文汉所编纂《蔡公松坡年谱》中，
是因为他阅读过梁启超的《蔡松坡遗事》。他自己对此有明确交代。

　　再细读唐才质《自立会庚子革命记》《追忆蔡松坡先生》两文，还可
发现除《自立会庚子革命记》中有个不易为人察觉的关键字的改动，将黄
忠浩"此时已奉令移鄂"，改成了后来《追忆蔡松坡先生》一文的"此时
正奉令移鄂"外，相较于李文汉、刘达武两种蔡锷年谱和梁启超《蔡松坡
遗事》一文，还多出了蔡锷"有志在日本学习陆军"，遂未与时务学堂其
他同学"同行"，"同学既行之后，松坡心不自安，旋亦毅然变计，只身回
沪转汉，参与武汉起义"等前三者所不存在的内容。此中原因可从他撰写
《自立会庚子革命记》《追忆蔡松坡先生》两文不少内容抄自他人处得到解
答。唐才质又增又改的这些内容，实际源于两个人的回忆，一个是范源濂，
他在北京清华学校蔡锷"十年周忌纪念会"上有篇题为《学生时代之蔡松
坡》的演说，谈到当时在日本"朝夕相聚"约30名留学生，可大约分为三
派，蔡锷为其中"从事军事学问"，以期掌握统御，"并训练国民之实权"

---

① 梁启超所说有误，樊锥并不是蔡锷的"母舅"，蔡母"姓王，不是姓樊"。唐希抃：《樊锥
　　不是蔡松坡的母舅》，中国人民政治协商会议湖南省委员会文史资料研究委员会编《湖南
　　文史资料》第4辑，湖南人民出版社，1963，第240页。

的一派。① 另一个人是吴良愧，他 1958 年撰写过一篇《自立会追忆记》，谈到 1900 年春，他在长沙遇到同乡李炳寰，随他去了"金盆岭威字营统领黄忠浩处"。"不久，张之洞电调黄军移鄂，李虎村（按：李炳寰字虎村）与我随军到汉，驻扎汉阳"。② 依范源濂之说，蔡锷不是当时如唐才质、林锡珪、李炳寰等对自立军"勤王"起义最为热心，人数也最多的"急图改革"派，而属于人数次多的"从事军事学问"派。依吴良愧之说，1900 年春天稍后，黄忠浩便奉张之洞之电，移驻湖北汉阳了。范、吴二人所说，显然与梁启超说唐才常叫蔡锷"带封信回湖南找黄泽生先生"发生了矛盾。唐才质似发现了这一矛盾，于是有此一增一改。经他这一增一改，蔡锷回国一事就成了蔡本来是愿意"留日本学习陆军"的，是"同学既行之后"，他才"心不自安，旋亦毅然变计，只身回沪转汉，参与武汉起义"的。而黄忠浩"原在湘训练新军"，此时是"正奉令移鄂"，非"已奉令移鄂"，范、吴二人所说与梁启超所说的矛盾自然就不复存在或者淡化了。唐才质的增改，只是为梁启超《蔡松坡遗事》一文圆场而已，并不意味着是他的亲历、亲见。尽管其《追忆蔡松坡先生》之文，与梁启超《蔡松坡遗事》所说有些许不同，但不能否认形成蔡锷 1900 年回国参加过唐才常自立军"勤王"起义这一共识的真正源头，就是梁启超的《蔡松坡遗事》。

对于此事，还有由梁启超"暮年"时的学生吴其昌记载的另一类似说法："庚子汉口革命之役，佛尘（唐才常）已回鄂发动，余亦秘密返沪。时务学堂高材生林圭、李海［炳］寰诸君，已随佛尘在汉实际工作，久之不得佳耗，松坡随余在沪，憔惶不安，请于余，亲至汉探助。至汉，佛尘命返湘，乞助于黄泽生将军。黄，老成练达材也。得松坡，即留之不放行；且大诟梁任公、唐佛尘无故牺牲有用青年。松坡愤极，与之高声抗辩，黄充耳不闻，强留之。余又不得松坡行踪，愈惶急，决亲身赴汉。船票已办就，因亡命，不敢逗街埠，准时而往，则此船以货少早半小时启碇矣。余大怒，顿足而骂。无何，汉口事发，张之洞淫戮我民族之志士，唐佛尘率其弟子林圭、李海［炳］寰等五人继戊戌六君子之碧血，掷头颅以献祖国，

---

① 范源濂口述，李光忠笔记《学生时代之蔡松坡》，北京《晨报·蔡公松坡十年忌纪念特刊》，1926 年 11 月 8 日。

② 吴良愧：《自立会追忆记》，《自立会史料集》，第 100 页。

即世所称庚子六君子者也。松坡以黄将军之留，余以船期之误，皆幸得免死。"① 吴其昌此文，除了再次传达梁启超《蔡松坡遗事》的核心内容，强调蔡锷回国参加唐才常自立军"勤王"起义，"幸得免死"，是因有湖南的黄忠浩"将军之留"以外，还补充了一个《蔡松坡遗事》没有提到的他派蔡锷由上海赶往武汉的细节，说蔡锷当时随梁启超同"在沪"，因久不得武汉方面的"佳耗"，蔡锷"憔惶不安"，请求梁启超同意他亲赴武汉"探助"。经梁同意，蔡锷赶到武汉，这才被唐才常派往湖南，"乞助于"黄忠浩将军。其实，梁启超的这些说法并不符合历史事实。

首先，既然梁启超说蔡锷随他一起在上海，并由他派往武汉，再由唐才常派去湖南见黄忠浩，那么，查明梁启超什么时候到达上海，蔡锷是否和他一起在上海，他到达上海时武汉发生了什么事，派去武汉的人究竟是谁，等等，便是检验其说是否属实的头一个关键问题。

梁启超在《蔡松坡遗事》中没有明说他是何时回到上海的，只说"临起事的前半月"，唐才常叫蔡锷"带封信回湖南找黄泽生"。而唐才常所定自立军各路同时大举的时间是 8 月 9 日（阴历七月十五日）。由此推算，唐才常派蔡锷带信前往湖南找黄忠浩的时间就应该是 7 月 25 日。也就是说，梁启超 7 月 25 日之前已回到上海了。可是，他在 20 多年前写成的《三十自述》中却清楚地说："七月急归沪……抵沪之翌日，而汉口难作，唐、林、李、蔡、黎、傅诸烈，先后就义。公私皆不获有所救。留沪十日，遂去，适香港。"② 而唐才常等人汉口遇难的时间是 8 月 22 日。由此推算，梁启超到达上海的时间便是 8 月 21 日了。孰是孰非？显然是后者更接近历史真实。除梁启超撰写《三十自述》的时间离庚子之役仅仅三年的时间外，更主要的是还有时在上海的日本东亚同文会上海支部干事井上雅二当时的日记为证。他在 8 月 22 日的日记中写道："梁启超由横滨乘法国邮船今天

---

① 吴其昌：《先师梁任公别录拾遗》，张文惠主编《中华文史资料文库·政治军事篇》第 1 卷，中国文史出版社，1996，第 120 页。吴其昌在文前交代："吾友张晓峰先生邮示其近著《梁任公别录》，读竟，泫然流涕。其昌以海陬稚学，幸得侍我先师任公暮年讲席，以逮于易箦。故往来清华园及天津马哥保罗路寓宅者颇久，尝夜侍坐庭中，先师缕述变法之役及护国之役身所经历者，恒至深夜；一夕，竟至东方黎明。所谈颇多世所未知，今濡笔追录，以应晓峰先生督令拾遗之命。"
② 《梁启超年谱长编》，第 195 页。

中午到达上海。"① 井上雅二所说，虽与梁启超说的日子差了一天，但不排除是梁启超的记忆有误。至于蔡锷是否如梁启超所说在上海与他一起的问题，据当时在上海专为唐才常负责联络事宜的狄平说，"庚子七月"，梁启超"曾在上海虹口丰阳馆十日"，因他吃不惯"日本料理"，"由余家日日送小菜以佐餐"。他还谈到梁启超在上海十天中，在丰阳馆会见的客人，初到"第三日"，会见过陈景韩，"与谈二小时"；还有吴禄贞，"曾来多次"②。狄平天天给梁启超送饭，只字未提蔡锷是否同在，看来蔡锷这时并未与梁启超同在上海。

不管梁启超到达上海的时间是 21 日还是 22 日，"汉口难作"都已是事实。因此，当务之急是营救唐才常等被捕人士。梁启超也的确曾立即派人去武汉探听情况。不过，所派之人却不是蔡锷，而是大通起兵失败后"逃而之沪"③ 的秦力山。据井上雅二说，梁启超回沪后，"本打算在长江一带活动"，"突然接到这样的消息（按：指唐才常等人武汉被捕一事），所以今夜（按：指 8 月 22 日）速派秦鼎彝（按：秦力山，原名鼎彝）去汉口，探明真实情况"。④ 狄平则说，吴禄贞后来在日本曾说过，唐才常被难"消息到东"，"在日本"的他，也曾遵梁启超之嘱，"携款乘轮""往鄂营救"。不过，待他到时，"同人已被难"。⑤ 井上雅二还在日记中详细记载了梁启超请他帮助营救唐才常等人，以及他所做的努力等情况。说 22 日"傍晚，唐才常的弟弟（按：指当时在上海协助狄平工作的唐才质）来，为去东和洋行的事请我帮助。我们一起来到东和，一进楼上的一间屋子，岂料梁启超与另外一人在这里……我们谈着分别后的情况，梁启超突然请求我发电报给近卫公（按：指日本近卫笃麿），尽力营救唐才常等。但是，我和宗方大致商量后认为，这不会有什么效果。我们决定给与伊藤关系密切的佐佐友房、片冈谦吉二人打电报，请伊藤给张之洞打电报……同时，我们也以

---

① 郑大华译，薛军力校《井上雅二日记——唐才常自立军起义》，中国社会科学院近代史研究所近代史资料编辑部编《近代史资料》总 74 号，中国社会科学出版社，1989，第 125 页。

② 狄楚青述《任公逸事》，《梁启超年谱长编》，第 255 页。

③ 《王宠惠轶事》，《革命逸史》初集，第 100 页。

④ 郑大华译，薛军力校《井上雅二日记——唐才常自立军起义》，《近代史资料》总 74 号，第 125 页。

⑤ 狄楚青述《任公逸事》，《梁启超年谱长编》，第 255 页。

陶森甲为张之洞所信任，劝说陶也进行营救。我们请陶与小田切万寿之助会面，并请小田切打电报营救唐等。小田切表示同意，还让人通知我向他详细讲述原尾［委］。因此，晚上十时，我拜访了小田切并谈了此事。恰巧宗方也与陶在某处会合，带着同样的打算来会见小田切。小田切先寻问了唐等被捕的原因，然后说发电报应讲营救的办法，若唐才常等只因是康有为一派而被捕，或许侥幸能救出。如果唐等新的计划为张之洞所注意，结果就很难说了……十时半，辞别小田切再到东和见梁启超，告诉他小田切答应的结果。但他们似乎知道不会有作用"。① 井上雅二的日记说明，梁启超到达上海时，已不是所谓"久之不得佳耗"的问题，而是突然接到了汉口的"噩耗"。他的首要工作也已不是如何策划起义，而是怎样营救唐才常等被捕人士。派往汉口"探助"的人更不是蔡锷，而是秦力山。唐才常既已被捕，甚至被害，退一万步说，即使蔡锷真的随梁启超在上海，并被派去了武汉，唐才常也已绝无可能派他去湖南求援了。

其次，梁启超既然说蔡锷到了武汉，唐才常见他"年龄最小"，"还不能担任什么重要的职务，临起事的前半月，叫他带封信回湖南找黄泽生先生"。那么，查明梁启超抵沪时黄忠浩是否驻军湖南，就是检验其说是否属实的第二个关键问题。

黄忠浩原先的确驻军湖南长沙金盆岭，② 但查一下湖广总督张之洞存世至今的来往电报，便不难发现，面对义和团运动的兴起和八国联军进攻北京的危局，他为了所谓"东南互保"，6 月 17 日曾急电湖南巡抚俞廉三、布政使锡良，说："京畿骚乱，开衅各国，沿海震动，各国窥伺，沿江若稍有纷扰，洋人必入据长江自为保护，东南非我有矣。武汉各省枢纽，民浮匪多，亟须添兵数千，以镇上游、固危局。惟成军必须一月后，缓不济急，兹拟一权宜之策，请饬中书黄忠浩将所部全军六旗暂借来汉口驻扎，以资弹压，鄂军募齐即遣回湘，往返不过两月，船价川资由鄂出。"③ 俞、锡当

---

① 郑大华译，薛军力校《井上雅二日记——唐才常自立军起义》，《近代史资料》总 74 号，第 124 页。

② 熊希龄：《请将黄忠浩宣付清史馆立传呈袁世凯文》（1914 年 5 月），周秋光编《熊希龄集》第 5 册，湖南人民出版社，2008，第 147 页。又见吴良愧《自立会追忆记》，《自立会史料集》，第 100 页。

③ 《致长沙俞抚台、锡藩台》（光绪二十六年五月二十一日辰刻发），苑书义等主编《张之洞全集》第 10 册，河北人民出版社，1998，第 7987 页。

即回电表示"伟略忠悃，自应遵办。惟威军本只五旗，右、后两营早派防西路，断难调动。已饬黄忠浩带驻省中、前、左三旗，即日赴鄂听调。"①张之洞虽未能达成调军"六旗"的目的，对俞、锡的答复仍相当满意，说："感甚，敬谢。请饬黄中书带三旗速来鄂，并代鄂另募一千人续来。"② 据当时报载，黄忠浩也的确即日听调赴鄂了。如《申报》载："汉口访事人云：湘垣威字营勇丁奉调至鄂，目下已有三营驰抵汉阳，驻扎衡州会馆附近。统带官为黄泽生主政忠浩，计共五营，余两营尚在途次。"③ 又如《中外日报》载："昨得湖北友人专函，知湖南锡方伯（按：指锡良）所统勤王兵，已有三营到鄂，当派黄泽生中翰为分统。""黄泽生中书之三营，即驻鄂省，并不北上。"④ 此外，井上雅二也证实了这一点。他在 7 月 25 日的日记中写道："酷热，室内九十五度……王照决定在四五日内赴汉口，先与黄忠浩（二千湖南兵的统领，现在汉口）和郑孝胥商议，并探听张之洞的打算后再作决定……有人说，张之洞如果今后十天之后不离开汉口，保护外国人这一点难以保证。证实这种说法的根据就是目前黄忠浩的兵也在汉口，护字营及凯字营里哥老会匪帮等还不断地增强力量。"他 7 月 30 日的日记又记有："唐才常又准备四五日内动身（按：指赴汉）。和我有所商量……唐表示，若张（按：指张之洞）采取排外的态度，将与黄（按：指黄忠浩）等一举夺取武昌。"⑤ 自立会会员吴良愧更以自己的亲身经历证明黄忠浩不但移驻武汉了，还在审讯自立军被捕者的湖北抚台衙门大堂上出现过，说他"捐内阁中书，出而带兵，统领威字营。他与张之洞关系极密切，驻汉时张之洞时有书札给他。""自立会诸同志被捕后，在湖北抚台衙门大堂上审问时，黄忠浩也在大堂上站班，并维持秩序。"⑥ 可见，黄忠浩6 月底或 7 月上旬的确已应张之洞之调离开湖南，率部移驻湖北武汉了。梁

① 《俞抚台、锡藩司来电》（光绪二十六年五月二十一日午刻到），《张之洞全集》第 10 册，第 7988 页。

② 《致长沙俞抚台、锡藩台》（光绪二十六年五月二十一日亥刻发），《张之洞全集》第 10 册，第 7990 页。

③ 《湘军驻鄂》，《申报》1900 年 7 月 11 日。

④ 《紧要新闻》，上海《中外日报》1900 年 7 月 10 日、14 日。

⑤ 郑大华译，薛军力校《井上雅二日记——唐才常自立军起义》，《近代史资料》总 74 号，第 106、109 页。又见熊希龄《请将黄忠浩宣付清史馆立传呈袁世凯文》（1914 年 5 月），《熊希龄集》第 5 册，第 148 页。

⑥ 吴良愧：《自立会追忆记》，《自立会史料集》，第 106、110 页。

启超回国抵沪的 8 月，他根本就不在湖南。梁启超归来到达上海时，不说唐才常已经遇害，即使没有遇害，也不存在派蔡锷"返湘"求援于黄忠浩的问题了，因为黄忠浩已驻军武汉。所以，梁启超所说"松坡那时年龄最小，唐先生看他还不能担任什么重要的职务，临起事的前半月，叫他带封信回湖南找黄泽生先生（宗［忠］浩）"，"松坡把信带到后，泽生知道事情一定失败，把所有同志，都葬送了，未免太冤；他把松坡藏在家里，不让回去；松坡因此幸而得免，都是黄先生保护他，顾全他。后来汉口的事情完了，黄先生筹好学费，把松坡再送到日本叫他好好的求学"等情节，都是根本不存在的事。

最后，既然梁启超言之凿凿说蔡锷与他一起在上海为久不得武汉的"佳耗"而"憔惶不安"，起义失败后又回到日本，随他继续"过从前那学生生活"，那么，查核一下蔡锷自己怎样表述他与唐才常"勤王"起义的关系，以及起义失败前后他的内心感受，就同样是检验梁启超所说是否属实的关键问题。

迄今所见，蔡锷生前曾四次委婉谈及唐才常自立军"勤王"起义一事，以及他对此事的真实感受。第一次是他发表在 1900 年 10 月 23 日《清议报》的诗作中提到此事（按：此诗作于何日，已难以查考），其中一首说："归心荡漾逐云飞，怪石苍凉草色肥。万里鲸涛连碧落，杜鹃啼血闹斜晖。"[①] 这时唐才常自立军"勤王"起义失败已超过两个月，蔡锷在诗中借用"杜鹃啼血"的典故，毫不掩饰地表达了他对汉口遇难师友的深深哀痛，以及欲回国为其复仇的强烈心情。第二次是广东人郑道为"充足"和提高"国民智力"，以"救中国之亡"，"近于横滨创一开智会"，特地请他"为序"。他在 1900 年最初"油印出版"、12 月 22 日出版"改良第一期"的《开智录》中发表的《开智会序》中说，其时"适内局鼎沸，义士遇害之际，余心绪澎湃，归思茫然，不能振笔，遂拉杂成篇焉"，并标明"序于东京"。[②] 蔡锷在这里明确点明了让他产生"归思"之念的时间，是郑道请他为开智会刊为序之时，而郑道请他为开智会刊为序时，又正是汉口"义士遇害之际"。第三次是 1912 年 6 月 5 日，他在请求袁世凯起用梁启超的通

---

① 《杂感十首》（1900 年 10 月 23 日），曾业英编《蔡锷集》（一），第 14 页。
② 《开智会序》（1900 年 12 月 22 日），曾业英编《蔡锷集》（一），第 31 页。

电中，提到长沙时务学堂"学生自戊戌政变以后，或出洋求学，或奔走运动。未几，乃有庚子汉口之役，同堂之遇害于湘、鄂各省者十余人"。① 蔡锷这次虽未再提他的"归思"之情，但明确提到一个事实，原长沙时务学堂的学生自戊戌政变以后，"或出洋求学，或奔走运动"。换言之，就是一部分人"出洋求学"，一部分人在为唐才常自立军"勤王"起义"奔走运动"。虽然说得含糊，没有说为唐才常自立军"勤王"起义"奔走运动"的是留在国内的学生，还是也有"出洋求学"的学生，也没有说"出洋求学"的学生中有没有或有多少人回国"奔走运动"，但既然将"出洋求学"与"奔走运动"并立为性质不同的两件事，也就等于说，不管"出洋求学"的学生有没有或有多少人回国了，总还是有人留在日本"求学"，并不像梁启超所说，"当时跟我出来的十一个人，全都回去参加"了。第四次出自 1913 年 2 月由云南军都督府专设的云南光复史编纂局聘任的专职人员赵式铭、郭燮熙、刘润畴三人所写的《蔡松坡先生事略》。由于该文明显不能排除是蔡锷亲自提供素材，并像《云南光复纪要》多有蔡锷审订记录一样也是经过他过目的，因此，文中所述也可认为是蔡锷本人的意思。他在该文中全面回忆了自己在这次起义中的心路历程，说梁启超、唐才常"借勤王为名，结合同志，谋举革命"之时，他"就梁于日"。但梁启超"以其年幼"，认为"宜储学为异日用"，他"遂入东京大同高等学校研究政治哲学，并补习普通科学"。后来"汉口事发，师友多遇害"，"旋联军入京，海内鼎沸"，他"外瞩祖国之危亡，内伤僚友之惨祸，忧虑成疾，形容枯槁，医药鲜效。然以体质素强，治事为学，尚如恒也"。这年"冬间"，他得知"日本某巨公将游历长江"，曾请允充"译员，借为复仇之举"，因其"不纳而止"。②

　　蔡锷四次所说，除第三次外皆提到唐才常自立军"勤王"起义失败后，他的心情是迫切希望回国为死难师友复仇，而非如梁启超所说逃回日本后又随他过上了从前那种平静的"学生生活"。如果此前蔡锷真的如梁启超所说，回国参加过唐才常自立军"勤王"起义，那么，就必须解释这样一个问题，即如何理解刚刚逃回日本的蔡锷，又迫不及待地希望再回国为遇难

① 《致袁世凯及各省都督电》（1912 年 6 月 5 日），曾业英编《蔡锷集》（一），第 649 页。
② 曾业英编《蔡锷集》（二），第 1514 页。

师友复仇？如果没有发生重大时局变动和极为有利的时机，就人类心理学而言，这是有悖心理逻辑的。试想，一个刚从腥风血雨中逃生的幸存者，再怎么心怀深仇大恨，也不至于在国内仍然在大肆追捕起义漏网者的情况下，毫不考虑其中的险恶环境和自我保护的需要，又急着回去复仇吧？既然急着要回去，那当初又何必逃离？其实，蔡锷这种急切希望回国为师友复仇的心情，恰恰不是他幸免于难逃回日本后的正常心态，而是没有回国参加起义的真情表露。联系蔡锷自己坦承过梁启超、唐才常谋划自立军"勤王"起义之初，梁启超"以其年幼"，要他留下来"储学为异日用"；他也听从了梁启超的安排，进了东京大同高等学校"研究政治哲学，并补习普通科学"，并明说当年追随梁启超至日本的长沙时务学堂学生实际分成了两拨，一拨在日"求学"，一拨为唐才常自立军"勤王"起义"奔走运动"，并未全都参加"庚子之役"；而其多年同窗好友范源濂也说过，庚子前后，朝夕相聚的留日学生"约三十人"，其思想主张，约分三派，此次在汉口遇难的林锡珪、李炳寰、蔡煜丞、黎科、田邦璇、蔡钟浩等人是急起改革政治的多数派，而蔡锷则是主张精研军事学问，以求掌握军事实权、训练国民的次多数派，至于他自己更是人数更次一等的教育救国派，[1] 这说明蔡锷所说当初听了梁启超的安排，走"储学为异日用"的路，是真实可信的。可见，蔡锷虽未明言自己没有回国参加唐才常自立军"勤王"起义，却事实上有意无意地透露了这个意思。何况蔡锷还在《开智会序》中直言他"心绪澎湃，归思茫然，不能振笔"之时，正是郑道约请他为开智会刊作序之时，也是"内局鼎沸，义士遇害之际"，等于公开承认了他没有回国参加唐才常自立军"勤王"起义。否则，身处日本横滨的郑道是不可能约请已回国参加唐才常自立军"勤王"起义，并与梁启超同在上海的蔡锷为开智会刊作序的。

10 月

（闰八月初八日至九月初九日）

23 日（九月初一日）

---

[1]　范源濂口述，李光忠笔记《学生时代之蔡松坡》，北京《晨报·蔡公松坡十年周忌纪念特刊》，1926 年 11 月 8 日。

▲蔡锷以"奋翮生"之名在《清议报》发表《杂感十首》。

> 拳军猛焰逼天高，灭祀由来不用刀。
> 汉种无人创新国，致将庞鹿向西逃。
>
> 前后谭唐殉公义，国民终古哭浏阳。
> 湖湘人杰销沉未？敢谕吾华尚足匡。
>
> 圣躬西狩北廷倾，解骨忠臣解甲兵。
> 忠孝国人奴隶籍，不堪回首瞩神京。
>
> 归心荡漾逐云飞，怪石苍凉草色肥。
> 万里鲸涛连碧落，杜鹃啼血闹斜晖。
>
> 卅年旧剧今重演①，依样星河拱北辰。
> 千载湘波长此逝，秋风愁杀屈灵均。
>
> 哀电如蝗飞万里，鲁戈无力奈天何。
> 中原生气戕磨尽，愁杀江南曳落河。
>
> 天南烟月朦胧甚，东极风涛变幻中。
> 三十六宫春去也，杜鹃啼血总成红。
>
> 贼力何如民气坚，断头台上景怆然②。
> 可怜黄祖骄愚剧，鹦鹉洲前戮汉贤。
>
> 烂羊何事授兵符，鼠辈无能解好谀。
> 驰电外强排复位③，逆心终古笔齐狐。
>
> 而今国士尽书生，肩荷乾坤祖宋臣。
> 流血救民吾辈事，千秋肝胆自轮囷。④

---

① 原注："千八百六十年英、法联合军破天津入北京，帝避难热河，其情形与今无异。"
② 原注："法国革命断民贼之首于台，以快天下。"
③ 原注："前某督曾致电驻某国某君，言地可割，款可赔，惟今上复位则万不可。并令某君转达之。其国之外务大臣恳其先各国以倡此议。"
④ 曾业英编《蔡锷集》（一），第14—15页。

11 月
（九月初十日至十月初九日）

22 日（十月初一日）

▲蔡锷在《清议报》开辟"瀛海纵谈"时评专栏，以"衡南劫火仙"①名义发表《世界之魂》《拿破仑》《英德协商》《呜呼！发祥地》等第一批时评。

按：蔡锷既以"劫火仙"为名，表明他已立志要做现代普罗米修斯，把救国的火种传播、撒满中国大地。

其《世界之魂》一文说：

> 以一心之力，而囊括八荒，陶铸众生，穷极幽奥，出鬼没神，使天下后世，仰之若泰华，尊之若神明，其古今众大儒杰士是也。如吾华之孔孟庄老、程朱陆王，天竺之释迦，泰西之琐格剌底、佛拉、亚里斯多托、倍根、斯比乐萨、堪德、弥尔、达耳文、斯宾塞诸大儒，皆以一时学者，而显然执世界思想之辔，握改革脑筋之权，使天下倾首低眉，涤肝荡肺，相将以入彼范围之中，人间世为之灿然光明，齐民为之奋发鼓舞，吾无以名之，强名之曰世界之魂。盖人无魂则死，世界无魂则僵矣，魂其足重矣哉。法国革命之大事业，演奇伟之历史，谁造之乎？君查克、赫百旭斯、孟德斯鸠、卢骚、巴路达诸儒者造之而已。斯诸儒者，法兰西之魂也，使法无诸儒之出而倡公义公理，则其国民至今尚沉沦于苦海地狱之中，腐败萎颓，殆无生气，亦未可知矣。

其《拿破仑》一文说：

> 拿破仑之怀古曰：自古创开天辟地未有之伟业者，不以人类视众

---

① 以下署名"衡南劫火仙"各文，是作者为《清议报》所设"瀛海纵谈"专栏所写的评论。"劫火仙"的以下特质，当可确定他就是蔡锷。首先，"劫火仙"的旅东经历，与蔡锷相合。其次，"劫火仙"名字和籍贯的演变，可证明他是蔡锷。最后，还有《蔡松坡先生事略》一文也可证。多种迹象表明，该文与《云南光复纪要》其他篇章一样，也是经蔡锷亲自授意做出修改的。详见《蔡锷与〈清议报〉》（曾业英：《古弹新弹——民国史事及其他》，社会科学文献出版社，2010，第169—171页）。

庶，而以器械视之。又自述怀曰：吾能使泥土为吾大将。足知其心力之雄大，才力之宏博，独具高立须弥、俯视群蚁之态。千载下读其片词只字，足使志气飞扬，增无穷磊落嶙峋之浩气。

其《英德协商》一文说：

德自败法以后，深惧其起而复仇，于是结德意奥三国同盟以拒之。然犹以为未足抗俄法同盟也，乃思结英以抗之。与英虽无歃血之盟，而其欲结之之心，则未尝一日忘耳。执最近英德之交涉事件史而观之，则彼二国今日之协商，其所由来，盖非一朝一夕之故矣。

德意志联邦以来，功魁之卑士麦公，素不喜殖民政策者也。常曰：德国之欲获殖民地，犹无裹衣之贫夫，而欲求千金之狐裘，希望虽剧，终不免贻夸父之讥而已。故妄思扩领地而买英人之怨，不如安分而亲英之为得也。此铁血宰相毕生所主持不移之方针耳。无如举国之心志难一，德人竟与英角逐于阿非利加方面，遂至前后失败。殖民之策，终难奏凯，盖亦卑公之所逆料欤。虽然，德之殖民策，虽屡为英挫折，而其联英之心，尚终始不易，故每当两国龃龉将兴，德则甘就退让，是以永免兵戎相见之日云。

英德所协商者何？维持绝东和局，分割支那大陆一切之利权，杜绝列强间之争端，使各得施其鬼狐手段，以吸耗二万万土地之血髓，制四万万人之死命于优游不迫之中而已。夫今次处置绝东事宜，而克握其主权者，英俄日三国耳。三国中有二国心志合一，则绝东之局定矣。观日本近今之外交策，大皆视英人之举动为转移，故英德之协商，日本之拱手听命也必矣。英日及德美之外交策既同，则俄人之吞并策穷矣。此二国协商之关系东亚大局，不待识者而知其最大且重也。虽然前途之变幻，尚未可遥测，吾人将拭目俟之。

其《呜呼！发祥地》一文说：

自李鸿章定喀西尼条约以后，俄人遂直视满洲为已入囊中之属领地，铁道权贯其内陆，军舰横驶于黑龙、松花，以哈拉宾为陆军之根据地，旅顺、大连湾为海军之重镇，特创立关东总督，以任控制海陆之命。呜呼！吾邦词章家所称为祖宗发祥之地，不数年间遂化为斯拉夫人种之蹂躏区矣。爱新觉罗族侵汉之巢穴，今忽为可萨克兵之射的矣。自义和团肇衅以来，俄遂借保护铁道为名，遣兵数万，齐戈南下，爱珲、三姓、宁古塔、奉天、营口、山海关各镇，相继沦陷，三万六千万方里之满洲，直成血雨炮烟之战域，其生民荼毒之苦，固不俟论矣。当俄历之八月一日也，俄国军人建碑于哈拉宾而铭之曰：俄罗斯同胞流血之地，世世子孙，永其守之，毋让他族云云。又黑龙江口之尼郭来史克港、海参崴、哈巴弩夫史克各镇，皆行盛大之纪念祭。其电祝有云：昔勒微理斯机将军以五十年前之今日而发见黑龙江，今以此日而占领之云云。俄人跋扈之气，吞噬东亚之热，亦可见其一斑矣。呜呼！使满洲既入俄人版图，则由是而西略蒙古，进袭土耳其斯汗，则英之印度危；南下朝鲜，握日本、黄、渤之海权，则日本蹴居其胁腋之下，而日本危。噫！此不独支那之忧，抑立国东亚者所应共忧之也。支那无力争之，抑立国东亚者所应争之也。①

12月
（十月初十日至十一月初十日）

2日（十月十一日）
▲蔡锷以"衡南劫火仙"之名在《清议报》发表《不变亦变》《爱国心》《破私》《英俄法之海权》等四篇时评。
其《不变亦变》一文说：

> 昔饮冰室主人曾倡变法于中日战争后曰：变亦变，不变亦变。变亦变，变之权在己；不变亦变，变之权在人。而满人以为变法利于汉而不利于满，官以为利于民而不利于己，于是诛变法之人，逐言变法之士，杜绝变法之萌芽，宰锄变法之根基。自谓变法之士既除，变法之机既绝，则满人得以世世子孙领有汉土，臣奴四百兆民众矣。庸臣盲吏，得以永居此麻木不仁之天下而长膺彼荣贵矣。乃未几而祸起萧墙，变生莫测，遂致拳军发难，列强借口勘［戡］乱，因而首都沦陷，

---

① 曾业英编《蔡锷集》（一），第16—19页。

圣主蒙尘，满洲麋［糜］烂，生民涂炭之奇变成矣。列强对中国之策，莫不曰置中国于各国主权之下而干涉其内政矣。吁！是即以昔日待土耳其之故智待中国耳，是即所谓不变亦变一言之实迹耳。

列强之变人国也，其道不一。或倾其旧政府而变之，如埃及、印度等国是也。或留其旧政府而变之，如土耳其、朝鲜及今日之中国是也。或当其未至之先而自变之，日本是也。己不知变，待人变之而后变，则己之权属人矣。夫握天下之主权者，必实受天下之大利，未有主权既失，而犹得以坐获利惠者也。故代而变之者，是代人享其利权也。抑吾闻之，自古各国之变法自强，皆自国民始，国民无自变之志，则虽以自强有为之政府，亦终无所用之。是则今日中国主权之沦亡，非沦亡于今日之清廷，而沦亡于吾国民之不自奋也。吾国民其知罪矣。

其《爱国心》一文说：

爱国之心根于性情，而因时势为盛衰。一统之世，无所谓国界，故国以外无交际，国以外无争竞。交际绝，故无所谓国力扩张，是以强弱之形无由分焉。争竞绝，故国权国利之名泯焉。故爱国心之衰，非无爱国之天性，乃无由起爱国之心而已耳。夫国者因对偶而后有斯名，如自秦一统以后，历代所经过之历史，皆命之曰朝，盖言某姓揸某朝代之主权耳。是以古有朝廷之名（朝廷与王族无别），而绝不闻有国民之字，盖国民之义，亦因对外而生。自古以国为君主之私物，民为君主之私仆，国非为民所共立，君非为国民之代表耳。至多国之世则不然，群雄鼎峙而强弱划分，争竞剧而胜负立见。胜则国民直受其利，败则国民直受其害，惟关系深重，故国民为国之心，不能不油然起矣。中国人民，二千年来，皆纯然一统之世，迨至今日，爱国心之薄于他国者，积势然也，非无其性耳。执今日之中国而较诸十年前之中国，其爱国心热度之涨率，盖不可以尺寸计矣。呜呼！烈雷一震，万蛰齐春，我国民之前途，岂有艾哉。

其《破私》一文说：

日本维新以前，浪人处士，争议国是。然其时或主张尊王，则谓之尊王派，或倡议佐幕，则谓之佐幕派，或持论公武合，则谓之公武合派，或持开港之论，或执锁国之言，宗旨各殊，名目迥异。虽然，其爱国之心，以天下为己任之志，则无不同也。如游子之欲由华达英京也，或欲由支那海而越太平洋经大西洋而达之，或欲经印度洋穿苏彝士渡地中海而达之，或欲径由西伯利亚铁道过波罗的海越北海而达之，所经之道虽相距绝远，其终点则一也。夫以举国之大，人民之众，悉欲其是吾之所是，非吾之所非，言吾之言，行吾之行，不其难哉。惟所志既同，则吾当钦之佩之，日夜馨香而礼拜之之不暇，况以私心而阴相倾轧乎。故挟私心而以倾轧人为能者，盖其脑不洞天下之公利公害，脑不藏天下之公义耳。吾请告举国之志士曰：破私心而赴公义，亡私利而存公利，则庶足担负荷天下之任矣。

其《英俄法之海权》一文说：

英自战捷南非以后，兵制改革之声，喧于全国，扩张海陆军之议，日热一日，且闻将于此次廷议提议之矣。推其原因，盖有数端。一自开衅南非以来，遣兵二十余万，死伤四万有奇，苦斗弥年，始传捷报，其军队弱点之骤，不待言而知也。且俄人窥印之雄心，跃跃欲动，一旦有警，不免临时棘手。此陆卒扩充之所以必不能一日缓耳。一俄自光绪十五年至二十五年间，所布铁道，出五万九千里以上，即去岁一载，所布之线，亦至八千六百一十二里。然其目的，专在于军事。铁轨所及，即斯拉夫人种旅力所达之区，而可萨克兵蹂躏之地也。故英欲与之抗衡，舍海军必无他道可取，此不待智者而知之矣。尤足虞者，俄法同盟，战舰逐日增厚，殆有骎骎驾凌英国之概，其进步之速，洵足警悚。今特比较英与俄法联合之海军力，列表以揭之于下。

一千八百九十九年（光绪二十五年）

英吉利

舰种	既成（只）	未成（只）	合计（只）
战斗舰	三八	一五	五三
海防舰	一二	……	一二
巡洋舰	四〇	五八	九八
计	九〇	七三	一六三

俄法联合舰

舰种	既成（只）	未成（只）	合计（只）
战斗舰	二五	一二	三七
海防舰	一八	四	二二
巡洋视	一八	一五	三三
计	六一	三一	九二

一千九百年（光绪二十六年）

英吉利

舰种	既成（只）	未成（只）	合计（只）
战斗舰	三四	一七	五一
海防舰	……	……	……
巡洋舰	一一二	二六	一三八
计	一四六	四三	一八九

俄法联合舰

舰种	既成（只）	未成（只）	合计（只）
战斗舰	三四	一六	五〇
海防舰	一五	一	一六
巡洋舰	五二	二六	七八
计	一〇一	四三	一四四

自陆上之势力观之，英既已劣俄一步，故不得不求于海上操制胜之权，此英国近来扩充军备之舆论所以盛行也。噫！二十世纪，战争之时代耳。彼猜此忌，弱灭强存，杀机既伏，非人力足以镇之也。[①]

12 日（十月二十一日）

▲蔡锷以"衡南劫火仙"之名在《清议报》发表《人道乎抑人道之贼乎》《今日少年》《心观》《战争者文明之母也》等四篇时评。

---

① 曾业英编《蔡锷集》（一），第 19—23 页。

其《人道乎抑人道之贼乎》一文说：

列国之遣派大兵于中国也，曰为救同胞以破文明之公敌，曰为人道以讨世界之暴族。其辞似不为不正，其义似不为不美矣。虽然，义和团之起也，因各国之骄横暴厉，愤恨聚集，含郁已久，适端、刚之贼，思废上立嗣，欲借为援手，乃怂之恿之，奖之励之，授以官爵，与以财货，遂致有挺〔铤〕而走险之举，其愚真不可及也。使义和团中有一华盛顿其人而主率之，其成败岂遽足逆料哉！吾读东西各舆论，益怜其罪，而嘉其义者，亦不鲜矣。呜呼！义和团其果为文明之公敌乎，为世界之暴族乎，姑置勿论，试观列强破沽津而陷北京也，日、美而外，莫不杀戮人民，奸淫妇女，掠劫财货，虐暴之道，靡所不至。而俄人之蹂躏满洲各地，其奇酷尤过之。执近日各外报以读之，其惨殆不下《十日记》《屠城记》焉。吁！以野蛮不可名状之列强，而以文明自居，人道为言，其谁欺耶。德意志学者言：惟强者斯能握权利。然则权利为强者之所私有矣。自今观之，惟强者斯能受文明之名，而文明亦为强者所私有矣。

其《今日少年》一文说：

布鲁德利有言曰：国家他日之强弱存亡，实握于今日少年辈之手。吾读之不禁为之汗流浃背而震惕弗已焉。夫以今日积弱不堪之中国而欲使之复强，已就灭亡之中国而欲使之复存，肩其任者，不其难哉，不其重哉。此至难至重之任，无论肉食之徒与夫老朽之辈，所放弃谢绝，抑非其所胜任也。千钧一发，属吾侪少年。少年不努力，则徒贻后人悲而已。少年其努力哉，其努力于今日哉。

其《心观》一文说：

法兰西之大革命也，轰轰烈烈，光辉于历史，地球各文明国，虽妇孺亦无不知之，而于胚胎革命之诸人，或少有知其功者。亚力珊大之武功震古欧，而近人皆耳其威名。亚利史多德之遗教泽后世，而识彼英名者或稀。盖以人之性情，观近而略远，观粗而漏微也。要而言之，以目观不以心观耳。以心观则远近粗微若一矣。甲午之役，割台湾于日本，而神州震动。庚申（咸丰十年）之役，俄人以外交术割东满洲（今各沿海洲）数千里之地，则至今鲜能道其事。瓜分之害，人皆知之，保全之害，甚于瓜分，而人多昧之。推求其故，盖皆不以心观而已。不以心观，则但能观近而不能观远，能观粗而不能观微也。

其《战争者文明之母也》一文说：

十九世纪之欧洲，其进步之奇速，殆若由地陟天然。然推其所以然之大原因，则在战争，此地球硕学家之公言也。欧洲自十九世纪之始至千八百九十五年，其间平和之日仅二十九载，余皆刀林弹雨之秋，前后大战七十三回，戕生命至数百万。其战也，或以朝廷与国民之争竞而战，或以新旧思想之争竞而战，或以国际间之葛藤而战，或以权利之争竞而战。争竞愈剧，则战祸愈广，战祸愈广，则文明之程度因之以骤进。西人有言曰：文明以血购来。信不诬也。今特揭欧洲列国之战表于下，足以证十九世纪之欧洲之惨状焉。

国名	战争年数
土耳其	三十七年
西班牙	三十一年
法兰西	二十七年
俄罗斯	二十四年
意大利	二十三年
英吉利	二十一年
奥大［地］利及匈牙利	十七年
荷兰	十四年
德意志（除普鲁士）	十三年
普鲁士	十二年
葡萄牙	十二年
瑞士	十年
丁抹	九年
塞耳维亚	五年

执上表以观之，则十九世纪之欧土，直亚利安人种之战场矣。今

亚利安人种之文明程度既均，势力既平，遂至如战之不能战，争之无可争，内战既息，势不能不挟其战后之锐锋以直趋我东方，此二十世纪之东亚，必至于重演十九世纪之欧洲之旧剧也。虽然，十九世纪之欧洲，仅亚利安人种之战场，而二十世纪之东亚，则为黄白合战之域，其争竞之剧，战祸之烈，必数倍于昔日，而文明程度增高之速率，其亦数倍于前也必矣。[1]

22 日（十一月初一日）

▲蔡锷以"衡南劫火仙"之名在《清议报》发表《罗罗山》《孟鲁主义》《外交》《竞自强自优》等四篇时评。

其《罗罗山》一文说：

> 罗罗山，名泽南（谥忠节），当长发军举难之际，身经大小二百余战，终以攻鄂受重创。临危谓胡林翼曰：危急时站得定，方算有用之学。站得定难矣，而于危急站得定，不尤难哉。盖非平日洞理之深，见义之透，心地光明磊落，意气轮菌，骤临其境，其不战竞而不能自持者几希也。如浏阳二杰士之殉义，则皆得而实践之焉。吁！顽夫其廉欤，懦夫可以兴矣。

其《孟鲁主义》一文说：

> 孟鲁主义者何？盛行于十九世纪上半期之亚美利加者也。略译其意，则亚美利加者，亚美利加人之亚美利加也。斯主义自合众国第五次大总统谢梅士孟鲁氏首唱之，一时风行电驶，举全国人民之脑筋中，皆莫不锢藏之而固守之。然自千八百五十三年大总统菲磨占领加里火尼亚以后，未几即遣提督白露梨率舰队经太平洋以叩锁国之日本，继而干涉萨摩亚之内治，至近五六年来，则并古巴，败西班牙，合布哇，征服非律宾，锐力开太平洋与大西洋交通之尼加拉哇运河，近则入联军以击东方之睡狮，一跃而登车［东］洋之外交台矣。执美国近数年之事迹观之，其变幻之速、膨胀力之伟大，洵足惊笑也已。

---

[1] 曾业英编《蔡锷集》（一），第 23—26 页。

美之二大政党，其一永奉孟鲁主义，其一则执帝国主义。奉孟鲁主义者，德摩古拉特（Democrat）党是也。与该主义为反对者，则勒巴勃里克（Republican）党是也。以此次美国之大选举观之，总统之任，仍属麦坚尼（系勒党），且下议院议员之数，德党亦归失败，然则今后美人对外之举动可以知之矣。

虽然，北美膨胀力之发达，岂中央政府之膨胀力哉。盖以人口既实，国民之财力骤满，国民之智力既富，自不能不向外涌出耳。昔以孟鲁主义建国而独立，今弃之以取帝国主义，盖亦势之所利，时之所迫，而不得不然者也。今闻其将新造炮舰三十二只，拟以二十二派遣东洋，亦足验彼经营东亚之热已。

回观我绝东，则阴霾黯淡，天地浩然之气，郁而不光。日本而外，无一膺独立之实，遍地主权，皆为人有。呜呼！东亚人之东亚，果如何耶！不于今日大声疾呼，以所谓孟鲁主义之主义，醒我同胞，励我黄族，则将亘古长夜，无复见天日之秋矣。

其《外交》一文说：

俄法昔为冰炭之国，而结最亲密之同盟。英美长相仇视，而今两国之外交家以互相亲善为务。卑斯马克败奥之后，乃复为三国同盟以联结之。《马关条约》既成，俄率法德骤起干涉，迫日本奉还辽东半岛；干涉之言犹在耳，遂猛进而植其势力于朝鲜，继而占辽东之旅顺、大连二军港为军事根据地；今则满洲全土，直已为其所有。日人恨俄之深，忌俄之甚，此世人所皆知。然日本政治家之舆论，多以亲俄为望，联俄是盼。前者日、俄、美对英、德协商而结密约之风说大起，盖非无因也。世界各国，内怀猜疑险刻之念，而阳以欢好之形饰之，抑亦外交之恒术，而势之所不得不然者耳。语曰：国无百年之国敌。非无之也，乃无终古长敌视人国之下愚外交耳。盖外交之术，贵灵而忌滞，贵通而忌拘，贵滑而忌涩，贵巧而忌拙，国威之伸缩、国命之强弱，皆于是赖焉耳。

其《竞自强自优》一文说：

> 江浙之人，文弱猾懦，此世人所常知而常言之者也。然项羽以江东子弟八千摧灭弱秦，戚继光以浙兵建树奇勋，明之东林党士，皆出其间矣。缰鞑人族，以游牧杀伐为事，清朝入关之际，辫发所至，汉人胆裂，然今之八旗兵，则皆奇窳异常，不堪闻问矣。燕代秦陇之地，古以士马精强闻天下，然当洪杨跋扈之际，绿营当之辄披靡，自罗、胡、曾、左诸公出，湘人精壮之名，于是乎显焉。而湘省古为蛮区，奇人特士所不多见之地也。由是观之，则老子之所谓天道好还者，岂虚语哉。后兴前仆，新伸旧缩，此通彼蹙，强弱代更，盛衰相伏，上下五千年，纵横数万里，据其已往之陈迹而征之，盖靡不若是者焉。故百年后称雄于地球上之国，安知非印度、波斯？供其凌辱鞭笞者，安知非英、俄、法、德？十九世纪所自诩为文明者，安知二十世纪不共以野蛮目之耶！今日之所谓野蛮者，安知翌日不以文明自号于世界耶！盖强者自强，人不得而弱之；弱者自弱，人不得而强之；优者自优，人不得而劣之；劣者自劣，人不得而优之；强弱无定地也，优劣无定人也。惟竞自强自优者，得以昂首雄视于世界焉。①

本年

▲蔡锷题赞杨家善②词。说："公性本刚强，恭俭温良，公平正直寿而康。尊师重道轻财帛，品迈寻常。子孙次第列泮庠，世继书香。门晚府廪生蔡艮寅顿首拜题。"③

---

① 曾业英编《蔡锷集》（一），第26—29页。
② 杨家善，湖南洞口县山门人，太学生。
③ 曾业英编《蔡锷集》（一），第31页。

1901 年

(光绪二十六年庚子十一月十一日至光绪二十七年辛丑十一月二十一日)

1 月

(光绪二十六年十一月十一日至十二月十二日)

1 日（十一月十一日）

▲蔡锷以"衡南劫火仙"之名在《清议报》发表《膨胀力之出口》《小说之势力》《观俄》《东洋之大外交家》《末路之拿破仑》等五篇时评。

其《膨胀力之出口》一文说：

> 自苏彝士河凿通以后，而欧亚之大势顿变，此十九世纪后半期四十余年内之陈事也。今俄之筑西伯利亚铁道，美之开尼加拉卦运河，皆锐意竭力以经营之，竣工之期，可计日而待。将来二十世纪世界之大势，其因斯二大工程，而生意外之变幻也必矣。以上三大工程，骤视之不过世界交通之具，实按之则白皙人膨胀力之出口，而侵亚之孔道也。

其《小说之势力》一文说：

> 已故前英国内阁皮根之《燕代鸣翁》（小说名）一集，其原稿之值，获一万磅［镑］。法国《朝露楼》报发行之数，殆及百万册，然其发行之流滞，则恒视其所刊登之小说为如何，此亦足以验泰西诵读小说之风盛于时矣。夫以《封神》《西游》之离奇逼人，《三国传》之荒谬无据，尚足使百世之下，作历史观之，推崇其人，脍炙其事，且不独孚信于人民，即朝廷亦著为典则以崇祀之。不独国内如之，即旅居异域者亦如之。吁！亦奇矣。小说家势力之牢固雄大，盖无足以拟之者已。
>
> 欧美之小说，多系公卿硕儒，察天下之大势，洞人类之赜理，潜

推往古，预揣将来，然后抒一己之见，著而为书，用以醒齐民之耳目，励众庶之心志，或对人群之积弊而下砭，或为国家之危险而立鉴。然其立意，则莫不在益国利民，使勃勃欲腾之生气，常涵养于人间世而已。至吾邦之小说，则大反是，其立意则在消闲，故含政治之思想者稀如麟角，甚至遍卷淫词罗列，视之刺目者。盖著者多系市井无赖辈，固无足怪焉耳。小说界之腐坏，至今日而极矣。夫小说为振民智之一巨端，立意既歧，则为害深，是不可不知也。

其《观俄》一文说：

芬兰享有政治上自由之国也，初隶于瑞典，继为俄帝亚历山大一世所征服（千八百八年事），遂贬之为侯国，而其自治之宪法，俄依然未侵犯而蹂躏之也。然日征月迈，迨至今俄皇尼可拉即位以后，"斯拉夫"党人（此党于俄国最握势力，俄国朝廷殆悉为该党人蹯踞地，虽俄皇亦不免为其所动）猜之忌之之情愈不可遏，遂于前二年出其狠毒手段，强变其军政，使芬兰之兵队，皆统一于俄国兵队之下，一旦有事，则惟俄人之命令是从，于是芬兰之宪法遂成具文，议院不过赘物而已。今后之芬兰，不渐成暗无天日之波兰，永居斯拉夫人种压制之下，不可得矣。夫俄之政府，非万国平和会之首唱乎？平和会者欲弭世界之兵事，图万国之康平而起者耳，而俄乃公然对其属国芬兰行酷暴之举动，蹂躏其国从来之宪法，削夺其人民之自由权利，不亦奇耶！然则俄人之性质及其举动，皆可以斯例观之矣。

其《东洋之大外交家》一文说：

李鸿章以曾涤生之擢拔，率常胜军以剿平粤寇，由是而历任封圻[坼]，终至坐镇北洋殆二十年，固俨然有功盖一世、才压侪辈之概。于是凡中外稍涉重大之交涉，非李伯则不能办理之，盖李伯位高望重，足使中外争信之耶！西人动以东洋第一之大外交家属目李伯（西人以李为东洋之卑斯马克），亦岂无因哉。虽然，外交家任[以]外交术获土地，而李伯以外交削之；外交家以外交术攫取权利，而李伯以外交衰之；外交家以外交术结国友，而李伯以外交绝之（如阴结俄而招各国之猜忌是）；外交家以敏捷神速为高，而李伯于半岁前已奉媾和全权大臣之命，延迁至今，其结局尚了无端绪；外交家以保护国权、扩张国利为务，间言不得而动之，甘言不得而喉之，利不足陷之，危不足畏之，而李伯则惯随俄人外交术之牢宠[笼]，往而不反，逝而忘旋，是可哀已。昔李伯至俄都，遂订喀尼伯条约，以为俄王寿。今忽闻其有密电致驻俄公使杨儒，李伯此次外交之高妙之处，其在斯欤，其在斯欤，此吾人欲引领遥望者也。

其《末路之拿破仑》一文说：

拿破仑自莫斯科逐回，经聂布吉克一战而流谪幽泊儿岛以后，继虽有揭旗复起之日，然当欧罗巴全洲，交相抗抵，四面皆敌之际，终不免气馁神沮，素日之绝世雄威，悉丧于一挫之下（见铁巴儿于秋勒离官[宫]谒拿破仑记），与垓下一战以后之项羽，闻楚歌四合，拥姬悲吟，殆遥遥相似。读史至英雄末路处，殊足兴无穷之感也。[1]

11 日（十一月二十一日）

▲蔡锷以"衡南劫火仙"之名在《清议报》发表《新闻力之强弱与国家文野之关系》《平和者欧洲以内之平和也》《逆贼之砭》等三篇时评。

其《新闻力之强弱与国家文野之关系》一文说：

君主之权替，移于政府；政府之权替，移于议会；议会之权替，移于新闻纸。此欧西近数世纪所经过之历史，而一定不易之阶级也。昔英之波尔克曾指在下议院之新闻主笔席而喟然曰："英国议会，合全国之贵族、僧侣、平民三大种族之力所组织者耳。然彼等之势力，其宏大尤过之，彼等实独握奇伟势力之第四大种族（The fourth estate）也。"吁！观是语足以知近世新闻之势力为如何矣。夫新闻不过白纸数章，文字数千，而其力遂至于抗议政府、评驳议会、指导国民、弹劾众庶、暴[曝]布外强之阴谋、罗列世界之大势，而评议之，如英之泰唔[晤]士及史丹达及克虏义克，美之阿尔德及赫拿尔托，法之希家鲁及卢丹，俄之莫斯科史卡及史魏托诸新闻，其一言一议，皆足以

---

① 曾业英编《蔡锷集》（一），第31—34页。

动其全国之舆论，而耸世界之视听者也。回视中国今日情形，何其悬异若此，殆亦阶级所限，而不可飞越欤。

其《平和者欧洲以内之平和也》一文说：

当十九世纪之末，列强久苦战争，于是平和之念炽，遂开万国平和会议于海牙府，开万国公法会议于巴黎。海牙府之平和会议，以不得眉目而辍。巴黎之公法会议，其公议条件，虽已公布各国，经各国政府之允认，万国人士所共庆幸。虽然，远观列强之举动，英则悍然决计，而蹂躏两共和国于南非，于绝东则各竭全力以强占支那之土地，横虐支那之人民，烧杀掠掳，无所不至，而黄祸之声，犹不绝于口。呜呼！彼族之狡黠毒悍，至斯极矣。抑列强所谓维持平和，乃欧洲以内之平和，而非欧洲外之平和；其所定海陆战之限制章程，乃行之列强与列强之间，非以行之列强与列强以外耳；其所谓普享幸福，乃列强普享幸福，非世界各国所得而普享之耳。知此则列强之举动，毫不足怪之矣。

其《逆贼之砭》一文说：

吾湘王船山，身际明末暨明鼎革后，志欲奋起而图恢复。然以举世无足与谋，遂筑高楼独居，终身不下梯而没。弥天之愤，莫解万一，冰雪之心，亘古郁郁，大可悲已。吾每读其遗书至议论纵横处，未尝不叹其志节之高迈，故识见所以迥异庸众也。

余旅东将二历寒暑矣。东国之书，嗜之若饴，置中籍于脑外久矣。海岛飘蓬客（按：指康有为）偶检读《船山遗书》二十四种，至其论宋张岱处，举以示吾。吾诵之，一字一句，钦佩莫名。兹摘揭之于下，以为贼辈之砭，且以之励四万万之具奴隶性者焉。

张岱历事之宋祀诸王，皆败度之纨绔也。岱咸得其欢心，免于旧恶，而自诩曰："吾一心可事百君。"夫一心而可事百君，于仕为巧宦，于学为乡愿。斯言也以惑人心坏风俗，君子之所深恶也。晋宋以降，君屡易而臣之居位也自若，佐命于乱贼而不耻，反归于故主而不怍，皆曰吾有所以事之者也。廉耻荡而忠孝亡，其术秘而不敢自暴［曝］，岱乃昌言之而以为得计。呜呼！至此极矣。且夫事君之心，其可一者忠而已矣，其他固有不容一者也。岱曰明暗短长，更是才用之多少耳。才可以随方而诡合，遇明与之明，遇暗与之暗。假令桀为倾宫，将为之饰土木，纣为炮烙，将为之爇炉炭乎！故有顺而导之者，有徐而导之者，有正而折之者，有曲而匡之者，心不容一也。若逆天背道之君，自非受托孤之寄，任心膂之重，义不可去，必死以自靖者，则亦引身以退，而必不可与用，昏恶有百君而皆可事者乎？游其心以逢君，无所往而不保其禄位，此心也胡广、孔光、冯道①之心也。全躯保荣利，而乱臣贼子夷狄盗贼，亦何不可事哉。心者人之权衡也，故有可事，而有不可事，划然若好色恶臭之不可图惟也。苟其有心而不昧，则宋之诸王无一可事者矣，而百云乎哉！女而倚门也，贾而居肆也，皆一于利而无不可之心也。故曰充岱之说，廉耻丧，忠孝亡，惑人心，坏风俗，至此极矣。②

2月

（光绪二十六年十二月十三日至光绪二十七年正月初十日）

19 日（光绪二十七年正月初一日）

▲蔡锷以"衡南劫火仙"之名在《清议报》发表《与亡国同道》《将来之支那》《地大人众不可恃也》《毁誉》等四篇时评。

其《与亡国同道》一文说：

　　数千年前之埃及非所谓文物灿然之邦乎！乃世世臣属土耳其，至十九世纪中叶，乘土国之纷乱衰弱，思图独立。然未几以苏彝士海峡公债之关系，遂招英法之干涉内政。当时自英法特遣委员数名以充埃及之顾问官，欧洲列国复设万国审讯署，以判断埃及与列国间之讼事。自是外国干涉之力日深，侵略日炽，国权日削，国力日微，国势愈蹙，而其国主亦甘堕外人之陷阱而不自察。土耳其之羁绊虽去，而英法之

---

① 胡广（91—172），字伯始，东汉南郡华容人。孔光（前65—5），字子夏，西汉鲁人。冯道（882—954），字可道，五代时瀛州景城人。

② 曾业英编《蔡锷集》（一），第35—37页。

蹂躏荐至，终则英阴排法以图垄断之策，而天然膏腴之大陆，遂全入英人之主权圈中矣（埃及军队亦归英人之统制）。当时虽有阿拉皮将军之崛起暴抗（千八百八十一年事），然亦仅足授人以镇暴之口实而已。居今日以窥埃及，则彼之百八十余万之人民（土人约六百四十八万，此外皆流民或苏丹民或欧洲之移民），漫漫长夜，暗无天日，不至种亡族灭不可得也。

数年前曾以埃及喻朝鲜，以支那喻土耳其，斯固东西之情势，若合符节矣。然自今日之支那观之，其情形殆与十余年前之埃及若出一辙，而纷乱狼狈之状尤过之。韩非子曰：与死人同病者不可生，与亡国同道者不可存。昔康南海曾编《彼得传》及《日本变法记》（按：即《俄彼得变政记》及《日本变政考》）以进呈今上，遂致有赫然奋发力图自强之举。今吾人不可不速编辑埃及暨波兰、印度之沦亡史，以普示我同胞之国民也。

其《将来之支那》一文说：

当洪杨骚乱之际，魏斯勒将军受英廷之命东来探捡［检］支那内地情形，归而就支那之将来而言之曰：支那者，将昂首而起之国民也。他日如有英伟政治家及军人之崛起其间，力图进步，则彼等先借用武器以向俄罗斯，俄罗斯非支那之敌也。支那人逐俄之后，乃西进以蹂躏印度，一扫吾族（英人）而出印度洋外。当此生存竞争之关，英遂至于不得不与欧美两大陆联结同盟以御之矣。

魏氏其果深知支那之实情而有斯言乎？将来之支那，其果能如彼所言乎？抑将来之地图上与历史上无支那国之字，反与其言绝相左乎？此不独地球各国所难断言之，即支那亦难以自知也。虽然，支那者，支那人之支那耳。支那之兴，支那人自兴之；支那之亡，支那人自亡之。支那欲自兴，虽合所有之人类而阻其兴，不能使之不兴也；支那欲自亡，虽合所有之人类而救其亡，不能止之不亡也。今列强或唱瓜分，或主保全，议论纷腾，肆口狂叫。噫！支那之存亡死活，强弱盛衰，列强之意见，岂足以决此开天辟地之第一大问题哉。列强之意见，尚不能决之，况二十三年前之旧论乎。

其《地大人众不可恃也》一文说：

英法之蚕食印度也，训练土人以杀土人。俄罗斯之开拓西伯利也，以哥萨克兵。清朝之统有四百余洲［州］也，其力皆出自明臣洪承畴、吴三桂等。今北支那之糜烂也，谁糜烂之，莫不曰欧人糜烂之也。满洲之沦陷也，谁沦陷之，莫不曰欧人沦陷之也。然而冒危难，出死力，纵横弹雨炮烟之中，以与支那决死活者，日本兵、印度兵、可萨克兵、安南兵而已。呜呼！东亚人奴隶性之独重，岂人种天然之劣欤？抑宗教之腐败乎？抑风土劣下，而人性因之以殊异欤？此余所不能解者也。

吾邦人士，多以地大人众为可恃，岂直可恃哉。印度以二百兆九千万人口，而亡于一商会，地大而人劣，人众而心涣，亦奚以为。

其《毁誉》一文说：

日本自战胜中国以后，检其新闻，读其近数年间所出之新籍，多以诟骂支那为挥议之源，毛疵片瑕，肆口狂吠。日本尚如是，欧西各国，其慢［漫］侮支那之心之甚，又不必言而喻矣。呜呼！政府者全国人民之代表也，中央政府之腐坏朽烂，既至于耳不堪闻，目不堪视，鼻不堪嗅，口不堪味之地步，则其普国之人民可知。此外人所以敢于妄加侮辱而无稍忌惮也。

昔傅君良弼曾语余曰：外人诟骂我邦之处皆实，至其称誉我邦之处或不免有张大之词。要之，皆足取以为我邦之箴言而已。傅君心地之虚、气之平、量之宏，可以想见。①

3 月
（正月十一日至二月十二日）

1 日（正月十一日）

▲蔡锷以"衡南劫火仙"之名在《清议报》发表译自日本《朝日新闻》的《支那人之特质》一文，提醒国人，日本人研究中国"民情"，目的在"对清政策之一助耳"。说：

① 曾业英编《蔡锷集》（一），第37—40页。

日本自战捷中国而后，唾骂支那之声，漫于朝野。近五年所出之书籍报章，殆有舍是则无以为议论之观。一犬吠形，百犬吠声，举国嚣嚣，异吻同鸣。推其原因，一不外彼辈嚣张之气盛，一为外交政策之一端，而其总因，则在吾邦政府之腐坏，国民之精神不振，故外人得以任意侮之辱之而无稍忌惮耳。昔曾与友坐谈曰：吾邦政府之腐败不堪，虽达极点，然自吾邦之志士改良而更始之可也，外人代吾邦新建一善政府，则万不可。吾国民中之谬种贱族虽多，然自吾邦之大英雄起而芟之除之可也，芟除之之力，出诸外人之手，则万不可也。吾邦人廉耻扫地言之痛心之处，吾邦人不自知，而外人知之；吾邦人所不敢言，而外人言之；吾邦人所不耻，而外人深为耻之；吾邦人不自责，而外人责之。太史公曰：悲莫悲于伤心。吾邦不以为伤心，而外人心伤之。呜呼！言之诚堪痛心矣。近日本《朝日新闻》有《支那人之特质论》一编，具言酷而实，其语迫而不可逃。虽然，举全国四万万人民，而以一例抹杀之，不可不谓敢矣。率笔译之，以示我国民。我国民读之，其有感于衷欤。

靮鞨氏曰：余前岁闻胶湾之变，入北京居二年。欧洲列强之跋扈凭凌，及皇上之毅然变法，西后垂帘之变，皆得一一耳目之。当时以为支那之积弱尚可振，顽迷尚可醒。暨去岁义和团之变起后，载笔入京，旅居四月。亡国都市，蹂踏无遗，亡国人民，飘零失所，挥泪频[凭]吊，而今始知支那之积弱不可复振，支那之顽梦不可复觉矣。瓜分之局难成，保全支那（支那变法革新）亦非易。国于东邻之日本，其保安维持之任，有更重之感矣。

支那人乏爱国性，而富有自私心，至生具忠勇义烈、慷慨激越之性情者绝少。利益是重，虚礼是贵，计一身一家之私利，忘天下之公义。虽然，有四千年之历史，四百兆之民众，四百万英方里之土地之国民中，岂无二三豪杰与夫数百千之志士乎？支那之复兴，豪杰志士乘时而起，是吾邦人之深望，而余亦希望中之一也，然今皆失望矣。

呜呼！今日之支那，为如何之时耶？国都陷落，皇室播迁，市邑化为灰烬，宫殿成为马厩，妇女被辱，财产被掠，其苍凉惨憺[澹]之状，即以战胜国民中之一人如余，尚不免悲愤断肠。支那国民，遭逢其间，其悲哀痛愤，应如何耶！当日亡国之惨即未目寓其事者，亦必遥知支那人之痛愤莫名也。然支那人竟出人意料之外，国破城墟，漠不关心，帝后蒙尘，置若罔闻，至一身一家之利害休咎，则腐心焦虑之焉。盖彼辈四千年来具有一种之积性，因具此种积性，不顾国家之荣辱与同胞之休咎，而惟一己一家之利是求。其积性惟何？无他，"服从强者而不可抵抗之"是也。

事强以免害，侮弱以夺利，此支那数千年以来之锢性，而非一朝一夕所可破除之也。即如去岁义和团之事征之，当义和团初起之际，四方响应者数千，是彼等以当代无上之强而目义和团也。迨天津既陷，北仓继破以后，士气瓦解，于是即以无上之强者目南蛮北狄西戎东夷之联合军矣。故或遁逃奔避，或屈拳受缚，或弃械投敌，此外则无所望。此进击北京之所以易，又列强与支那国民之战斗所以先难后易耳。支那人性质之腐坏，不独于战斗时征之，即平时亦莫不然。余之入北清也，见彼辈终日嬉嬉然相哗于敌军保护之下，商则幸敌兵之掠夺以获余利，士则为敌军之使役（奴隶），乘秩序紊乱，四民惊惶，不知适从之时，而要索财帛（贿赂）；亲王大臣则于都破帝逃之时，赖敌人之保护，而深庆妻妾财产之无恙；大小臣僚，则于国家危亡之秋，求外人之保荐爱护，而关心时局，慷慨悲歌，至忘寝食之俦，则划然绝迹。呜呼！是诚不可不谓支那人忠爱义烈心之乏绝也，盖因数千年所陶铸之服从强者之胶性所致耳。

支那人不独具天然之奴隶性，且善知为奴隶之术，而毫不以为耻。余之旅北京也，僦居皇城西［东］华门内南池子，斯地内务府官吏多居之。城陷之时死节者应众之地也，然竟未一闻其事。或曰家主平然语余曰：曩外兵迫城之时，居民惊惶狼狈，欲逃无术，乃相谋骈跪东华门外以迎外兵，并备茶果以表隆伏邀恩之意。斯时一士官率兵卒百余至，见我等恭顺若此，乃下骑与兵士共休息而呼水，我等窥其神气颇平，直跪请顺民之证，彼乃书大日本顺民等俾之，自是住民皆效其制，各挂旭旗于户云云。当战争之时，支那人民，恭顺谨悚，摇尾乞怜，足知支那人降伏于强者之术，最巧而驯也。假使孟子评之，必曰箪食壶浆以迎王师矣。今为迎王师之人民，昔为迎义和团之人民，将来必更为迎何国之人民矣。彼辈之向背去从，唯视势力之多少，较利害之大小而已。善恶、义不义之别，不暇顾也。支那人奴隶性之沉锢

81

诚堪吐舌惊谔［愕］也。

支那以忠孝节义、礼义廉耻为应酬语，文士以此数字为拾青紫之灵符，故日日此数字不绝于口。然核其实，则与盗贼之言廉耻、娼妓之言节操无异。彼辈不能死君辱臣耻之义，曰忠节于外人也。营私利而为外人之奸细，曰对外人尽义务也。嘻！抑奇矣，彼辈或装敌国最忠诚之顺民，则当外兵祝宴祝节之期，盛装临席以为荣；或欲博外人之赞赏，则暴露己国之恶劣。其最愚而堪怜者，则以己获外人之奴隶，夸耀于邻里，盗用其衙门之图印而受刑罚者是也。凡斯等可笑可悲可怜可恨之奇态，数不胜数。要而言之，支那人之性质，最以强者为最可畏怖，且非服从强者不足以保身家之利益，非借强者之威以欺凌弱小，则不能满其自私自利之心，因是而廉耻节义，皆可置之度外也。

支那人之乏自强心，既如上所言矣。然亦有出死力以抵抗强者之时，此时惟何？财产破灭，妻女凌辱之时而已。而当斯时能决死以争者甚鲜，彼辈对暴虐无纪之外兵，反忍其所不能忍，自制其怨怒愤恨，摇尾乞怜而思免祸。支那人服从强者之性之坚且固，盖出诸常人意料之外矣。支那之士商，其所希望，不外一身一家之幸福安逸，其所谓忠孝节义、礼义廉耻，亦不能出幸福安逸之范围以外，使出此范围，则绝无忠孝节义廉耻之可言，故背义以服从强者，亦支那人之故习，毫不足怪者耳。社会无公德，国家无元气，虽以如何之振作鼓舞，岂复有所益哉。则北京百万之人民，当国破主辱之日、满目惨怆凄其之时，而剧场业之盛，尤过于昔。《三国》《水浒》之演唱，依然如常，我邦之唱东亚同盟者，抑何如耶。

即使支那政府腐坏，人民文弱，其俗唯利是重，然其国民全体当国家成焦土之秋，义不降敌如杜兰斯哇儿国民，此世人所共引领而期望之者也。乃支那人遭国家之大变，社稷沦亡之日，亲戚流亡，邻里星散，皆置之不见不闻，其持身反放荡无所忌惮，绝不敬虔恭谨，思灾辱之所由来，以求自新之道。吁！不其奇耶。试踏北京、天津等处，其地虽为兵燹之区，然观其市廛，嚣闹如故也。观其庶民，扰扰如故也，游客之多如故也，娼楼戏园之繁盛如故也，小民之争利如故也，婚礼之举行如故也。贵官大员，则高车驷马，前卫后护，意气昂然。市人则乘外兵洞开各所门户，以遍游生平所不能入之宫殿。富豪则备盛馔佳肴，以邀外人之下顾。或见贵绅大贾，盛服礼装，击鼓鸣金，以呈颂德表、万民伞于外兵。呜呼！苟不悉支那人之性质，谁将以亡国之都市视之，以亡国之人民视之耶！

如以上所述支那人之特质，剧［遽］言之则无义无信无礼无廉耻，唯服从强者之威，及借强者之权而易习于强者之惠。强者苟去威施恩，舍权布惠，则若辈必目为王者仁者而心悦诚服之。然若辈亦有忽然失恭顺服从之心，生放僻邪侈之志，乃至滥用强者之恩惠。如北清一带地方既入联合军手，则若辈之生死休咎，皆自外兵操之。若辈初唯仰军队之惠以留其残生，此外他无所望。妇女之被辱、财产之被掠，皆默视而吞声忍之。及一旦列国军队长官怜其惨状，伤其流亡，禁暴虐无道之行，开保护抚安之途，若辈则顿忘已往之苦状，迷目前之利欲，借警察保护之力，遂渐致无礼于军人矣。又若辈见一外人保护其家产一切，阳颂其德，阴垢其糊涂。或比较列国军队保护力之优劣以为取舍，保护所及之所，则虽一物之微，亦难应军人之要求。保护所不及地，虽遭如何之诛求，亦决无抗斗之者。吾驻北京之日，屡往来地安门内外，门以内为皇城，各国占领区无别之地也，门以外为日本占领地，支那小民偶于门内遭外兵之掠夺，若辈知为保护所不及地，故唯哀求号泣，然出门外一步，则倚日军之保护，变泣涕为愤怒，变号哭为叫骂，喧嚣力争，以与外兵相抗。外兵之不法，固无待言，然唯目前一步之地，转瞬间即大改换其面目，即旁观者亦致相憎，况对门之外兵乎，故往往多杀伤事，盖不足怪也。世人皆咎俄军之暴虐，余亦咎之。虽然，接支那人多，抚支那人久，则知其畏怖威权而不化于恩惠也。仁政之下，难以服饕餮之支那，故俄军之行为，适可谓对支那人之良策也。盖支那人腐坏之病，已入膏盲［肓］，非与以重炙铁鞭，决不能使之觉悟而自新耳。

大凡一国国民，当其国家衰亡、社会解体之日，则弱点一一暴露出来。今日之支那，不可谓弱点暴露之时代也。今捕捉其弱点而批评之，固属酷刻，且就直隶之半省，以抹支那全局，尤不可不谓酷且刻也。虽然，余固知之矣。余敢大胆为斯苛论者，抑非无故？以上所陈演支那人之特质，罗列支那人之丑态，虽不外直隶半省，然支那人特质之来源甚久，浸润甚深，普及甚广，决非一时代一部落而止。其全国之性情风气、教育习惯，皆莫不具有此种奇特原质，北直所以独暴露无遗者，不过偶因团匪挑发之耳。

读支那之圣经贤传，而后知支那人之特质，非一朝一夕之间所偶成。支那之圣经贤传，皆能于数千年以上说明之矣。孟子曰："惟仁者惟能以大事小，是故汤事葛，文王事昆夷。惟智者惟能以小事大，故太王事獯鬻，勾践事吴。"力不能敌，时机未至，则服从之，此支那上古之理想，而孟子以仁者、智者目之。今支那人屈服、乞怜于列国军队之下，惟恐不及，自彼辈言之，则仁者、智者之为也。孟子又曰："贼仁者谓之贼，贼义者谓之残，残贼之人，谓之一夫。闻诛一夫纣矣，未闻弑君也。"余常诵之，此孟子唱破共和主义之言也。殊知此即孟子唱破支那人乏缺忠君爱上心之特质也。今日之支那人，多怒帝后误国殃民，绝无悲叹其转徙流离者。孟子之眼光，盖能窥破支那人民之肺腑也。

孟子又曰："汤一征自葛始，天下信之。东面而征西夷怨，南面而征北狄怨。曰奚为后我，民望之若大旱之望云霓也。归市者不止，耕者不变。诛其君而吊其民，若时雨降。《书》曰：傒我后，后来其苏。"读斯言而后知三千年前之支那，三千年后之今日，其性质盖毫无稍变化也。支那人之心，无所谓敌国，无所谓己国，推〔惟〕翕然服从强者以遂其自利自私之念。北蓟土民，当家破国亡之日，皆引领望日本军之保护，殆有如孟子所云东面而征西夷怨，南面而征北狄怨之感。而今而后，殆知支那人之奴隶性，非盛于一代一时，盖自古而然矣，且非仅一部落，易地莫不然也。

团匪事变既生以来，不但于北直一省足以发见支那人之特质，即举全国皆足以窥破之。支那虽有南方、北方之差异，然人同其种，国家同其号，皆黄帝之遗族也，皆满人之臣奴也。然而国都被破，皇室蒙尘，同胞被戮，而南方人士，静然旁观，甚至指摘北人于嬉笑怒骂之间。噫！求诸今日之世界中，盖支那以外必绝迹也。北方方决死以与外人相争抗战斗，南方则与外人和睦如常，诸督抚以北京政府为殃民误国，违其谕令，别开生面，不可谓明利害审成败矣。若以忠勇敌忾、不顾成败利钝之大节上观之，诸督臣不能无咎也。又南清人民苟稍具敌忾忠勇之气，则必急国家之急，舍成败利钝之见，不顾督抚之抑压镇抚，出万死以与外人决生死存亡之机。败则已矣，胜则可为世界中巍巍烈烈一大独立不羁之帝国。而支那人竟不出此者，盖不外利害之界明，成败之虑深，知不能不服从强者耳。端郡王等以义和团及董兵横抗列国者，不通天下之大势也。南方封圻大臣，不与列国推难者，通天下之大势也。以成败得失之心，而灭〈减〉精忠殉国之志，皆孟子所谓仁者、智者之举动也。余谓南清诸疆臣坐观成败之心，北清人民屈服外兵之下而不知愧之心，盖可以一例观之也。

或曰南清诸疆臣，自团匪开衅以后，晏然不动声色，不但不助北京之攘夷党，且屡耿其命令，此非南清人乏忠勇敌忾之血诚，实清朝之法令制度所驯致，乌得以一例缺忠诚性质目南清汉人哉，曰是固有之。虽然，子仅知其一，未知其二。当爱亲〔新〕觉罗朝入关定鼎以后，即定永远满人获享受特别权利之制。二百年来，汉人多不平之，且今满人智识之程度、武勇之资、富力之厚薄，皆远劣于汉人，以故汉人常笑满人之绝愚绝蠢。然以积重难返之故，满人于政治上尚能保有特别之威权。且满人虽愚蠢，唯于政治上能力，似优汉人一步，故始终能笼络汉人，能利用汉人之势力以制汉人。而汉人则乏经济之天才，多拘于小节而无处大局之才干，此汉人所以尝受制于满人而不自知也。征之支那近代人物，前有曾国藩，后有左宗棠，皆纯乎汉人也。然终日率其子弟部下，汲汲图清朝之兴复，是亦奴隶之性质自天禀受也。彼等若以一代功名，达观大势之趋向，打破满人之势力，全用汉人以建一善良新立政府，或无今日之祸乱，亦未可知。而彼等不然，以降伏之辱，置之于度外，不为汉人之义士，宁为满人之忠奴。是亦奴隶之性深，以为既受满人之功名富贵，能为清朝之一大忠臣，亦心满意足已矣。受满人之功名操纵，蒙满人之势力呼唤，安得谓为独立不羁之英雄耶！今李鸿章、刘坤一、张之洞诸老臣，及山东之袁世凯、四川之王之春等，皆负汉人之望者也。汉人际此团匪扰乱不息之日，彼等苟能乘此时机，改革国政，一新法度，贬黜无能之满人，责罚顽陋之皇族，新四亿民众之耳目，博列国同情之扶翼，是实足雪二百余年为满人奴隶之大耻。亦所以大伸汉人之势力，又足以中兴支那，得与列国立于公法之中，互相亲和，扩张通商之权利，而义和团匪之祸源，足以永绝无踪也。转祸为福，易危为安之道，舍此更有何谋乎！而彼等首鼠两端，坐观成败，绝无挺身于国难之勇气。事变以来，从未有筹一策、画一谋于其间，唯有安卧高阁，笑傲于二八侍宿之前，出而广车驷马，任意遨游。呜呼！此南清汉人之实况耳，如子所论，殆亦高视之也。

余闻之，我日本某士官，当北京陷落之后，谓支那某大僚曰：事既至此，公等宜相谋以护卫两宫之名，率兵数千赴行在，以兵力削董福祥之大权，且重惩肇祸之诸王大臣，汰冗员，裁匪兵，还与列国开真诚之谈判，公等何恐而不为之？彼辈以为系反叛举动，三三谢绝。某士官退而叹曰：支那官僚之忧心国家，万不及吾人忧心之切也云云。吾日本人每接支那人，例必生此一层感慨，盖无怪也。呜呼！此回之事变，满洲势力实已全倾，而汉人尚冥然甘受满人之操纵如故。我邦谈东邦经纶者，见之能勿怃然慨叹耶。

漫游南清地方者，往往失望南人之轻儇浮薄，却多属望北人。游历北清地方，目击北人之固陋因循，却多属望于南人。皆以为此地虽如此，他处必不然。乌知支那人之性质，虽有南北之分，而其不可救药则一也。设使移北清人于南清，则变为轻儇浮薄，亦犹南清人士移之北方，而变为因循固陋矣。如余亦大失望于北人之不足有为，而尚属望于南清人士之一人。故每当事变之发，辄未尝不思南人之乘机而起。试举数年之例以证之。胶湾之变后，列国皆借权力平衡为名，以要挟清国，而北京朝廷，柔惰卑屈，毫无抗拒之勇气。斯时余以为南清人士，必振袂而起，大有所为矣。孰意康有为一派而外，绝无所举动。当此之时，皇帝虽锐意维新，力图富强，然不脚踏实地，转使顽固之满人，颠覆壮图，严满汉之界，而后知支那人之不足有为矣。夫以南清土地之广，不能容一康有为。而各督抚却汲汲剪除康党，以求迎合北京政府之意。余当时既深慨南清之风气，尚未如余之想象也。迨其后天下形势日趋黑暗，北京政府乘剪除康党之余势，怂恿义和团，公然试其排外举动，甚至举天下苍生，使之遍尝涂炭之苦。而南清督抚悠悠然袖手旁观，一似深喜北京政府之举动，而乐于赞成之者。然一旦兵端既开，进无助北京政府以抗外人之勇，退无以善都城破亡之后，无革新国政之略，无荐善任能之明，唯日侥幸其境内平和无事以塞责。吾于是不能不深感南北人无径庭之异焉。

尝思支那人之性情，不固陋则流于轻佻，不傲慢则陷于卑屈，寡自信自负之念，乏独立独行、不顾物议之勇。彼辈非不欲新，以旧强于新，非守旧则难遂其自私自利之欲耳。支那人无新旧之界，唯有利者则死力趋之，有害者则死力避之而已。

南清人与北清人，虽性情稍有所差，然此乃境遇使然。而其性质，决无所轩轾。譬有二支那人，一为支那人之仆，一为外国人之仆，观其风采行为，殆如有异种之观，此其境遇使然也。若于其性情特质，则不啻万人同一，绝不见稍有差异。鸣呼！吾因义和团之乱，获观察直隶一带之士风民俗，不禁深慨西邻友邦之不足恃也。

靺鞨氏曰：吾论支那人之特质，特指摘其弱点僻质，是岂仅因研究支那民情之故哉？亦欲聊资我邦对清政策之一助耳。对清政策将如何，试陈其大略如下。

一、对支那政府及人民，当以强力为主要。盖支那人一旦见己强于他人，彼即施其横夺不法之举动；一旦见他人之力强于己，即直弃其反抗之念，而屈伏他人之下耳。

一、彼等虽讴歌本邦所施仁政，他日不可望彼等化为本邦之忠勇臣民。盖彼等虽以仁政仁德，而绝无感激之念，唯知计利益之多少也。

一、因欲使役支那人，利用支那政府，万不可使之忘现实之利益。且为彼等所施之惠，现时即当要求报酬，不可稍延。因彼等眼中仅有利益交换，无义侠亲切之感情也。

一、支那人民之旧习，唯限于一身之琐事，使不破坏其衣食居住之旧习，刷洗其冠婚丧祭之旧例外，仍可悠然享其平和康乐。至于国家之制度、国政之方针，勿论如何改变，彼等必漠不关心也。

一、外来之势力，尚能若是掣御支那人民，若万一大英雄起于国内，握多少之势力，得以树威，慑伏四近，彼等必翕然响应。唯处今日无举事之英雄，即能举事，亦难养其慑伏四近之势力耳。

以上诸条，皆为今后定对支那政府及其人民方策之要策，决不可河汉视之者也。今后所施之政略、商略、兵略，望当局诸公其参照之。鸣呼！吾有何怨而欲痛骂支那人耶？唯欲论我国将来对清政策耳，吾不得已也。①

11 日（正月二十一日）

▲蔡锷以"衡南劫火仙"之名在《清议报》发表《奴性》《英雄国》两篇时评。

其《奴性》一文说：

> 猛虎窘栏中，乳犬病猫，皆得环而侮之。及其奔深山、据大泽，则群兽慴服，莫敢谁何。贤者居坏世，势力充则群小趋之如蝇之附膻，势力去则群起而垢［诟］病之，及其势力复回，则又奴颜娼态，以奔走嚣号于其胯下。自数千年历史暨今世情形观之，此种奴性，锢不可破，不可谓天潢神明之种之特质也。宋明之际，朋党相攻，胜负迭更。当时朝内臣工，盲从瞀因者虽众，然而辨清浊、划黑白者亦不乏人。且民望皆属清流，殆亦由当时学问之力浸润于人心甚深欤。戊戌以后，明哲之辈，龟缩蚓屈，党祸二字，锢诸肺腑，其堪怜情形，不可名状。噫！殊足笑已。范希文（按：范仲淹，字希文）触宰相夷简（按：吕夷简，字坦夫）怒，黜职出朝，朝士畏相威，无敢过之者，独龙图阁直学士李纮、集贤校理王质出郊饯之。时质以病在告，扶疾祖宴都门，流连话终日。大臣谓之曰：子有病可辞，何为自陷朋党？质曰：范公天下贤者，质何敢忘之，如得为其党人，范公之赐质多矣。闻者为之缩颈。吾恐今日之朝士读之，当必为之咋舌惊谔［愕］已。

其《英雄国》一文说：

> 苏峰生曰：人有大志，谓之英雄。国有大志，谓之英雄国。"英雄国"三字颇奇特而可深味之者也。夫英雄多成于争竞最剧场中，必经多少之苦难危险，而后惊人之伟业、眩人耳目之历史出焉。国亦犹是耳。孟子曰：国家无敌国外患者，国恒亡。今日之中国，万国之公敌也：或美其土地之广大，则思削剥之；或畏其人民之众多，则思鱼肉之；或畏其智慧之发达，则思愚弱之；或忌其膨胀力之伟大，则思抑厌之；或惊其富力之盈实，则思吸竭之；或用温和手段，或取强硬方

---

① 曾业英编《蔡锷集》（一），第40—50页。

针。要之，皆吾人生存竞争之大敌而已。四千余岁之中国，国难外患之深巨，盖于今日始达其极点也。十九世纪上半期之法兰西，欧罗巴全洲之公敌耳，拿破仑率彼国民，东征西击，各国联合军屡为所破，法国革命精神遂至浸及全欧，即极东亦渐受其影响。呜呼！英雄国自英雄造之者也。拿破仑造英雄之法兰西，法兰西人口仅四千万耳，驱四千万国民足以敌全欧，驱十倍法国之国民，岂不足以敌全世界耶！昔英国魏斯勒将军曾谓中国有蹂躏天下之资格。虽然，吾闻其语矣，英雄出而实之可也。

中国既为万国之公敌，故力不足抗万国，不足以图存；智不足以凌万国，不足以图存。呜呼！欲以今日顽冥而腐朽之政府敌万国，是欲以肥豚斗虎，以病犬逐狼耳，岂可得哉。故彼辈欲敌万国而图自存之策，舍驱义和团于死地而外，别无他长计也。①

20 日（二月初一日）

▲蔡锷以"衡南劫火仙"之名在《清议报》发表《今后之发祥地》时评一文。说：

俄皇尼可拉第一世，承先祖之遗志，畜［蓄］开拓版图之阴谋。当千八百五十三年，借口教衅，以与土耳其横开争端，思据土都君士坦丁，以图席卷东欧，而独握里［黑］海之海权。无如英法干涉骤起，遂酿成苦里米亚之大战，终至以台尼浦河畔之地，迫还土国，结永不许干涉土廷及军舰驶行里［黑］海之条约。此一战也，俄罗斯数世经营，亘古雄图，瞬息间皆化为浮云泡影，尼可拉不俟战争之终，郁愤填膺，赍恨而没，而东欧遂从此绝北顾之忧矣。俄人南下之志，既不获逞于西，乃复整戈东向。五十年前之土耳其，今日之支那，皆俄人垂涎之域。今昔虽殊，而事态则一。俄人东侵之策，既畜［蓄］意于数十载以前，至今日始乘义和团肇衅之机，数千里满洲大陆，不一二月间而囊括无遗。呜呼！使满洲果终落俄人之手也，则鱼肉支那全国之日，固可翘足以待，然支那外之二大帝国，恐亦不能无所影响也。此二大帝国惟何？曰英领之印度，暨太平洋岸之日本而已。

① 曾业英编《蔡锷集》（一），第51—52页。

英人克乐诗曾有言曰：英国于亚洲领地及属国之面积，约二百五十余万，人口约及二百兆七千万有奇。吾英实亚细亚洲中之一大帝国也。又曰：俄国东侵之策胜，则英国必败，俄之益即英之损，俄得即英失，盖势难以并立云云。其言似过剧，然按其实，亦非妄诞。近岁以来，英国舆论，多倡排俄之论，而两国开衅之破绽，屡欲爆发。然足以迁延迄今未致以兵戎相见者，不得不谓英人富有持重不迫之性，而俄则巧于外交之机耳。虽然，今日之满洲问题，不特为东三省存亡之机，而东方全局之生死系之，不特立国东亚者之安危系之，即俄人东侵策数十年经营之成败系之也。俄人惧蹈苦里米亚之覆辙，乃外则扬言璧还满洲，而实则欲握尽满洲所有一切之权利，坚树所有一切之势力，仅与清廷以统辖满洲土地之名。以是等手段欺孺子弱妇之清政府可也，以之迫冥顽腐朽之支那可也，欲以之骗万国也，岂可得哉。五十年前苦里米亚之恶战，吾恐难免复见于今日矣。

日本自俄之筑办侵东铁道以来，而恐俄之心甚；自辽东干涉以来，而愤俄之心甚；自两国于朝鲜屡相冲突以来，忌俄之心甚。日俄开战之端，初欲破于干涉辽东之际，继欲破于占据旅大之际，继欲破于马山浦问题，而今则日本死生问题之满洲问题出，同时而要求朝鲜之镇海湾之妖云骤起，日本虽欲避俄人之锐锋，吾恐哥萨兵之野心，不致加白刃于大和民族之颈上必不止也。中日一役而后，日本陆军增至五十万，海军增至二十余万吨，其扩张军备之目的，曰以之亡支那也，则如各列强之干涉何；曰以之分割支那也，则分割策之害多益微；曰以之征服朝鲜也，则朝鲜既已成日本领地之实，然究其目的之所在，皆不外欲以雪干涉辽东事件之恨而已。近日风传日本以海舰三十五只援英击俄，事虽无据，然亦因日本政党之激昂、民间之横议，故世人所以生此逆料耳。

英德协商，其主义在洞开支那门户，而杜绝瓜分土地之烂局，其目的在协商一致以分取支那遍地之利权。而俄则强占满洲，独营私利，是显然与协商之主义为敌耳，是显然蔑视各国耳。虽然，俄政府惧于各国之愤怒，乃声言日后必以满洲奉还清廷，而一面迫增祺于奉天，迫杨儒于俄京，以订奇谲毒辣之密约。嘻！执彼十二条件观之，今后之满洲，尚得谓为满洲人之物耶！俄人欲以一纸掩天下之目，天下之具目者，岂皆盲瞎如清廷耶！且我〔俄〕人之言平和，犹盗贼之言道德，观彼近日之情形，日速求回复平和局面，而陆军则陆续派遣，舰队则逐日增加，使彼海陆军之势力既充足可恃，则必不俟列国之挑衅而后敢言战矣。

俄欲以满洲为侵略全亚之根据地，故彼经营其地，日夜不怠。今既入其口中，人欲夺而出之，必竭死力以相争。满洲死生问题，非仅关系一二国，且胜败亦非一二月所可判。若是则满洲数千里幅员之地，直二十世纪初叶之大战场也。俄胜则蒙古、西藏等地必为俄所有。俄借其地以窥印度，则印度之运命危；南击朝鲜，凭对马海峡以与日本为难，则日本之亡不可知。使英、日幸而胜也，逐俄军于黑龙江外，夺彼海陆军根据地各镇，永绝俄人东侵之梦，超前绝后之大功，可于一时建之，斯固吾人之所望也。胜败之机，固未可逆揣，然满洲必成群雄之战场，斯固可逆料而决之也。

或曰：然则满洲之死活存亡，可以视英日、俄法胜败之机为转移乎？曰：是大不然。土耳其之兴亡，与苦里米亚之战无关系也；朝鲜之兴亡，与牙山、牛庄、山海关之战无关系也。满洲一地，俄法胜则为俄法人之主权地，英日胜则为英日人之主权地也。譬一奴也，主人虽有变易，而奴之为奴则无异耳。土地不能自占之，人民不能自主之，盗贼不能自驱之，利权不能自有之，而日此地在某国之版图中也，此国为地球中之一独立国也，试问地于何有？版图于何有？国于何有？国之独立于何有？嘻！列强亡人国家之术之神且奇，殊不可以思议矣。①

按：蔡锷此时已预见到中国东北将是"二十世纪初叶之大战场也"，即日俄战争的爆发。

20 日至 4 月 18 日（二月初一日至二月三十日）

▲蔡锷译成"匿名法国人著，支那调查会编"的《支那现势论》长文，以"劫火仙"之名发表于 1901 年 3 月 30 日至 12 月 21 日的《清议

① 曾业英编《蔡锷集》（一），第 52—55 页。

报》。其在《序》中说：

> 西人有言曰：经营非洲，不如经营支那，盖支那气候温和，人烟稠密，富源盛大，经营之力少而获益多耳。是以欧人齐辔东向，各竭其全力，以与数千年老朽之支那，相角相逐，相博［搏］相击。其始也，见其土地之广袤、人口之蕃衍，则惊之。其继也，窥其国力之孱弱，则侮之。其终也，知其政府之腐朽，其人民精神之痿臭，而鱼肉牛马之念生焉。虽然，甲午以前之支那，列强固严［俨］然以东方之一大帝国视之，战役以后，则直视为无主之非澳殖民地矣。于是强占其要害，强夺其主权，强指某地为某国之势力圈，强定意外之条约，强要求意外之利权，不四五年间，而茫茫百六十六方（？）里之地（仅支那本部及满洲），遂俨然假定为列强之领域，四百兆之人民，遂俨然划为某国某国之未来奴隶矣（如福建人民，多以日本为将来之母国，见诸日本某报）。推其原因，盖不外以甲午一败，而中国腐朽情形，彻底发现，故列强得以悍然肆其利牙锐爪，而无稍顾忌耳。中国近数载以来之国势，直成一落千丈之态，然而其危亡不可救药之情形，我国罕能道之，亦罕能知之。即一二志士，起而倡匡救之道，讲自强之方，则有多数谬种，纵而排之斥之，诛之戮之，不遗余力。举世梦梦，冈能知自身之为何形，自所立为何地步。呜呼！国不欲存，种欲求奴，大可哀也。近岁以来，列强经营支那之急，如火之炽，如潮之涌，故支那之内情，与夫各国之外交，稽查考察，不遗余力。是以数万里外之风云状态，皎然了然，如指诸掌，知吾国人所不知，道吾国人所不道，吾国人欲自识本国之真面目，反不得不于外籍求之。吁！抑足羞矣！近日本支那调查会所译法人所著《支那现势论》，该书系最近之作而颇详核，其所论与英、日各国所见虽不无各异，然亦足以窥彼国之舆论也。译以示我国民，我国民读之，吾国之地位与夫列强对我国之情形，庶可略窥其梗概矣。辛丑二月，劫火仙序于日本东京。[①]

《支那现势论》，从其所刊最后部分仍标有"未完"二字看，似乎未译完日文全文。其刊出中文部分，总计3编10章57节，计7.8万余字。第一

---

① 曾业英编《蔡锷集》（一），第55—56页。

编为"支那经济上之地理",由"支那各省之经济"与"于支那经理上之统计"两章组成。第一章分为"满洲""直隶""黄河流域""扬子江流域""闽江流域""西江流域"6 节。第二章分为"外国贸易额""1895—1897 年之重要商品""输出入额国别表""出入船舶表""各国商馆表""通商口表""中国财政表""中国经理财务之现状"8 节。第二编为"支那与列强之关系",由"马关条约成后之欧洲""俄人在中国及朝鲜地方势力最始之增进""德意志之干涉胶州事件""德人占领胶州之结局""法兰西之举动"5 章组成。第一章不分节。第二章分为"1895 年中国始募公债及创设中俄银行""喀西尼条约""朝鲜之独立""日本对俄国之情形""英日同盟"5 节。第三章分为"德意志干涉胶州之缘起""胶州之占领及显理亲王之东行""北京条约"3 节。第四章分为"德国出师时之英吉利""俄罗斯占领旅顺""英国计划之波动""英清条约""中俄条约""英俄开战之风闻""日本之国情""英国之占领威海卫""日俄条约""英国占领九龙""一千八百九十八年之支那""美利坚之并有菲律宾"12 节。第五章分为"中俄公债及安南国境之纷议""于支那保护天主教之情形""里昂之调查支那会""湄公上游水路之测量""中法条约及踏入支那南部""清廷允法人之要索""上海南京及暹罗事件""于极东法国之评论"8 节。第三编为"于支那通商口之经营",由"支那对各国之让与""列强于经理上之营谋""法国之踏入南部支那"三章组成。第一章分为"条约之概略""铁道及矿山之让与""列强对中国策之情形"3 节。第二章分为"势力范围及门户开放二策""列强于势力圈内之经营""于支那商工业之进步"3 节。第三章分为"里昂支那调查会""法领支那之现状""东京邻省之现状""支那南部之路途""支那之法国贸易情形""经营法领及支那南部策""印度支那之铁道公债""法英殖民策之比较""扩张海军"9 节。①

4 月

（二月十三日至三月十二日）

28 日（三月初十日）

---

① 全文见曾业英编《蔡锷集》（一），第 55—163 页。

▲蔡锷由东京大同高等学校转入由此校改名而来的东亚商业学校学习。①

5 月
（三月十三日至四月十四日）

▲蔡锷与戢翼翚、王亮畴、沈翔云、杨圃堂（按：杨荫杭，字补唐，杨绛之父，有《老圃遗文集》问世）等人"创设《国民报》，阐□民族主义"。②

9—12 月
（七月十九日至十一月二十一日）

▲蔡锷编译成《国际公法志》一书。1902 年 8 月 6 日由上海广智书局出版。

按：蔡锷在书中言及清政府与英、俄等 11 国签订《辛丑条约》（按：该书称《北京条约》）时，使用了"今岁"的时间概念。而该约签字于 1901 年 9 月 7 日，可知该书虽出版于 1902 年 8 月，当编译于 1901 年下半年。

蔡锷这时为何研究国际公法，其价值如何，这可从赵必振 1902 年 7 月为该书所作序中了解一二。该《序》说："人与人相处不能无交际，国与国相处不能无交涉，于是国际公法兴焉。国际公法者，所以调和国争者也。泰西法学家言，其输入吾中国颇早。美人丁韪良氏任同文馆教习时，译述颇多，若惠氏之《万国公法》、吴氏之《公法便览》、步伦氏之《公法会通》等，行世甚广。然而，吾国研究公法学者阒如也。往者吾湘毕永年氏，创公法学学会于长沙，欲集同志，提倡此学，旋以戊戌政变而中止。毕氏奔走国事，终不获偿其志而殁。浏阳唐先生尝采近译公法诸书，成《公法通义》一卷，举其微言大义，一禀《春秋》之律，而文致以素王改制之精心，自以为罩法于义，罩义于仁。凡附丽斯义而得其初者，著若干款，以

---

① 《秦力山集》，第 24 页。
② 见《蔡松坡先生事略》和《秦力山集》中的《倡办〈国民报〉简明章程》，以及冯自由《革命逸史》初集中的《东京国民报》《东京国民报补述》等文。

为治公法学者嚆矢。曰：由此求之，若振衣以领絜网于纲也。又若俯千仞于绝巘，瞰微点于诸天，而洞其幽也。唐先生之遗著，诚为吾中国言公法学者之巨子。自是而后，国事日亟，交涉日繁，踵其后而治斯学者无闻焉。邵阳蔡君松坡悁悁然悲之，编译《国际公法志》，以步唐先生之芳轨。余受而读之，其书视唐著为尤详，其余之公法诸书，更瞠乎其后也。吾国有研究公法学者乎？家弦而户诵，吾馨香而尸祝之，庶几日暮遇之。壬寅六月，武陵赵必振曰生父序。"①

《国际公法志》一书，从目录上看，有一、二两卷，迄今所见仅为第一卷中的《平时国际公法》。其内容包括总论、平时国际公法两部分。总论较简要，不设章，仅设 5 节，分别论述国际公法历史、国际公法与地理上关系、国际公法渊源、国际法与国法之差别、国际私法。平时国际公法为该卷主体部分，设五章。第一章为"邦国独立权及互相保持之责"，计 3 节，分别论述邦国自主权、邦国自卫权、干涉权。第二章为"处置国财国产法"，计 9 节，分别论述邦国财产权、邦国财产之种类、版图、国境、航行河川权、领有沿海权、领有海峡江湾权、通航领海权、猎取水产权。第三章为"管辖邦国之权利及其义务"，计 19 节，分别论述邦国管辖权、国籍、移籍、管辖境外罪民权、管辖境内外人权、管辖境外外国罪民权、追放外国臣民权、待遇领海及通商港内之外国商船、航行海面之官商船舶、海贼、拘交犯人、国事犯、领内不施管辖权之权、外国君主及其侍从之特权、官船之特权、军队之特权、官有物之特权、旅东之西人、邦国之责成。第四章为"外交上之礼仪"，计 6 节，分别论述邦国同等权、邦国之荣辱、邦国并君主之称号、邦国之阶级、外交上之语言文字、海上礼仪。第五章为"邦国互市之权利及其义务"，计 12 节，分别论述修好通商之为义务与否、邦国代表权、驻扎使臣之由来、派接使臣之权、派接使臣之义务、使臣之等级及占席之次序、使臣之赴任、使臣之特权、使臣之终任、领事、领事之就任、领事之特权。总计字数 4.6 万余字。②

---

① 曾业英编《蔡锷集》（一），第 251 页。
② 全文见曾业英编《蔡锷集》（一），第 187—250 页。

12 月

（十月二十一日至十一月二十一日）

17 日（十一月初七日）

▲蔡锷以自费生身份进入成城学校学习军事。①

关于蔡锷选择学军事的原因，蔡锷参与创办的《游学译编》中的一些言论可作为参考。其中 1903 年 5 月 6 日出版的第 7 册上发表的《与同志书》一文中有言："涉江湖，泛瀛海，离乡去国，留学他邦，接触见闻，罔非可愤可悲之事……今日国势，危险极矣。仁人志士，奔走骇汗，大声疾呼，日谋所以救亡之法。愤于国力之弱也，则曰讲求武备，痛于民生之窘也，则曰讲求实业。政体不更，宪法不立，而武备实业，终莫能兴也。""吾国二千年来，无普通之教育。冠儒冠者，唯以弋取功名为心，所治者科举之业；主讲席者，唯以研求帖括为事，所督者记诵之功。其有不屑于此，矫然自异者，或为辞章，或为考据，能言而不能行，知古而不知今。于立国自强之道、修身自治之法，忽焉不讲。名为老师宿儒，其实学问之程度，曾外国童稚之不若，此可耻之甚者也……今日急宜讲求之事，凡四大端：师范也，陆军也，警察也，实业也。无实业则无以救贫，无陆军则无以振弱，无师范则有民而不能教，无警察则有地而不能治。"

1902 年

（光绪二十七年辛丑十一月二十二日至光绪二十八年壬寅十二月初二日）

2 月

（光绪二十七年十二月二十三日至光绪二十八年正月二十一日）

8 日（光绪二十八年正月初一日）

---

① ［日］镰田和宏：《蔡锷与日本》，依闻译，《船山学刊》1996 年第 1 期。也见中村義「成城学校と中国人学生」辛亥革命研究会编『中国近现代史论集：菊池贵晴先生追悼论集』汲古書院、1985、264 頁。

▲梁启超主编的《新民丛报》在日本横滨创刊，每月一日、十五日发行。其《告白》说，该报的创办缘起是："中国报馆之兴久矣，虽然求一完全无缺，具报章之资格，足与东西各报相颉颃者，殆无闻焉。非剿说陈言，则翻译外论，其记事繁简失宜，其编辑混杂无序，殆幼稚时代势固有不得不然者耶。本社同人有慨于是，不揣梼昧，创为此册。其果能有助于中国之进步与否，虽不敢自信，要亦中国报界中前此所未有矣。"对其宗旨和内容，该报章程交代说："一、本报取《大学》新民之义，以为欲维新吾国，当先维新吾民。中国所以不振，由于国民公德缺乏，智慧不开，故本报专对此病而药治之，务采合中西道德以为德育之方针，广罗政学理论，以为智育之原本。一、本报以教育为主脑，以政论为附从。但今日世界所趋重在国家主义之教育，故于政治亦不得不详。惟所论务在养吾人国家思想，故于目前政府一二事之得失，不暇沾沾词费也。一、本报为吾国前途起见，一以国民公利公益为目的。持论务极公平，不偏于一党派；不为灌夫骂座之语以败坏中国者，咎非专在一人也；不为危险激烈之言，以导中国进步当以渐也。"《新民丛报》创刊后，销路不错，梁启超这年5月在一封复康有为的信中说："现销场之旺，真不可思议，每月增加一千，现已近五千矣。似比前此《时务》，尚有过之无不及也。"

在这封信中，梁启超还表示不能认同康有为的"民主、扑满、保教之诚"。说："至民主、扑满、保教等义，真有难言者。弟子今日若面从先生之诚，他日亦必不能实行也，故不如披心沥胆一论之。今日民族主义最发达之时代，非有此精神，决不能立国。弟子誓焦舌秃笔以倡之，决不能弃去者也。而所以唤起民族精神者，势不得不攻满洲。日本以讨幕为最适宜之主义，中国以讨满为最适宜之主义。弟子所见，谓无以易此矣。满廷之无可望久矣。今日日望归政，望复辟，夫何可得？即得矣，满朝皆仇敌，百事腐败已久，虽召吾党归用之，而亦决不能行其志也。先生惧破坏，弟子亦未始不惧，然以为破坏终不可得免，愈迟则愈惨，毋宁早耳。且我不言，他人亦言之，岂能禁乎？不惟他人而已，同门中人猖狂言此，有过弟子十倍者……然此决非好与先生立异者，实觉此事为今日救国民之要着而已。"又说："至先生谓各国皆以保教，而教强国强。以弟子观之，则正相反。保教而教强，固有之矣，然教强非国之利也。欧洲拉丁民族保教力最强，而人皆退化，国皆日衰，西班牙、葡萄牙、意大利是也。条顿民族如英、美、德各国，皆政教分离，而国乃强。今欧洲之言保教者，皆下愚之人耳，或凭借教令为衣食者耳。实则耶教今日亦何尝能强，其渐灭可立而待矣。哲学家攻之，格致学攻之，身无完肤，屡变其说，以趋时势，仅延残喘，穷遁狼狈之状，可笑已甚，我何必更尤而效之。且弟子实见夫欧洲所以有今日者，皆由脱教主之羁轭得来，盖非是则思想不自由，而民智终不得开也。倍根、笛卡儿、赫胥黎、达尔文、斯宾塞等，轰轰大名，皆以攻耶苏教著也，而其大有造于欧洲，实亦不可诬也。弟子以为欲救今日之中国，莫急于以新学说变其思想（欧洲之兴全在此），然初时不可不有所破坏。孔学之不适于新世界者多矣，而更提倡保之，是北行南辕也。"①

▲蔡锷自是日起，以"奋翮生"之名，在《新民丛报》连载《军国民篇》长文。蔡锷在文中指出，今日中国应大力倡导"军国民主义"，"居今日而不以军国民主义普及四万万，则中国其真亡矣"。至于中国今日何以缺乏"军国民主义"，他归纳为以下八个原因：一原因于教育者，二原因于学派者，三原因于文学者，四原因于风俗者，五原因于体魄者，六原因于武器者，七原因于郑声者，八原因于国势者。他热烈呼唤"军国民兮，盍归乎来"，中国国民有了成军之资格，"即国家不置一卒，而外虏无越境之虞。偶有外衅，举国皆干城之选矣"。而欲建造军国民，则"必先陶铸国魂"。那么，这"国魂"怎么得来的呢？他认为"有自国民之流血得之者焉，有自伟人之血泪得之者焉，有因人种天然之优胜力而自生者焉"。他最后表示："搜索一吾种绝无仅有之特色，以认为吾族国魂，盖杳乎其不可得矣。谓革命为吾族之特色钦？则中国历祀之革命，皆因私权私利而起，至因公权公利而起者无有也。以暴易暴，无有已时，谓为吾族之国魂，吾族不愿受也。谓排异种为吾族之特色钦？则数千年来，恒俯首帖耳，受羁于异种之下，所谓排异种者，不过纸上事业而已，欲强谓为吾族之国魂，吾族所愧受也。吁！执笔至此，吾汗颜矣！然而吾脑质中有一国魂在。"②

按：表面上看，蔡锷未在文中明言中国国魂的具体概念，只说他"脑质中有一国魂在"。但他明言了一个标准，即"孟子之所谓浩然之气，老子

① 《梁启超年谱长编》，第271—272、286—287、277—278页。
② 全文见曾业英编《蔡锷集》（一），第163—182页。

之所谓道，其殆与之相类似乎"，也就是说是一种精神。而且明言他不愿接受"革命"是"吾族之国魂"，因为"中国历祀之革命"，皆无"因公权公利而起"而又"以暴易暴"者；也不敢接受"排异种"为"吾族之国魂"，因为数千年来的"所谓排异种者"，都只是口头空谈，并无真正的实践，从而含蓄地表达了他"脑质中"的国魂，是一种为"公权公利"而起，又不"以暴易暴"，而且真正实践"排异种"、追求国家独立的精神。实际就是他的老师梁启超多年来提倡、鼓吹的反对帝国主义列强侵略的民族主义。

然而，有研究者经数十年的研究，仍认为蔡锷"脑质中"的国魂，实际"是倡导把'军国民主义'当作是新的'国魂'"，大大提高了"军国民主义"在蔡锷心目中的地位。[①] 其实，这是对蔡锷的误读。因为他在文中明明白白说过，"欲建造军国民，必先陶铸国魂"，清楚说明"军国民"与"国魂"并不是等同关系，而是递进关系，即"军国民主义"是由"国魂"培植出来的外在物而已，而且还通过对"国魂"内涵的深层解释，对"军国民主义"应守的原则做了明确界定。当然，也有研究者认为，蔡锷虽"对中国的国魂没有明确地表达出来，但从字里行间，我们不难看出，这就是一种抵御列强侵略的尚武爱国和勇于为国捐躯的精神"。[②] 尽管所说蔡锷"没有明确地表达"中国国魂并不是事实，但相对而言，还是比较接近蔡锷的原意了。

此外，还有一个问题也与蔡锷此义有关，即蔡锷此时有无署名"击椎生"的问题，或者说"击椎生"是不是蔡锷的问题。刘达武所编《蔡松坡先生年谱》光绪二十六年庚子（1900）条下说："梁启超招公（按：指蔡锷）入《新民丛报》馆襄笔政，公署名奋翮生，一署击椎生，撰《军国民篇》，以唤醒国人。"[③]

刘达武的记载明显不实。一是《新民丛报》创刊于 1902 年 2 月 8 日，1900 年何来"笔政"之事？何须"襄笔政"之人？另据冯自由说："己亥（按：1899 年）冬，梁启超自日本赴檀岛，横滨《清议报》笔政由麦孟华摄理。报中文字则由湘籍学生秦力山、蔡松坡、周宏业诸人分任之。"[④] 可

---

① 《蔡锷大传》，第 32 页。
② 《护国元勋蔡锷传》，第 49 页。
③ 《蔡松坡先生遗集》（一），集首《年谱》，第 3 页。
④ 《横滨〈开智录〉》，《革命逸史》初集，第 95 页。

见，蔡锷 1900 年"分任"的是《清议报》的文字之责。二是遍查《新民丛报》，并不见有以"击椎生"为名发表的文章。

近年又有人发现 1916 年 3 月 4 日的云南《义声报》上有一个叫"南舟"的记者，发表了一篇题为《书护国第一军蔡总司令〈告滇中父老文〉后》的社论，其中说道："蔡公松波少年日，自号击椎生，曾著论载诸《清议报》者也。"这里说的不是《新民丛报》，而是《清议报》。是否刘达武记错了，或《蔡松坡先生年谱》出现手民之误，将《清议报》误为《新民丛报》了？或有此可能。可是，查遍迄今犹存、一份不少的《清议报》，却仍然未见一篇署名为"击椎生"的"著论"。可见，无论《清议报》还是《新民丛报》，皆未发表过署名为"击椎生"的文章。也就是说，无论 1916 年的南舟，还是 1943 年的刘达武所记，均属不实记载，本身就是信口开河的想当然。

不过，细查清末民初报刊，又确有人在 1907—1908 年日本东京的《云南》杂志、1909 年 2 月的《南洋兵事杂志》、1911 年 2 月 11 日的《申报》、1912 年 8 月 20 日的北京《民主报》和 1913 年 7 月 15 日的《南针》杂志，以"击椎生"的名义发表了八九万字的诗作和政论文章（其中《南洋兵事杂志》《申报》《民主报》上的均为《云南》杂志旧作）。于是有学者据此提出这个"击椎生"就是蔡锷，所发表八九万字的诗作和政论文章都是蔡锷所作。

是否南舟和刘达武皆记忆错乱，误把蔡锷发表"著论"的《云南》杂志，当成《清议报》或《新民丛报》了？也不是。一个不争的事实是，蔡锷 1904 年 10 月士官学校毕业回国后，一直在国内广西从事军事教育和编练新军，1907—1908 年更没有离开广西，重返日本。可是，在《云南》杂志上发表诗文著论的这个"击椎生"，却在"著论"中自己透露了一个重要信息，他当时并不在广西，而是身处日本。

首先，击椎生在一篇文章中谈到云南设立银行及制币局时说，开办银行，制造货币，固非仓猝可以就绪，但如"滇吏实心举办"，"速派学生来东学习，限以两年卒业，学成回滇"，自然也就不用"依赖外人"了。[1] 而

---

[1] 击椎生：《云南外交之失败及挽回》，中国科学院历史研究所第三所编《云南杂志选辑》，科学出版社，1958，第 685 页。

在另一篇文章中又说："近得内地来函，言粤东团体，外强中干。"① 前文所说"速派学生来东学习"，意思很明白，就是要云南地方官迅速选派学生到日本学习金融、银行知识。如击椎生不在日本而在国内，是不可能采用"来东"这一说法的。后文所说"近得内地来函"，值得细究。第一，"近得"一词，仅是个短期的时间概念，不能理解为两年多以前蔡锷尚在日本学习陆军时的事，何况函中所涉中英两广西江警察权问题，还是击椎生为文之前不久才发生的事。第二，"内地"二字所反映的地域关系，在时人心目中，也不是今人通常所说的沿海、边疆与内陆省份的关系，而是国内外的关系。如身在日本的杨度复函伍廷芳时说："度自上海返东京，又出外旅纤逾旬，昨归始得见由杨公使（按：指清朝驻日公使杨枢）交来尊函，并见内地各报所登函稿。"② 即如蔡锷谈及这一关系时也是用"内地"一词表述的，他1906年复时在日本的"友人杨君"的一封信中就说过，自己"僻处内地，毫无见闻，如相见爱，请时惠好音"。③ 蔡锷此时身处边疆广西，因他与身居日本的"杨君"的地域关系是国内外的关系，所以也循例用了"内地"一词。明白了击椎生实际生活在日本这一点，也就不难理解他何以会在发表于《云南》杂志的文章中，时不时地直接使用诸如"相手方"（对方）、"邮便"（邮政）、"邮便局"（邮局）、"留置"（拘押）、"为替"（汇兑）、"邮便贮金"（邮政储蓄）、"相场"（市场）等日文用语了。④

其次，更为重要的是，据敖凯《关于击椎生是否蔡锷问题的补证》⑤一文，还有一个更加直接的证据。这就是击椎生1908年2月28日在《云南》杂志上发表了一篇题为《佛国陆军之腐败》的译文，追踪一下这篇译文的母文发表于何地何时何刊，对于确定这位译者身在何处，是在广西还是在日本，是不是蔡锷，就更加一清二楚、毋庸置疑了。

经查，这篇译文实际译自日文，源于日本东京出版的《东洋经济新报》第434号所载的『仏国陸軍の腐敗』一文，时间是明治40年（1907）12

---

① 击椎生：《西江警察权问题》，《云南杂志选辑》，第697页。

② 《复伍廷芳函》（1904年12月下旬），刘晴波主编《杨度集》（1），湖南人民出版社，2008，第105页。

③ 《蔡松坡先生遗札：丙午年在广西致友人杨君书》，《上海工业专门学校学生杂志》第2卷第2期，1918年。

④ 击椎生：《云南外交之失败及挽回》，《云南杂志选辑》，第642、664、668、671、679页。

⑤ 马敏主编《近代史学刊》第25辑，社会科学文献出版社，2021。

月 15 日。① 也就是说，以击椎生名义发表于《云南》杂志的这篇译文，应该是在 1907 年 12 月 15 日至 1908 年 2 月 28 日这段时间内，完成翻译、投寄，以及编辑、出版全过程的。身在国内广西的蔡锷有此可能吗？

第一，来看在 1907 年 12 月 15 日至 1908 年 2 月 28 日这段时间内，蔡锷在广西哪里从事什么活动，看他是否有时间和精力从事这篇文章的翻译，以及击椎生其他文章所反映的那些与张鸣岐这时的要求并不相干的工作。

蔡锷这时在哪里？在做什么？是在政治、文化中心的广西省城桂林从事军事教育工作，还是在其他地方从事别的工作？2005 年湖南省博物馆披露馆藏的一封蔡锷复魏景桐未刊信函，对此有真实而详尽的记载。蔡锷在信中说："弟于前月杪抵邕，适帅节已鼓轮西迈，遂仍由陆路追，本月七日入龙。旋奉命巡视南关各垒，进游谅山，综计前后里程不下两千里，为期廿余日。骑者尚不感劳乏，而马倦矣。"又说："弟月杪当出发，随帅节游越后，转入边防西路，查察一切，返桂之期，约在四月内。"② 意思是说，他"前月杪"就从桂林到了南宁。因巡抚张鸣岐已"鼓轮西迈"，又"由陆路"追到龙州。随即奉张鸣岐之命，"巡视"镇南关"各垒，进游谅山，综计前后里程不下两千里，为期廿余日"，把马都累坏了。而且月底还要随张鸣岐"转入边防西路，查察一切"，回到桂林，"约在四月内"。

由于蔡锷此信未署年月，只有日子"廿三"，因而不能不先辨析清楚此信的写作时间，否则不能知晓蔡锷以上行程的具体日期。从信中提到"南关之役"，说明此信写于孙中山革命党人发动镇南关起义的丁未十月二十七日（1907 年 12 月 2 日）之后。又因其有"陈君培根拟于今正入省"和"敬叩勋安，并贺新祺"等含有时间概念的用语，可知它写于"今年"，也即丁未次年的"正月"，加上信末明确署有"廿三"日，便可断定它写于戊申年的正月廿三日（1908 年 2 月 24 日）。有了这个依据，则可判定信中所说"弟于前月杪抵邕"、"本月七日入龙"，以及"弟月杪当出发"等语的具体日期了。依据当时以"前月""上月""本月"表达时间用语的惯

---

① 日文原件由中国社会科学院研究生院博士生姚江鸿提供，谨在此表示衷心感谢。

② 陈建明主编《湖南省博物馆馆藏百位湘籍名人手迹》，岳麓书社，2006，第 297—300 页。该书所刊此信的释文，有多处文字误读，一是"殊不值识者之一笑处之。此次事变为广西绝好之机会……"，应是"殊不值识者之一笑。要之，此次事变为广西绝好之机会……"二是"转入边防西路查案。一切返程之期，约在四月内"，应是"转入边防西路，查察一切，返桂之期，约在四月内"。

例，如《申报》在报道有关时事新闻中就频频有过"前月二十四日""上月二十八日""本月十一日"之类的用法，[1] 可知蔡锷信中所说"弟于前月杪抵邕"，应是丁未十一月杪（1908 年 1 月初）由桂林到达南宁；"本月七日入龙"，便是戊申正月初七日（1908 年 2 月 8 日）由南宁到达龙州；"月杪当出发"，就是正月杪（2 月底 3 月初）又要随张鸣岐"出发"，回到桂林当在四月（5 月）了。可见，蔡锷虽未在信中提及何时离开桂林，但自桂林至南宁，在当时的交通条件下，没十天半个月是不太可能到达的。他既然自述 1908 年 1 月初到达南宁，由此上推，他离开桂林的时间当不晚于 1907 年 12 月下旬的前半期。也就是说，从这时起至 1908 年 5 月，蔡锷一直是奉命在前往南宁、龙州"巡视"镇南关"各垒，进游谅山"，以及"转入边防西路，查察一切"的奔波中度过的。试想他在这段时间内，还能有时间和精力完成这篇文章的翻译，并从事击椎生的其他文章所反映的那些与张鸣岐此时的要求并不相干的各种工作吗？显然是不可能的。

第二，再从蔡锷与张鸣岐的关系，来看他是否可能不为张鸣岐排忧解难，而心安理得地做他的无助于张鸣岐脱困的翻译工作。

蔡锷这时何以能如前所说，奔波于南宁、龙州、"南关各垒"和"边防西路"，尽心尽力地对待张鸣岐所交办的事呢？除了他是下级，不能不遵命行事之外，也与他们之间不一般的个人关系分不开。蔡锷自 1905 年 5 月前往广西"游历"，被时任巡抚的李经羲"羁留"后，虽也由李经羲"奏派总理随营学堂"等事，[2] 但却相当不适应官场上那套"酒食征逐，文牍往来"的陋习，[3] 加上随营学堂又仅仅办了一期就戛然而止了，[4] 让他这个勤于做事、勇于担责的人，深感"徒见事事倥偬，无一惬心之作"。[5] 但是，张鸣岐署理广西巡抚之后则大不一样了，不但不许他"力辞各差，摆

[1] 《东三省通信·奉吉两省之划界》《京师近信》《京师近事》，分别见《申报》1909 年 3 月 5 日、4 日，4 月 8 日。
[2] 《致陈绍祖函》（1907 年 5 月 31 日），曾业英编《蔡锷集》（一），第 264 页。
[3] 《蔡松坡先生遗札：丙午年在广西致友人杨君书》，《上海工业专门学校学生杂志》第 2 卷第 2 期，1918 年。
[4] 《广西巡抚林（绍年）奏为遵饬察酌地方情形筹议新军办法折》（1906 年 11 月 29 日），《申报》1907 年 2 月 5 日。
[5] 《蔡松坡先生遗札：丙午年在广西致友人杨君书》，《上海工业专门学校学生杂志》第 2 卷第 2 期，1918 年。

脱去桂"，还立马奏派他"总办陆军小学堂"，① 并放手让他自主办理这所培养陆军初级军官的新型学校。据该校二期学生唐希抃回忆："所有教职员除提调（主办总务）楼守愚（进士出身，候补知府）系由抚署派充外，其余均由松坡先生物色延聘。"② 正因如此，蔡锷1907年5月向友人坦承：张鸣岐对他"极相信任"。③ 因为这是个人的私密通信，非官场辞令，当属真实可信。

而恰在这时，张鸣岐因孙中山革命党人起义，占领了广西镇南关炮台，而面临朝廷的巨大压力。先是奉上谕"当将张鸣岐交部议处，并电令督饬各路统将协力进攻，克期收复"，④ 继而"调兵分五路设防"的请求，也被廷寄否决："桂边绵长一千八九百里，所请调兵分五路设防，兵力分散，深为兵家之忌。现计兵已一万数千，匪只四千，数逾三倍，何得借口兵力单薄为推诿粉饰之计？着该抚督饬统兵各员，严速剿灭，毋任蔓延贻患，自取咎戾。"⑤ 加上丁忧回乡的太平思顺道庄蕴宽又迟迟不奉旨"迅赴广西，以供差遣"，张鸣岐只好亲自领旨"驰赴龙州，巡阅布置"了。⑥ 蔡锷眼见对自己"极相信任"的上司承受如此之大的压力，能不想其所想、急其所急，兑现自己此前向友人表达过的承诺，"惟力所能及之事，无不尽力而已"，助其一臂之力吗？可见，即就蔡锷与张鸣岐的个人关系而言，这时他也不可能对张鸣岐的困境置若罔闻，而心安理得地做他那些无助于张鸣岐脱困的翻译之类的事；何况如他自己所说，他奔赴南宁、龙州，"巡视南关各垒，进游谅山"，还都奉的是张鸣岐的命令，能不"尽力"吗？

第三，更为重要的是，虽然这篇《佛国陆军之腐败》字数不多，也就是750多个日文字吧，对于精通日语的蔡锷来说，译成中文，是不费吹灰之力的事，但问题是，这时的蔡锷，不但远在国内的广西，也不在政治、文化中心的省城桂林，而是如上所说，正奉命奔波在南宁、龙州、镇南关和越南谅山等地，能看到恰在其时发表于东京报纸上的这篇母文，并将其译成中文，送达远在日本的《云南》杂志刊登吗？

---

① 《致陈绍祖函》（1907年5月31日），曾业英编《蔡锷集》（一），第264页。

② 唐希抃：《回忆蔡松坡先生创办广西陆军小学》，《忆蔡锷》，第148页。

③ 《致陈绍祖函》（1907年5月31日），曾业英编《蔡锷集》（一），第265页。

④ 《上谕》，《申报》1907年12月16日。

⑤ 《廷寄桂抚剿灭桂匪》，《申报》1908年1月11日。

⑥ 《紧要新闻·廷寄桂抚驰赴龙州》，《申报》1908年1月26日。

诚然，如前所说，1907 年 5 月 31 日，蔡锷曾给日本东京的友人陈绍祖发去一信，请他代订日本报刊，明确提出要"定《太阳报》《兵事杂志》及《朝日新闻》各一份，托该社按期邮寄"，[①] 但其中并无登载《佛国陆军之腐败》一文的《东洋经济新报》。此其一。其二，蔡锷除了 1905 年初到广西，被"奏派总理随营学堂"等事后，至出任陆军小学堂总办、安排雷飙为陆军小学堂监督之前，曾派雷飙前往"广东、香港、上海、日本等处购办书籍、仪器及各种军用物品，并为测绘学校聘请在日留学习测量卒业之优等学员数人回桂充测绘教员"外，[②] 没有史料可证他本人此时也在日本，或者派有其他人驻足日本为其办理相关公务。可见，蔡锷这时是不可能看到，也无其他渠道看到《东洋经济新报》上的这篇文章的，自然也就不可将其译成中文，刊登于日本出版的《云南》杂志上了。

可见，1907 年 12 月 15 日至 1908 年 2 月 28 日这段时间内，蔡锷既无时间和精力，也不可能放下张鸣岐交办的急事，去做他的日文翻译之类的工作；尤其是连看都不可能看到击椎生 1908 年 2 月 28 日发表在《云南》杂志上的这篇题为《佛国陆军之腐败》的译文的母文，怎么可能是它的译者呢？显然，译者击椎生不可能是国内的蔡锷，而应是一个身处日本、能及时看到这份《东洋经济新报》的人。何况无论是刘达武还是那个南舟记者的记载，皆已被《清议报》《新民丛报》证明并无其事，以一个并无其事的记载，证明这个 1907—1908 年在《云南》杂志及后来的《南针》杂志发表文章的"击椎生"就是蔡锷，八九万字的诗作和政论文章就是蔡锷的，既不科学，也没有说服力。

3 月
（正月二十二日至二月二十二日）

30 日（二月二十一日）

▲1901 年下半年，随着自费东渡日本的留学生逐日增多，留日学生开始酝酿创立留学生会馆。较早提倡人为较早抵日的官费生钱承铤、陆世芬、吴振麟、章宗祥、金邦平，以及自费生曹汝霖、范源濂等人。

---

① 以上各引文见《致陈绍祖函》（1907 年 5 月 31 日），曾业英编《蔡锷集》（一），第 265 页。

② 雷飙：《蔡松坡先生事略》，《忆蔡锷》，第 57 页。

次年 2 月 10 日，清廷出使大臣蔡钧于东京偕行社举行留日学界恳亲会，与会学生一致通过创办会馆提议。由湖北、南洋学生监督钱恂提出创办草案，公议蔡钧、钱恂分任中国留学生会馆总长、副长，并推选范源濂、吴振麟、吴禄贞、章宗祥、曹汝霖、程家柽（因病嘱陆仲芳代）、高逸、金邦平为会馆章程起草员。

3 月 16 日，留日学界在锦辉馆召开有清廷官方人士出席的大会，通过以"联络情谊，交换智识"为宗旨的会馆章程，并依蔡钧提议，将原拟名称"中国留日学生会馆"，改为"清国留日学生会馆"，正式推举蔡钧为会馆总长，钱恂为副长。又投票选举蔡锷等 12 人为会馆干事，分任书记、庶务诸事。

30 日，清国留学生会馆宣告正式成立，除蔡钧、钱恂分任总长、副长外，蔡锷以成城学校自费生身份，与范源濂、钱承鋕、吴振麟、陆世芬、王璟芳共 6 人任书记干事，负责"书信、记述、调查报告等事"；章宗祥、金邦平任庶务干事；高逸、冯阅模任招待干事；蓝天蔚、曹汝霖任书报干事，组成会馆第一届领导机构。任期至同年 10 月 8 日（九月初七日）。

同年 10 月 8 日至 1903 年 4 月 8 日（光绪二十九年三月十一日），为会馆第二届领导机构任职期，由清国留学生总监督汪大燮任总长，钱恂任副长，周家树、蒋尊簋、刘成禺、王遇甲等 4 人任书记干事，张奎、沈琨任会计干事，高尔登、王宰善、王荣树、马肇礼、冯斯乐等 5 人任招待干事，金华祝任书报干事。并增设"由各校团体选出，遇重要事宜……与干事协议"的评议员制度，刘乃弼、黄轸等 14 人被各校团体选任为评议员。

1903 年 4 月 8 日至 11 月 22 日（光绪二十九年十月初四日），为会馆第三届领导机构任职期（此届干事与评议员，因留日学界发起拒俄运动，多归国活动，中途出现大范围代理现象），由中国出使日本大臣兼留学生总监督杨枢任总长，钱恂任副长，林长民（中途归国，由陈明超代理）、汤槯（中途归国，由李祖虞代理）、张肇桐（中途归国，由刘颂虞代理）任书记干事，陈福颐、李宾四（中途归国，由陈介代理）任会计干事，钮永建（中途归国，由曹腾芳代理）、王嘉榘、王璟芳（中途归国，由权量代理）任庶务干事，蹇念益、黄轸（中途归国，由陈洪铸代理）、邹容（未到任，先期已归国，先后由廉隅与屈德泽代理）任招待干事，俞大纯（中途归国，由张昉代理）任书报干事。至于各省评议员，限于篇幅，这里仅介绍杨毓廖、周宏业（杨源睿代理）为湖南省评议员。其他各省，不再一一介绍。

同年 11 月 22 日，蔡锷与范源濂被选为会馆第四届领导机构湖南省评议员。任期至 1904 年 5 月 29 日（光绪三十年四月十五日）。

1904 年 5 月 29 日，又与杨度、周家树、范源濂、杨昌济、舒和钧共 6 人被选任为会馆第五届领导机构湖南省评议员。任期至 1904 年 12 月 4 日（十月二十八日）。①

4 月
（二月二十三日至三月二十三日）

▲冯自由回忆："壬寅（一九〇二年）三月初旬，太炎提议谓欲鼓吹种族革命，非先振起世人之历史观念不可。今距是年三月十九日明崇祯帝殉国忌日未远，应于是日举行大规模之纪念会，使留学界有所观感云云。众赞成之，即推太炎任起草宣言书，并定名曰'支那亡国二百四十二年纪念会'……宣言书既成，留学界初署名发起者十数人。有署名后中悔者数人，故仅得十人，即章炳麟、秦鼎彝（力山）、冯自由、朱菱溪（按：朱茂芸，字菱溪）、马和（君武）、王家驹、陈犹龙、周宏业、李群（彬四，湖南人）、王思诚等是也。定期在上野精养轩举行纪念式。留学生报名赴会者达数百人。太炎更征求孙总理、梁启超为赞成人，并将宣言书邮寄横滨《清议报》，托梁启超代派送当地华侨，借广宣传。孙、梁均复书赞成，惟梁于数日后再函太炎，谓此事只可心照，不必具名，请将彼之赞成人名义取消云。会期原定三月十九日（按：1902 年 4 月 26 日），讵清公使蔡钧据使馆学生报告，知留学界有此举动，极形恐慌，乃持此会宣言书亲访日本外务省请求禁止开会，以全清日二国友谊。日政府竟徇其请，特令警视总监解散此会。"②

蔡锷本也由他人在宣言书上代签了名，但他"终请除去之。有冷语者，则涕泣而言曰：先辈亦既死矣，苟得一艺以救国，复何恤于人言。"③

---

① 参见宁金苑《清国留学生会馆研究》，附录表 1 至表 5，硕士学位论文，武汉大学，2018。
② 《章太炎与支那亡国纪念会》，《革命逸史》初集，第 57—59 页。
③ 蒋百里：《蔡公行状略》，《长沙日报》1916 年 12 月 26 日。

107

10 月前后

（九月）①

▲据刘成禺回忆，蔡锷课毕每每与邹容等人围炉"大谈排满"，遂成邹容《革命军》一书，蔡锷"题笺曰《腊肠书》"。说：邹"容字幼丹，弱冠留学日本，立志革命，所著《革命军》一书，风行全国，为国内出版革命书籍之开路先锋。当予等入成城学校习陆军预备时，幼丹每日必来谈；予携新会腊肠多斤，课毕，围炉大谈排满。每人各谈一条，幼丹书之，书毕，幼丹则烘腊肠为寿。月余，所书寸余，腊肠亦尽。胡景伊、蔡锷、蒋百里皆当时围炉立谈人也。松坡签其稿面曰《腊肠书》。"②

按：迄今不少"蔡锷传"的作者皆引用刘成禺这则回忆，作为蔡锷"参与了邹容《革命军》一书的起草工作"的证据。③ 有的作者还以模棱两可的方式，改变下述章士钊回忆的本意，将质疑刘成禺所述的章士钊，改成貌似肯定刘禺生所述的章士钊了。该作者在引用刘成禺上述回忆之后说："关于这一点（按：指刘成禺所言），章士钊亦有记载说，刘禺生谓'松坡签书腊肠，以戏弄邹容'。可见《革命军》一书最初由蔡锷题名为《腊肠书》。"④

其实，章士钊对刘成禺所述却是大加质疑的。他说：

上海中华书局重版之《革命军》，印有邹容遗影两幅，第二幅直立象，下署一九〇六年摄于东京。此年份有误。盖容在一九〇三年刊布此书，旋入狱，又二年，即一九〇五年，瘐毙。无一九〇六年摄影东

---

① 刘成禺未交代他们围炉"大谈排满"的时间，鉴于邹容到达日本东京的时间，除他自己记为"壬寅游海外，留学经年"外，还有"壬寅春"、"1902 年夏"、"1902 年 9 月"和"光绪二十八年八月"等多种记载与研判（见何一民《邹容留学日本时间考》，《史学月刊》1985 年第 4 期），而蔡锷又于 1902 年 12 月前后归国省亲了，既然围炉"大谈排满"时必有蔡锷，姑且置于此时。总之是不可能越出 1902 年的范围的。

② 《腊肠下酒著新书》，刘禺生：《世载堂杂忆》，中华书局，1960，第 149 页。

③ 《护国元勋蔡锷传》，第 62 页。

④ 《蔡锷大传》，第 36 页。该书作者与《护国元勋蔡锷传》一书的作者一样，除了对上述刘成禺的回忆有所删节外，还将"胡景伊、蔡锷、蒋百里皆当时围炉立谈人也"中的"立谈"二字错为"主谈"了。

京理，借此订正。"又说："顷阅刘禺生《世载堂杂忆》，记《革命军》著书缘起如下。邹容字幼丹，当吾等入成城学校习陆军预备时，幼丹每日必来谈。予携新会腊肠多斤，课毕围炉，大谈排满。每人各谈一条，幼丹书之，书毕，幼丹则烘腊肠为寿。月余，所书寸余，腊肠亦尽。胡景伊、蔡锷、蒋百里皆当时围炉立谈人也。松坡签其稿面，曰《腊肠书》（见原书一四九页）。禺生以小说家姿态，描画先烈成书次第，故实随意出入，资其装点，余殊不取。查当时留学生谈革命者，显分两派。一派出言无择，嬉笑怒骂，摹仿柳敬亭一流人之说书，洎有为革命实事求是者，辄遮阻不使阑入，免致偾事，禺生殆此派人之眉目也。禺生面麻，号刘麻子，尊之者或曰麻哥，若取与柳麻子比踪合迹，彼甚欢喜（参看《杂忆》二九七页，巾箱留珍本柳下说书条）。又一派则适得其反。彼等志存颠覆，而迹求隐晦，平日谨言词，慎交游，常恐以意外之疏忽，而招来本事之损害，如杨笃生、蔡松坡皆其流亚也。加以松坡习陆军，规久远，以攫取清廷兵权为第一步，不可使满族俊才如良弼等嫉妒陷害，故行动尤其矜慎。以吾揣之，松坡与禺生虽同居东京，号称同学，实不可能联为密友，肆言无忌，如禺生所记。何况松坡梁门子弟也，《新民丛报》上有《军国民篇》一文，署名奋翮生（《新民丛报》第一号以下连载），人知奋翮生即松坡，而松坡辄矢口不认。禺生翻谓松坡签书腊肠，以戏弄邹容，抑何形势相背乃尔？吾忆一九〇四年即光绪三十年春，杨笃生与吾在上海创设爱国协会（此会即华兴会之外围，笃生为会长，吾为副会长），松坡正由日本毕业返国，道出沪渎，应吾辈之要约，参加斯会。彼戎服莅盟，佩剑锵然，其持态严肃，为吾六十年来永矢勿谖之印象。此比勘禺生所忆猎食放言，毫无拘检诸迹，又何乖戾而不相容也？以时考之，容著《革命军》，松坡应在联队实习，不能居东任意游衍，如禺生言。且邹容字蔚丹，亦非如沈葆桢字幼丹。[1]

刘、章二人所述，何是何非？何者可信度更高？研究者应如何取舍？仅依研究者个人思想倾向为取舍标准，显然是不可取的。刘成禺所述蔡锷

---

[1] 章士钊：《疏〈黄帝魂〉》，《辛亥革命回忆录》第一集，第247—248页。

具有"排满"思想，固然是事实，但其时竟如此频繁地与邹容等人围炉立谈"月余"，遂成《革命军》一书，却迄今仍无新的事例可为印证，仅仅是一例孤证，而且是多处逻辑不通、难以自圆其说的孤证，不能据此判定蔡锷参与了"邹容《革命军》一书的起草工作"。至于章士钊所述，也有一个时间上的差错，说"以时考之，容著《革命军》，松坡应在联队实习，不能居东（京）任意游衍，如禺生言"。实际上蔡锷入仙台第二联队实习的时间是 1903 年 7 月 24 日，而不是与邹容同在东京的 1902 年，蔡锷这时尚在东京成城学校就读，而且还是个自费生，正面临巨大的经济压力。可见，章士钊这个质疑并不能成立。但是，他的另外两个质疑，却足可证明是站得住的。一是章士钊说"当时留学生谈革命者，显分两派"。一派像明末清初著名评话艺术家柳敬亭之类人物说书一样，"出言无择，嬉笑怒骂"，及"有为革命实事求是者，辄遮阻不使阑入，免致偾事"；另一派"则适得其反。彼等志存颠覆，而迹求隐晦，平日谨言词，慎交游，常恐以意外之疏忽，而招来本事之损害"。章士钊说蔡锷就是这样的人。加以蔡锷当时正"习陆军，规久远，以攫取清廷兵权为第一步，不可使满族俊才如良弼等嫉妒陷害，故行动尤其矜慎"，所以，章士钊认为蔡锷当时虽与刘成禺同在东京，"号称同学，实不可能联为密友，肆言无忌"。章士钊说得一点不错，因为范源濂说过类似的话，[①] 蒋百里所说蔡锷本由他人在章太炎发起的"支那亡国二百四十二年纪念会"宣言书上代签过名，后又追随老师梁启超"终请除去之"，也可证明这一点。二是章士钊说蔡锷是梁启超的弟子，《军国民篇》一文虽以奋翮生笔名发表，但无人不知为蔡锷所撰，可他就是不承认。他 1904 年士官学校毕业回国路过上海，应邀参加华兴会外围组织爱国协会时，也"持态严肃"，为章士钊"六十年来永矢勿谖之印象"。章士钊意谓其性格属不苟言笑型，不是"满嘴跑火车"的人，这一性格特征也决定了他的谨言慎行。本书前辑多种文辞，也可证明章士钊所述不虚。

而且，还有一个情况也可作为章士钊以上质疑的补充。这就是他在成城学校学习军事是自费，经济压力大，家庭贫寒，无力支撑，需要自己打工挣钱，维持学业，不可能如刘成禺所说，天天"课毕"都跑到他那里去"围炉"立谈，而且一谈就是"月余"。蔡锷 1901 年下半年以后撰写、翻

---

① 见本书 1899 年 10 月记事。

译、发表和出版了《军国民篇》长文、《支那现势论》《国际公法志》《东西洋教育史》等大量著述就是证明。次年 11 月，湖南当局在允予蔡锷、杨毓麟等人"各给官费一年，每人日钞三百元"奖励的说明中，特别指出是因为他们能"抽暇译书以供学费"，也可说明这一点。①

由此可见，章士钊质疑的可信度远比刘成禺所述高得多。刘成禺所述，不但有自我标榜之嫌，还贬低了邹容的革命精神。可是，就是这么一则回忆，却多有研究者无视章士钊的质疑，不加分析地舍此扬彼，作为蔡锷参与了"邹容《革命军》一书起草工作"的依据，不但不可取，也不免让人遗憾。至于改变章士钊所说的本意，以迁就刘成禺的回忆，不管有意无意，就更是有违历史研究的规范了。

10 月
（八月三十日至十月初一日）②

▲蔡锷以"蔡艮寅"名义，与湖北贺廷谟共同完成了日本文学士中野礼四郎所著《东西洋教育史》的翻译，经安徽姚佐燨、安徽刘鼎、湖北贺尹东校正后，于光绪二十九年二月初一日（1903 年 2 月 27 日），由上海作新社印刷所印刷，上海开明书店发行。全书由"总论""第一编东洋教育史""第二编西洋教育史"三部分组成。其中，"第一编东洋教育史"又分"支那之教育""印度之教育""波斯之教育""埃及之教育""犹太之教育"等 5 章。"第二编西洋教育史"则分"西洋太古教育史""西洋中古教育史""西洋近代教育史"三大部分；而"西洋太古教育史"又分"希腊及罗马教育之概论""希腊之教育""罗马之教育"等 3 章，"西洋中古教育史"分"欧洲国民与教育之关系""基督教之主义与教育之关系""基督略传""基督教初代之教育法""中世纪之教育""侠烈曼帝之教育中兴""寺院外之教育""贫民教育""烦琐哲学""回教之学问""大学之起源及设立"等 11 章，"西洋近代教育史"则分"古文学复兴前教育之大势""古文学之复兴及其影响""宗教改革及其影响""耶腊士孟斯之教育意见""腊必赖斯之教育意见""路德之略传并其教育意见""特尔音列尔夫之略

①　见本书 1903 年 11 月记事。

②　由贺良朴《序》写于"光绪二十八年冬"推定其译于"1902 年 10 月之前"。

传并其教育意见""斯尔晤之教育意见""荐斯依特派教育之概略""孟德纽之略传并其教育意见""腊取喜之略传并其教育意见""科面纽斯之略传并其教育意见""米特儿之教育意见""陆克之略传并其教育意见""侠雪尼士晤之教育""富老克之略传并其教育意见""卢骚之略传并其教育意见""把雪特尔之略传并其教育意见""康德之略传并其教育意见""丕斯他洛取之略传并其教育意见""哈别儿之略传并其教育意见""邃伯之略传并其教育意见""斯宾塞尔之略传并其教育意见""十九世纪教育之大势"等24章，总计10万余字。

这里选录的是《东西洋教育史》的"总论"部分及贺良朴为此书所写的《序》，其他内容详见1903年2月27日出版发行的单行本。

其《总论》说：

教育之势力 适合于国情之教育法 教育史研究之必要 教育史之性质 东半球教育之发达 西半球教育之发达 我国自支那所受教育思想之影响 我国自西洋所受教育思想之影响 日本教育史研究之必要

五千年以来，国于地球之表面者，虽不下数千百，然国家之盛衰、文化之消长，无不视其教育之良否。希腊蕞尔国也，而能破波斯百万之众者，则以古尔达司索诺之教化得其宜也。近世德意志国运隆隆，亦有朝旭初升之势，因法帝拿破仑蹂躏之后，维廉皇帝一意专心奖励教育，嗣于普法战争后，益计教育之普及。然则教育之必要，既为世人所知，今更毋烦赘述矣。方今以儿童教育为国家之一大义务，以国家之权力而强制之就学，老师夙儒，无不相竞而推求改善之方法。由是教育学遂进于学术界，而为世人所乐受之一学科云。

尝观国家之成立，无不备独具之特质。英国有英国之特质，法国有法国之特质，故适合于德国国民之教育法，必不适合于美国人之气质；适合于俄国之教育法，又难采之而施行于日本。我日本上下二千载，僻处于绝东大海洋之中，吾国民恍惚为武陵桃源中人，无论观其国体之成立，与其国民之气质，其可称之特质颇多。上奉万世一系之皇室，下限于所谓天孙人种之一国民，富于爱国之至情，以孝悌为人生之一大美德，排斥个人制而采用家族制，与他人比较，为乏于宗教心，故专养成儒教主义武士道。此国民者果宜采用如何之教育说，施行如何之教育制，伯斯他若齐之说果合于我国体乎？伯尔巴尔德之教育学直可采之以施行于我国乎？欲讨究是等之问题，则不特有所资于教育学而已，必不可不求助于教育史，以研究东西洋教育说之进步发达，与教育制之推移变迁。现今欧洲诸国之富强文化，果如何而教养之乎？支那上古之文化，果如何而发达进步乎？至今日又如何退步至此等状态乎？以是鉴于我国文运发展进步变迁之后，果以如何之教育说为适合于我国之民情性质？果以如何之教育制度为顺应于我国之国体习惯？今必以此研究之，始可主张我日本之国家教育。今之专门于教育学者，其必知此义；即欲窥教育学之一班［斑］者，亦不可不知教育史之大要。然教育史于诸历史中最为困难，其涉于教育之全体者，既宜指示其起源、沿革之大要，又宜网罗诸教育家之传记、学说、教法，以知教育学之原理，与实际教育之关系及其变迁进步，且宜为叙事体，以述各国教育制之发达、变迁，使读者了然于彼此之教育说，遂能判别其制度之良否，斯岂易为之业耶！

教育不仅为教育之发达，又于社会之进步大有关系。其结果自分为东西两半球，各有独得之发达，今略言之。

一发源于黄河之两岸，以成汉人之文明，所谓东洋之文化与孔孟之儒教教育说是也。其后有印度释教之佛说，东流而注入于支那，虽被以异教之名，实亦有佛教之真理。宋世以后，儒教主义大昌，为支那哲学最盛之时代。朱子、王阳明等学者辈出，原于心理学上之观念，而立心身教养之说，文化灿然，为东洋文明之中心点。其波及教育思想于我国，至于德川时代始收其效。是即所谓东半球之文明与其教育之进步也。

一发源于希腊，而起于斯巴达之武勇与雅典之文学教育，而创立罗马帝国政治之中心，遂移于维多利亚半岛，于是其教育说亦专称道罗马之学者。至罗马帝国瓦解，而为暗黑时代，教育之学大衰，仅维持于寺院僧侣之手，不幸有不德者，并寺院亦陷于腐败。及路德出而宗教改革，古学复兴，教育又渐盛。其后德、英诸国有孟德斯鸠、喀面纽斯、陆克、卢骚等之教育家辈出，专心于教育说。康德及伯斯他罗的起，而欧洲之教育界遂有一种新气象。及丕尔巴特出，遂使德意志为近代学术界之中心与教育学说之中心，各国相竞奉以为法。是即西半球之西欧文明，其教育之进步也。

我日本立国于世界之极东。古时除支那、朝鲜外，绝无外邦之交涉。虽承他国之文化不甚多，然支那既为东洋文明之中心，则彼国文化之影响于我国者不少矣。自奈良朝之始，至于德川氏之末路，此千余年间，无日不仰其流风余泽，有儒、佛二教之输入。而我国之教育说，亦与为消长，洎至于一采支那之模范不少变。然其影响之长，与所输入之文明，皆以我国之风尚融化改铸之，而不似其原形，即所谓直译而输入者甚少，不可谓非我国之幸福也。至泰西文物之输入，则自嘉永年间，丕里之来朝始开其端，其时尚在半世纪。及明治改革以后，而西洋文明风潮之输入，滔滔不知所止，然尚未能以我国之风尚改铸融化之也。自时之先后言之，则输入泰西文明之时期，较之输入支那文明之时期，尚无二十分之一。而其所输入之实质，殆有不能判别其多寡者。现今教育社会之风潮，一倾向泰西教育家之说，从不顾及于我国风尚之如何，斯果可喜之现象乎？虽自科学中观之，其所论述之教育学，不出于西欧大家之外，而教育制度之完备亦莫逾于德、法两国。吾不知支那先哲之思想，果无毫末之可采耶？抑我国数百年来之习惯中，果无可采用之材料耶？余愿为教育家者，毋徒苟同于世，而以余暇研究东、西两洋之教育史，以参观于日本之教育史，其不能损益尽善者，吾不信也。

贺良朴为《东西洋教育史》中译本所作《序》说：

《东西洋教育史》，日本文学士中野礼四郎之所著也。其言曰：支那上古之文化何其发达进步，今日又何退步至此乎。又曰：现今我国风尚，一倾向泰西教育家之说，岂支那先哲之思想果无毫末可采耶。痛哉言也。日本之与中国，同种同文，尧舜之道，周孔之教，彼曩时之所服习也。自明治维新，我先哲之流风余韵，遂唾弃之不少惜，反疑其本无可采。呜呼！此未可咎日本之变而离宗，毋亦我国人于尧舜周孔之留传，遗其精神而并失其面目，不足以系人观念耶？泰西人士日出其所学以号于人，而人亦相率崇奉，以为可法可师。彼其政治之迹、教化之原，盖实有与我先哲制度相吻合者。人进我退，而我亦不得不舍己从人，又何怪日人之非笑我也。

　　顷者，国步阽危，明诏变法，抵掌时事者，莫不以兴学为急务。而盲人问路，罔所适从，或近取诸东邻，或远求之西国，模糊影响，仅沾沾于方言、图算、工艺、体操，以为尽教育之能事，而于宇宙洪大之奥义，与人心微妙之真理，未有能研究者。吾国人之大患，非过于自信，即过于信人。其自信也，则尊己为神明之胄，虽社会糜烂已至不可收拾，犹冥然悍然而不悟其非；其信人也，则震撼于列国富强之术如神如天，俯首下心若不可及。至叩以各国之所以变迁者若何，所以进化者若何，所以成立者若何，则又瞠目结舌，不能一语。其自信者，则矜言守旧；其信人者，则侈言求新，吾不知其为旧为新之实际安在？徒骛此虚名为互相攻击之具，党祸日酷，而国家危亡随之，不亦人可哀耶。

　　是编所述东洋教育家，则首支那，而次以印度、波斯、埃及、犹太，于支那尤三致意。令人慨想尧舜周孔往时教育之盛，而愈以见今者之衰。其述西洋，则首太古时之希腊、罗马，次中古教育家，次近代教育家，而终以十九世纪教育之大势，上下纵横，使知泰西各国之气象日新，其由来盖亦有渐。然则，我国教育非患其不能新，特患其不能旧，能复中国先哲之旧，以进求泰西学者之所为新，庶几人才蔚起，而国运赖以转移乎。虽然盛衰兴废之故，吾国人动诿之于天，今之主持教育者犹如是其愤愤，吾亦惟咎天可也。光绪二十有八年壬寅冬蒲圻贺良朴。[①]

　　按：《东西洋教育史》总论，以及贺良朴为本书中译本所作《序》，已详述蔡锷、贺廷谟译介此书的缘起和目的。主要强调了两点，一是教育的重要性；二是我国教育必须"能复中国先哲之旧，以进求泰西学者之所为新，庶几人才蔚起"，而国运才能"赖以转移"。这里再提供蔡锷日本士官学校校友、第六期工兵科毕业生韩凤楼在云南任旅长时的一段演讲词作为参考。他在 1914 年 4 月 12 日于大理省立第二中学的一次"关于家庭教育、社会教育、学校（教）育三大要点"的"父兄恳话演说"中说："弟本武

---

① 曾业英编《蔡锷集》（一），第 257—261 页。

夫，所谓武夫，粗野之代名词也。对于教育事实，瞢然不识寸毫，原属门外汉。今不弃介予演说，予既蒙斯盛会，曷敢委［诿］辞无言，故有数语衷告学生父兄及管教各员、四百学生诸君。在梓半属一邑表率，皆具转移社会、维持风化能力，则对于乡里之教育机关不能已而提倡。夫国于世界有学则兴，无学则亡，妇孺咸知矣。不达大体者曰：中国须劲旅捍侮，倡办实业，方可立足于地球。殊不知教育为急，劲旅非学无以完，实业非学无以兴。欧美之强，学术修明也，日本之强，亦以教育机关完善也。夫教育普及，则人人有学术，物质文明、社会文明、军旅、外交自修明进步，而日新月异矣。诸君旋里后，果热心于教育一途，倡办教育种种机关，使年龄相当之子弟咸入学授书，则十年以往，安见普日［及］之不收功于小学校乎？诸君勉之，余日望之。次进言于管教各员，诸君教人须以身作则，无徒空言。古人所谓以身教者，人乐而易行；以言教者，人违而难化。若不以身作则，则虽唇敝舌焦，曷补于行？且当视教育为义务，莫视之为渔利场焉。次告学生诸君，奉赠诸君只有一言，君子思不出其位是也。夫学必心静志专，乃有进功，若心志歧分，则鸿鹄将至，思援弓矣。夫思所以谋仕进之阶、渔利之术，则实学精力分矣，乌有底成。故诸君除学问外，凡仕进、谋利及种种事端可分精力者，屏之东海，则可与言学矣。余月之廿日将整装返省，即以此言为最后之衷告。"[1]

12 月底前后
（十一月底至十二月初）

▲蔡锷回国奔父丧并从成城学校退学。

1903 年
（光绪二十八年壬寅十二月初三日至光绪二十九年癸卯十一月十三日）

---

[1] 《王复生烈士日记之一——求己斋主人甲寅日记》，《云南档案史料》1991 年第 3 期。

1 月

（光绪二十八年十二月初三日至光绪二十九年正月初三日）

13 日（光绪二十八年十二月十五日）

▲蔡锷与湖南留日学生为办《游学译编》杂志，发表《致湖南士绅诸公书》，希冀"全省达宦长者、热血仁人，普鉴苦衷，提倡赞成，集成巨股"。说：

> 朔风翔疾，鸿雁南飞，衡山木脱，洞庭水波，目极潇湘沅资，云烟浩淼，不可怀抱。自浮海而东，登三神山，饮长桥水，访三条、大隈之政策，考福泽、井上之学风，凭吊萨摩、长、肥，遍观甲午、庚子战胜我邦诸纪念。而道路修夷，市廛雅洁，邮旅妥便，法制改良，电讯铁轨，纵横通国，警察严密，游盗绝踪，学校会社，公德商情，农工实业，军备重要，日懋月上，不可轨量，国民上下振刷衔枚，权密阴符无孔不入，志意道锐，欲凌全瀛。推其帝国干涉之主义、恐怖坚忍之情形，殆无日不若趋五域之大战，临东西太平洋而有事，以此感激愤厉，抑塞蒸郁。
>
> 以我四百余州之土地，五百兆众之人民，势利社会，国体精神，一切授人以包办，任人以奴肉。而我主人全家，父子兄弟犹然日口酣嬉，寄傲于水深火热，炮烟弹雨之上，则诚不喻其何衷，而亦实痛其无睹。若使某等镇日守乡里，抱妻子，黜聪堕明，深闭固拒，一无闻睹于外务，则等此黄胄之脑质，亦宁有望今日一得之解乎？语云：若非身历亲见，犹然不悟，此之谓也。然大悟之下，又几无地以自容。耻独悟而乐同善，妬异族而哀吾类，人之情也。鸟兽晤危难而相告，遇食饮而群呼，可以人而不如乎？是故瞻望乡关，何心天地；憾不插翅朋飞，遍诉梓里。蜻蜓点水，天女行空，美哉国乎，何其夸也。卅年以前，与我奚间，一变之效，乃至于此，究臻何道而然乎？固尝群取其故，熟思矣，不过纯用西法，而判断决定，勉强蹈厉，稽合国情已耳。敢据间隙，敬聒同胞。
>
> 当是域锁港保守日，尊王攘夷倾幕府，士气膨胀漫澨浃全部，几无可收拾矣。而干涉叠侵，内外交难，原野川谷，有余灰棣通，任放

胡期耳。武门侠烈，两何所识，昏黑阴暗闭塞，有甚吾国迩来矣。然而专制主权承其乏，一举而废幕治，破排外，改维新，以五誓结社会，握朝政之大原，虽正朔服色，男子之发刀，妇女之眉齿，数千龄悠久胶牢深锢之弊俗，不难自皇与后，一旦革换而晶莹。噫！何其知黯之悬绝，强弱之殊涂，同异之迥判，而前后情实剌谬若彼也？识者曰：是幕府与有绩，不可没也。

当明治以前，资遣青年，留学欧美，维新诸杰，遂有影响，幕府之力也。治和兰学，幕府数百年所养之士也。福泽谕吉首倡祖论，尽输文明，承幕府盛兴文学以后也。具兹三因，而欧美兰革籍，积渐东瀛，辣丁、英、法、俄、德蟹行字，尽变平、片假名杂汉文矣。然则日皇因尊焉倾焉而复权可也，复权而能破攘焉排焉主开放，能纯用西法，革旧制俗，变本加厉，踵事增华，益甚幕府所为矣。不知排攘者乌成其为排攘，而奚以为情？曰是亦因耳，而非日皇智且力，径能违决及此也。因何在？以国民原反动力之理想故。理想何在？在译书尔。书何云？欧美治化之文明尔。文明译书遍大陆，而胡以感东瀛者独猛效？曰欧之化，其理想胎于文，其精神胎于武。精神武，而文中之理想，实靡非武精神也，是故甚大因果，违谬甚繁。啧！非博深名群演哲之奥，洞澈大陆三宗之微，不能一语尽而一夕通也。夫以武精神而能力扩文理想，重以文想之武命，虽有物号称绝笨重，不患不举矣。欧洲近三期之进步，大抵希罗以来之武命文想基之也。而东瀛自上古草昧，文想武命已混合一气，成不解缘。即徐福三千东渡，可谓奇侠绝伦，神道怪玮足涌志气于九天之崇，喷热血于大瀛以外，特别性质，于斯定矣。汉、唐、宋、明以来，遣学同文，遗僧说法，中原之文物制俗，一效即工。流幻变迁，亦靡不改移竞争，期于符轨。和魂汉才，自成风气，全国佛徒，卓绝闳放。善审时变，而必达所希；飞扬跋扈，而独立无倚。自大秦凿通，智识斗革，破坏冶化，日月一新，巨细精芜，消纳无遗，和胆洋器，乃粗语耳。然而文想以之横溢，武命以之暴吼，综其原有之精神，实不过提刷逾出耳、改进加良耳，非别创天地，而现旧天地也，无他，想耳，武耳。

夫以日本，挽合中、西、印度三伟物，重以自出之精神，而审益新法，以合其团体之程度、间接之倪鄂，而遂有今日，遂为东洋历史上独一无二、善变善学、精进不退之祖邦，无可讳也。而我中国尤彼之文物制俗，最先且老之大祖，亦无能讳，且美谭也。然而我中国近日，则文而不想甚矣，想而不武尤甚矣。虽曰有深结莫解之大缘，如世所称之政教学社乎。然我大圣杰贤如孔、孟；伟儒绝学如墨、惠、邹、老、庄、列；三代以下，英君如秦皇、汉武；察相如魏武、诸葛、王猛、李德裕、王安石、张居正、曾文正、左文襄、李文忠之徒；俗尚如幽燕、山西、黔、滇、楚、粤；社会如战国侠烈、田横五百、东汉、明季之国民，何尝不雄武绝伦，勇敢判断。而其他文想瑰绝，武命壮绝，沙数斗量，何可胜道！而胡以退步疾速，智力德育，优柔沉痼，致偾大社之局面，一败灰墨如此也。夫抑其文想之极度，尚与武命相悬绝，而不免于懦耶？抑其武命之极度，尚与文想相悬绝，而不免于莽耶？以故我一社文学之偏胜，不得不穷极焉，矫而有以救补之也。今将以绝学之前辈、文明之祖邦，虚心折节，下而从事问学于明强渊侈之后进，阅历广远之新都。地则同洲，人则同种，学则同文，社则同俗，过度易而鉴戒近，激发深而裨益宏，盖舍日本莫与也。

夫人老难与谋新，国老难与图变，而地小则事易举，势大则功难为，此天下之至情也。大地如英、法、俄、德皆天下之新邦，政教学术先取于人，而己乃扩张之也。若埃及、印度、犹太、突厥、希腊、罗马之数，非灭即弱，此皆天下之旧国，政教学术创之于己，自足过甚，自信太深，而久乃浸寻衰败也。夫日本固天下之新国也，政教学术素取于人，而力足以张于己矣。而又三岛小国也，悬居海中，阻绝一切，危亡易见，民气易团，背水阵也。神道狂侠，不饬边幅，轻而易动，无呆板心。伊吕波文，妇孺咸喻，无精深心。吊从古之战场，谒大贤之名墓，谭宋明之理学，慕历史之英雄，有观感心。诸侯养士，文武抗厉，有竞争心。是皆明治以前事，足以助文想，激武命者也。然而至今，数维新之大杰，揽志士之盛名，莫不共推三藩士。三藩士之中，莫不独推萨摩之西乡南洲翁。

夫中国固天下之旧国也，政教学术创之于己，地大人众，不可强为。然而自戊戌变政来，湖南则惭愧薄有萨摩人之誉。夫湖南僻在中国之南方，政教学术大抵取索于中原，而非己有矣。则湖南者，亦犹罗马之英、法，可谓能有新机耳。特湖南省也，英、法国也，同异之间，如是而已。今以萨摩喻湖南，夫抑不无影响耶！虽然，以人地壮广众盛论，综湖南全部，可以敌日本，而其膏沃殷富且无论。然则萨摩何足况湖南？其士之伟博壮烈，又何足比湖南？吾甚羞湖南有兹誉，近于以孩提之智慧，矜奖成人之骏蠢而偶变者也。然则今或以湖南之一县，而代表其有萨人之风，殆犹之可也。不然，而其毋以为荣，且毋乃滋恧。虽然，名亦实不易副矣。今且无论湖南之一县，不足以配萨摩也，然吾即恐吾湘全部之人才，犹未足以妄冀萨人士。何则？彼日本既小邦，则日本变法，固应自有小萨摩，而小萨摩则竟足以变日本矣，是其实已至也。是故地虽小而成名大，所以为荣也。

今我中国既大邦，则中国变法而欲比例日本也，固应自有大萨摩，而大萨摩至今五年，未闻足以变中国矣，是其名不副也。是故地虽大而实无有，所以为恶也。且不特此也，彼欧美交通，中先于日，外患之迫，中同于日，而日本三藩之所为，则卅年以前之事也。虽曰大小之殊形、社会之异势乎，然其悖于物竞强权之理则多矣。今者亡羊补牢，解嘲聊慰，情见势绌，知者尚希。属值我国家兴学育士，淬厉图新，凡我国民，固当人人持爱国之诚热，以日相推挽磨擦，而有以应之也。湖南素以名誉高天下，武命自湘军占中原之特色，江、罗、曾、胡、左、彭沾丐繁多，人人固乐从军走海上，以责偿其希冀矣。文想则自屈原、濂溪、船山、默深后，发达旁礴，羊角益上，骎骎驶入无垠之哲界矣，然而终觉所希之犹狭狭也。

今某等留学此都，日念国危，茹苦含辛，已匪伊夕。触目随遇，无非震撼，局外旁瞩，情尤显白。彼中政府举措、社会情形、书报论说，空际动荡，风声鹤唳，动启感情。又湖南夙主保守，近稍开放，壮烈慷慨，凿险缒幽，故其学派又近泰西古时斯多噶。至于开新群彦，其进步之疾速、程度之高深，凡夫东西政法科学之经纬，名群溥通之潭奥，语言文字既通，沉潜撢索有日，斐然可观，足饷友朋也。时难驱迫，两美合符，通西籍则日力维艰，求速便则惟有东译，及今以欧美为农工，以日本为商贩，吾辈主人取而用之，足敷近需。其后学界超轶，文治日新，方复自创以智人，庶俾东西而求我。当斯时也，其尚有以铁道、电线为隐忧者耶！总之，我湖南一变，则中国随之矣。报国家而酬万民，御外族而结团体，天下无形之实用，固有大于斯者乎？此所以不避烦渎，为同胞罄陈也。

顷各省咸集巨款开译局，殆此志也，知我湖南必不让焉。缘译事重大，或为全国教育章程科学，及理法、实业起见；或为沟通全省修学膴下志士起见；或为溥智兆民，弭消教祸起见；或为提红给费，资助寒素，留学远游起见；或为竞争商务，预防外人干预版权起见，目的繁多，悉根爱国，无他谬见也。尤复斟酌和平，力主渐进，顾全大局，维持同类。是数端者，窃愿我全省达宦长者，热血仁人，普鉴苦衷，提倡赞成，集成巨股，则他日三藩武烈之猷，忠君爱国之实，未必不骈阗推毂我湖南矣。

要之，以新国而能输受旧学，扩张新学者罔不兴；以新国而能浸隶旧学，绝弃新学者罔不亡；以旧国而能扩张旧学，输受新学者罔不兴；以旧国而能浸隶旧学，绝弃新学者罔不亡。新旧兴亡之数，约略四端，可以尽也。爱国君子，其有意乎？湘中志士，其有意乎？南望风烟，心怛恻矣，邦人诸友，兄弟父母，尚何念哉，读小雅则知之矣。区区同舟，不尽多言。湖南留学生同上。[①]

2 月

（正月初四日至二月初二日）

7 日（正月初十日）

▲清廷出使大臣蔡钧函请日本外务大臣男爵小村寿太郎，将于"三月毕业"考课后的 25 名游学生酌核办理"送入连队学习"。说："敬启者。本大臣顷准总监督汪京卿来文内开：前准日本参谋本部送到本年三月毕业游学生清册一本，计甲班四名，乙班二十一名，共二十五名。请照会外务省，传达参谋本部，俟该生毕业考课后，送入连队学习等语。查陆军学生送入联队，事关交涉，应由贵大臣照会日本外务省照旧案办理，特将该生等姓名、上代、年龄、籍贯，开列清单备文咨会贵大臣查照，即希酌核办理为荷。并附原册一本，誊抄履历一张送来。准此，本大臣相应备函将原册及履历一并移送，即祈贵大臣查照传达。参谋本部

---

① 曾业英编《蔡锷集》（一），第 251—257 页。

查向章办理，是为至荷。顺颂日祉。大日本外务大臣男爵小村寿太郎阁下。出使大臣蔡钧谨具。中正月初十日。第九十一号。附送原册及履历二件。"①

按：据该文作者镰田和宏说，在所附"明治三十六年三月毕业的清国陆军学生兵种区别调查表"所列"成城学校"中，有"明治三十五年七月修了预科后再入学进行学习的"许崇智、蒋方震等4人，"明治三十六年三月修了预科"的程垚章、张孝准等21人，总计25人，但没有蔡锷的名字。可见，蔡锷这时的确不在日本，而是"省亲退学"回国了。

▲蔡锷探亲归国期间致函颜昌峣②，报告湖南编译社募款有望等事。说："（上缺）社股。此公宦赣多年，于该省情形颇熟悉，想有把握。金陵则敝邑李君晓暾③（李承典之孙）愿以全力任张罗，前途必有望也。锷于客冬由沙市经常德、长沙、湘潭各地，获晤邃庵、晳子④诸人。昨抵贵邑，闻公已旋梓，不获面陈一切，歉仄曷已。锷以入联队期迫切，不得不急促东航，二月中旬（按：3月9日至18日）即可来省垣也。译社股项，拟招十万金，不求其一时招齐。俟局面立后，逐渐扩张，而办法则视款之盈胸为的，盈则于各总分社购置（下缺）。"⑤

3月
（二月初三日至三月初三日）

中旬（二月中旬）
▲蔡锷返日途中抵长沙。

---

① 《关于清国陆军留学生连队实习》（明治36年2月9日），引自［日］镰田和宏《蔡锷与日本》，《船山学刊》1996年第1期。
② 颜昌峣（1868—1944），字息庵，湖南湘乡人。曾被湖广总督张之洞选派赴日留学。
③ 李晓暾，名世由。早年举甲科。曾任江苏吴江县令，以忤长官劾罢。著有《暾庐类稿》。其祖父李承典（？—1864），也作臣典，字祥云，湖南邵阳人。清末曾国藩湘军悍将。
④ 邃庵，戴展城（1873—？）字，湖南常德人。1902年赴日留学。晳子，杨度（1874—1931）字，湖南湘潭人。清末举人。1902年赴日留学。
⑤ 曾业英编《蔡锷集》（一），第262页。

4 月

（三月初四日至四月初四日）

月初（三月上旬）

▲蔡锷"以入联队期迫切"，[①] 赶回日本。

▲苏鹏回忆，他随蔡锷一起"东赴日本，志愿学陆军，驻日清公使不许，恐自费生言革命也。乃改入弘文学院学师范，又兼治理化学。"[②]

4 月 1 日（三月初四日），梁启超证实苏鹏所言之事，他在致徐勤电中说："东京学生有大闹事。因满洲鬼良弼（满人派来学兵者）干涉监督，不许送学生学军故也。须开一十八省汉族统一学生会云。中国实舍革命外无别法，惟今勿言耳。"[③]

29 日（四月初三日）

▲日本东京的中国留学生，因沙俄撕毁中俄《东三省交收条约》，并提出七项无理要求，决定成立义勇队，开赴前敌。[④] 中国内地各界民众也群起集会、游行，成立各种名称的爱国团体，抗议沙俄侵犯我主权，形成声势浩大的拒俄运动。

对于蔡锷在此次事件中的表现，研究者历来持褒扬、肯定态度。如有人在著作中称"光绪二十八年（公元一九〇二年）满蒙的情况更为危险。蔡松坡便联合黄兴、蓝天蔚、秦毓鎏、钮永建等人，组织抗俄义勇队。"[⑤] 有人在自己的著作中说："蔡锷参与了留日学生在东京锦辉馆举行的有数百人参与的大会，声讨沙俄对我国东北地区的侵略罪行。会后，蔡锷、黄兴、蓝天蔚等人发起组织拒俄义勇队，进行军事训练，要求去东北抗击沙俄侵

---

① 见以上蔡锷致颜昌峣函。

② 苏鹏：《海沤腾沈》（选录），《近代史资料》总 44 号，中国社会科学出版社，1981，第177 页。

③ 中华书局藏抄件。

④ 《拒俄义勇队的成立》，杨天石、王学庄编《拒俄运动（1901—1905）》，中国社会科学出版社，1979，第 85—87 页。

⑤ 魏伟琦：《风云长护——蔡松坡传》，台北：近代中国出版社，1983，第 37 页。

略军。"① "1903 年初②，蔡锷与黄兴等又组织学生义勇队，后改为为'军国民教育会'，以'养成尚武精神，实行爱国主义'为宗旨，黄兴等人被推为'运动员'。"③ 还有人说，1903 年 4 月，"蔡锷则与黄兴、蓝天蔚、陈天华、钮永建、刘成禺等组织拒俄义勇队，日夜操练，并宣传革命，散发传单，要求清政府允许学生回国参战，抗拒俄军入侵。这些活动'虽曰拒俄，实含排满革命性质'。在这些活动中，蔡锷是其中"最热心者'之一"，④ 等等。他们多数没有交代如此记述的理由，仅邓著交代源于以下两则迄今所见的蔡锷反袁称帝逝世十多年后问世的他人之回忆。其一是刘揆一 1929 年的回忆，说"壬寅、癸卯年间，俄人侵占满蒙土地"，黄兴"在东（京），联合蓝天蔚、蔡锷"及"揆一等，组织义勇队，虽曰拒俄，实含排满革命性质"。⑤ 其二是李树藩 1930 年的回忆，他说留日学生"遂组织为拒俄义勇队，每人均佩黄帝徽章，并举蓝天蔚为队长，张哲培为教官，每日在我国留学生会馆体育场训练。其中最热心者，如蓝天蔚、蔡锷、黄兴、钮永建、朱少穆、汤槱、陈天华、方声涛、翁浩、陈锐、秦毓鎏等"。⑥

按：可是，作为拒俄"学生军在本部办事者"，又是 5 月 11 日"改学生军为军国民教育会"时，投票公举的"事务员及执法员"陈天华，却在事发当时就在一篇公开发表的复湖南同学函中说过，拒俄学生军"发起者为江、浙，湖南人应之者甚少，新化除华一人外，别无他人，万勿惊疑"。⑦ 陈天华明确指出"发起者为江、浙"志士，湖南人只是"应之者"，而且"甚少"。当然，他只是说湖南新化县只有他一人，并没说湖南人中只有他一人，事实上湖南人中，除陈天华和刘揆一、李树藩均提到的黄兴参

① 谢本书：《蔡锷》，团结出版社，2011，第 18 页。
② 此事实际发生在光绪二十九年癸卯四月初三日，即 4 月 29 日。
③ 《蔡锷大传》，第 34 页。
④ 《护国元勋蔡锷传》，第 61—62 页。
⑤ 刘揆一：《黄兴传记》（1929 年），饶怀民编《刘揆一集》，华中师范大学出版社，1991，第 161 页。又见田伏隆编《忆黄兴》，岳麓书社，1995，第 21 页。
⑥ 李树藩：《甲辰拒俄义勇队与长沙之革命运动》，《拒俄运动（1901—1905）》，第 322 页。
⑦ 《癸卯留日学生军姓名补述》，《革命逸史》五集，第 35 页；《军国民教育会的成立》，《拒俄运动（1901—1905）》，第 107 页；《复湖南同学诸君书》（1903 年 6 月 14 日），刘晴波等编《陈天华集》，湖南人民出版社，2008，第 15 页。

加过外，还有杨毓麟。陈天华、杨毓麟称得上是真正的"最热心者"，否则便不可能成为这次运动的"本部办事者"。① 虽然不能据陈天华所言，断定蔡锷一定就不是拒俄运动的"最热心者""之一"，但是，如若真的如李树藩所说，蔡锷是与蓝天蔚、黄兴、钮永建、朱少穆、汤槱、陈天华、方声涛、翁浩、陈锐、秦毓鎏等人一样，属于"最热心者"之一的话，那么，无论在当时的新闻报道和后人的回忆中，他都不应是寂寂无名和不被重要知情人言及者。但是，事实却与此决然不同。

首先，1903 年春夏拒俄运动期间，无论是国内还是留日学生在日本创办的报刊，如国内的《中外日报》《苏报》《大公报》，留日学生在日本创办的《江苏》《浙江潮》《湖北学生界》《国民日日报》与《军国民教育会》会刊等，都毫无例外地以报道拒俄运动为重心。蔡锷既然如李树藩所说，是拒俄运动中的"最热心者"，便不可能不成为他们争相报道的对象。可是，迄今所见，蔡锷的名字，不但没有出现在 1903 年军国民教育会公布的 158 名拒俄《学生军名单》，以及 530 人的《军国民教育会捐款清单》中，② 也从未在以上报刊的报道中出现过。反而有不少未被李树藩列入"最热心者"名单的人，如王璟芳、叶澜、蒯寿枢、张肇桐、汪荣宝、林长民、胡景伊等，他们不但在上述拒俄学生军与军国民教育会捐款清单中榜上有名，还时不时出现在上述各报刊的报道中，有的还不止一次。何以在上述各报刊的报道中，李树藩提到的"最热心者"，除陈锐外的其他人都有清晰记载，唯有蔡锷没有一篇报道提及其名，只能说明蔡锷非但不是李树藩所说的"最热心者"，甚至也不是报道者眼中的一般参与者。③

其次，对于早期中国留日学生的活动，冯自由的回忆应是不容否认的最有分量也是最值得重视的。冯自由 1881 年出生于日本长崎一个侨商家庭，大蔡锷一岁，又是他东京大同高等学校的同窗，长期身居日本，对当时中国留日学生的思想和活动有着他人不具备的亲历、亲见、亲闻的优越条件。民国成立后，他还出任过临时稽勋局局长，对清季革命党人的事迹进行过广泛的调查。20 世纪 20 年代末，冯自由鉴于"国人"对于辛亥"开国之往事，茫无所知，实足以影响国运之兴亡。乃发愤搜集三十年来所

---

① 《癸卯留日学生军姓名补述》，《革命逸史》五集，第 35 页。
② 《拒俄运动（1901—1905）》，第 127—133 页。
③ 参见《拒俄运动（1901—1905）》，第 84—191 页。

宝藏之各种书札笔记表册报章等等，并广征故旧同志所经过之事迹”，撰成《中华民国开国前革命史》。随后，因“国内出版之开国纪载，仍复浅陋不详，而国人对于辛亥前革命伟业，亦多数典忘祖，喜谤前辈”，又于30年代末“采古今笔记丛谈之微意，而补前著所未及者”，续撰《革命逸史》六集。[①] 其中所记虽不能说百分之百符合历史实际，如其所记沈翔云赴日留学的时间便不是“己亥（1899）”，而是1900年5月12日[②]，但总的说来还是较为严谨的。对于当时的拒俄运动，他撰有《青年会与拒俄义勇队》《东京军国民教育会》《秦毓鎏事略》《朱少穆事略》，以及《癸卯留日学生军姓名补述》等多篇回忆。[③] 可是，这些回忆与当时国内及留日学生在日本创办的报刊对拒俄运动的报道一样，压根就没有言及蔡锷与黄兴组织过拒俄义勇队一事。此外，苏鹏是1903年春与蔡锷一起东渡日本的好友，他也撰有《海沤賸沈》一文，详细回忆了他抵日后参加拒俄运动的过程，却同样只字未提蔡锷参加过此项活动。

最后，再来看一下蔡锷当时急于达成的自我目标及其处世态度。众所周知，蔡锷受戊戌、庚子年师友遇难的刺激，早已立下学军之志，并自费进了成城学校。这时他急欲达成的自我目标，如他自己所说是“入联队期迫切”。而且此时又发生清廷不许自费生志愿学陆军一事，更增添了他达成自我目标的困难。于是，他匆匆结束归国行程，于1903年4月初与苏鹏一道回到日本，并于5月18日再入成城学校补习功课。可见，蔡锷心目中这时的头等大事是尽快完成成城学校学业，以进入日本“联队”。至于他此时的处世态度，先有蒋方震披露：1902年4月26日，章太炎发起支那亡国二百四十二年纪念会时，蔡锷本也由他人在宣言书上代签了名，但又“终请除去之。有冷语者，则涕泣而言曰：先辈亦既死矣，苟得一艺以救国，复何恤于人言”；[④] 后有范源濂详说“戊戌、庚子前后数年间，国内政局昏暗，外侮日亟。吾辈在日本留学，一面为党祸牵连，与家人通信亦须秘密转折迭寄，更不必言经济上之困难，一而因甲午之役、庚子之役，日本迭

① 《自序》，《革命逸史》初集，第6—7页。

② 孔祥吉、［日］村田雄二郎：《孙中山友人沈翔云史实考略》，《孙中山研究》第1辑，第175页。

③ 分别见《革命逸史》初集，第104—107、109—112、123—130、181—185页；第五集，第30—35页。

④ 蒋百里：《蔡公行状略》，曾业英编《蔡锷集》（二），第1523页。

次战胜我国，故在在均受深切之刺激。一般日人或恃其新胜，傲态相陵，或挟其敌忾，视如仇雠。而其知识界之优秀分子与吾侪相接近者则预料留学生之必将领导国内群众，故待之优礼有加，而勖以图强雪耻。吾侪处境如此，故无日不在愤慨激昂中也。继而同学由湘粤及他省赴日者渐众，得朝夕相聚者约三十人。课余每相与议论时事，各抒怀抱。此三十人中，按其主张，约分三派：一、谓应急起改革政治，和平手段既无望，即当先事破坏，再图建设，此派人数最多；一、谓宜从事军事学问，期握统驭〔驭〕并训练国民之实权而于国事有济，此派人数次多，蔡君（按：指蔡锷）其一也；一、谓他国之富强原于教育，我国欲与齐驱，非先教育国民不可，故决应注重教育。此说余最主之。如此辩论，各有理由，自各持其所说。卒之彼此相谅，互认为不可偏废，唯当本各人之性情能力行其所信，以期殊途同归，共谋国是而已。其后若干年果皆各自实行，未肯负约。最初牺牲者即庚子八月汉口一役，如林君珪、李君炳寰、蔡君成煜、黎君科、田君邦璇、蔡君钟浩，皆归国从唐才常先生及其弟才质发难于长江一带，事泄皆被杀。此诸君者皆属于急图改革政治者也。"[①] 蒋、范之言，虽也发于蔡锷逝世之后，但两人都是蔡锷的至交，当属据实以言，绝非妄加之论。这一事实表明，蔡锷此时并不属于"急图改革政治"的多数派，而只是一个企图"从事军事学问，期握统驭〔驭〕并训练国民之实权而于国事有济"的次多数派。明乎此，便不难理解蔡锷何以在当时各报刊的报道中寂寂无名，事后也无重要知情人言及其曾与黄兴等人发起组织过拒俄义勇队了。

综观以上事实，刘揆一和李树藩的事后回忆，既然未获得拒俄运动中各报刊有关报道的证实，也未得到更多重要知情人的事后呼应，又与蔡锷当时的自我追求与处世态度相枘凿，虽然现在也无直接否决其说的证据，但起码已有足够理由对其打个大问号了。因此，如果没有其他更为有力的证据，证明蔡锷的确是拒俄运动中的"最热心者"，那就还是不以此为据、轻率做出这一判断，并将其载入蔡锷史册为好。

---

① 范源濂口述，李光忠笔记《学生时代之蔡松坡》，北京《晨报·蔡公松坡十年周忌纪念特刊》，1926 年 11 月 8 日。

5月

（四月初五日至五月初五日）

18 日（四月二十二日）

▲福岛安正函请成城学校校长冈本则录批准蔡锷再次入学。说："湖南自费生蔡锷，去年回家时被命令退学，此次为学业补习之故，想再次入学，有入秋季联队的愿望，还望批准。明治三十六年五月十八日。福岛安正。"①

6月

（五月初六日至闰五月初六日）

26 日（闰五月初二日）

▲蔡钧致函日本外务大臣男爵小村寿太郎说："敬启者。本大臣于中历光绪二十九年四月间接准汪总监督来文内开，本年二月十四日（1903 年 3 月 12 日）奉到北京外务部札开，各省前赴日本游学生应分送各学校肄业。士官学校系讲求武备之所，必须人品端方，根柢清白，方可送入。嗣后凡自备资斧学生，未经各督抚、学政咨送者概不准入士官学校等因，相应咨会查照备案等因，准此，本大臣特此备函奉布，请烦贵大臣查照存案是荷。顺颂日祺。大日本外务大臣男爵小村寿太郎阁下。出使大臣蔡钧谨具。中闰五月初二日。印。"

27 日（闰五月初三日）

▲蔡钧函请日本外务大臣男爵小村寿太郎转达参谋本部将 6 月成城学校毕业的湖南省私费生蔡锷等 74 人"送入联队学习"。说："敬启者。本大臣顷准汪总监督咨开，中历光绪二十九年五月二十九日（1903 年 6 月 24 日）准参谋本部交到本年五月（6 月）成城学校毕业北洋官派学生王汝勤等五十四名、南洋官派学生齐国璜等十五名、湖广总督张咨送蔡锷一名、南洋电派程垚章一名，又经公使署送学成城祝谦、刘钟稣、张民宝三名，

---

① 中村義「成城学校と中国人留学生」『中国近現代史論集——菊池貴晴先生追悼論集』264—265 頁。

共计学生七十四名，请贵国公使照会外务省转达参谋本部送入联队学习等语。为此咨请贵大臣照会日本外务省查照办理等因，并附送该生等名册一本前来，准此，本大臣相应备函，并将原册一本咨请贵大臣，即希查照旧案，转咨陆军省并参谋本部查照办理，是为至荷。专此函布。顺颂日祉。大日本外务大臣男爵小村寿太郎阁下。出使大臣蔡钧谨具。中闰五月初三日。印。""附送名岁清册一本"，内载："骑兵，湖南省私费蔡锷，明治三十六年七月"，"合计骑兵十一名"。①

7 月
（闰五月初七日至六月初八日）

中旬前后（闰五月中旬）

▲由湖广总督张之洞"咨送"的湖南自费生蔡锷，再次入学修完日语、平面几学、几学初步、代数、算术、地理、地文、化学、图画、体操教范、体操等预定学科，毕业于成城学校。②

24 日（六月初一日）

▲蔡锷与许崇智等 20 人由日方"通报于当日上午九时介绍到近卫师团司令部，并请编入左队各部"，"蔡锷进入仙台骑兵第二连队"。③

9 月
（七月初十日至八月初十日）

▲汪大燮函告日本军部，蔡锷已"成为江南官费"。说："敬启者。顷接南洋陆士学堂来信，现有敝国正在仙台骑兵第二连队之湖南自费生蔡锷，现已补充为江南官费，嗣后该生学费即由江南学生监督沈兆祎拨发，特此奉关，即颂日祉。汪大燮。印。"④

① 以上二函见日本外交史料馆『在本邦清国留学生关系杂纂・陆军学生・部一』。
② 中村義「成城学校と中国人留学生」『中国近现代史論集——菊池貴晴先生追悼論集』256 頁。
③ ［日］镰田和宏：《蔡锷与日本》，《船山学刊》1996 年第 1 期。
④ ［日］镰田和宏：《蔡锷与日本》，《船山学刊》1996 年第 1 期。

按：据后来任过湖南《大公报》主笔的新化籍的李抱一说，蔡锷的"江南官费"是时任江苏提督的"邑人"杨金龙"游扬当道"，为其争取到的。说："无何，新会（按：指时任长沙时务学堂中文总教习的梁启超）北去，樊（按：指樊锥）复携先生（按：指蔡锷）至江南。邑人杨金龙者为江苏提督，为先生游扬当道，得以南洋官费，送出日本。"又说："先生既抵日，复得湖南官费，以受费江南非分，却之。廉介类如此。"① 至于后来的湖南官费，据陶菊隐说是梁启超"通过湖南巡抚陈宝琛的关系"活动而成，② 显然有误。因为此时陈宝琛虽然在世，但他根本没任过"湖南巡抚"。如果指的是任过湖南巡抚的陈宝箴的话，他 1900 年 7 月 22 日已去世，更是不可能的事。

10 月

（八月十一日至九月十二日）

▲蔡锷入股湖南编译社"二股，英洋一百元（收数）"。③

11 月

（九月十三日至十月十二日）

▲蔡锷参加日本士官学校骑兵科入学考试，成绩为第 3 名。第 1 名是高尔登，第 2 名是蒋尊簋。

明治三十六年十二月入校清国陆军学生骑兵科生徒检定试验考科列叙表　　陆军士官学校

数学	理化学	作文	操典、野外要务	总计	列叙	出身	原队	氏名
15	7.6	15.5	19.2	57.3	1	浙江	近	高尔登
11	10.2	15.5	17.8	54.5	2	浙江	近	蒋尊簋
15	2.8	14.5	16.5	48.8	3	南（洋）	二	蔡锷

资料来源：《明治三十六年十二月入校清国陆军学生骑兵科生徒检定试验考科列叙表·陆军士官学校》，日本外交史料馆藏。

---

① 李抱一：《蔡松坡先生小史》，《蔡锷集外集》，第 396 页。

② 陶菊隐：《北洋军阀统治时期史话》第 2 册，生活·读书·新知三联书店，1977，第 68 页。

③ 《湖南编译社入股诸君公鉴》，《游学译编》第 12 册，光绪二十九年九月十五日（1903 年 11 月 3 日）。

▲蔡锷与长沙杨毓麟、许翔、李群，龙阳刘棣蔚、李致梁，宁乡周家树，湘乡范锐以及刘谦等 10 名自费留日学生获湖南"各给官费一年，每人日钞三百元"的奖励。湖南抚院发布谕令说："照得近年湘省子弟，立志坚苦，自备资斧，出洋留学者甚众，有家计贫寒、抽暇译书以供学费者，闻知良为欣念。本部院为湘省造就人才，不惜筹款派送，既有前经在彼留学勤苦可嘉之士，自应酌量发给官费，以示奖励。兹由本部院访得自费勤学各生十人，应即各给官费一年，每人日钞三百元。"①

12 月

（十月十三日至十一月十三日）

1 日（十月十三日）

▲蔡锷入日本士官学校第三期骑兵学习。同期入学的还有步兵科的蒋方震、周道刚、曲同丰、胡景伊等人，骑兵科的高尔登、蒋尊簋等人，炮兵科的周家树、韩国饶等人，工兵科的张孝准等人，辎重兵科的毛继成、方咸五等人。②

日本《陆军士官学校历史（陆军士官学校沿革志）》对是日的记载则是："十二月一日，第十六期生、步兵科士官候补生小畑敏四郎以下五百六十一名入校（其中两名因事故后面入校），分别编入学生队各中队。同时，让清国陆军学生许崇智以下九十四名入校，附属于学生队，另为一团进行教育。

"本期学生之教授训育所需编成是：各中队特编为五班或五区队。此虽违反本校教则之规定，但因本年入校之清国学生为数甚多，而本校教官以下又不许增员，实不得已而为之，已预先得到有关方面准许。清国学生特编成四班（四区队）。"③

按：蔡锷入学日本士官学校，谭人凤回忆，是日人长冈护美与福岛安

---

① 据 1903 年 8—9 月（光绪二十九年癸卯七月）的调查，蔡锷留学的"费别"还是"江南官费"（《湖南同乡留学日本题名》，《游学译编》第 10 册，光绪二十九年七月十五日），可见蔡锷获湖南省"发给官费"，应在这年的 11 月。《俞廉三遗集》卷九五，转引自刘泱泱主编《湖南通史·近代卷》，湖南出版社，1994，第 530 页。

② 《日本陆军士官学校卒业支那留学生表》。

③ 《陆军士官学校历史（陆军士官学校沿革志）》，原件藏日本防卫厅防卫研修所。

正斡旋的结果。他说蔡锷"号松坡，与余同乡，湘省宝庆产。十六岁赴日游东京，见知于长冈子爵护美及福岛将军安正等，由氏等之斡旋得入陆军士官学校。至明治三十七年卒业，乃归故山"。[①]

1904 年

（光绪二十九年癸卯十一月十四日至光绪三十年甲辰十一月二十五日）

3 月

（光绪三十年正月十五日至二月十五日）

31 日（二月十五日）

▲梁启超函告梁启勋，与岑春煊幕人相见情况。说："兄至粤，岑督幕中人皆来见，张鸣岐（岑所最亲信者）且以云阶之命来询治粤方略。"[②]

8 月 9 日（六月二十八日），又函告蒋观云说："西省（按：指广西）前半月亦曾一人来，惟彼与柳党（按：原注指广西人民反清起义，起义中心在柳州）不相属，且极诋柳党之无用，仍主持重蓄势之说也。公所言秘密之军事教育，拟在何地开办，能微示一二否？此事与制器一事，诚预备科之最要科目也。"

梁在给蒋的另一信中，还言及在国内从事秘密军事活动的罗孝通不幸被清廷杀害之事。说："顷有一大失望之事，友人有罗璞士者，前曾与涣卿（按：陶成章，字涣卿）言其人，想公间接闻之。此公去年来东学爆物及催眠术，学成归，方将实行。而此公昔本在广西运动占势，近在粤与西（按：指西太后）党中一重要头目通电，为吏诇悉，客月初间被逮，此间极力营救无效，于月之廿三，继两浏阳而去。弟为此事苦痛不可言状。此才真不易得，蓄志十年，一事不就，竟以此死，彼苍之虐，一何甚耶。公闻之，想亦为一哭也。"[③]

---

① 《东报之云南消息》，上海《时报》1916 年 1 月 12 日。
② 中华书局藏抄件。
③ 以上二函见《梁启超年谱长编》，第 342、343 页。

按：通过梁启超说的这些蛛丝马迹，当可推知蔡锷士官学校毕业回国后，最终就职于广西，应与梁启超有一定关联。

7 月

（五月十八日至六月十九日）

▲李根源由滇省考送日本留学，入振武学校习陆军。① 11 月 5 日（光绪三十年甲辰九月二十八日）抵东京。11 日（十月初五日）入振武学校。②

10 月

（八月二十二日至九月二十三日）

24 日（九月十六日）

▲蔡锷毕业于日本士官学校第三期。③

《陆军士官学校历史（陆军士官学校沿革志）》记载士官学校这天及一星期前的诸事说：

> 十月十八、十九两日，第十六期生获准拜观营城与振天庭。
>
> 同月十九日，召开与十六期生考试成绩相关之教育会议，其结果是：现在第十六期生，除了久病缺课者步兵生杉忠七外，五百四十九名悉皆决定毕业并上报，得到批准（毕业人名表附于卷尾）。
>
> 同月二十四日，举行第十六期生（按：指日本学生）毕业证书授予仪式。是日天皇陛下临幸，故参列各官等，按先例对优等生八名按例下赐奖品。式毕，令学生离校归队（优等人名表附于卷尾）。
>
> 此日对清国学生九十三名（按：指蔡锷等第三期毕业生）亦发给修学证书，令其离校（人名表附于卷尾）。④

而士官学校工兵科第五期中国留学生危道丰几十年后则回忆说："士官学校毕业的仪式很是庄严，照例由该校校长出席，对中国毕业学生而致训

---

① 李根源：《辛亥前后十年杂忆》，《辛亥革命回忆录》第一集，第 322 页。
② 李根源：《雪生年录》卷一，1934 年曲石精庐重刊本，第 10 页。
③ ［日］镰田和宏：《蔡锷与日本》，《船山学刊》1996 年第 1 期。
④ ［日］《陆军士官学校历史（陆军士官学校沿革志）》。

辞，并各赠予军刀一柄，以作纪念。"①

按：蔡锷逝世后，总有人爱拿这次毕业典礼说事，有人详引"萨苏先生"之言，说蒋方震在毕业典礼上得了"第一名"，"天皇的赐刀也归中国了"，蔡锷得了"第二名"，张孝准是"第三名"。但日本士官学校的毕业发布官"伏见宫亲王，惶恐之下感觉无法向天皇交代，临时从后面换了一个日本学生作第三名……又增加了一个日本学生作第四名"，结果张孝准变成"第五"了，并由此形成了蒋、蔡、张"中国士官三杰"的说法。

尽管这位引用者在辨析萨苏所述真伪时也出现失误，说蒋方震是"步兵科的，而蔡锷却是骑兵科的，张孝准是工兵科的，他俩不可能参加步兵科学生的毕业典礼"。其实，以上日方《陆军士官学校历史（陆军士官学校沿革志）》已清楚表明，步、骑、炮、工各科并不单独各自举行毕业典礼，而是各科 93 名毕业生与日本"第十六期生"一起举行。可见，蔡锷和张孝准"不可能参加步兵科学生的毕业典礼"，并不能成为否定萨苏所述的理由之一。但也可见这位引用者还有史实辨析意识，能以此和另外的三条理由为据，指出萨苏所述虽然"确实提气，然而却与事实不符"。

可是，紧接着，这位引用者又简单地通过唐才质的事后回忆与台北学者所引梁启超的回忆，事实上肯定了萨苏所述蒋方震"名列第一"、蔡锷得了"第二名"之类的"中国士官三杰"的结论，说"所谓'中国士官三杰'之说，似应理解为当期中国学生中的佼佼者。蒋、蔡、张三人成绩突出，超过了很多日本学生，而且被他们超过的日本学生中还不乏后来侵华日军的高级将领，这是事实"。只是"因此便说'日本陆军的一代精英，皆惨败于蒋百里、蔡锷之手'，也有些耸人听闻"而已，②仍然对萨苏所述流露出难以割舍的情结。

其实，萨苏所述，岂止这位引用者所指出的不实，其所述的士官学校的毕业发布官伏见宫亲王"临时从后面换了一个日本学生作第三名……又增加了一个日本学生作第四名"，改张孝准为"第五"，何尝不是如此？任何一所学校，再无严肃校风和工作规范，也不太可能竟会对学校早已按考

---

① 危道丰：《黔阳危苣滨五十自述》，长沙洞庭印书馆，1934，第 61 页。
② 袁泉：《我和外公眼中的蔡锷将军》，第 50—54 页。

试成绩定下的毕业生名次，在毕业典礼大会上突由"发布官"随心所欲地做此"临时"改变吧，何况还是日本声誉在外的最高军事学校士官学校。而如果对照一下以上日方《陆军士官学校历史（陆军士官学校沿革志）》的记载，便更可知萨苏所述难以令人置信了。因为该文清楚记载了毕业典礼上"按例下赐奖品"的八名"优等生"，尽管"附于卷尾"的"优等人名表"，因为现存《陆军士官学校历史（陆军士官学校沿革志）》仅是一份残稿，迄今不知这八名"优等生"究竟为谁，但从其对日本"第十六期生"与"清国"93 名毕业生所发证书分别为"毕业证书"与"修学证书"，以及 1903 年 12 月 1 日他们虽同时进入士官学校，却让中国许崇智以下 94 人"附属于学生队，另为一团进行教育"，而且日本十六期生 549 人还是 1904 年 12 月 19 日校方"召开与十六期生考试成绩相关之教育会议"，决定"毕业并上报，得到批准"的事实来看，日本与中国学生的待遇实际是有别的，并未让中国学生一起参加评优，因而这八名"优等生"也肯定只能是日本的"第十六期生"中的人，与蒋方震、蔡锷、张孝准无丝毫关系。既然八名"优等生"的座次在毕业典礼的六天前就由"教育会议"排定了，"并上报，得到批准"，怎么可能在毕业典礼这天出现如此之大的变数，而为了天皇和"日本士官"的面子，又由一个"发布官"私下临时拉个第三、第四名日本"十六期生"来顶替张孝准，将其降为"第五名"呢？可见，实际根本就不存在萨苏所讲的故事，自然不宜如此以讹传讹。即使意在借此说明后来的"蔡、蒋二公"，不是以"天皇赐刀"和"士官三杰"的声望，而是依靠自己的"献身精神"担起"军事救国"责任的，也是没有说服力的，因为二者不是同质事情，并无必然的逻辑关系。

关于蔡锷在日本士官学校学习等方面的情况，李抱一最早报道说，蔡锷在"士官学校，精进奋发，每试冠其曹，尤长器械操及马术，日人亦敛手，弗敢抗，终以第一人毕业，日皇循例赐宝刀焉。"他在校时，"即与陈君天华等谋革命，惟英华内蕴，不诡时好，故激进之士或不知之。寻以'风积不厚，不足负大翼；水积不大，不能载广舟'，既毕业即遄归，谋所以为凭借者。盖谋定后动，不欲速不见小利，先生一生大业得力于此。"[①]

还有报道说蔡锷"家綦贫，弱冠即有大志"，"嗣留学日本，入士官学

① 李抱一：《蔡松坡先生小史》，《蔡锷集外集》，第 396 页。

校，讲求军学，孳孳不倦，常慨然曰：中国今日积弱不振，欲扬国徽于大地，非将重文轻武之陋习铲除净尽，不足壮士气而耀国威。大丈夫当视国如家，努力进行，异日列吾国于第一等强国之列，方不负此七尺躯也"。①

续有一学生说，蔡锷"尝毕业于日本士官学校，与予父同学，是以略知其事迹。公在校中考试，尝为全班冠，其性义勇刚毅，超逾他人。以满人之暴虐，汉族之困辱，引以为己恨"。②

另有人回忆："寻以政变，游学东瀛，家贫，沿途称贷，仅而得达。又以学费无着，因日读夜译，以译资助学费。旋入日本士官学校，以任公力，得两湖官费，始得安心求学，更得以余资养母。君学业成绩特优，常慨然有澄清天下之志。以士官第三期毕业，与蒋君伯器、蒋君百里称三杰焉。"③

苏鹏则回忆，蔡锷毕业期间，黄兴正"在湖南联络浏阳，醴陵会党谋起义，专人赴日组织，嘱予前往运动湘籍陆军留学生归国，主持军政。时士官学生之毕业者，湖南仅蔡松坡、周仲玉、张孝准、刘介藩四人。以次各班因日俄交战，不能入士官，皆留滞各联队中。除松坡等正式毕业，相约归国以外，有程颂云、陈伟丞等皆愿归"。④

11 月

（九月二十四日至十月二十四）

10 日前后（十月初四日前后）

▲蔡锷在东京会见由滇省考送日本并入振武学校学习陆军的李根源等人。⑤

下旬（十月十五日至二十四日）

▲蔡锷回国途经上海，适逢万福华谋刺原广西巡抚王之春案发，包括章士钊、黄兴、张继等 11 人在内的革命志士也以嫌犯被拘。蔡锷"冒严

---

① 《蔡松坡先生之略史（转载北京〈国民日报〉）》，《长沙日报》1916 年 11 月 15 日。
② 刘韵琴：《对于蔡松坡先生逝世感言》，《直隶第一女师范校友会会报》第 2 期，1916 年 12 月。
③ 《蔡松坡先生事略（转载宁垣追悼会演说词）》，《华安月刊》第 1 期，1917 年 1 月。
④ 苏鹏：《海沤賸沈》（选录），《近代史资料》总 44 号，第 180 页。
⑤ 《雪生年录》卷一，第 10 页。

寒，走泰兴"，向时任该县知县的龙璋告急。龙"立措千金，购什物付狱，然后从容筹画，以故事得已"。①

章士钊则回忆说，1904 年春，他与杨毓麟在"上海创设爱国协会（此会即华兴会之外围，笃生为会长，吾为副会长）"。蔡锷由"日本毕业返国，道出沪渎，应吾辈之要约，参加斯会。彼戎服莅盟，佩剑锵然，其持态严肃"。②

12 月或 1905 年 1 月
（十一月至十二月）

▲蔡锷应江西巡抚夏时聘任"材官队（即将弁学堂）"职，不过仅"一礼拜"，即因夏时"赴陕西任"便"返湘"了。③

雷飚回忆说：蔡锷"士官卒业归国，即为江西巡抚夏时电调赴赣，办理军事材官学校，兴趣既佳，热度尤高，一切甚有头绪，教育训练，大著成效。而夏抚忽又去职，办理颇感困难，且以数载未归，思亲念切，遂辞去。"④ 蔡锷说他在赣仅"一礼拜"，雷飚却说蔡锷在赣"教育训练，大著成效"，明显是夸大其词，强说业绩了。

1905 年
（光绪三十年甲辰十一月二十六日至光绪三十一年乙巳十二月初六日）

2—4 月
（光绪三十一年正月至三月）

▲蔡锷与刘侠贞圆房完婚。

按：此圆房时间，据蔡锷与刘夫人的长女蔡铸莲出生于光绪三十二年

① 《龙公研仙府君行状》，龙璋：《虋勤斋诗文存》，中山大学图书馆藏书。
② 章士钊：《疏〈黄帝魂〉》，《辛亥革命回忆录》第一集，第 248 页。
③ 《致陈绍祖函》（1907 年 5 月 31 日），曾业英编《蔡锷集》（一），第 264 页。
④ 雷飚：《蔡松坡先生生平事略》，《国防月刊》第 4 卷第 3 期，1947 年 11 月。

丙午（1906）① 推算而来。

又应湖南巡抚端方聘，任"教练处帮办，兼武备、兵目两堂教习"②及"营务处参谋"③。

时为兵目学堂学生、自称"忝为"蔡锷"学生部曲"，并随蔡同时入桂的雷飙，近40年后回忆过蔡锷这段经历。说蔡锷过湘时，"适湖南兵备处总办俞明颐求才意切，坚留任武备、兵目两校教官，兼兵备处提调事，恳辞不获。巡抚端方，虽闻蔡名，颇畏忌，表面上仍作借重语气。蔡公对桑梓素具热诚，又可借以考察各学校学生思想才智贤否，及学业程度如何，以备将来调用，故慨然任之，其蓄意革命即此可见一斑矣。各学校学生于时局军事上，有确实见解思想者，亦皆仰慕极深，一言一动，无不欣悦而听从之，且视为凤毛麟角矣。又值两校卒业期近，学课求备之心尤切，虽蔡公之语言稍欠流畅，而编解讲义简单明瞭，即程度稍差之学生，一读而了如指掌，故师生相得，较他教官特佳。飙与岳森等亦皆学生之一，既系同乡，又同为樊门弟子，故出入其门甚便，每论及时事，痛谈无遗，而改革之思想热诚日益急烈，故两校较优之学生，皆入其夹袋中矣"。④

按：蔡锷留湘以及下述赴桂的心理活动，皆系雷飙的事后臆测，迄未见实据。

5 月
（三月二十七日至四月二十八日）

▲东三省总督赵尔巽"奏调"蔡锷入奉，但"未赴"。⑤

按：当时日本士官学校毕业归国人才乃各省抢手货。危道丰回忆，他士官学校毕业回到上海之后，"即应了友人之约，顺道前往南京，参观新军

① "附录3：蔡锷家族人员表"，《我和外公眼中的蔡锷将军》，第292页。
② 《致陈绍祖函》（1907年5月31日），曾业英编《蔡锷集》（一），第264页。
③ 见下述日本驻长沙副领事井原真澄函请外务大臣男爵小村寿太郎。
④ 雷飙：《蔡松坡先生生平事略》，《国防月刊》第4卷第3期，1947年11月。
⑤ 《致陈绍祖函》（1907年5月31日），曾业英编《蔡锷集》（一），第264页。

的训练情形。其时江南总督为端午桥（按：端方，字午桥）先生，彼虽旗籍中人，却能认真提倡新政。光绪乙巳年彼任湖南巡抚时，曾派遣学生二百余人，官费赴日留学。当时江南新军第九镇镇统为徐固卿（徐绍桢，字固卿）先生，我之前辈同学在第九镇任军职者颇不乏人，我到南京参观第九镇，谒见端午桥，忙了几天，端午桥暨徐固卿辈均表示留我在宁服务之诚意，我因离家已久，亟思归省，这才婉言谢绝。当时留日学生毕业回国，各省督抚莫不争先延揽，借以标榜提倡新政之美名，尤其是学陆军之士官毕业回国生，最易得志，因为各省止在训练新式军队，自管带以上，几乎尽由我辈士官同学充任"。[1]

6 月

（四月二十九日至五月二十八日）

▲冯自由回忆说："乙巳年（一九〇五）夏，湘人郭人漳调任广西巡防营统领，特在桂林创办随营（速成）学堂，召集湘中志士于一堂，有所企图。"[2] 应蔡锷之邀稍后赴桂的谭人凤也说，时任广西防营统带的郭人漳"冀改新军，禀办随营学堂"（见本书 1905 年 7 月记事）。可见，郭人漳抵桂后，确曾向李经羲建议过创办随营速成学堂。

▲蔡锷向日本驻长沙副领事井原真澄提出前往日军占领下的奉天附近考察军事的请求。6 月 12 日（光绪三十一年乙巳五月初十日），井原真澄函禀外务大臣男爵小村寿太郎明示政府是否同意蔡锷的请求，说：

> 毕业于本邦陆军士官学校骑兵科，现任湖南武备学堂教习兼营务处参谋一职的蔡锷此次旨在前往东三省我军占领驻屯的奉天附近进行军事视察，但公然以从军武官身份前往，恐有被俄国怀疑之嫌，有欠稳妥。其自身来馆，与本官商量欲利用本年暑期休假，以个人资格前往目的地，是否可行。本官答称，如眼下前往该占领地方面，恐帝国政府不会同意。蔡本人恳请急电询明政府态度同意与否，因此还请回

---

① 《黔阳危苣滨五十自述》，第 61 页。

② 《葛谦事略》，《革命逸史》三集，第 291 页。

电明示。特此禀请。①

29 日，外务大臣函复陆军大臣说："关于清国湖南武备学堂教习兼营务处参谋蔡锷欲前往奉天视察军事一事，有驻长沙副领事井原如另纸所附之申请。敬请就此审议后回复。（另纸附公信第 40 号副本）附政务局便签：本信本应发送，但因某种原因取消。"②

30 日，外务省政务局长电告驻长沙副领事井原真澄说："关于来函第40 号之事，不宜由我方公然声明是否允许其视察，而应由其本人通过在北京的有权势之清国官员拜托我公使馆驻在武官，再向福岛（安正）少将提出申请或许成功机率更大。以上为慎重起见而告知。"③

按：对于蔡锷此时的思想及对两学堂学生的影响，1913 年有报载湖南兵目学堂不少学生随蔡锷去了广西。说 1911 年湖南光复后成为湖南副都督的陈作新见"庚子后外患日迫，清政愈不纲"，"益知非大改革，不足以救亡。然救亡非拥重兵不可"，遂于"光绪二十九年考入湖南兵目学堂，暗中结合同学杨君家龙、岳君教、雷君飙、易君堂龄、宋君式□、葛君谦、熊君澺、李君藩国昆仲及《俚语》报馆主笔宋君海南澜、张君骞等百余人，歃血为盟，组织光复会，以《俚语》报馆为机关，专以排满革命为己任。适蔡先生锷自日本毕业归，为堂中测绘教员，先生固革命巨子也，同学得先生之捧喝，均鼓舞兴起，而公（按：指陈作新）之志气益加精进。光绪三十一年六月七日，堂中学行毕业，群以清廷自经戊戌［戍］、庚子之变，防湘人特严，湘中几无立脚地，故未待毕业，随蔡先生锷赴桂林者则有岳

① 《关于湖南武官出发视察军事之禀请》，公信第 40 号，1905 年 6 月 28 日本省接受，受第9120 号。JACAR（アジア歴史資料センター）Ref. B07090561600、「湖南武官蔡鍔軍事視察トシテ占領地出向願出ノ件」日本外務省外交史料館、5-2-1『日露戦役ノ際第三国人引揚保護並交戦地ヘ廻航及出向雑件/清国ノ部、雑』。

② 《外务大臣致函陆军大臣·关于湖南武官蔡锷前往占领地视察军事之件》，1905 年 6 月 29日发，JACAR（アジア歴史資料センター）Ref. B07090561600、「湖南武官蔡鍔軍事視察トシテ占領地出向願出ノ件」日本外務省外交史料館、5-2-1『日露戦役ノ際第三国人引揚保護並交戦地ヘ廻航及出向雑件/清国ノ部、雑』。

③ 《外务省政务局长致电驻长沙副领事井原真澄·电送第 2211 号》，1905 年 6 月 30 日下午 6点 30 分发，JACAR（アジア歴史資料センター）Ref. B07090561600、「湖南武官蔡鍔軍事視察トシテ占領地出向願出ノ件」日本外務省外交史料館、5-2-1『日露戦役ノ際第三国人引揚保護並交戦地ヘ廻航及出向雑件/清国ノ部、雑』。

君教、雷君飙、何君上林等十二人。"①

周震鳞则在 1950 年 4 月所撰的《自序》中说，他当时在湖南任高等学堂教习，蔡锷"充武备学堂教习"时，"排满情绪之热烈，更过于余。每劝其韬晦蓄势，养成学生，博得军权再动。彼则行动招忌，卒招辞退。"②

▲蔡锷登岳麓山，吟诗一首，题为《登岳麓山》：

> 苍苍云树直参天，万水千山拜眼前。
> 环顾中原谁是主，从容骑马上峰巅。③

6 月或 7 月
（五月或六月）

▲李经羲奏复清廷"广西试练新军"办法，并请开办随营速成学堂。

按：迄今未见李经羲原奏折及其确凿上奏时间。惟见《晚清广西大事记（1894 年—1911 年）》载有桂抚李经羲办"随营速成学堂，训练弁目，以蔡锷为监督"。④ 本书如此推断的理由是，1906 年 1 月 23 日清廷颁旨同意李经羲"设随营速成学堂"，以及林绍年这年 11 月 29 日"为遵饬察酌地方情形"奏复清廷"筹议新军办法"的奏折中，也有"本处奏核广西试练新军并设随营速成学堂一折"之语，这种情况皆可说明李经羲确实上过请"设随营速成学堂"之折。至于上奏时间，首先肯定在 1906 年 1 月 23 日之前。那么，前到什么时候呢？有学者在研究中指出，就当时的信息传送速度言，"从广西递送奏折到京，至清政府处理完毕，颁旨公布，其间一般约在两月内外"。⑤ 当然，这也不是绝对的，应该还与奏折内容的轻重缓急以及当局是否处理及时等多种因素有关。现姑且以此为据，上推两个月内外，

---

① 《革命丛录·湖南前副都督陈作新实录》，北京《民主报》1913 年 5 月 13 日。
② 《近代史资料》总 91 号，中国社会科学出版社，1997，第 255 页。
③ 曾业英编《蔡锷集》（一），第 262 页。
④ 沈奕巨：《晚清广西大事记（1894 年—1911 年）》，中国人民政治协商会议广西壮族自治区委员会文史资料委员会编《广西文史资料选辑》总第 38 辑，广西区政协文史资料编辑部，1993，第 54 页。
⑤ 廖宗麟：《蔡锷在广西史实考误及补遗》，《蔡锷新论》，第 428 页。

那就是上年的 11 月中旬了。可是，李经羲 1905 年 12 月 8 日回复朝廷颁旨的奏折，又提到"新练常备军步队第一营"官兵，"自本年八月起饷"之事。一般而言，有此类预先承诺的上奏，只可能在此时间，即"八月"之前，而不可能就在"八月"。因此，按上述广西与京城来往奏折时间计算，李经羲此奏折发出的时间便又须从"八月（阳历 9 月）"上推"两月内外"，自然就是 6 月或 7 月了。

▲蔡锷"经桂抚（按：指李经羲）数次电调，情难峻却，偶来桂游历，遂被羁留"。[①]

按：据雷飙回忆，蔡锷这次入桂的经过和原因是：其时东三省总督赵尔巽奏调蔡公入奉，广西巡抚李经羲奏调入桂，湖南巡抚端方奏留湘省任用而羁縻之，蔡公均不为稍动，惟以请假归省为词。而李抚竟分电赵督、端抚，意谓广西边省重要，风气又甚闭塞，创办新军及各军事学校，尤为乏人，请将蔡生锷让与敝省任用，数月或一年后，办理稍有头绪，接替有人，即饬蔡生分赴应命可也，故赵督、端抚不能不放其赴桂也。而蔡公父死尚未奔丧（按：此说有误，1902 年 12 月底前后已从日本回国奔丧了），老母望归尤切，定省刻难再缓。又以桂林离宝庆甚近，以后归省或迎养均便，在桂办事，须用人才必多，调聘更易。加之桂林新练军统领郭人漳奉李抚命，派专员到湘迎迓蔡公并飙等同学一齐赴桂，郭素有开通能干名，情极殷殷，将来办事必能和衷共济，臂助不少耳。而广西地虽偏僻，实军事重要部分，所储枪炮、器械及弹药各军用品必多，训练新军较各省尤为相宜，蔡公蓄意革命，实欲以广西为根据地，故赴桂之心从此决矣。即先行辞归省亲，再转桂林，并令学生宋［岳］森、谭道源、彭新民、罗质、周日旦、易绍英、苏国屏、马孝笃、何上林、杨炳焱、萧锡赞及飙等一同入桂。同学等又皆以国事为重，求学无时，即牺牲一切可矣，均于学校卒业考试将完凭照未发之际，毅然不顾一切，结队入桂。行时某教官力阻稍缓，不得，亦可笑也。天下事岂有如是之轻而易举耶。"

而对蔡锷抵桂以及日后与郭人漳矛盾的由来与发展情况，雷飙则说：

---

① 《致陈绍祖函》（1907 年 5 月 31 日），曾业英编《蔡锷集》（一），第 264 页。

松公抵桂时，首晤郭人漳统领，两人意气倾倒异常。嗣同谒李抚经羲，一见如故，官场气习，遽为一变。松公本不长于言语，诚恳磊落，令人可敬。李抚亦心性相孚，尤深器重，接谈数次，情更欢洽，即任蔡为广西新练军总参谋长，兼创办随营学校及陆军测绘学校总办。其办随营学校也，特为郭部新练军中下级干部补充之用，其办测绘学校也，特以广西地处边远，情势复杂，外有强邻虎视其旁，内多游勇土匪，扰乱治安，即用为测量各重要边防地区，以便驻扎编练各新军之用，实极重要而不可稍缓之工作也。于是派飙与马孝笃、彭新民、易绍英、苏国屏、何上林、萧锡赞及郭部之林虎、杨祖时等为随营学校教官、队长；派岳森、周日旦、周南等赴南宁龙州察看地势，预测略图；派谭道源、何国球赴梧州以上各县局所检查储存枪炮弹药及各项军用品良窳多寡，并各保存方法如何，此皆军事上一切预备工作也。当时各处革命热烈分子，皆从游桂林，蔡公均委以学堂秘书办事名义，如谭人凤（后为北方招讨使及粤汉铁路督办）、李燮和（后为烟台都督即长江下游总司令）、唐练心（后为湘衡道尹）以及曾叔轼、梅霓仙等，此皆蔡公养育人才蓄意革命之深意也。其随营、测绘两校招生事宜，因广西风气闭塞，应考学生寥寥，故暂不分畛域，乃易收集。测绘学校学额仅数十名，因专门教授不易聘请，暂先教普通科学，随营学额约二百名，即照各省陆军速成章程办理，昼夜赶办教育训练，进步甚快。李抚初次检阅，极为满意，并训诫教员学生特别留意用功，为广西各学校军队之模范，对蔡公尤嘉许备至，而郭统领不与焉。当时郭自觉相形见绌，颇有郁郁不乐之慨（李抚与郭之乃父系世交，又以郭之态度行为过于轻浮，每接见时，不吝教训，且多痛诫，故平时对之甚不客气，不稍虚假，此亦原因也），从此与蔡隙矣。而郭前日之假面具、假开通，均一泄无余，而蔡公自若也。蔡公又以调解意见、化除嫌疑起见，复荐飙为新练军管带，郭虽容纳照办，接管数阅月，用人行政总觉格格不入，且弊端百出，扣饷吃缺，无所不至，几陆〔绿〕营不及也。迭经和平陈请改善，不惟不听，且仇视之，所部尤坏，只得毅然辞职以谢之。而李抚忽又去职，张藩代理，郭即乘机运用，仍以假文明、假开通之手段，畅谈新军新政，崇拜革命英雄，为扩张势力张本，张代抚早知其伪妄矣。而黄克强、赵声等革命巨子，皆变姓易服色潜行入桂，考察军事，收集党徒，运动改革，郭固特别招待，居然革命风味，蔡亦暗中力为维护，深表同情，亦何尝不欲郭一变而为真革命党耶。黄、赵亦欲为蔡、郭二人调和意见，和协共事，蔡公因毫无意气可言，尤不甘巧滑以欺人，郭则丰采迷人，情致殷殷，令人可佩，故黄、赵等当时不深知其奸伪，犹有两雄不并立之慨。日后龙州边境，革军迭次起事，均受其欺骗致败，且故意惨杀其部下学生葛谦，谋害友人曾叔式，掩饰一切，以遂其高官厚禄，（岑春煊制粤时）黄、赵乃深悔而痛恨之也。又适林绍年新接桂抚，与蔡素无关系及认识，于新军新政素未讲求，当然新旧隔阂。郭实官僚，善侍一切，言论仪表尤能欺人。飙曾谒见林抚，询及前任郭营办事情况，不惜慷慨陈之，终不稍动，并云郭乃将门之子，资格才气均好，不可误会云云。其对蔡公，因朝廷于新军人才极为注意，不得不假以维持现状。[①]

雷飙所说蔡锷选择入桂的种种考虑，而且是"蓄意革命，实欲以广西为根据地"，多有事后诸葛亮、倒放"电影"的"心证"倾向。所说"此皆蔡公养育人才，蓄意革命之深意也"，自然也是雷的事后推论。至其所披露的郭人漳的人品问题，则多有事实可资佐证。如谭人凤说1907年9月郭人漳之所以与黄兴"定里应外合计"，发动防城起义，其重要原因是"郭自褫职以来，郁郁不得志，恒思一逞"，而事被"钦州提督秦炳直"侦悉。"郭按兵未进，知有异，即将城内郭兵遣出，另换心腹带队巡城，且于城上设燎张灯，戒备严密"，黄兴"仓皇奔避"时，"郭亦不敢再动，防城事遂息矣"，暗示郭只是个利己主义者的胆小鬼。[②] 又说："戊申（1908年）冬，粤督张人骏调遣赵伯先（按：赵声，号伯先）为新军第一标标统，士兵官长咸受教育，多爱戴之。郭人漳知赵君有大志，恐将不利于己，深忌之。己酉（1909年）春季，告密于张，遂撤委而畀以陆军小学堂监督；旋监督又开缺，已成闲散矣。"[③] 至于1913年8月，郭人漳出任袁世凯湖南查办使，执意入湘查办革命党人则是后话了。

① 雷飙：《蔡松坡先生生平事略》，《国防月刊》第4卷第3期，1947年11月。
② 石芳勤编《谭人凤集》，湖南人民出版社，2008，第326页。
③ 《谭人凤集》，第338—339页。

7 月

（五月二十九日至六月二十九日）

30 日（六月二十八日）

▲由黄兴、宋教仁、冯自由等人分头通知、邀集留学生 70 余人在东京召开中国同盟会筹备会议。与会者中有日后与蔡锷发生密切关系的刘一清、范熙绩、蒋尊簋、王孝缜等人。8 月 20 日（光绪三十一年乙巳七月二十日），中国同盟会举行成立大会，推选孙中山为总理，黄兴为庶务，协助总理主持本部工作，总理不在时，代行一切。① 据冯自由回忆，蒋尊簋还是"第一日加盟者五十余人"中的一位。②

本月

▲蔡锷与曾广轼电邀谭人凤赴桂。谭说事情的前后经过如下："六月（7 月）赴广西，时李经羲为巡抚，郭人璋统带防营，冀改新军，禀办随营学堂。李抚调蔡松坡为总办，湘中士子争往赴焉。广西警察学堂总办曾叔式（按：曾广轼，别号叔式）君，余莫逆交也，五月（6 月）杪同松坡电余赴桂，余因广西与湘有密切之关系，且随营学生多同乡俊彦，可资联络……于是带罗儒烈、彭笏卿、邹元和三学生往。至则学生均插班，余亦住堂作食客，询悉教员学生多同志，心甚喜。偶夜深与松坡、叔式、梅霓生等谈心事，英雄肝胆，披沥相陈，颇幸遇合非偶。九月（10 月）杪，闻警报云唐镜三、李燮和等舆马入隆回，久住骚扰，顿起谣言。魏午庄（按：两江总督魏光焘，字午庄）由南京开缺归，恐破坏，急思驰归，郭、蔡劝留听消息。余以事关重大，断无局外旁观之理，因谓郭、蔡曰：'万一不能寝息，势如可为，还当直趋广西求救济。'郭、蔡感余诚，均首肯，临行赠手枪二十枝，郭派卫兵四人，荷枪护送，蔡亦遣教员岳森同归。半途遇镜三，告以被逼失败，心甚痛焉。"

又说："方余之由广西抵家也，曾君叔式尾随至，称别后松坡禀放城门，日夜率学生操演行军，准备以待。及闻事败，特请星夜驰归，邀再赴

① 陈锡祺主编《孙中山年谱长编》上册，中华书局，1991，第 342—343、350 页。
② 《革命逸史》初集，第 182 页。

桂，心甚感焉。"对此，谭人凤在"评"中说："今世之人，轻诺寡信者比比矣。其不轻诺而又具义侠心肠，思济人之急、拯人之危者，求之古人中，亦不易得。方余之欲归也，松坡本不甚赞成，乃别后率学生操演行军，准备以待，及闻事败，复请叔式归邀，非所谓济人之急、拯人之危者耶？高义薄云天，迄今洄溯，殊不胜山高水长之感矣！"①

8 月
（七月初一日至八月初二日）

▲梁启超致函康有为，报告郭人漳、蔡锷赴广西之事。说："西事现今云阶奏调道员郭保生往。此人乃楚所荐，确是天生将才。弟子之门人蔡艮寅、蒋方震等皆随往。此人去后，谅西乱指日可平定。郭乃郭松林之子，前在江西带常备军，其兵人人皆乐为之死，绝是一大将才，其美质不能尽陈。今得此人，实一大喜事也。此间革论尽消灭，从前极主张革之人，今皆幡然而改，最可喜也。"②

按：蒋方震此时实际并未去广西。

▲蔡锷函告刘五典，樊锥病甚危，拟派毕春深护送日本就医。说："迭接凤初（按：苏鹏，字凤初）来函，借悉吾兄近况，至以为慰。惟陆军速成之内容，吾兄所任之钟点、责任及与同事相处之情形，亟欲得而闻之，望乘暇以一纸书相告。弟现承乏兵备处会办，若仍兼两学堂职事，自问碌碌，莫克肩此重荷，时用战兢。测绘一方面，自黄君绩臣来以后，当日有起色，今冬毕业后可开办测量部矣。樊先生（按：即樊锥，蔡锷受业师）症甚危，现正拟派毕（按：指毕春深）君护送东渡就医，出此破釜沉舟之举，实非得已。盖久滞此间，是坐视其困也。医费筹得六百余两，可以支持四五月之久，惟此后汇款不易，请兄便中调查从广东汇兑之法见告，免致临时周章。盼切，盼切！广东陆军小学教科书如有印本，请转托苏君

---

① 《谭人凤集》，第 305—306、309—310 页。
② 《梁启超致康有为》（1905 年 8 月），中华书局藏抄件。

（按：指苏鹏）邮赐一份，学兵营章程亦乞搜寄一份，余续陈。"①

10 月
（九月初三日至十月初四日）

9 日（九月十一日）

▲李经羲因病解职，清廷调署贵州巡抚林绍年为广西巡抚。

16 日（九月十八日），又命广西巡抚林绍年每隔一年，巡边一次，考察交涉事宜及民间疾苦，随时整顿，以固边疆。②

12 月
（十一月初五日至十二月初六日）

16 日（十一月二十日）

▲李经羲奏陈"力邀"蔡锷入桂，改练广西新军并设随营速成学堂情况。说：

> 头品顶戴开缺巡抚臣李经羲跪奏，为遵旨按照练兵处章程，就广西常备军中、后两营裁改试练新军步队第一营，并设随营速成学堂，以立基础而资取材，谨陈筹办情形，恭折仰祈圣鉴事。窃前承准练兵处王大臣咨会同兵部具奏，拟定陆军营制饷章一折，又会奏营制初定，请饬各省次第编练一折，均奉旨依议，钦此，等因。又钦奉谕旨饬令各督抚将水陆各军及武备学堂切实经理，以期养成劲旅，饷不虚糜，等因。钦此。仰见朝廷振兴戎政、亟图自强之至意，钦佩莫名。臣窃维广西界连越南，又承匪乱之后，讲求练兵尤难稍缓。臣自去秋抵任后，即汲汲于此。顾广西练兵有特别之难数端，与他省情形迥异，请为皇太后、皇上缕晰陈之。匪患初平，民甫复业，良懦者亟谋生聚则不愿为兵，桀骜者未训野心则不堪为兵，劳役者大半客籍则不能为兵，且民性惰则训练无效，游勇杂则良莠莫分，此就地征募之难也。绿营

---

① 曾业英编《蔡锷集》（一），第 263 页。原署宣统元年"七月"，误。据石建勋《樊锥传略》载：樊"病亟，以光绪三十一年乙巳（1905 年）冬返籍，丙午（1906 年）春二月卒，年甫三十有五"（《樊锥集》，第 69 页）。此信中又言："弟现承乏兵备处会办……樊先生症甚危……"可见，此函当作于光绪三十一年七月。

② 章开沅主编《清通鉴（同治朝·光绪朝·宣统朝）》，岳麓书社，2000，第 1028 页。

已裁，制兵久散，两镇所统，全是营勇，去年匪焰狂炽，主客各军皆畸零分布，迨今春大股击散，客兵渐撤，桂军更应填驻接捕，势难调集改练，且各军勇籍庞杂，其能战者或不免有习气，可驾驭以收捕匪之功，难教育而成知礼之士，此就镇改练之难也。桂本奇瘠，加以用兵连年，库空如洗，现粤饷不继，驻桂各军全资桂饷，用款骤增数倍，现饷已虞不给，况善后百端，需费尤巨，欲得另款添练新军，财力何及，此筹饷之难也。桂自标营裁汰，将弁星散，即曾经战阵晓畅军事之员多不易得，况新军精神全资学问。若论形式，则现有营勇多属洋操，苟以旧有之教习练改编之新军，其糜帑犹后也，势必至袭标镇之虚名，鲜操练之实效，旧弊未除，复滋新弊，缓急仍未见可恃。方今兵学一门，本少通才，广西处边，风气最迟，才智既惮于奔赴，若借材他省，则皆以练兵，难应取求，新军将领，已属难得。而臣之愚虑，则以队官、排长与兵切近，关系实重，必求其曾经学问，人皆胜任，尤属不易，此选材之难也。既知其难，急宜设法变通，傥因循坐视，但借口于时地之无可如，遂听其疲而莫为之所，迹则稳慎而实则堕坏，臣虽至愚，不敢出此。查练兵处原奏请饬各省次第编练，亦欲早睹循序之功，不肯责效一旦。细绎谕旨，尤注重武备学堂，是练兵练将皆在于学，圣虑至为深远。臣窃就本省兵力、财力、人力切实体验，通盘规划，势非先设学堂，无以预备新军之取材，非酌练新军又无以实验学堂之进步。臣初拟练成步队一标，继思饷绌尤在其次，惟队官、排长极难得人，与其涂饰不精，不如植基徐进。按照奏章常备军本应专用土著，今广西既不能行，惟有就邻省湖南选募。湘人素称朴敢，与桂省风土尚宜，且借此观摩染化，冀桂民动其尚武之精神，即预立征兵地步。查省防本有常备军中、后、左、右四营，系调任抚臣柯逢时由赣、湘调募来桂，仍沿江西旧制，本未划一完善。除左、右两营另行汰换整顿外，因就中、后两营裁汰旧勇，节出饷需。饬赴湖南选募精壮土著农民，皆取具乡邻保结，即将新勇编为新练常备军步队第一营，特筑营房驻扎操练，以为新军造端之地。查照奏定步队营制，略为变动，将军医长、护目、匠目、医兵、驾车兵、喂养夫、随营车骡，均暂缓设，皮匠亦减设二名，合共六百四十二员名，自本年八月起饷。因此次募勇，系由已革陕西补用道郭人漳办理，即委该员暂行统带。该革员年壮气盛，遇事求急，以此不理人口。然其勤苦耐劳，土卒感孚，于德、日两国最新军制操法，锐志考求，亦殊可取。前应署两广督臣岑春煊电调，道出桂林，臣因咨商留用。维时该革员并奉调任闽、浙督臣升允函招，臣勉留办理新军，俾立初基。仍恐其未历外洋兵校，考究或有未尽，加委湖南出洋士官毕业生蔡锷督理新军，一切创立、训练事宜，凡选用官长、教课兵弁，悉以委之。该生诚朴英敏，精通兵学，在日本成城、士官各学校次第毕业，并入联队习验。回湘后教练将弁学堂，已著成效。臣招其来桂，兼募堪胜队官、排长之学生。适该生已奉盛京将军臣赵尔巽奏调，辞弗来桂，臣复力邀，始绕道一行。约俟随营学堂首班学生毕业即须赴奉，其余员弁亦多调募鄂、湘武备学堂毕业生委充。至薪饷一项，桂省初经改练，程度骤难及格，遽予厚饩，转失本意，且恐日久难支，除统带及督理、训练两员系特设，不在营制外，其管带官以下官长薪饷，皆照章分别核减，惟目兵夫匠饷数均仍遵章照给。此外杂支额款、活款皆酌量情形核给，亦甚撙节，大抵非必不可省之费均暂从缓发，统俟教练有效再照章议加，此改练新军之大概情形也。又建筑随营速成学堂一区，附丽新军驻处，学生定额八十名，设教习六员，分教筑城、战术、兵器、算学、地形各科，其必需之图籍、仪器购备足用，即委蔡锷充该堂总理官兼总教练官，亦自八月开办，限八个月毕业，先供续练新营队官、排长之用，均各具服务桂省年限。首班毕业后再行赓续补募，或即改为陆军武备学堂，以期扩充。又查测绘制图为行军要着，广西山林险密，与他省情形不同，苟非平时熟谙地理，制成善图，用兵难期利便。因又附设测量专班，专考选本省籍之学生，定额三十名，学课分十四门类，暂定为二年毕业，亦由蔡锷督饬开办。以桂人习桂地理测量考订，他日制图必较确实，于行兵殊有裨益，此创设学堂之大概情形也。以上二端，皆就广西情势斟酌筹办。虽开端自知简陋，冀权舆可备发挥。臣区区之愚，不敢苟率，以坏军政，亦不敢铺张以饰外观。以学堂为新军基础，虽数月速成，犹胜于不学之无术，以新军为学堂出路，虽一旅粗备，差免于务多而无成。一俟人才渐出，各路匪类渐尽，即可裁调各营，次第添练新军，以期养成劲旅，庶仰副宸廑于万一。除咨练兵处、兵部、户部查照外，所有遵旨按照练兵处章程，就广西常备军中、后两营裁改试练新军步队第一营，并设随营速成学堂各缘由，理合恭折具陈，伏乞皇太后、皇上圣鉴训示。谨奏。朱批：该衙门知道。

钤章。交练兵处：本日贵处奏核明甘肃改编营制折，又奉核复广西试练新军并设随营速成学堂折，均奉旨依议。钦此。相应传知贵处钦遵可也。此交。四月十五日。①

但是，清廷对李经羲"征练新军"未能招募"土著"及任用郭人漳为统带一事并不满意，1906 年 5 月 8 日（光绪三十二年四月十五日），总理练兵处奕劻等核复李经羲奏说："查奏定章制，征练陆军必须土著，原以祛召募之弊。该前抚选募湘籍，既与奏案不符，且桂省唇辅滇、黔，内卫湘、楚，形势极关重要，亦非仅练一营足资镇慑。""请敕下新任抚臣林绍年察酌地方情形，遵照定章筹办，仍将实能增练土著营队若干，能否成镇成协，详晰奏复。""所派统带郭人漳一节，查该员在陕获咎，情节颇重……拟请一并饬下林绍年认真详查，毋得瞻徇。""奉旨：'依议'。钦此。"②

于是，林绍年不得不于 11 月 29 日（十月十四日）"遵饬察酌地方情形"，奏复清廷"筹议新军办法"。说：

头品顶戴广西巡抚臣林绍年跪奏为遵饬察酌地方情形，筹议新军办法恭折仰祈圣鉴事。窃臣承准练兵处王大臣咨开，本处奏核广西试练新军并设随营速成学堂一折，奉旨依议，钦此。查原奏内开，奏定章制，征练陆军必须土著，原以祛招募之弊。该前抚选募湘籍，既与奏案不符，且桂省唇辅滇、黔，内卫湘、楚，形势极关重要，亦非一营足资镇慑，请敕新任抚臣察酌地方情形，遵照定章办理。仍将实能增练土著营队若干，能否成镇成协，详晰奏复，以固边卫，而符章制。所派统带郭人漳，该员护［获］咎颇重，声明［名］甚劣，创练新军，关系甚重，与勇营情形不同，不容稍有迁就，请饬认真详查，毋得瞻徇。随营速成学堂，俟头班学生毕业后，即令停止，仍一面遵照

---

① 中国第一历史档案馆藏档案。
② 中国社会科学院近代史研究所中华民国史组编《清末新军编练沿革》，中华书局，1978，第 288 页。

奏定办法，速设陆军小学堂，以符章制。至测绘地理，原属要务，应由新任抚臣查酌奏明办理。等因。咨行到臣。伏查编练新军，原期养成劲旅，以图自强，广西尤应照练兵处奏章，征练土著营队，渐成数镇，方足以言备边。前抚臣李经羲因饷需奇绌，无款可筹，拟先练一营，以为基础，徐图进步。又以变乱初平，良莠混杂，就地募兵，或欠妥贴。历来湘军从役粤西，尚称得力，是以派郭人漳赴湘选募，致与练兵处奏案不符。原练湘籍新军一营，臣初到时，即亲加校阅，见郭人漳人尚奋勤，各兵颇皆精壮，操法亦尚可观，当即勉为褒加，予以奖励，冀成有用。继而细察该营队各员，渐多各省未卒业学生，兵丁自成军起，未及一年更换者已十之七八。正在筹议整顿，适署督臣电调郭人漳带队前往考验，并准咨前因，当即截至七月底止，全营遣令赴东，听督臣斟酌去留。桂省练兵事宜，自应另行遵章妥筹办理。惟详察现在情形，地方并未悉臻静谧，各属防勇，尚难尽裁。缺饷艰窘情由，前经缕晰陈明在案，是非有的饷，即哗溃堪虞。□以本省民情，剽悍有余，谨严不足归，甫经反正，其易被煽诱动摇之性，尤为向所罕闻，是未有定心，即难成劲旅也。且由省至边，远至数十站，无论练少不足助声威，即练多亦难资遣用，是地形遥隔，即未合机宜也。现龙州已照湖北武健军规制，新练两营，近又议照郑孝胥前奏加练炮队，以期得力，所有章制与练兵处尚无不合。惟有迁省议定，余匪悉清，筹有的饷，或龙〔就〕南宁添练数营，或就龙州徐图推广，以渐求成协、成镇，期仰副朝廷整饬戎政、固圉绥边之至意，所切实筹计，不敢迁就之实情也。其随营速成学堂额设学生，已经毕业停止①，测绘学生业有两学期，应仍饬其认真肄习，以资实用。陆军小学堂亦即遵章筹议开办，容俟设立时，另行奏报。并据营务处司道详请奏咨前来，除咨明练兵处、兵部外，所有遵饬察酌地方情形筹议新军办法缘由，理合会同署两广总督臣岑春煊恭折具陈，伏乞皇太后、皇上圣鉴训示。谨奏。奉朱批：练兵处知道。钦此。②

---

① 据下载蔡锷函复陈绍祖所言："随营学堂经八个月毕业。"可知"随营速成学堂额设学生"此时并未"毕业停止"。林如此奏报是因为清廷5月颁旨要求头班随营速成学堂学生毕业后"即令停止"。

② 《广西巡抚林奏为遵饬察酌地方情形筹议新军办法折》，《申报》1907年2月3日、5日。

本月

▲冯自由回忆，黄兴"绕道香港入桂，拟策动郭（人漳），使以所部举兵反正。会人漳方因事与蔡锷大生意见，各不相下，经克强多方调解，仍无法合作。"①

1906 年

（光绪三十一年十二月初七日至光绪三十二年十一月十六日）

1月

（光绪三十一年十二月初七日至光绪三十二年正月初七日）

23 日（光绪三十一年十二月二十九日）

▲清廷颁旨："开缺广西巡抚李经羲奏，遵照练兵章程，就广西常备军中、后两营裁汰旧勇，招练新军步队一营，并设随营速成学堂。下所司知之。"②

随后，李经羲奏请清廷任命蔡锷"总理随营学堂兼理测绘学堂事，并会同督练新军"。③

按：关于蔡锷对随营速成学堂的贡献，据后来任教于北京新华商业专门学校的林奎云回忆，蔡锷"在桂林总理随营学堂，学生毕业"时，他曾"奉抚檄校阅成绩，见诸生学不过一年，而代数、几何之应用于射击、图绘者无不娴熟，为之叹服"。④

---

① 《广州保亚票之革命运动》，《革命逸史》三集，第 280 页。
② 廖宗麟：《蔡锷在广西史实考误及补遗》，《蔡锷新论》，第 428 页。
③ 有学者推断"李经羲此奏应是在 10 月（按：指 1905 年）他被开去广西巡抚职务之后"，而不应如"蔡锷后人蔡端所编《蔡锷集》中"的《年谱》记为"公历 7 月"（廖宗麟：《蔡锷在广西史实考误及补遗》，《蔡锷新论》，第 427—428 页）。这一推断，当是事实。不过仍嫌模糊，而定其于 1906 年 1 月 23 日允准李经羲"设随营速成学堂"之后数月较为确切。
④ 《黄、蔡二公追悼大会林奎云先生演说》，《宗圣学报》第 2 卷第 6 期，1917 年 4 月。

2—4 月

（光绪三十二年正月至三月）

▲蔡锷在接替李经羲的新任巡抚林绍年"接篆后"，"满拟摆脱北上"，"迭上辞禀"，但"始终不获允许"，也"迟迟不报，深滋叹仄"。①

▲蔡锷与黄兴、梅尉南等人在桂林发起成立革命组织"兴汉会"。

按：清廷的情报部门视这个组织为"同盟会"，如张一麔"在北洋幕府时"抄下的一张"光绪三十三年政府所得同盟会之历史"表，在其"回国运动者"之下的"广西"部分就列了三个人。一是"郭人漳：军国民教育会会员，黄兴改名张愚臣，住伊处最久，该标三营均主革命"。二是"蔡锷：以军国民会员入会，与郭不睦"。三是"钮永建"。② 而冯自由在1939年后的回忆中，也把这个组织称为"同盟会分会"。说1905年12月（光绪三十一年乙巳十一月），黄兴"绕道香港入桂，拟策动郭（人漳），使以所部举兵反正。会人漳方因事与蔡锷大生意见，各不相下，经克强多方调解，仍无法合作。克强不得已，乃从联络下级将弁入手，爰组织同盟分会于桂林之钵园。郭部将弁及随营学堂与陆军小学师徒加入者，有葛谦、曾传范、林纬邦、雷飙、谭道源、彭新民、梅霓仙（梅尉南，字霓仙）、陈国良、林虎、杨锐锋、谭二武、陶表封、邹永成、刘慕贤、王德渊、张熙等八十余人，事为桂抚李经羲所闻，特派委员查究。蔡锷得讯，即令学生毁书灭迹，而将最激烈之学生张熙潜送出境寝事"。③ 在另一文中又说，1905年"冬十一月"，黄兴绕道香港，入桂，拟运动人漳率所部相机反正……克强乃倡设同盟会于大校场之校室，先后与盟者"，有葛谦及郭人漳、林虎、梅霓仙、张熙、雷飙等"八十余人"。④ 20世纪80年代以后，历史学界更有人依据60年代初林虎等人的若干回忆录，提出蔡锷这时曾在桂林参加"同盟

---

① 《蔡松坡先生遗札：丙午年在广西致友人杨君书》，《上海工业专门学校学生杂志》第 2 卷第 2 期，1918 年。
② 张一麔：《五十年来国事丛谈》，《古红梅阁笔记》，上海书店出版社，1998，第 55 页。
③ 《广州保亚票之革命运动》，《革命逸史》三集，第 280 页。
④ 《葛谦事略》，《革命逸史》三集，第 291 页。

会"。①

然而，这个组织实际并不称为"同盟分会"，其正式名称叫"兴汉会"。因为第一，同盟会的加盟仪式与林虎所说不同。第二，入会成员与林虎所说有疑。第三，真正的同盟会会员梅尉南早在1916年就在公开发表的《祭仇亮文》中说"时，尉南适有事于榕城，与蔡松坡、黄克强、谭石屏（按：谭人凤，字石屏）、林隐青（按：林虎，字隐青）、赵伯先（按：赵声，字百先，号伯先）诸豪杰发起兴汉会"。虽然所说谭人凤的情况与事实有出入，但仍无法否定其总体价值。第四，不排除是蔡锷亲自提供素材的《蔡松坡先生事略》，对与蔡锷有关的革命组织和宣传刊物均一一做了交代，却只字未提他还参加过更为重要的当时因革命成功而声名大涨的同盟会。②

另外，冯自由所说郭人漳这时"因事与蔡锷大生意见"，经黄兴多方调解仍"无法合作"，但究因何而"大生意见"却从无只字交代。究其实际，当有两方面的原因，一是如以上雷飙所说妒功嫉能，二是如蔡锷次年告知友人所说："现葆兄奉檄东行，尚遥控新军（练兵处拨练，湘籍拟遣散）。"③ 意谓郭人漳虽已"东调"，却仍在"遥控"广西遣散"湘籍"士卒。由此当可推知，郭人漳与蔡锷"大生意见"的内情之一是，由于清廷练兵处的"奏定章制"规定，各省征练陆军"必须"招募"土著"，两人此前便已为招募"土著"与否发生了意见分歧。而郭人漳离开广西后尚如此"遥控"，其任职广西巡防营统领之时有多么强势，就更可想而知了。加以郭的"先人"又是"郭松林，为满清击败太平天国之功臣，故以荫生而得显秩"，④ 蔡锷出身贫寒，入桂后却受到李经羲的重用，委以总理随营速成学堂兼理测绘学堂事，其对蔡锷心生不快而产生矛盾也就不难理解了。再从上述蔡锷获悉李经羲将"查究"黄兴"联络下级将弁"以组织反清团体的信息后，随即便"令学生毁书灭迹，而将最激烈之学生张熙潜送出境"一事看，其不认可当时是"举兵反正"的成熟时机，也是显而易见的。正是这两大因素，决定了郭人漳、蔡锷两人此时不可能听从黄兴的调解，合

---

① 方早成：《蔡锷参加同盟会考》，《求索》1985年第3期。
② 详见王学庄、曾业英《蔡锷的同盟会会籍问题》，《近代史研究》1987年第6期。
③ 《蔡松坡先生遗札：丙午年在广西致友人杨君书》《上海工业专门学校学生杂志》第2卷第2期，1918年。
④ 《黄兴传记》（1929年），《刘揆一集》，第168页。

作实践其冒险的"举兵反正"计划。

9 月
（七月十三日至八月十三日）

1 日（七月十三日）

▲清廷颁诏"预备仿行宪政"。

中旬（七月底）

▲署两广总督岑春煊调郭人漳赴粤。①

11 月 2 日（九月十六日），署两广总督岑春煊奏报朝廷说："广西编练新军一营，经练兵处指驳与章制不符，正在议裁。臣因闻该营训练尚精，适粤省肇庆、罗定等属，盗贼披猖，防营不敷分布，经商允广西巡抚臣将全营调东。当由臣派员校阅操法技艺，均有可观，已派赴肇、罗一带办匪。"②

9—10 月
（八月）

▲蔡锷函复杨度，诉说"学业日荒，体力同疲，复乏贤友，相与提撕，其退步曷有止极"的内心"苦闷"，并表示拟"杜绝一切酬应"，以半日"专读中国有用各书"。说：

> 今春接读手札，仁者之言，蔼然充溢。砭戒吾人之处，尤觉字字沁人心脾，钦感无既。其时适新旧抚交替之际，满拟摆脱北上，林帅接篆后，迭上辞禀，始终不获允许，迁延以迄于今，迟迟不报，深滋叹仄。现葆兄奉檄东行，尚遥控新军（练兵处拨练，湘籍拟遣散③），粤东军事需员，恐未必西返也。

> 弟履桂以来，徒见事事侘傺，无一惬心之作（酒食征逐，文牍往来），而学业日荒，体力同疲，复乏贤友，相与提撕，其退步曷有止

---

① 《广西巡抚林奏为遵饬察酌地方情形筹议新军办法折》，《申报》1907 年 2 月 3、5 日。

② 《清末新军编练沿革》，第 288 页。

③ 练兵处系清廷机构，要求遣散先前招募的湘籍兵员。

极？每见所谓后进之新国民者，其学问之浅薄、性情之浮嚣、德育之扫地无存、体格之孱弱不耐劳苦，尤令人废然，冷如浇冰。中国事业，全恃后进之青年，若此辈者，其果有裨于前途耶，未敢信也。自由平等之说一倡，而家庭失其和睦，社会失其安宁，危机百出，咸有戒心。此种现象，虽为过渡时代所必有，若长此岁月，滔滔者逝而忘返，其结果必不可问。《易》曰：群龙无首则吉，然群蛇无首则凶矣。人心涣散，如一盘散沙，各以遂彼私利之是图，不遑计及公益，驯至彼吞此噬，祸乱相寻，幸则入法国恐怖时代，犹以学识大兴，借能立国，否则蹈朝鲜亡国历史之覆辙，可不悚惧？现在教育，智力体力，不患其不进步，尤应偏重德育，精神既立，物质自随之而进。兄久究心教育，以为然否？静生（按：指范源濂）据学务要津，尚望以此言明告。葆兄去后，此间愈形孤寂，拟杜绝一切酬应，以半日读书，半日办事。读书拟专读中国有用各书。古人于修身处世之端，实确有见地也。僻处内地，毫无见闻，如相见爱，请时惠好音。怱〔匆〕此。敬叩起居。①

按：蔡锷何以在信中指郭人漳"奉檄东行，尚遥控（广西）新军"？这是因为按"奏定章制，征练陆军必须土著，原以祛召募之弊"。但是，广西省防"常备军中、后、左、右四营，系调任抚臣柯逢时由赣湘调募来桂，仍沿江西旧制，本未划一完善。除左、右两营另行汰换整顿外，因就中、后两营裁汰旧勇，节出饷需，饬赴湖南选募精壮土著乡民，皆取具乡邻保结，即将新勇编为新练常备军步队第一营。特筑营房驻扎操练，以为新军造端之地"。"自本年八月起饷。因此次募勇，系由已革陕西补用道郭人漳办理，即委该员暂行统带。"而清廷对"所派统带郭人漳一节"又不满，明确指出："查该员在陕护〔获〕咎，情节颇重……拟请一并饬下林绍年

① 《蔡松坡先生遗札：丙午年在广西致友人杨君书》，《上海工业专门学校学生杂志》第2卷第2期，1918年。此函收信人，原发表刊物隐去了名字，仅署"杨君"，除"丙午"年外，也无更为具体的月日。邓江祁考定收信人为杨度，发信时间是这年的"9至10月间"。见《蔡锷丙午年致杨君书考论》，《邵阳学院学报》（社会科学版）2013年第6期。如此判定的理由，除邓文所论外，蔡锷复函中的"过渡时代"用语和主张"现在教育""尤应偏重德育"，以及他拟"杜绝一切酬应"，以半日"专读中国有用各书"的思想倾向，与杨度一致，当也是理由之一。

认真详查，毋得瞻徇。"现在"练兵处"要求"遣散"先前招募的"湘籍"兵员，征练"土著"，自然引起了原统带郭人漳的抵制。

▲蔡锷以广西阅操员的身份，赴河南阅看张之洞、袁世凯采用西法练就的南北新军在彰德举行的大规模军事演习。[1] 会操以段祺瑞、张彪分任总统官，采用南攻北御形式。10 月 22 日（九月初五日），军演的头一天为南北两军的骑兵冲击战。按预定方案，本拟"北军退却，但由于南军误探分军，致使主力较弱，又疾驱前进，马力过乏，冲击力太小，使北军占了优势，阅兵处官员不得不临时令南军退却"。23 日为两军主力遭遇战。演习结果是南北两军"各有所得，也各有所失"。24 日为南北两军的攻防大战，战斗颇为激烈，于"鏖斗愈酣，势将不可分解之时"结束。25 日，会操各军举行隆重阅兵式。随后，袁世凯大摆宴席，款待中外观操人员及两军将校，彰德会操告竣。[2]

对这次观操，蔡锷随员回忆说："南北新军，于彰德秋操，对抗演习。陆军部电令各省督抚速派知兵大员观操，林抚即派蔡公应召，派飙为随观员。蔡公拟一去不返，随营、测绘两校派员暂时代理而已。会操时，袁世凯为南北两军总司令，派蔡充中央军审判官。中外人士及官僚学生参观者极多，亦中国新军初次会操之盛事也。"[3]

10 月底，蔡锷"观操毕，与士官同学多人同赴北京考察军事政治情况，某贝子与在京之士官同学甚欲"蔡锷"留京任禁卫军标统之职"。蔡锷"未决"。"适清廷电饬各省督抚开办陆军小学，广西巡抚林绍年当电"蔡锷"速即返桂"，蔡锷"亦欣然就道矣"。[4]

按：雷飙是蔡锷此次随行的"观察员"，所述蔡锷"观操毕"，曾赴北京，"某贝子与在京之士官同学甚欲"蔡锷"留京任禁卫军标统之职"，应属事实。但所述蔡锷对该事"未决"。"适清廷电饬各省督抚开办陆军小学，广西巡抚林绍年当电"蔡锷"速即返桂"，蔡锷"亦欣然就道矣"，就未必真实了。因为蔡锷在后来致陈绍祖的信中明确说他"本拟力辞各差，

① 《致陈绍祖函》（1907 年 5 月 31 日），曾业英编《蔡锷集》（一），第 264 页。
② 张华腾：《河间、彰德会操及其影响》，《近代史研究》1998 年第 6 期。
③ 雷飙：《蔡松坡先生生平事略》，《国防月刊》第 4 卷第 3 期，1947 年 11 月。
④ 雷飙：《蔡松坡先生事略》，《忆蔡锷》，第 54 页。

摆脱去桂"。

12月下旬（十一月初六日至十六日），蔡锷回到桂林，虽然仍"拟力辞各差，摆脱去桂"，但适逢清廷开缺巡抚林绍年，另委裁缺户部侍郎柯逢时为广西巡抚，未到任之前，以按察使张鸣岐为布政使，署广西巡抚，① "履新"的张鸣岐"数四坚留，遂以不果"。②

11月
（九月十五日至十月十五日）

7日（九月二十一日）

▲清廷以裁缺户部右侍郎柯逢时代林绍年为广西巡抚。③ 此前，林绍年曾以章制不符、人品混杂、筹款困难，奏请广西缓练新军，并解散随营学堂。④ 但12月15日（十月三十日）陆军部奏：各省应练新军，请饬认真筹办。谕称：方今时局艰难，非练兵无以立国，迭经降旨饬令各省认真整顿，修明武备，现在专设陆军部，所有各省军队，均归该部统辖，应即督饬切实办理，着各该将军、督抚等实力筹办，不得稍涉因循，一俟新军编练已有规模，即由该部奏请简派大臣前往校阅。⑤

12月
（十月十六日至十一月十六日）

▲11月初，清廷开缺广西巡抚林绍年，以侍郎用，在军机大臣上学习行走，另委裁缺户部侍郎柯逢时为广西巡抚，未到任前，命署广西布政使张鸣岐暂行护理广西巡抚。12月29日（十一月十四日），清廷开缺广西巡抚柯逢时，以广西按察使张鸣岐为布政使，署广西巡抚。⑥ 次年6月2日（光绪三十三年四月二十二日），实授广西巡抚。⑦

---

① 《清通鉴（同治朝·光绪朝·宣统朝）》，第1063页。
② 《致陈绍祖函》（1907年5月31日），曾业英编《蔡锷集》（一），第264页。
③ 《清通鉴（同治朝·光绪朝·宣统朝）》，第1056页。
④ 《广西文史资料选辑》总第38辑，第60页。
⑤ 《清通鉴（同治朝·光绪朝·宣统朝）》，第1063页。
⑥ 《清通鉴（同治朝·光绪朝·宣统朝）》，第1063页。
⑦ 《蔡锷新论》，第429页。

按：据蔡锷好友苏鹏后来回忆，张鸣岐署桂抚，是"粤督岑春煊保奏"的。由于他此前还只是一个"右江道"，所以曾以"按察使"身份创办广西高等巡警学堂，并自任总办，令其时升为"藩司"的余诚格相当"不怿"。于是，抚院与藩司"意见因之日深"，"龃龉"不断，"张抚故停警校以抑余司"。①

1907 年

（光绪三十二年丙午十一月十七日至光绪三十三年丁未十一月二十七日）

1 月

（光绪三十二年十一月十七日至十二月十八日）

29 日（十二月十六日）

▲署广西巡抚张鸣岐奏请派充蔡锷为广西陆军小学堂总办。说："上年接准练兵处咨到奏定陆军小学堂章程，当经前抚臣转行筹办。学堂为练兵根本，开办势不容缓，而总办尤须得人。查有留学日本士官学校毕业生蔡锷，诚朴英敏，堪以派充。即饬考选头班学生百名，定于三十三年二月（按：1907 年 3 月 14 日至 4 月 12 日）开学，校舍暂就旧日公所修改应用。"②

3 月 14 日，媒体也对此做了报道，说："广西巡抚日前具折奏请，略云现值整顿广西营务，筹划陆军学堂，所有事宜需人办理，拟请恩准，将留学毕业生蔡锷＜诚朴英敏＞等，留于本省派委总办军学事务，借资得力。闻已奉旨允准。"③

清廷在《陆军小学堂章程》中对该学堂宗旨等事项的规定是："陆军小学堂为养成陆军将官之初阶，专教普通课及军事初级学，三年毕业。""一切教育以忠君爱国为本原，德育体育为基址，振尚武之精神，汰叫嚣之

① 苏鹏：《海沤腾沈》（选录），《近代史资料》总 44 号，第 189 页。
② 《清末新军编练沿革》，第 328 页。
③ 《广西奏留陆军毕业生》，天津《大公报》1907 年 3 月 14 日。

陋习。"广西陆军小学堂学生定额二百一十名，每年限收七十名，三年收足。学生"以身家清白，体质强壮，聪明驯谨，无废疾嗜好，曾读经书，能作浅近论说，年在十五以上、十八以下者为合格。由各省原有武备学堂内挑选者，在二十岁以下皆准考收"。①

但是，蔡锷强调的却是爱国，"立功莫让马伏波"。报载《广西陆军小学毕业歌》说：

> 拂衣群起壮从军，原为强国与卫民。今日毕业责更重，江山虽旧旗帜新。军人尚武早立志，快活惟有沙场死。誓将烽烟一扫平，持刀跃马杀敌人。

> 千金宝马百金刀，最美诸君胆气豪。父老兄弟来相送，待看勋名麟阁标。勍敌压境逼征战，整顿河山力荷担。进行进行莫辞劳，杏花十里映征袍。

> 诸君听我从军歌，大陆将沉唤奈何。四国协约今定矣，武装未必有平和。二十世纪重铁血，因此从军心更切。天南铜柱何嵯峨，立功莫让马伏波。

> 三管边尘旧战场，况今外患正仓皇。勉哉同胞齐努力，马革裹尸姓字香。古来将士多豪杰，博得荣名并日月。剑气冲霄牛斗光，夜夺昆仑狄武襄。

> 注：此是陆军小学（辛亥）三月二十八日（1911 年 4 月 26 日）第二期学生肄业期满典礼上，二、三班同学唱的"毕业歌"。②

按：广西陆军小学堂的招考情况，1908 年冬招考录取的第三期学生刘克初数十年后回忆说："广西陆军小学一、二期招生，投考学生不多，因那时风气闭塞，以为入学堂就是学番鬼，不但陆军学堂怕去投考，就是普通学堂亦少人入。到了光绪三十四年（一九〇八年）第三期招生，风气已开，以前怕入陆军学堂，一变而羡慕陆军学堂，投考学生有由各县高小送考，有由自己投考。我与黄梦年是由马邑西等小学送考，校长邓子灰向县府请准各给旅费十元到桂林候考。闻知报考人数竟四千余之多。报名后先考体

---

① 《清末新军编练沿革》，第 313—314 页。
② 广西《南风报》第 3 期，宣统三年辛亥四月十五日（1911 年 5 月 13 日）。

格，目力、耳力、肺力都要试验，口腔、牙齿、肛门、生殖器等通要检查，还要磅全身重量。体格取录后，才可参加国文考试。第一、二期国文考试只有两场，第三期考了三场，每场考试抚台张鸣岐都亲到点名……我们考第一场国文题目"将将将兵论"，连接三个将字，有许多人看不懂，第二场是"非备兵无以弭兵论"，第三场是"明耻教战论"，三场出榜后，取录学生翌日到校，量身做制服，第二年正月二十日上课。我与黄梦年幸被取录。"①

1910 年 1 月（宣统元年十二月）蔡锷在详张鸣岐文中也有介绍。他请张电饬各府厅州县，遵照历届招考学成案，"申送"报告学生，务于 1910 年 3 月 1 日前到齐省城，参加考试。说："陆军小学堂总办为详请事。窃照本堂头班学生应于本年十二月内毕业，业经详报在案。伏查奏定章程内载，全堂学生均分三年收足，每年照定额限收三分之一，以第一年所收为头班，第二年所收为二班，第三年所收为三班，三年初满头班学生升入陆军中学堂，逐班递升。其本年新收者即为三班，嗣后以次推升，至头班毕业为止等语。今本堂头班学生毕业之后，自应添招新班学生一百名，以符部章。拟请宪台电饬各府厅州县，遵照前次所发格式历届招考学生成案，先由高等小学堂内选送，如人数不敷，亦准按格挑选良家子弟有相当体格、学力者，一并申送来省考试，务于宣统二年正月二十日以前到齐，以便定期考试，取录入堂肄业，俾将来毕业日期与升学日期相符合，而免参差。所有恳请招考新班学生缘由，理合备文具详，伏乞宪台察核批示祗遵。再查南北洋办法，陆军小学堂招考学生，统归督练公所教练处办理，广西教练处尚未成立，所有教育项下事宜，由兵备处兼办。此次小学堂招考，应否归兵备处办理，以资统一之处，并请示遵。"②

关于蔡锷总办广西陆军小学堂的情况，后人的回忆多有涉及。如，雷飙回忆说：

（蔡锷）创办陆军小学校，一切均照陆军部新定章程办理，惟广西风气未开，小学招生尤感困难，年龄合格者大半文理不通，文理稍通

---

① 刘克初：《广西陆军小学与辛亥革命》，中国人民政治协商会议桂林市委员会文史资料研究委员会编印《桂林文史资料》第 2 辑，1982，第 132—133 页。

② 《广西官报·军政》（星期报）第 50 期，1910 年 1 月 22 日。

者又多年龄太大，故于陆部所定章则资格、年龄及国文程度稍加变更，恐将来难达到升学目的也。即一面筹备招生及一切事宜，一面派飙赴广东、香港、上海、日本等处购办书籍、仪器及各军用物品，并为测绘学校聘请在日留学测量卒业之优等学员数人，回桂充测绘教员，一切办就，飙即回桂，即奉命任为陆军小学校监督，兼兵学教官。林公升豫抚，桂抚由张藩鸣岐升任，对蔡公更深倚，凡关军事机构及边防改良设备等事，均由蔡公一手策略计划，即军事奏议亦多出其手，并于桂垣加设兵备处，委王藩芝祥兼总办，蔡公兼会办并总办一切。又于龙州设讲武堂，委庄道蕴宽主持一切，其总办、监督另委仕［士］官生吴某等专办之，桂垣又加设干部学校，委陆军部分发来桂之士官生程守箴、刘毅等任总办、监督、教官，桂省风气大为一开。然官僚气习仍重，蔡公以一学生资格遽任会办，颇多讥议，王藩尤甚。王在梧州等处惨杀同胞，恶声早遍西南矣，在张抚本欲化腐朽为神奇，并免其从中阻挠新政，意亦善矣。蔡公稳健，不假声色，久而久之，官场恶习亦渐变改。时值革命风声紧急，清廷亦极注意新军新政，张抚爱国好名之心并盛，复派庄道蕴宽赴东北各省考察军事政治，随赴日本邀约中国士官卒业生数十人来桂扩办新军，及各军事机关学校，其求才图治之心可谓至矣。①

白崇禧也回忆说："我十四岁考入陆军小学校（报名时为符合规定，虚报十五岁），全省报名千余人，只取一百廿名，我名列第六。蔡锷为总办，蔡是同盟会员，鼓吹革命思想。同学多受其熏陶纷纷剪发……我入陆军小学不及三月，患恶性疟疾，忽冷忽热。半年过后，因功课旷废甚多，无法参加甄别试。蔡总办见我入学成绩优异，未令退学。"②

按：陆军小学堂开办于1907年3月14日至4月12日间，白崇禧出生于1894年3月3日，③所言虚报言龄当属事实，但称蔡锷"是同盟会员"，

① 雷飙：《蔡松坡先生生平事略》，《国防月刊》第4卷第3期，1947年11月。
② 马天纲、陈三井、陈存恭访问、纪录《白崇禧先生访问纪录》上册，台北：中研院近代史研究所，1984，第6页。
③ 胡国健编著《近代华人简历表》，台北："国史馆"，2003，第52页。

则并不属实。①

苏鹏后来回忆，他"丁未（1907 年）春，出奔桂林，应曾叔式君之聘，充当高等巡警学校理化教习"，但由于"抚院与藩司意见龃龉"，警校很快就"停闭"了。他在这里与蔡锷"朝夕过从"。对蔡锷留下了这样的印象："蔡君松坡在桂，办理广西陆军小学，兼办随营学堂，所延用教职员，多湘籍旧雨，如雷时若、梅霓仙、毕春深、岳卓如辈，整饬严肃。于学科之外，尤重精神教育，为国家将来蔚成有用之材。"又说广西高等巡警学校"停闭"后，"松坡得粤东电，悉需聘教员，乃缄荐予与邵阳刘君五典偕往，刘应陆军速成学堂之聘，予应陆军小学聘，任理化日文诸课"。苏鹏在广东陆军小学堂"历时二载"。其间，他因得知"时有某者，以小忠小信，向蔡雅献殷勤，以作威福"，为"劝其远佞纳贤"，曾"缮缄"以下"媵词，寄赠松坡于南宁，寓规劝之意"："乱墨数行，短歌几阕，此中容我盘桓。谁是鲁阳，挥戈止住流丸（思贤也）。年来抛却不平思，问闲流，何事翻澜。怎禁他，流莺弄舌，鸱鹦扬翰（忧谗畏讥也）。由来众女多谣诼，况羊肠九曲，行路歌难。匹马功名，莫教孤负征鞍（励志也）。寒潮入港晚来急，看斜阳，已到阑干（伤时事日非也）。劝使君，珍重戈矛，努力盘飧。"蔡锷读后，"复书"苏鹏，"备极谦虚云：'迩来政事，全凭一己之脑力运用，未免有夜郎自大之弊，此间求为师友如吾兄者，不可多得。假时遄返珂里，务望过我晤谈，以纾积悃。'"苏鹏为此称许蔡锷："哲人怀抱，不同流俗，于兹可见。"

苏鹏这篇回忆问世于 1948 年冬，曾由湖南义文化书局石印。其可信度应该说还是较高的，如他在回忆中谈道"梁鼎甫为矿事来新化，邀予同往广东韶州獭老顶，办理锑矿"。"翌年，再赴粤，组办宝昌锑矿公司。集资二十万元，官商各半，一采矿，二炼纯锑。"② 就有蔡锷当时所说事实为证。蔡在 1910 年致曾广轼函中说过以下类似的话："苏凤初君近抵粤，佐理梁鼎甫君办理宝昌公司矿务。该公司系官商合办，资本金已筹集廿万。"

李宗仁的回忆则说："广西陆军小学堂成立于光绪三十二年（一九○六年）③，堂址在桂林南门外大较场的旧营房。是年招收第一期新生。由兵备

---

① 详见王学庄、曾业英《蔡锷的同盟会会籍问题》，《近代史研究》1987 年第 6 期。

② 以上引文见苏鹏《海沤滕沈》（选录），《近代史资料》总 44 号，第 189—192 页。

③ 李宗仁此处所忆有误。

处总办蔡锷任陆小总办，雷飙任监督（也就是后来的教育长）。"李宗仁"于光绪三十三年（一九〇七年）冬季"参加了陆军小学第二期招生考试。当时"文昌门外的陆小新校舍正在建筑中，第一期学生在南门外大较场的兵营内上课"，他们的考试地点"在城内的旧考棚"。这期学生"正取共一百三十名，备取十名"，他是备取"第一名"，"准可入学"。后因报到迟到了"十来分钟"，被"办事认真，执法如山"的校方所"拒绝"，从而"失去了入学资格"。"至翌年（光绪三十四年，一九〇八年）冬季"第三期招考时"再度前往投考"，才"被录入正取"，进了陆军小学堂。他还说，陆军小学堂由蔡锷任总办，雷飙任监督，"各级办事人员，多半是湖南人"。堂址在桂林南门外大较场的旧营房。由于陆小"是新创办的官费学堂，待遇甚优，学生除供膳食、服装、靴鞋、书籍、文具外，每月尚有津贴以供零用。加以将来升学就业都有保障，所以投考的青年极为踊跃，报名的不下千余人"。他对蔡锷的印象是"文武双全，一表堂堂。他骑马时，不一定自马的侧面攀鞍而上。他常喜欢用皮鞭向马身一扬，当马跑出十数步时"，他"始从马后飞步追上，两脚在地上一蹬，两手向前按着马臀，一跃而上。这匹昂首大马，看来已够威风"，而他"纵身而上的轻松矫捷，尤足惊人。我们当时仰看马上的蔡将军，真有'人中吕布，马中赤兔'之感"。[①]

3—4月

（光绪三十三年二、三月间）

▲蔡锷"迎养"母亲"王太夫人于广西。梁任公《蔡母王太夫人六旬正寿征文启》云：桂海论兵，首参庚幕。萱闱养志，远奉潘舆，太夫人乃拊鲜，却遗骖鸾揽胜。然犹报浣濯之衣，屏芜珍之味，并命两季更赴重瀛，踵负笈于前尘，备干城于他日。"[②]

[①] 中国人民政治协商会议广西壮族自治区委员会文史资料研究委员会编印《李宗仁回忆录》（上），1980，第38、40—43页。

[②] 李文汉编纂《蔡公松坡年谱》，嵩明县教育科石印处代印，1943，第9页。李文汉将此事系于"清光绪三十一年 西一九〇五"年，误，因广西陆军小学堂创办于1907年。

5 月

(三月十九日至四月二十日)

31 日（四月二十日）

▲蔡锷函复陈绍祖，告以两人分别"四五年"后的简要情况。说：

> 绳武学兄：一别四五年，相去万余里。回忆成城聚首之日，恍如隔世。现则劳燕纷飞，各成境界。去岁阅操河南，幸与知心诸友畅聚一时，而倏合倏离，令我惘然。百里、运隆（按：蒋方震，字百里；张孝准，字运龙，也作运隆）羁念海岛，似欲伴神山以终古者。子向则忽南忽北，了无定局。伯器（按：蒋作簋，字伯器）之踪迹虽有一定，迄今未通音问。而足下则自沪上偶一露痕迹，即行远扬，以后即无下文。言念故人，中心如捣。昨读华翰，知吾兄所在，借谂意向，为之怡然者久之。须知弟处广西，犹之天末片帆，徜徉于大海之中，四顾茫茫，无可商语，其记忆故交之心为尤切也。
>
> 今请将年来历史，逐层为吾兄条告，当无不乐闻也。
>
> 一、卅年冬，士官毕业后，经江抚夏（按：江西巡抚夏时）调归办材官队（即将弁学堂），嗣不过一礼拜，夏赴陕西任，弟即返湘。
>
> 一、卅一年春，端帅（按：指端方）莅湘，受教练处帮办，兼武备、兵目两堂教习事。四月，经赵次帅（按：指赵尔巽）奏调，未赴。
>
> 一、卅一年五月，经桂抚（按：指李经羲）数次电调，情难峻却，偶来桂游历，遂被羁留，奏派总理随营学堂兼理测绘学堂事，并会同督练新军。随营学堂经八个月毕业，测绘学堂现尚在办理。林（按：指林绍年）抚莅桂时，弟拟乘间他适，奏辞三次，未得如愿。
>
> 一、卅二年八月，赴河南阅操。归桂后，本拟力辞各差，摆脱去桂。适坚帅（按：指张鸣岐，字坚白）履新，数四坚留，遂以不果。旋奏派总办陆军小学堂。现拟创设模范营，尚未开办。
>
> 一、此间官、学二界均异常欢迎，诸事尚属顺手。惟孤掌难鸣，诸友皆不我助，殊无意味。且此间财政异常支绌，军事难望大有起色。虽张公（按：指张鸣岐）极相信任，但无米之炊，即巧媳亦所难堪耳。张公现拟竭力整顿实业，以裕财源，但亦不敢放手做去。盖一则无人，

亦则恐余款用罄，苟无急效，则势难支撑下去。广西前途颇不易易，弟于此间惟力所能及之事，无不尽力而已。

尚有见托之件，逐一条列于下［其款容日（后）设法寄来］。

一、请定《太阳报》、《兵事杂志》及《朝日新闻》各一份，托该社按期邮寄。

一、东京所出新书，凡有重大关系者，谓随时代办邮寄。

一、东京留学生中出色人物皆学业优长者，请详细赐告。

一、请调查独意志语学校章程，入校者须何项资格？每年学费若干？毕业后能否入柏灵陆军？又现在工手学校现在能否入校？毕业后于矿学有把握否？

一、请调查经理学校，须何项资格方能入校？由督抚资送即行否？

以上各端，请一一示复为幸。刘价藩①已由弟运动上峰调令来桂，惟此间局面较狭，恐未必愿来也。知关锦注，并以附告。不尽缕缕。此请撰安。弟锷顿首。四月廿日。②

按：关于广西测绘学堂的情况与略历，有如下报载可窥一二。

测绘学生毕业：广西测绘学堂地形科甲班学生于十一月二十六日行毕业式，毕业者二十一人。

该班学生成绩颇佳，只就算学一科论，代数、高等代数、平面几学、立体几何、解析几学、平面三角、球面三角、微分积分等均已习完。兹述该堂略历如下。

光绪三十二年（1906年）设立于龙州，及宣统二年三月（1910年4月）迁至桂林。甲班学生于三十二年八月（1906年9、10月间）入堂肄业，共六十人。光绪三十四年（1908年）读招乙、丙两班。现在地形、制图两班生合共四十人，经费每月七百余两。现在不另设监督，

① 刘鸿遂，湖南人，字价藩。见四川省文史研究馆编辑《四川军阀史料》第1辑，四川人民出版社，1981，第4页。
② 曾业英编《蔡锷集》（一），第263—265页。此信信封所写收信人和发信地址是："支那留学生寓陈绍祖启，桂林大校场陆军小学堂缄"。

由测量局局长陈其蔚兼管堂务。①

11 月
（九月二十六日至十月二十五日）

14 日（十月初九日）

▲张鸣岐电陈清廷，将以广西巡抚身份巡边。12 月 16 日（十一月十二日），清廷电寄张鸣岐，说十月"初九电奏悉……该抚亲赴边界，切实考求，妥善办理，所见甚是。着即届期驰往，巡历要隘，激励所属文武认真筹办，随时奏闻。"②

12 月
（十月二十六日至十一月二十七日）

1 日（十月二十六日）

▲孙中山发动镇南关反清起义。

7 日（十一月初三日）

▲清廷严谕张鸣岐失去重隘，"交部议处"，并责令其督饬各路"即日克复"。时官军丁槐、龙济光等各路援军齐集，以四千人之优势兵力围攻，黄明堂突围出走。③

15 日（十一月十一日）

▲广西开始有媒体发表攻讦蔡锷"任用私人"等言论。说：

"某日遇陆军学生，询以校内情形。彼等痛陈弊窦，词意甚激。兹略述之如下。

一、任用私人。桂垣学校，除陆军、测绘外，等诸自桧以下。然

---

① 《桂军春秋·测绘学生毕业》，《南风报》第 1 期，宣统三年正月十五日（1911 年 2 月 13 日）。
② 《清德宗实录》卷五八二。转引自廖宗麟《蔡锷在广西史实考误及补遗》，《蔡锷新论》，第 429 页。
③ 《清通鉴（同治朝·光绪朝·宣统朝）》，第 1091 页。

陆军、测绘，又入湖南邵阳人之势力范围。因陆军总办、测绘总理，乃湖南邵阳人蔡锷故也。蔡于友谊乡情颇重，举凡教员学生，以至斋夫执役人等，无论人品如何，务求有一席位以插其身。故两校上自总办，下至斋夫，几无一而非湖南人。间有一二外省人为教员为提调，亦彼之栏中货尾也。

二、营利计划。顷查得敝校教员、庶务等，集资开设纸料、杂货、药材等店。凡陆军、测绘两校所用之物，皆取诸其店中，此亦湖南人垄断之手段也。

三、援引学生。今春所招学生百余人，内中既有湖南人，某等犹以为不必妄分省界听之。夏四月，我省选送北洋陆军学生三十人，由提学使及蔡总办考选，又取湖南八人，学界大动公愤，集议数天，联禀张抚。张与蔡甚得，以大同主义责之。学界势力薄弱，团体不坚，遂一闹而散。今又将招考新班，湖南人来候考者不下数十人，以前事例之，此番湖南人获选者，又不知凡几。夫以广西无量血汗所办之独一无二之陆军学堂，未几将变为湖南人之所有物。广西学生，虽欲求学，苦于无校可入，良可哀也。

四、内容腐败。两校自表面观之，似差强人意。至教授之缺点、管理之失当，及内容种种腐败之详情，实更仆难数。某等在陆军学校，仅就陆军而略述一二。某等入学校一学期矣，岁月蹉跎，毫无进步。校中功课，国文教授数篇古文而已，修身教授数篇《孟子》而已，算学甫完除法，历史则以临桂某老举人担任，所授材料，杂乱无章，每上堂只顺口读下。其余各科教习亦然。尚谓毋庸详解，诸生须自研究，方有进步云云。噫！学生既能自研究，又需教习何为耶。平日教习、庶务，不与学生同膳，学生之饭菜不洁弗顾，勤惰弗问，每试验一次，评定甲乙，须十余日方能揭示。因教习日以围棋、饮酒为事故也。敝校阅报室，仅有报二种，一《时报》，一《南方报》，由穗寄来，已费半月之久。到校后，由总办、教员、庶务阅毕，方置于阅报室，我辈之所谓新闻，实如明日黄花矣。且关于政治、学术上之报，又不与学生阅，则其束缚可知。时日已晚，某等不暇缕述，然即此数端，亦可见其一班矣。

按①：吾粤每年解练兵处饷银二万，额定每派送出洋留学陆军者三人，于兹已三年。第一学期，仅派二人。至第二学期，竟然停派。而每年所解练兵处饷银如故。去年留东同人，联名上书张抚，要求补派，张竟漠然置之。吾向疑张之薄视吾粤人也，观于此事而益信。夫以吾粤省之大、人民之众，即尽三十人派习陆军，亦不啻九牛之一毛，何足以救吾粤之危亡，况并此三十人而不得耶。噫！张抚已矣，吾粤子弟，急当自谋，勿谓官吏之足倚赖也。至学校内容种种之笑柄，官办学堂，如是如是，又何责焉。②

按：文中所述蔡锷在陆军小学堂"任用私人"，如就未多用广西人而言也是事实。雷飙曾说："陆军小学校，即任飙兼代总办事务。该校一切，照章承训，切实督促而已。幸年经四载之久，朝夕勤慎，未尝一时稍忽。全校教员学长又皆蔡公知友或学生，如唐巇、粟培堃、何锡伯、吴挚怀、刘子平、岳卓如、陈子藻、余栋臣、龙业、杨某、熊东、段某及马孝笃、何鹏翔、罗质、易绍英、杨穆、周则范、萧昌炽、刘仲卿、赵绍忞等，学有专长，文武兼擅，且具国家思想，一贯精神，全堂军事化，纪律森严，数载如一日，故各学生皆欣欣向学，愿受此严格管教训练之教育也。"③但并非刻意不用或排斥广西人，而是因为广西编练新军起步晚，人才相对缺乏所致。

自本期起，《粤西》杂志不断把攻讦的矛头指向蔡锷及其所负责的陆军小学堂与测绘学堂。

如 1908 年 4 月（光绪三十四年戊申三月），有人在《粤西》第 3 号刊文说：

桂林测绘学堂之教员吴某，以饭食琐事，与学生互相龃龉。吴某谓广西人有匪气，而学生则谓既有匪气，何来教匪？于是，吴某老羞成怒，遂电假抚宪之威，驱学生以监禁。噫！何物吴某，一何腥膻至此。夫以堂堂教员，干扰饭菜琐事，而欲染指每日之一钱二分？腥风

---

① 此系原文之"按"。
② 桂林访函：《桂林陆军小学之怪象》，《粤西》第 2 号，丁未年十一月十一日。
③ 雷飙：《蔡松坡先生生平事略》，《国防月刊》第 4 卷第 3 期，1947 年 11 月。

吹送到我耳旁，而我捧心作呕者，已不知几数日矣。然终以彼奴性天生，铜臭铸造，胸无点墨，谬拥皋比者，大都如此，本不屑以训老诲盲之例，污我楮墨也。殊吴某耳畔生风，鼻端出火，恨生飘瓦，怒起虚舟，开罪吾省学界之不已，更至开罪吾省之无老无幼、无男无女之八百万同胞，是可忍也，孰不可忍。吾今有诘吴某者曰：广西人之有匪气，其见端从何处搜得，抽象的耶？假定的耶？学生而行监禁，学律上有何明文，孔子有皮里春秋，而亦有皮里法律耶？可怪可怪。

虽然匪者最不美之名称也。我省学生被此最不美之侮骂，我学界当群起而殴之，或驱而逐之，使吴某之饭碗根芽，立时打断可也。盖野蛮之教员，非以野蛮之手段对之无当也。况今者彼不言学生有匪气，而曰广西人有匪气，我广西人之于吴某更应如何处置耶？官场借匪以邀功，故鼓舌摇振，不曰广西之匪情，则曰广西之匪势，否则曰广西之匪风。而吴某更不言匪情，不言匪势，不言匪风，而别标一定义曰匪气。推其意，岂不曰匪气固含传染性者也。较之匪势、匪情等不更包括完满耶。噫！果如是，则吴某之口沫亦臭且毒矣。然官场固借匪以邀功，而吴某岂亦欲借此以图幸进耶。则吾行将见吾广西人之血肉、广西人之头颅、广西人之生命财产，尽变为红顶花翎、水晶白石已耳。吾言至此，怒发冲冠，吾敢为广西人告曰：吴某者，吾广西人人得而诛之者也。孽种贱奴，滥竽 [竽] 学界，而妄执教鞭，贼夫人之子其罪小，而污灭 [蔑] 吾省之名誉其罪大，不诛何俟！不诛何俟！至于监禁学生，更属行同兽类，无法无天，试问有何法律？夫所谓法律者，原构成于社会共同之心理，而为有规律的合成意力也。而吴某乃以一人之喜怒，妄逞残刑，法律耶，恶气耶，抑吴某所认为强迫教育耶？可骇可骇。

然而官立学堂之不足靠，吾向已言之矣。寄身虎口，立足岩墙，谁无父母，谁非人子，以完全无缺之身，被沦狼陛，琅珰铁锁，肉体摧残，总云轻生，何贵出此。至谓觊觎膏火，垂涎饭食，吾意我学界青年必无如此卑劣。诸君诸君，请自愧始自谋教育，母 [毋] 傍官场，则万恶皆祛。而一切文明幸福，且转瞬可以享有，彼官立学堂，禽兽教习，胡为耶。①

---

① 鞭妖：《桂林测绘学堂之腥闻》，《粤西》第 3 号，戊申年三月三十日。

另一文则说：

陆军小学，原招有学生一百名，此次（中历十二月）复招一百名，来年再招一百名，共招三百名。分三年考选云云。该校校地暂借南门大较场，因陋就简以为之。闻当道有欲筹款再建于文昌门外者。然此说尚属镜花水月也。

按：近日各国，复扩张军备，其视线所集，皆在支那。譬犹一块肉，乌足以餍群虎之口，故危亡之祸，日迫一日。我桂开办陆军小学，不过军备上之萌芽，即大吏极力扩充，认真整顿，吾犹恐不足以救亡。倘稍事粉饰，更无死灰复燃之希望。翘首乡关，喜与惧并耳。①

5 月第 4 号又有人以"事详访函"、"桂林访函"、"桂林来稿"以及"灭妖来稿"的名义，连续发表《总办桂林陆军小学之蔡锷》、《桂林学界政界之现象》、《与〈广西日报〉书》以及《致〈粤西〉杂志社书》四文，或点名或不点名，对蔡锷攻讦不已。

《总办桂林陆军小学之蔡锷》一文说："蔡锷湖南人，而曾留学于日本者，即今桂林陆军小学之总办是也。其才具、其德义并其生平所怀抱之目的，已见本报访函，似无庸置啄〔喙〕。但桂省不亡如缕之时，全仗陆军为之济变。吾省向无陆军，所有者只此区区之小学而已。然能亟意整顿，勉力栽培，而慰情亦聊胜于无也。殊更以蔡某致军界之堕落，阻陆军之进步，西省前途，尚堪问耶。然遇事敷张，毫无实力，吾于张抚盖亦咎有攸归矣。而蔡某者，以堂堂总办，群受世人之指摘，报章之揭载，已是己非，清夜扪心，当自觉察宜乎。引身自退，杜门自讼，以资忏悔矣。乃更驽马恋栈，恬然不以为耻，其一副厚面皮，吾不知其几生修到，真觉令人拜倒矣。呵呵。"

《桂林学界政界之现象》文中的第一部分就是"陆军小学之余臭"，说：

桂林陆军小学之怪象，前期所载，不过十分之一耳。桂垣人士，莫不共见共闻。乃群魔恃有奥援，不特不加改良，其任用私人，尤复

---

① 桂林访函：《桂林陆军小学再志》，《粤西》第 3 号，戊申年三月三十日。

依然如昨。查监督雷标［飙］，原为某营营［管］带，闻曾卒业于兵目学堂者。现兼任兵学一科，上堂时所读兵学，多不断句，而讲解错误，无堂无之。学生屡驳行谬，彼老羞成怒，反用压制手段，谓有上下，无是非，学生不得驳，驳则扣其积分云。又英文教习，但蔡总办强之，情难固却云。其他算学教授（测量学堂所斥出之教习），只信口读下，学生不知云何。体操教授（器械体操教习），口号不熟，弗能以身作则。此辈毫无学识，滥竽［等］充数，其原因皆由蔡总办以学堂为私产，安插私人，以完其乡情友谊，故用而不择耳。学生因教习太劣，请其另聘。蔡云贵省无教习可聘，诸生可勉强俯就。夫广西无人可聘，岂舍湖南外，各省皆无人可聘乎？何遁辞乃尔。用人如此，其内容腐败，实不堪言。观其去年所授乒［兵］学，无非陆军规则与礼节，及皇帝、总督、巡抚、陆军部暨厅司职掌员缺等已耳。兵学为最要之科学，尚复尔尔，其他概可想见。现闻堂内学生，以虚延岁月，无学可求，多有欲退学者，即新班考取之学生，亦有不愿入学者。噫！广西边事危急，军事教育黯无生色。吁！可痛矣。

《与〈广西日报〉书》则对《广西日报》载文为蔡锷辩护大为不满，说：

大主笔惠鉴。读贵报十四日所载本省陆军小学事，不胜诧异。敝人旅桂月余，所见所闻，与贵报所载，适成反比例。今阅《粤西》杂志第二期所记载，正与鄙人所见闻者相符，是非已浮大白。然贵报甫出世，若记载失实，是自损其价值也。特贵报记者，非以寸心之爱恶，颠倒社会之是非，大抵偶误于采访未确，遽宣诸报耳。兹谨就鄙人所见闻者，异为记者陈之。蔡锷虽游学有年，然归国已久，官瘾之毒种之特深，学绝道丧，人欲横流，势使然耳。观夫蔡之钻得陆军总办后，日与个中人围棋，而于学生之勤惰、教员之优劣，绝不过问，惟援引一班私人，入寇陆军（教员、管理，以至卫兵、斋夫，几无一非其私人），滥竽［等］充数，尸位素餐。任事既不得人，而所得者乃徇情之亲友，或营钻之妙手（校内教员、管理、监督、学长等员，多半蔡之子弟，曾在随营学堂或兵目学生卒业者），而又持其官党，狐假虎威，逞刀浪势。故学生因教科之腐败，教员之太劣，屡请改良教科，延好教员，则疑学生分省界而揭其私，坐以嚣张好事之名，借小事而记大过。呜呼！读讲义未断不识讲解者，可为监督乎（兵目学堂卒业，国文极劣，在校内担兵学、体操两科）？汉文未通，弗能以身作则者可为学长乎（开条子，字多讹，教操不能以身作则，则监督亦然）？老师宿儒，不谙新学者可为教员乎？顽固老朽，不晓管理者，可为提调乎（前任平乐县栖［楼］守愚为提调）？一学期授以十余篇唐守［宋］名家之古文，修身授以《孟子》数章，算学教完除法，此种教科可称完善乎？日以饮酒、围棋为事，上堂授课只顺口读下，不喜学生问难，此种教员可称好手乎？旧班已误一年，新班又仍其旧，徒縻我省十余万金钱，废学生一刻千金之时，日图个人之私利，置学界前途于不顾，蔡锷之肉，其足食乎！尤可愤者，本年招新班时，验体格，更公然贩卖学额，谓有纳五十金者，可出正取（闻纳资入选者过半）。考毕，均分其利，提调、文案监督、学长，各得数百金。省中人士，啧有烦言，职是故也。此等怪象，闻者且为之啧，而贵报大书特书曰："陆军学界得人。"在贵报仅就表面而观，无怪其然。而其内容之腐败，又非久旅桂者莫能侦悉也。夫果得人也，吾方且崇拜而馨香之，不然奚可任其恋栈，贼吾省青年可爱之学生乎。热心爱乡者，盍援旗击鼓以从我后。即候撰安。

《致〈粤西〉杂志社书》说：

《粤西》杂志大主笔电鉴。顷读贵社第三期，论桂林测绘学堂吴某开罪吾广西，字字淋漓，语语痛快。指责不差，诚合群情，而昭公道。但只书吴某，不详其名，又不详其籍贯劣史，致令读者有瞽者受殴，不知谁氏之苦，岂鞭妖君仅知其姓，而未知其名耶。或逆料全省皆如桂府中人，书出吴某则均得而知耶。抑又知不忍言为尚留其余步耶，殊令费思索解。如因仓卒出版，不及稽查其详，无足怪者。仆留东时颇知吴某，其姓氏里居与其先后巴结之历史。兹录呈上，望贵社照刻续出，补前论之阙，以供公览。述之如左。

吴某妖物，原名广仁，改名尧，出产湖北省。德薄无才，且性情奸诡，言辞巧利，逢官员则善以巴结，遇财利则巧以钻营，种种鄙态，不成人格，为鬼所笑。其家本贫寒，乃用混骗手段，借获余资，以捐输赈饷，遂得一小小奴隶之佐杂衔，于是分发云南候补。其往云南也，以谀大吏索给官费，咨送出洋留学。按：云南省原苦留学外洋人数寥寥，故无论候补大小奴才，得给官费选出留学，欲将来学成归国为滇省之用。是以吴广仁谄谀适当，得偿鄙愿。如猿得披衣戴帽，扬扬得意，跳舞街衢，三生何其有幸欤。既而航来日本，而入振武学校陆军普通预科，仅年半毕业（今改为三年）。其时吴之程度低浅，入联队学校，无能中选，致失希望，则垂头丧气，莫可如何。遂又施妇人伎俩，乞怜公使绍介入测量学校，与本国李、黄及某君同班。然吴广仁之程度，较之三君，实不可拟于万一（今当教职时，寄题目来日，请同班友代演，于此可见）。其获吾省测绘学校之聘为教职者，更为可怪。盖测绘学堂，派委之初，原欲聘日人为师。某委抵日后，果与日师订妥，每月薪水四百金。嗣因日测量部不许，遂以中止。因是由测量学校聘李、黄二君。李君初意游移未定，而吴广仁朝夕共校，操悉李君未决实情，遂狡计暗与某委走狗私商，诏李君现尚未决就聘，而我欲就之。因我胞妹将字，苦乏妆奁之资，尔能为我力荐，聘我就席后当重赂。某委遂听走狗一面之辞，特邀吴往叙，而吴直得巧言献媚，自是日登某委邸门，不惮其烦，观其谄谀卑劣之态，莫可名状。某委坠其诡术，聘伊而弃李君所由来也。既已聘定，遂对某委曰：仆云南官费生，此行不能实以语人，诚恐云南人聆悉，诸有不便。仆今伪言先回四川探亲，而后转回云南，改名曰尧，因此故也。以上所述，殊属确凿，无只字以冤辱，阅者幸勿以吾言为过。

呜呼，吴尧有此伪德污行，吾敢下一断语曰：不仁不义，不忠不信。不仁者何？因饭食琐事，假官威以拘禁学生是也。不义者何？施狡计以夺友之席位，贪利而忘友情是也。不忠者何？享他省之官费，学业未毕，而私逃营利是也。不信者何？来我省营利，伪言适别省探亲是也。为人不仁不义，不忠不信，其不如禽兽者几希矣。吴尧吴尧，尔之所为，试清夜自思，能对于尔友而无愧否乎？能见于云南全体否乎？更有能立足于广西地否乎？如厚颜自若，混迹人间，不如速朽之为愈。古人云：人而耻，无不死，何俟？其吴尧之谓乎！①

---

① 以上各文见《粤西》第4号，戊申年四月三十日。

1907—1908 年

（光绪三十三年丁未、光绪三十四年戊申间）

▲"主持"广西"练兵计划"的张鸣岐。"在龙州设立讲武堂，附属学兵营，养成初级将校，以资编练。学生有两种，一系抽调在职军官带原职原薪入学，毕业后仍回原营供职。一系考选志愿学习陆军之青年学生，毕业后派往各部队服务，分任教练、参谋各职。先后毕业者约二百余人"，"共用库银一十四万五千九百四十两"，"是为桂省创练新军基础。讲武堂初以吴元泽为总办"，"只办得两学期，被撤职"。后由蔡锷继任。①

1908 年

（光绪三十三年丁未十一月二十八日至光绪三十四年戊申十二月初九日）

1 月

（光绪三十三年十一月二十八日至十二月二十八日）

2 日（十一月二十九日）

▲因上年 12 月 1 日（十月二十六日）镇南关发生孙中山发动的反清起义，本日张鸣岐电奏清廷筹防办法说："匪势日盛，革命党孙汶暗济军械，欲犯桂滇交界。桂省兵单，请饬直隶新军来剿，或由桂省自募，部济饷需，并请动用赔款，赶修路电。"② 当日，军机处"廷寄"说："奉上谕，电奏悉，匪势日增，饷械充足，又有孙逆暗中接济，不得不先事预防，但桂边绵长一千八九百里，所请调兵分五路设防，兵力分散，深为兵家之忌。现

---

① 吕清夷：《广西大事记》，桂林市图书馆藏，第 54 页。

② 《专电·电二》，《申报》1908 年 1 月 2 日。

计兵已一万数千，匪只四千，数逾三倍，何得借口兵力单薄为推诿粉饰之计？着该抚督饬统兵各员，严速剿灭，毋任蔓延贻患，自取咎戾。所请调拨直、鄂、江省新军，由部拨济饷项，动拨截留赔款，修造铁路电报，均着度支部、陆军部速议具奏，钦此。"①

又说："桂抚张鸣岐兵额过匪三倍，何得借口，仍速剿灭。调兵请饷，已饬度支部、陆军部议复。"② 陆军部则议复说："张鸣岐电调直、江、鄂新军二协，为数过多，碍难依议。"③

月初（十一月杪）

▲蔡锷奉张鸣岐令自省城桂林到达南宁。

本月

▲张鸣岐电奏清廷度支部、陆军部。说："前准大部电，由沪关拨款五十万，令编练新军。""今蒙拨给巨款，然下士缺乏，仓卒编成标协，恐难得力，转予旧军口实，至沮将来改练新军之机。现拟仍从根本办起，寓征于募，慎重挑选。先于龙州、南关两处，编练部队学兵两营，骑、炮、工学兵各一队。管带及队官均拟选士官毕业生充之。惟本省现有士官生尚不敷用，应恳大部酌派步兵五六十人，炮、工各一人来桂。以上各营队排长及正副目，均就省城随营学堂、边防教导团各毕业生内选派，编成后认真训练。以后边事愈紧，即于五个月后征成步队一协，骑、炮、工各一营为混成一协，边警不再加急，即多练数月，技术较备，再成营协。如此新军之基础似较确实。"④

据报载，张鸣岐还曾奏请清廷准其"暂驻南宁，将编练事宜，妥为筹办"。说："边事方亟，需才至殷。查工［丁］忧太平思顺道庄蕴宽才识开通，心精力果，边防情形，尤为熟悉。拟恳天恩，饬两江总督、江苏巡抚转饬庄蕴宽迅速来桂，以资臂助。前准陆军部电令，就地编练新军，岐拟暂驻南宁，将编练事宜妥为筹办，俟稍有头绪，再赴龙州巡阅。乞代奏。

① 《廷寄桂抚剿灭桂匪》，《申报》1908 年 1 月 11 日。

② 《专电·电二》，《申报》1908 年 1 月 4 日。

③ 《专电·电三》，《申报》1908 年 1 月 7 日。

④ 《清末新军编练沿革》，第 289 页。

岐肃。"

但遭到清廷的否决。1 月 19 日（十二月十六日），清廷颁旨说："张鸣岐电奏悉。着端方、陈启泰转饬庄蕴宽迅赴广西，以供差遣。现边防正在吃紧，编练新军，非一时所能就绪，仍着驰赴龙州，巡阅布置，俟边防粗［粗］宁，再将编练事宜妥为筹办。钦此。"①

2 月
（光绪三十三年十二月二十九日至光绪三十四年正月二十八日）

24 日（正月二十三日）

▲蔡锷函复魏景桐，告以奉命出巡情况，"返桂之期，约在四月内"了。说："桐兄大人惠鉴。顷奉手书，敬悉起居康胜，履端多祜，至以为慰。弟于前月杪（按：指光绪三十三年杪，1908 年 1 月底）抵邕，适帅节已鼓轮西迈，遂仍由陆路追，本月七日（按：即 1908 年 2 月 8 日）入龙。旋奉命巡视南关各垒，进游谅山，综计前后里程不下两千里，为期廿余日。骑者尚不感劳乏，而马倦矣。此次南关之役（按：指光绪三十三年十月二十七日，即 1907 年 12 月 2 日孙中山发动的镇南关起义），薄海震动，议论杂出，而按其实际，则类近儿戏，殊不值议者之一笑。要之，此次事变为广西绝好之机会，毫无疑义。其上者可借此为实行改良一切政治之地，其下者则可遂其升官发财之目的也。匪徒白退据右辅山后，杳无朕兆，不过时造蜚语，耸边军之视听。闻其于客腊曾敛攫华侨之报效金十余万，想从此可以实行其快乐主义，不复为边患矣！陈君培根拟于今正入省，好极好极！位置一节，弟于离省时，已豫嘱在堂（按：应是陆军小学堂）各员矣。弟月杪（按：指正月杪，即 2 月底）当出发，随帅节游越后，转入边防西路，查察一切。返桂之期，约在四月内。过平时当趋诣左右，畅述一切也。专肃，敬叩勋安，并贺新祺。以后如有赐函，请寄边防讲武堂（按：说明此时已创办讲武堂）岳阌群转（上）（按：括号中之字辨认不清）如弟锷顿首廿三。"②

---

① 以上二电见《紧要新闻·廷寄桂抚驰赴龙州》，《申报》1908 年 1 月 26 日。
② 《湖南省博物馆馆藏百位湘籍名人手迹》，第 297—300 页。

　　按：蔡锷此函中的所谓"其上者可借此为实行改良一切政治之地"，当指张鸣岐鼓吹新政有据了。据黄绍竑说，"张鸣岐喜谈新政"。①

　　所谓"其下者则可遂其升官发财之目的也"，当指 1907 年 12 月 15 日（十一月十一日）清廷发布的上谕。该上谕说：

> 　　前因广西镇南关右军山等处炮台被匪占据，当将张鸣岐交部议处，并电令督饬各路统将协力进攻，克期收复。续据该抚电奏克复日期，当经将奋勇攻克炮台之参将陆荣廷赏给勇号并赏给弁兵银两，以示奖励。饬将详细情形查明电奏。兹据张人骏等查明电奏，此次匪党千余占据炮台，军械精利，右军山险峻难攻，经龙济光、陆荣（廷）等血战数昼夜，阵斩匪首，夺获枪械甚多，于七日（12 月 11 日）内克复炮台，办理迅速，洵堪嘉尚［赏］。二品衔署太平思顺道左江道龙济光着赏给头品顶戴副将衔；参将陆荣廷着以总兵记名简放知府衔；四川补用直隶州知州龙觐光着以道员仍留原省补用并加二品衔；补用知县梁正麟着以知府留于广西补用；分省知县周文献着以直隶州知州留于广西补用；候选府经历林绍斌着以知县留广西补用；守备陈炳焜着以游击尽先补用；把总曾广义、外委黄瑞兴、卓瀛洲均着以守备尽先补用；都司衔补用守备萧顺洪着以游击尽先补用；毕业生王佩清着以府经县丞留于广西补用；千总古景邦着以守备尽先补用；廪生梁家荣着以县丞分省补用；增生张藩、附生苏建龙，文童陈立焜、郭庆修、陈坤培、吕恂均着以巡检分省补用；外委陆贵福、陆裕光、陈德才、马朝辅均着以千总尽先拔补；候选府经历吴善宣着以知县分省补用；候补州吏目田承斌着以县丞仍留原省补用，以示鼓励，余着照所议办理。该部知道。钦此。②

2—4 月

（春）

▲蔡锷函复苏鹏，表示"此间求为师友如吾兄者，不可多得"。

---

① 黄绍竑：《辛亥革命前后的广西局势和广西北伐军》，魏华龄主编《桂林文史资料·辛亥革命在桂林》，漓江出版社，1991，第 1 页。
② 《上谕》，《申报》1907 年 12 月 16 日。

说："迩来政事，全凭一己之脑力运用，未免有夜郎自大之弊。此间求为师友如吾兄者，不可多得，假时遄返珂里，务望过我晤谈，以纾积悃。"①

4 月
（三月初一日至四月初一日）

▲报载蔡锷为支持沪杭甬铁路商办，抵制借外债官办，与张鸣岐、王芝祥、楼守愚、钮永建等人认购"浙路旅桂协助会"发行的浙路公司股票。张鸣岐认购"二百五十股"、王芝祥"四百股"、楼守愚"一百股"，蔡锷和钮永建各"五十股"。②

4—5 月
（光绪三十四年三至四月）

▲蔡锷随同张鸣岐巡边，即他自己所说的"转入边防西路，查察一切"。③后人据其"遗稿"，以《视察广西道路记》为题，将其经过情况报道如下。

雒容县至新里塘十里

县城临河，北倚低连山一带，道路经过该城之背。路侧有形似营盘名为镇雒台者，耸峙山巅。自台中可以俯瞰全城及对岸平原。此处山脉向西奔赴，与道路斜交，对于东来之路，形成侧面阵地。惟右翼颇属危险，盖易于接近故也。出雒容三四里后，即有大平原控于前。该处地势，较鹿寨平原稍形驳杂，系波状地，最低之处为水田，高处则茫茫荒草，经垦辟者不过十之一二。现忠字营勇正从事垦务，但地大人少，恐非十余年不能遍耳。四月一号。

---

① 曾业英编《蔡锷集》（一），第 266 页。据苏鹏（凤初）说，他在广东陆军小学任教期间，因有"某者，以小忠小信，向蔡（锷）雅献殷勤，以作威福。"他于是"缮缄媵词"，寄赠蔡锷，"劝其远佞纳贤"。是为蔡锷复书。原函未署日期，据苏鹏所叙事迹推断，当在 1908 年春天。
② 《申报》1908 年 5 月 4 日。
③ 见蔡锷复魏景桐函。

新里塘至高塘岭十里

新里塘，居平原之中央。此处地势稍高，现有忠营构屋于此。自此以西，地势稍低，水田甚多，西南侧为尤甚。

高塘岭至三门江九里

高塘岭建有营房一座，夹道而居，可容一营人居住。以外仅店铺二间，亦系新筑者。塘之西方二里间，系荒野。自此以西，则为荒山，形式极为驳杂。山谷悉为水田，而不甚多，田内四时均有浸水。山之斜度虽缓，但多溪涧，难言变［交］通。

三门江至兰家庄六里

三门江渡口有船二只，每只可容二十人。河幅约五六百米达，两岸皆山，南岸殊险峻。渡河后，沿河道路约半里间，颇险。及过此，即有阔涧二道横于前，涧甚深而岸甚高，当山水发时，必难通过。此间山势逼仄，展望不便。四月二号。

兰家庄至迎熏亭三里

自此以西，则皆石山。对河之石山，较为高峻。其气象与桂林附郭稍相仿佛，惟山势不若其高大而已。

迎熏亭至柳州十五里

自此亭以西，地势开阔，便于瞭望。近柳州府城之处，尤为平衍开敞，而荒原弥迤，开垦者尚少。近河一带多蔗田，一望青葱。渡口东边有船三艘，每只可运二十余人。河幅约二百余米达，水流尚缓。两岸之高，约二十米达许。

近河处，无高山。惟渡口南方石山南端，有土阜一块（约五六十米达），与对岸城垣之高相埒。河流甚深，附近似无徒涉场。四月三号。

金团村

自此村至四都，道路经由众石山中，展望不便，但甚平坦，曲折颇多。沿途所见村民所建之碉楼，系中径约四米达之四棱体，高约十余米达。分为数层，每层四面凿孔一二所。孔甚小，其形直长，或为圆形。下层无孔。四月十二号。

土牌村

石山同至此村西北端出口。村之附近，田陇广漠，两旁系波状地，高约十余米达乃至二十米达。未经垦辟，荒草浸踝，展望极便。陇中沟渠，涸竭无水。附近水田极少，芦苇丛生，其高逾人。以情形揣之，必系匪乱之熟荒，若稍施人力，必成膏腴。东南方一带极空阔，有小冈阜一线，可据为侧面阵地。东北方一带系石山，联线不断，与道路殆相平行。四月十八号。

桥磴

自桥磴至牛岩，道路所经，皆波状地，中无水流。西侧倚石山脉，东侧为波状地之延缘，瞭望自如，道途平坦宽阔，且弯曲甚微，可据为阵地处极多。

兴安

过兴安后，东侧极为开敞，为一大平原，漫无涯际。惟遥瞩远山一发［带］，村落数点，大约系水田区域所在。其余与前述略同。

牛岩

牛岩位波状地之崚［棱］线，居民约三四十家。值赶墟时，颇热闹，过此寥落。据店客云：土人分为麻界（马甲）种人，一种马甲，系咸同时发贼（按：指太平天国时期的太平军）掳来，性质最凶悍，横行无忌。一种人系原来土民。而黜（按：原文如此）人数各居其半，语言奇特。地形及道路状况，与前同。四月二十二号。

各村

自牛岩至下路皆波状地，凹处悉为水田，道路极为弯曲而狭窄。该处西侧，石山罗列，与道路成平行线。东侧平原广袤，微有起伏，并有低连山一带蜿蜒于平原之中央。牛岩至迁江，分路南［两］条：一绕来宾，一直达迁江。前者略远（约三十里），下路至北花，路傍［旁］多荒旷地。其余与前述略同。

北花

与前述同。四月二十三号。

采村

采村无街市，居民约十余户。村西端控河流一道，河幅约五十米达，水深约三四米达。渡口约船划各数艘，均极劣。每艘可容五六人。操舟者术极不经［精］，还须七八分钟。如遇暴风大水，必难达彼岸。距采村约一里许，有水流一道，环绕路之两侧。两岸甚峻峭，惟现时可以徒涉之处甚多。自采村至桥巩三十里，悉为波状地。路旁荒地甚多，间有新垦之处。路两侧倚石山群。两侧为旷原，漫无边际，有矮土山一带蜿蜒中央。沿途无水流，路阔而直，展望自如。其余一切情形，与牛岩以南、采村以北殆同。四月二十四号。

火村

与前述同。惟西侧一带山脉，间杂土山，或为石山夹杂之山。

本礅　桥巩墟

桥巩居民约六七十户，气象萧条。现驻有巡防队三棚。四月二十五号。

石陵墟至三荇十里

石陵位低连山之麓，户口约三百余，附近多稻田。距墟约二三里以南，则悉为荒原。路之西侧为石山脉，东侧为低连山脉。距墟约二三里许以南［北］，其东侧遥控石山群，低连山即至此而止。此间平原纵横四五千米达，道路平坦，局势开敞。其间稻田与新垦之地，颇不多见。

三荇至老虎渡十里

三荇户口约三十余，极为萧条。出三荇约四里许，即进入石山群中。入口后，有平原一块，纵横约一里有奇。自是以后，道路所经两侧皆石岭，中间宽处约二百余米达，乃至数十［百］米达，抵老虎渡而止。此间便于用伏。四月二十九号。

老虎渡至邹墟五里

老虎塘位渡口之北端，仅茅棚数架。渡口有船二艘。水流甚缓，深约四米达，河幅约六十余米达。两岸高十余米达。此水可通迁江。渡河后，有低山脉一带，可据为扼止南下之阵地。

邹墟至长车十里

邹墟位河流之右岸，住民约六七百余户，建筑物颇坚固。闻以前商务颇盛，自遭匪乱，河流梗塞，商务遂以不振。该处附近多稻田，村落星罗，树林棋布，气象似尚繁富。自邹墟以至禄□桥，沿途皆波状地。其棱线多植有树林，凹线悉为稻田，荒地极不多见。目力所及，甚为广漠。而村落综错，有三江两湖气象。棱线之间，可据为阵地之点不少。道路经过水田之处稍弯曲，每多泥泞之际，不良于行。四月三十号。（未完）[1]

▲唐璆函告梁启超，云南干崖土司刀安仁与日本密订条约事。说："连日以来，心中所最忧惧者，以欧洲不能亡中国，能亡中国者是日本；日本不能亡中国，亡中国者实中国人。如云南干崖土司（刀安仁，孙党引来东京），去年与日本密订条约（日本助款二百万，全权顾问官、工程师皆日本人），而云南留日学生知识不足，多数以联日谋独立为主义，祸机所伏，久后必发，内忧外患，日益深固。"[2]

按：此函未署日期，但函中述及"二辰丸"事，查日本轮船"二辰丸"因私运军火，为两广总督张人骏扣留。其事发生于光绪三十四年二月初，当知此函大体发于此时。

6月
（五月初三日至六月初二日）

▲蔡锷任新军第一标统带。[3]

7月
（六月初三日至七月初四日）

▲张鸣岐为编练新军，在桂林设立兵备处，兼管教练、参谋工作。以庄蕴宽为总办，钮永建为帮办，并派王孝缜到北京招聘新军人才。[4]

▲报载清廷"陆军部通电各省，略谓前曾咨请设立讲武堂，并请报告，迄已日久，未见实行，应请速将该堂宣讲章程、听讲名册、主讲履历一并详细声复，应如何改良之处，听候察核"。[5] 张鸣岐电陈在龙州创办广西讲

---

[1] 《蔡锷集》（一），第268—273页。但时间定为1909年4月，误。因原载报纸不全，所记有残缺。

[2] 唐晋源等编《唐璆文集》，当代中国出版社，2010，第50页。

[3] 《清末新军编练沿革》，第290页。

[4] 《广西文史资料选辑》总第38辑，第76页。

[5] 《军界·陆军部调查讲武堂章程》，《申报》1908年7月19日。

武堂，以吴元泽为监督，继为蔡锷。"向社会招考甲、乙班学员百人，毕业后入新军各标营充见习官。丙班学员从左江、边防两巡防队的将弁中挑选，毕业后仍回原队任职。学兵营也附设在堂内。"①

8 月

（七月初五日至八月初五日）

▲蔡锷函告曾广轼，郭人漳已通电两广大府，"将不利于足下"，请"权衡"办理之法。说："别仅一星期，恍如匝月，以想念綦切，故觉为日之久也。征兵于日昨到百人，多读书种子，询其当兵之责任维何，莫不以'为国家'三字对。气象俱淳朴耐苦（现被服未到，夜惟草席一床，不畏冷），即其中有二三学生，亦无流行之国民气习，差足慰也。闻某（按：暗指郭人漳）已通电东西（按：指广东、广西）大府，将不利于足下，本日已电告左右，想已鉴及矣。帅座（按：指张鸣岐）甚注意此事，庄公（按：指庄蕴宽）已将事由隐约电陈铁生（按：指钮永建）君，此次晋省，当能为略道梗概也。吾弟抵省后，务宜将事之本末原委，遍陈当道，较为亲切透澈。惟某既已大施鬼蜮伎俩，似非可以隐忍了结。鄙意以为宜行揭禀东西两院，并控之京部（某公甚主此说，渠不日将晋省，足为吾弟之助。盖事已急，不得不如是耳），索兴大闹一场，灭此朝食，为国家可除去一不忠不孝之人，为社会斩伐一人妖，实为功德无量。应如何办理之处，乞权衡之。日来新兵入伍，事甚忙冗，抽暇书此。"②

8—9 月

（夏末秋初）

▲报载张鸣岐"札派"蔡锷为"新军帮办"，参与"整顿沿边防务"。说："现张抚因越匪近图内窜，而浔、横、思、归各属，盗风亦炽，边防吃紧。特饬庄（蕴宽）道赶速将新军防务编布妥当，并札派蔡锷充当新军帮办，即日会同庄道将全边形势查明，妥筹布置。现经庄、蔡两员拟定分作

---

① 《广西文史资料选辑》总第38辑，第76页。
② 曾业英编《蔡锷集》（一），第266—267页。

四路布置办法，俾内地各处即使有事，亦可首尾相应。各路均以边防为定点，计自边防至宁扈［邑］为中路，至上思为东路，至归顺为西路，至博白为后路。惟沿边上思、博白等处，均与钦、廉各属毗连，自应将情知照，以便遇事联络。现该抚已将各路布置方法，电知钦、廉道镇查照矣。"① 蔡锷从这时起，在广西编练新军方面所处的地位和所负的责任，已仅次于巡抚张鸣岐。

11—12 月

（冬）

▲蔡锷在新军"第一标内设立将校讲习所，合标中下级官长每日授以兵事上必要学科，为一炉陶冶之计"。②

12 月

（十一月初八日至十二月初九日）

▲张鸣岐在龙州创办陆军讲武堂，设宪兵、兵学等科，初以吴元泽为总办，聘请的教习多为日本人。"向社会招考甲乙班学员百人，毕业后入新军各标营充见习官。丙班学员从左江、边防两巡防队的将弁中挑选，毕业后仍回原队任职。学兵营也附设在堂内。数月后改任蔡锷为代总办。"③ 蔡锷就职龙州讲武堂后，其桂林陆军小学堂职务则由监督雷飚"兼代总办事务"。④

本年

▲蔡锷自题南宁寓庐联语说："澹泊明志，夙夜在公。"⑤

---

① 《军界·桂抚电告布置沿边防务办法》，《申报》1908 年 10 月 21 日。
② 见本书 1909 年 8 月记事。
③ 《军界·讲武堂宪兵科停办》，《申报》1909 年 12 月 28 日；《广西文史资料选辑》总第 38 辑，第 76 页。
④ 雷飚：《蔡松坡先生生平事略》，《国防月刊》第 4 卷第 3 期，1947 年 11 月。
⑤ 曾业英编《蔡锷集》（一），第 268 页。

1909 年

（光绪三十四年戊申十二月初十日至宣统元年己酉十一月十九日）

1 月

（光绪三十四年十二月初十日至宣统元年正月初十日）

▲蔡锷在南宁函复曾广轼，表示"拆阅"信件，"仅中国有之，滋可叹也"，并支持其"襄办报事"。说："月前奉复两函，皆寄宝庆馆，未揣已收到否？近因各处微有风潮，邮局戒严，信件多被拆阅，或竟以没收，至于递寄之稽延，更属常事，此种野蛮办法，殆仅中国有之，滋可叹也。堃甫君留弟襄办报事，甚以为慰。美之塔总统、德之今相，其微时，亦曾充新闻记者。至于日本之元老，从事此役者尤不少。现欲为拓植政党之势力，尤非有此机关不可。以吾弟见解之锐利，手腕之警辟，经营于兹，当卜游刃有余也。《玉溪生集》原非急物，既市贾居奇，索兴不买为佳。王君际虞前已荐之测量局任事约两月，旋因测图各员移赴龙州，由该局辞退，而敝处因未成营，前途不肯虚委闲员，颇费踌躇。兄拟留令在敝寓暂住数月，徐为设法。惟渠意思返桂林供职陆军小学，俟此间局面稍定，再行来邕，故行止尚未定也。来书嘱兄将调查沿边各事，编成一书，本属有趣之举，第关于兵事事项碍难发表，若仅记途程与风俗土宜，亦觉涩然无味，不如其已耳。《神京报》如开办，兄当另索新闻以献，何如？何如？静生（按：范源濂，字静生）君为诚笃君子，来书云云，未免出于一时意气。此君实系可以久交之一流也。凤初意欲在桂垣供陆军小学理化一差，已函荐之矣。"[①]

2 月

（宣统元年正月十一日至二月初九日）

---

① 曾业英编《蔡锷集》（一），第 267—268 页。

6 日（正月十六日）

▲蔡锷函告石陶钧广西编练新军的困难情形，以及拟办"将校团教育"。说："醉兄如握：昨奉手书，并陆续收到内务书及日本伊势原附近地图各事。谢谢。承下问敝处内务情形，当抄汇寄呈核正，但系仅仅成文之件，其不成文及为通行之内务书所载者不及之。惟此间现行内务一切规制，均系斟酌地方情形，并军队之编制上而定，多属临机处置，殊不足以垂久远。其原因有数端：编制畸零一也。如弟现有新军一标之名义，实仅一队，官长则有一营之人员等，无整一之营舍二也。营房未成，现就庙宇暂扎，且标本部与兵舍相离。无相当之头目，并相当之官长而无之三也。新兵三月后即任副目，官长虽一事一物随时随地皆须亲自指导与严重监视。无整齐之被服装具及其他等等四也。因兵备处开办未久，且整理乏人，主持之者无一内行。有此数端，遂使军队内务上受莫大之影响。其情形略如各先进国之遣戍［戍］队，而办理之困难，则远过之。以新募之兵士，率以杂凑之将校，欲求内务之良善，如何可能？吾国陆军教育，最大毛病，在以学为事，不以事为学，故一味虚饰，实际上毫无把握。至军人精神，尤不注重。近年卒业生虽多，然不适用，多缺点，诚恐为将来十年二十年后祸患不浅。为今之计，务将以上各种障害扫除净尽，要非三五年后无从言优美之成绩耳。此语似属迂远，实则恐三五年内，尚难几及。观于南洋各省，可以知之。此间现拟规划将校团教育，日本将校团教育情形近来若何？其科目与顺序，及实施上情形，望详示知。冬季作业及兵棋二端，尤望详细见告为幸。二、三月间，弟拟约陈元伯君一游河内及滇边。关于安南调查记事各书，不论新故，概请费神搜求若干见寄，以速为妙。又日本出版之射击教范、体操、击剑、野外要务令等，亦恳赐一份为盼为祷。李君书城、陈君伯笙常［当］常相见，希为致意。敬复并叩学安。弟锷上言。中历正月十六日（己酉）广西陆军第一标本部。"[1]

---

[1] 周少臣主编《辛亥先驱石醉六》，中国文史出版社，2011，书首手稿影印页。石陶钧（1880—1948），字醉六，湖南邵阳人。早年入日本陆军士官学校，加入同盟会，1909 年回国，参加过汉口保卫战、二次革命、护国战争。1919 年后，历任广东军政府政务会议委员、国民革命军第二军教导师党代表、中央军事政治学校三分校校长、军事参议院中将参议、国民政府参军处中将参军等职。

7日（正月十七日）

▲张鸣岐颁布广西兵备处试办章程。全文如下：

第一章 总纲

一、本处系仿照练兵处核定浙江等省编练新军成案，先设兵备处兼管参谋、教练两处事务，筹划军队各事，为广西军政之总机关。

二、本处既为广西军政总汇之区，其应兴应革事宜并不限于军队，凡各学堂、各局所之与陆军有直接、间接之关系者，本处即应会商考核之，以免纷歧。

三、本处以编练新军为主，不管各属缉捕事宜，但依奏定制略，仍有考校本省旧日勇营、妥筹变革各事之责任。

四、本章程专为本处办事而设，至营制、饷章则宜恪遵奏定章程，故本章程不及一切陆军办法，以明其限。

第二章 办法

一、本处办事宜分三期次第举行，第一为预备时期，第二为实行时期，第三为改良扩张时期。

二、开办之始为预备时期，当从考校调查入手，已练之新军、已设之军事各学堂，当考其是否合格而校正之。至旧日勇营，先调查其实在情形，以为改革之本。

三、期限长短虽不能预定，而第一期年限最多不得过一年，不及限而本期应办之事已办成者，即可接办第二期之事。其二期、三期之办法年限，俟第一期办有成绩再行酌定。

四、此次所定办法，凡高远博大完全而不可行者、不定定者期于字字实行。然有时势变迁，须为增省者，可以随时变通，但变通之先，总办应具所以变通之理由及如何变通之法，详请核定。

第三章 分职

一、本处奉抚帅札委总办一员、帮办一员，其下拟仿照南洋等处开办章程暂设提调一员、正副文案各一员、考订编制官一员、稽定功过官一员、调查军械官一员、查核军需官一员、收支官一员、庶务官二员、收发兼核对官二员、监印兼译电官一员、医官一员、卫兵司令长一员、军事委员若干员，以资差遣调查及办理本处一切杂务，至司书生、司事生、护兵、马弁等均酌设若干，以后事务渐繁，再行变通增加。

二、办事必须分科而后责有专属，事无不举。现拟暂分八科，每科中复分若干类，条列如下。

（1）军事科。掌管新练军营文武员弁之任免、调用及赏恤功过各项册籍等事，区为考功、议罚、恤赏三类。（2）军制科。掌管各军队之征募、编制及关于仪式、礼式服制徽章各项。遵照部章，相度地宜考核、建制筹备实施等事，区为编制及步、马、炮、工、辎、要塞各类。（3）军器科。掌管查察各军队所用枪械及筹备保储管理、收发等事，区为查械、收发二类。（4）军需科。掌管查核各军队学堂局所饷薪款项筹划一切支应出入，兼理筹备军需及军事建筑等事，区为核计、粮股、工程三类。（5）军医科。掌管各军队卫生、疗病、治伤及筹备药料，考究医学，预储军中应用军医、兽医等事，区为卫生、医务二类。（6）军法科。掌管各军执法事务及考订军狱办法，不分类。（7）军学科。掌管考核各项学堂办法，稽查新旧军队之训育，拟定章程，遵照实施，并理编纂译述等事，区为学务、校兵、编译三类。（8）军谋科。掌管调查军队暨地方紧要情形，各地舆、形势、户口、物力，兼筹划运输、交通道路管事，区为调查、计划、测绘三类。

以上各科办事细则另定专章，其应设科员视事之繁简，依期增减。现开办伊始，暂由上项各职员分派兼理，日久事繁，分别详请酌委。

又本处现因兼管参谋、教练两处，故除设军计至军法等六科，另设军学、军谋两科，俟将来三处分立，即将军学科归教练处，军谋科归参谋处办理。

三、本处现因建造第一标营舍度地开工，事极繁重，特设立工程局，暂拟设提调一员、工程监查官一员、监工二员、工程收支官一员、工程采办官一员、管料委员二员、管工司事四员，俟开工后酌事之繁简，随时增设。

第四章　权责

第一节　总办权责

一、总办由抚帅札委，负编练广西新军之责任，故对于新军有督责之权，对于旧军有考查之责。

二、总办于本处有用人行政、立法之权，本处人员除帮办由抚帅委任外，自提调以下皆由总办详准札委，有督率进退、赏罚之权。其有不当者皆总办之责。

三、本省所有陆军应办事宜，总办对于抚帅有随时建白之责。本处人员对于总办如有献议，总办有裁决其可否之权。

第二节　帮办权责

一、帮办禀承总办助理本处一切事务。

二、会同提调，表率本处人员分理各事。

三、帮办有管理本处机密事务、审察文件、复核文稿，任整理一切之责。

四、本处收支虽有专员，帮办宜总其责成，以时稽核之。

五、凡军界人员及地方官绅与本处有交涉者，帮办承总办命令有应接之责。

第三节　提调权责

一、提调应协同帮办，表率本处人员分理各事。

二、凡秘密重要文件，提调有拟稿之责。日行文件应由提调复核定稿交帮办阅定，再汇呈总办核准判行。

三、凡军界人员及地方官绅与本处交涉者，提调亦有受命应接之责。

第四节　正副文案权责

一、文案禀承总办协同本处各员遵章办事，有裁改稿件之责。小事协商帮办、提调及各科专员，大事禀商总办。

二、往来公牍、信件应由副文案拟稿送正文案复核，或由正文案拟稿与副文案参定之。

三、不问上下行公牍其关系专科者，应由各科员拟稿文案仍有稽核协同改正之责。

四、每届月终，文案应将所有收发公牍分类编订，交收发官保存。每季之末，并编立经事表，以考验所办各事之成绩。

五、本处司书生办事勤惰、缮稿迟速，文案应随时纠核、禀承总办进退赏罚之。

六、副文案有传达总办命令之责，并有时须协同收发、缮写秘密发文及校对一切公牍。

第五节　各科员权责

一、各科专员任本科之事，科有繁简，员有增减，由总办随时酌委。

二、各科应办之事，另定分科办事细则。其本科处分有不当者，皆该科员之责。

三、分科办事所以各专责成，惟各科牵连之事甚多，宜连络协商，勿存畛域。

四、本处开办伊始，事务尚简，各科可暂行兼理。所有军制、军学两科事务，由考订、编制官会同文案兼理，军计、军法两科由稽定功过官兼理，军器科事调查军械官任之，军需科事查核军需官会同工程监查官任之，军医科事医官兼理。其军谋科先设测绘员二员，随时派委军事委员从事调查，以资筹划。

第六节　收支官权责

一、本处一切收支出入款目，收支官有照章出纳之权、经理会计之责。其特别款项，小者启帮办、提调，大者禀总办，出纳不当收支官之责。

二、每月二十日收支官须将下月应支之款列为预算表，每月初十日以前须将上月出入之款列为决算表，并将款目簿折呈总办、帮办、提调核阅，再由文案拟稿详咨。

三、本处一切薪水公费均定月望支送，未至期收支官不得通融挪移，至期不得不发。

四、收支官有会同庶务管理本处兵夫杂役之权，核算经理一切公用品物之责。

第七节　庶务官权责

一、本处一切庶务应承总办命令布置之。

二、本处所有公用物品，庶务有经理支配之责。

三、本处护兵夫役人等，庶务有管理之权、督察之责，并随时协商收支官进退赏罚之。小事禀白帮办、提调，大事须禀承总办决行。

四、本处需用物品由庶务采办，军需官及收支官检查之。对于商贾并不得有挪移赊贷之事。

第八节　收发兼核对官权责

一、本处一切往来文稿收发，有保管检查之权，随时收发之责，不可凌乱遗失，不可听人观览，以防泄漏。

二、不问上下行公牍来文须随到随记，径呈总办核阅，其系钉验密封文件，应即呈总办亲行拆看，不得延搁。发文应核对无讹，不得遗漏。

三、收发官二员须长在收发室内，并应轮流值日。当值者虽放假日，不得离开。

四、收发每旬应造收发公文对照表，分别呈送总办文案，并有协同副文案缮写秘密文牍之责。

五、司书生之勤惰称职与否，收发官有稽查之责，指挥之权，并随时禀商总办文案进退赏罚之。

第九节　监印兼译电员权责

一、所有文件监印官有监视登记之责。

二、来往密电应随时翻译，谨宗秘密之责。

三、每旬应造来往公电对照表，分别呈送总办文案备查。

四、所有来往公电应随时抄录并送文案处编类，分卷保存。

第十节　卫兵司令长权责

一、本处卫兵司令长有训导约束之责，指挥稽察之权。

二、本处传递紧（要）公文、信件，有派遣稽查之责。

第十一节　戒约

（甲）司书生戒约：（1）司书生必须常川驻处，如有故回家，必须向收发处请假，方可出外。（2）各司书生应轮流两人值日，当值日者虽放假日，不得离开。（3）不得泄漏紧要案件，或抄录各项文牍示人。（4）应缮文牍，不得推诿，不得延搁，不得招摇需索。

（乙）杂役戒约：（1）各役夫应谨守本处规则当差，不得遗误派定执事。（2）不得酗酒、吸烟、喧哗、赌博，以及歌唱等事。

第五章　经费

一、本处经费由抚帅指拨定款，以垂永久。

二、本处经费分开办、常年、特别三项，开办费难以预定，须实报实销。

三、常年费分额支、活支两种，薪饷、伙食为额支，纸张、灯油及一切消耗杂用为活支。现开办之始，约定每月二千两，倘有特别用项，随时详请核发。

四、本处现在实支经费另行列表，但所办之事日繁，将来所用员役即不止此，应随时详请核定增加。

五、本处经费与建筑工程费，不可相混。

第六章　附则

一、本处应有卫兵，现在标营尚未成立，应暂行招募，以资守卫。

二、本处为整齐军纪风纪，应设值日官，值日规则另定之。

三、本处办公时刻及起居出入等，均各专定规则。凡本处人员均应遵守。

四、本章程谨遵奏定章制，就本处情形现时办法酌量变通，暂行试办，如有未尽事宜，随时增改详报。①

3—4 月

（二月初十日至三月十一日）

▲报载张鸣岐已"查照部章，檄饬署藩司王芝祥"充当"清理财政局"总办，"于本年闰二月初一日（按：1909 年 3 月 22 日）先行设局办事，其科长、料员亦经查照分别遴委。惟本省并未设有运司，亦无驻扎省城之关、盐、粮等道，其现办财政局所之道员，仅有总办派办政事处丁忧太平思顺道庄蕴宽一员，前经陆军部派赴日本阅操，尚未回桂。清理财政，关系重要，应派人员，未便虚悬。查有捐升候选道广西补用知府彭清范，在桂有年，现充派办政事处提调，于本省财政事宜极为洞达，业经由臣檄饬充当清理财政局会办。合无仰恳天恩，俯准将该员彭清范以道员仍留广西补用，免缴分发指省银两，以示体恤。三月十五日奉朱批：着照所请"。②

---

① 《广西官报》第 1 期，宣统元年正月十七日。
② 《桂抚奏派清理财政局会办》，《申报》1909 年 5 月 11 日。

4月

（闰二月十一日至三月十一日）

·18 日（闰二月二十八日）

▲张鸣岐发布《抚部院招考桂垣混成协干部学堂学生示文》及《招考章程》：

> 为出示晓谕事。照得自强必先经武，教战端赖储才，本部院前经奏明本省议练新军两镇，并于龙州设立讲武堂，附属学兵营，在左江边关一带军队分别挑选弁兵及考选合格土著良民，认真教练在案。现复议于省城编练混成一协，所有该协应需之官长下士约共八百人，因另于省城设立混成协干部学堂，先招考甲班生二百名，入学养成初级将校，以备即日成协之用，亟应择刊本学堂简要章程及学生选验格出示晓谕。为此示仰各营属之青年官弁暨本省土著良家子弟知悉，如有与后开格式相当之体格、学力负陆军志愿者，速向各该营管带、统领及各该地方官处报名，申送考选。务于本年三月二十日以前齐集省垣，听候本部院亲临考试。深愿共抱干城之志，齐争先着之鞭，毋稍迟徊，致逾期限，切切特示。闰二月二十八日。

> 简要章程

> 一、本学堂宗旨为养成混成协之初级干部，以备即日成协之用，故仅教以初级干部必须之学术。

> 一、本学堂分为初级军官学生及下士学生两班，甲班学生按选验格式考取文理清通之良家子弟充之。如现在防营之青年官长有愿入本堂肄业者，亦可按格考收。乙班学生按选验格式挑取各防营粗通文字之青年士卒及在籍粗通文字之良家子弟充之。

> 一、本堂学生额数按混成一协所需之初级军官头目而定。但此项学生程度既殊，期限不一，应当分别先后收入，以便教练，而期同时毕业。拟先招甲班学生二百名，俟至三个月以后四月以内，再招乙班学生六百名。

> 一、甲班学生修学期拟定十个月，就中兵卒教育期二个月，下士教育期二个月，官长教育期六个月。乙班学生修学期拟定六个月，就

中兵卒教育期二个月，下士教育期四个月。

一、本堂学生不准自请退学，倘有私自逃逸者，即由该兵科科长，禀请行知该管地方官，勒令该生家属保人赔偿所费公款，并按军法治以应得之罪。

一、学生膳食及应用书籍、课本、笔墨、纸张、军衣、被褥、靴帽等项，由本学堂发给。

一、甲乙两班学生每名均按月发给月费银二两，其由防营所选官长照原官薪水发给。

一、学生毕业时，由督练公所派员会考，凡程度合格者酌量给与相当官阶。

选验格式

一、年岁限十八岁以上，二十五岁以内。

二、品格须性情端朴，素无过犯。

三、出身须具切实保结，除在营官弁及举贡生监外，确系良家子弟应具各结（查照选送陆军学堂学生成案办理）。

四、志趣须诚心向学，别无嗜好。

五、甲班学生须国文精通，能作浅近论说。乙班学生亦须粗通文字。

六、身长五尺以上。

七、胸围须在身长十分之四成五以上。

八、体重须一千二百六十两以上。

九、肺量须按胸围涨缩差二十分之一以上。

十、手力须左右手能提五十斤齐胯者。

十一、目力须相距二丈，能辨识七分之楷书字。

十二、五官须端正，四肢须灵活，体质须强健，器宇须轩昂，言语须清楚，喉音须宏亮，耳力须灵敏。[①]

按：稍后有报载，6 月前后（己酉夏），张鸣岐"为养成适用于广西新军之将校"，在省城桂林创办干部学堂。总办初为程守箴。"初收第一期生

---

① 《广西官报》第 12 期，宣统元年三月初六日。

一百四十八名，即在南门外大校场地方，将旧营房改筑开办，定为年半毕业。"次年（1910）"春间又招收第二期生一百八十一名，因房舍不敷，即将该二期生住于文昌门外陆军小学堂内。四月间开学，六月朔即放暑假，七月十一开学，计回堂学生一百七十八名"。①

1910年5月15日（庚戌四月初七日），又载张鸣岐札行兵备处"变通兵备处章程"。说：

> 西省地瘠民贫，筹款不易。本年预算进出比较，不敷二百余万之多，军事支用实居多数。从前截留洋款每年五十二万余两，专作弥补新军经费，又经部议提回，失此大宗，益形困难。现在司法、行政一切用款，均已格外节省，编练新军亦经体察本省财力，量为变通。兵备处为新军表率，自应一律撙节办理。查北洋兵备处每月开销一千七百两，南洋兵备处不过二千余两，而西省兵备处每月支用倍于南北洋，预算到部，必干驳诘。若不改弦更张，固属不能报销，且亦后难为继。本督办思维至再，必须将处章妥为厘定，力求节用，始足以昭核实而期经久。兹酌定兵备处兼教练、参谋两处暂行章程，设总办一员、帮办一员或二员、文案二员，分考功、筹备、经理、教练四科，每科设科长一员、科员二员至四员，并酌委委员、司务长、司事、司书等。厘定阶级、薪工及各员各科职掌、事务，编列章表，以资遵守。自本年三月初一日起作为实行，所有兵备处前详章程，本系批饬暂行试办，应即取消，该处一切原议用款及各员薪水，均截至二月底一律停止，自三月一日起，悉照本督办现定章程办理。现委该处帮办、科长各员薪工，亦自三月一日起支。该处原有差事各员，除经本督办量才委用外，其余各员应由总办、帮办及各科科长秉公体察，留用者分别派委，淘汰者一律开除，务期人得实用，款不虚糜。除分别移行外，合行札饬。札到该处，即便遵照。②

---

① 病武：《桂军春秋·干部学堂毕业》，《南风报》第1期，宣统三年正月十五日（1911年2月13日）；《吴（锡永）总办报告》（宣统二年十二月初八日），李文汉手抄《前清宣统年间广西干部学堂风潮始末文件》；《广西文史资料选辑》总第38辑，第82页。

② 《军界·变通兵备处章程撙节办理》，《申报》1910年5月15日。

4 月 20 日至 5 月 18 日

（三月初一日至二十九日）

▲蔡锷函告曾广轼心情郁闷，将奉饬晋省一行。说："昨奉一书，比即函复，不揣已达否？讲武堂卒业后，兄两次具电乞假，未邀允可，仅赢得米汤两碗，且饬晋省一行，筹商编练各事。现拟于下月初间，接眷由梧上溯，俟抵省后，再作计较。滇督屡有函电来邀，第闻彼中党派林立，且以成镇太速，一切纷如，位置固较此间为优，而办理之难，必较西省为甚。四五年来，与海丰（按：指张鸣岐）相处，虽不见十分沆瀣，其于兄亦未尝稍衰礼遇，若恝然舍而之他，尚不能无介介耳。拟俟到省后，再定行止。杨（源浚）、袁（华选）两君已调省中干部学堂科长差，薪水较前为少。盖清理财政以来，一切局面均为之缩小也。某（按：当暗指王芝祥）于去腊大有动摇之象，闻其大施运动，竟以黄金解厄，其气焰又增矣。苏凤初君近抵粤，佐理梁鼎甫君办理宝昌公司矿务。该公司系官商合办，资本金已筹集廿万。此公才识，俱超出等伦，将来必卜其以实业露头角也。仲玉有充湖南协统之说。并闻。"①

5 月

（三月十二日至四月十三日）

3 日（三月十四日）

▲张鸣岐咨请陆军部查照立案测绘学堂章程。说：

为咨请立案事。案据兵备处兼管教练、参谋两处总办庄蕴宽申称，宣统元年正月初六日（按：1909 年 1 月 27 日）据测绘学堂监督陈裕时申称，窃维测量局附设学堂，原为养成测绘人才，以供将来班长、班员之用，关系最为重要。所有学堂一切事宜，苟非妥定章程，以资遵守，则必无以规久远，而专责成。查此项章程须以部章为根据，更参照本省情形，量为变动，而加以严密。监督到堂以来，就原订规模详审妥筹，始将学堂每年所需经费银两、教员、学生、职员、司役名

---

① 曾业英编《蔡锷集》（一），第 283—284 页。这封信刘达武等辑《蔡松坡先生遗集》署"宣统元年三月"，曾业英编《蔡锷集》（一）改订为宣统二年三月，误。

额，及学科、教授、管理诸事宜，一一厘定，共计八十五条。定费设员则力从节省，管理教授则务求完全，总期费不虚糜，而于事有实效。谨将学堂章程另册缮呈备文，申请转详核咨立案，以资遵办等由。据此。理合具文，并章程一本转报，俯赐核咨。计申测绘学堂章程一本等情到本部院。据此。除咨明度支部外，相应咨达。为此合咨贵部，请烦查照，立案施行。三月初四日。

广西陆军测绘学堂章程
第一章　总则

第一条　本堂章程谨遵陆军部奏定章程，参以本省情形，斟酌损益。

第二条　本堂为培植测绘人才而设，专以研究测绘学术为宗旨。

第三条　本堂附属广西陆地测量局，仍隶本省参谋处，参谋处未设以前暂隶兵备处，但关于教科事宜可商禀测量局定之，以期施诸实用，而无扞格之准。

第四条　学生定额六十名，附额十名。

第五条　选收学生由学堂出示招考，按格挑选，凡本省及他省驻防子弟有愿习测绘者，准其应考。

第六条　新考合格学生入学三个月，甄别后归预备科学习普通科学一年，期满考试合格者挑升专门科学，习三角、地形等科。

第七条　预科学术以一年为期，专门科学术以二年为期，三年期满举行毕业考试。

第八条　学生在堂应恪守堂规，服从军纪。其有违犯规则者，查照陆军惩罚专章，在堂惩罚。如有品行不端、资性愚钝、久病荒课、屡戒不悛者应即剔退。倘有造端生事、扰乱全堂秩序者，除斥退外，仍照军律治罪。

第九条　学生膳食及应用书籍、器械、笔墨、纸张、操衣、靴帽、蚊帐、寝台、敷布等项，统由学堂备给。

第十条　学生入堂三月，甄别一次，酌定去留。留学者按照奏定章程额数，以七成发给。

第十一条　学生或因事剔退，则不得随时添补。然因惜费求才起见，有程度与预科相当者，由本堂严加试验补入，亦可由各府中学堂咨送程度相当之学生补之。

第十二条　全堂职员办事尤为出力者，届毕业时由监督呈请参谋处禀请抚院奏请奖励，以昭激劝。

第十三条　全堂教员除另有专约明文外，每届一年期满，由监督择其勤慎得力之员，呈请酌增薪水。

第十四条　本堂监督由参谋处遴员，禀请抚院札委。

第十五条　本堂教员除本科教务长应由外洋聘请，或调留外国测绘专科毕业生派充，其余职员、教员统由监督遴选相当人员，禀请参谋处札委。

第十六条　自监督及以下各职员暂定等级，列表如下。（按：原文有此表，此处从略）

第十七条　本堂房舍无多，此后添招学生应如何增修之处，由监督切实计划，呈明参谋处核准建筑，以资公用。

第十八条　本堂各职员、教员如系兼差，则应支所兼某差薪水之半，以酬其劳而节经费。

第十九条　本堂限于经费，不能逾定额以外，如有宗旨纯正、专心向学、愿自备资斧附学者，每名按每年所需之学费缴齐，准其一体入学。

第二章　编制（按：计第二十至第二十二条，从略）

第三章　职任（按：计第二十三至第三十二条，从略）

第四章　堂规

第三十三条　学堂执事各员须选熟谙学务、明悉军事、堪为诸生表率之人。如有离经叛道、败坏秩序、淆乱观听者，立予黜退。

第三十四条　全堂职员均由监督随时考察。如有不能胜任及旷废职务之员，应即禀请参谋处撤换，遴员接替。

第三十五条　全堂职员除遵照定章，各专责成外，遇有关系大局之事，仍应互相匡助，和衷共济，不得推委膜［漠］视。

第三十六条　监督因公远出，全堂事宜归干事暂行管理。惟学科则归各科教务长管理。

第三十七条　堂内管理员除干事外，其余各职员等一律轮流值日，值宿堂中，料理一切事务，不准擅离。星期、年节、暑假时，亦照此办理。

第三十八条　各员在堂不得饮酒、宴客，并不得与学生互相馈酬。

第三十九条　在堂员生夫役，不准喧哗、搏斗，犯者分别黜惩。

第四十条　各员在堂如有应会之客，由门役先通名刺，引至会客厅，会毕即行引出。

第四十一条　堂门按时启闭，每晚点名时落锁，将钥匙交值日员收管，翌晨点名后开放。

第四十二条　全堂学生凡着操衣时，均行陆军礼节。

第四十三条　恭逢皇太后、皇上万寿及元旦日，由监督率领员生军服诣礼堂行军礼。元旦礼毕，全堂行团拜礼。

第四十四条　恭逢至圣先师诞日及开学日，由监督率领员生诣礼堂行军礼。开学日谒圣后，各班长带领学生向监督、职教员行军礼。

第五章　课程

第四十五条　本堂学生毕业后，专备测量局班长、班员之用，故于测绘各项紧要科学均宜讲授，其本科及预科课程列表如下。（按：原表列有"地形科"第一、二学年课程"科目"和授课"时间"，以及"普通科"第一、二学期教授"科目"和"类别"。这里仅将"地形科"两学年"科目"和"普通科"两学期"科目"辑录如下。"地形科"第一学年科目为"高等代数、解析几学、球面几学、弧三角法、制图术、地形测图学、地形测图教程、三角测量教程"；第二学年科目为"普通制图学、投影画法、图学、标高平图几何学"。"普通科"第一学期科目为"国文、法文、日文、图画、算术、初等代数、平面几学、初等物理学、体操"；第二学期科目为"国文、法文、日文、图画、初等代数、平面几学、立体几学、平三角法、初等物理学、初等化学、体操"。其他从略）

第四十六条　学生在堂，三年毕业，每日分听讲、自习两项，听讲以六次，自习以两次为度。听讲、自习每次以一点钟为限，每次休息十分。

第四十七条　学生在预科时，应普肄所定各业，不得随意分别轻重，其以好恶为取舍。在专门科，则各就所学，务求精到，此外均应一概屏绝。

第四十八条　各教科均须出讲义录。

第四十九条　外业时，一切事宜由该科教务长主持。

第五十条　每次实习，须于未出发前一月，监督应责成该科教务长筹拟测量计划预定表，呈请测量局核办。

第五十一条　外业时，本班班长即充出张所庶务员。

第五十二条　外业时所需野外助教，由测量局中选员派充，听该科教务长之指导分任作业。

第五十三条　外业时，学生五人派一助教。

第五十四条　外业时，虽星期例假概不休业，且于每夜须将日间所作之业，逐一清检。

第五十五条　外业时，一切未尽事宜，可参照测量局外业章程办理。

第六章　考试

第五十六条　学生考试，分月考、年考、毕业考三种。

第五十七条至第六十四条。（按：从略）

第六十五条　凡考试不到者，一律不准补考。寻常月课不到，所缺分数，以零计算。年考不到，令降一级学习。毕业考不到，即予开除，或仍令降班学习，下届再考。如确系因病及亲丧等事故，临时由监督查明，酌量情形，准其补考。

第六十六条　凡考试如有挟带、枪替、雷同等弊，扣除分数。

第六十七条　学生以端品行为要义。凡管理员、教员皆备一簿，随时详记学生品行分数，与功课分数合算。

第七章　招考

第六十八条　凡投考者将本堂规则悉心细阅，自信确能遵守，觅确实保人，且能于毕业之后服务二十年者方可报名。

第六十九条　报名者须将册内详注年貌、籍贯、住址、有无功名、父兄及曾否入过学堂，一一据实注入。

第七十条　学生应具之资格如下。（1）年龄。十八岁以上，二十岁以下。（2）品行。性情诚朴，素无过犯。（3）出身。确系良家子弟。（4）志趣。诚心向学，别无嗜好。（5）学业。文理通顺，字体端楷。（6）体格。身体强壮，手足灵敏，心细耐劳。（7）目力。能辨目力表二十号以下。（8）语言。通晓官话。

第八章　内务

（按：第七十一条至第八十一条，分别为"讲堂规则""自修室规则""食堂规则""寝室应守之规则""诊察室之规则""调养室之规则""各所规则""禁令悉遵奏定学堂章程之禁令实行之，细目如下""休假规则""学生如有不堪造就者实行斥退，其□如下""杂则"等项。此处从略）。

第九章　经费

第八十二条　凡全堂员生薪津、火食、夫役饷银、纸笔墨、医药及一切常年应用款项为额支，既经禀请立案后按月具领应用，遇闰照加。其修造房舍凉棚、学生衣履书籍器械等项为活支，随时呈请派员制办，以备学堂之用，实习测图所需测费于每次实习前一月禀请参谋处拨给。

第八十三条　职员学生夫役等薪津饷项，统限每月二十日下午发给，由本人盖戳支领。

第八十四条　学生附额十名，原备补充被斥退之遗额，故测图实习经费仍分两班，每班以三十人计算。

第八十五条　全堂额支款目列表于下。

第一表《测绘学堂每月额支款目表》（按：原表详列学堂27类人员的"名数"和每人"每月支数"，其依次为"监督"一人一百两；"干事员"一人五十六两；"预科教务长"一人八十两；"本科教务长"一人一百八十两；"法文教员"一人五十两；"汉文教员"一人四十两；"日文教员"一人四十两；"理化教员"一人七十两；"图画教员"一人四十两；"本科数学教员"一人八十两；"预科数学教员"二人各五十两；"体操教员"一人二十四两；"书记"一人二十四两；"庶务兼管库"一人二十四两；"支应"一人二十四两；"班长"二人各二十四两；"医官"一人三十两；"录事"三人各一十两；"印刷匠"一人八两；"差弁"一人八两；"护兵"四人四两五钱；"堂夫"六人各四两；"公役"二人各四两；"门役"一人四两；"号令"一人四两；"厨夫"一人一十两；"厨役"五人各四两。

第二表《每年额支表》《每三年额支表》（按：实为两表，从略）。

第三表《甲班学生实习五千分一地形测图经费表》（按：从略）。

第四表《甲班学生实习三角网测量经费表》（按：从略）。

第五表《甲班学生实习一万分一及二万分一地形测图经费表》（按：从略）。

第六表《甲班学生实习五万分一地形测图经费表》（按：从略）。

第七表《乙班学生实习五千分一地形测图经费表》（按：从略）。

第八表《乙班学生实习三角网测量经费表》（按：从略）。

第九表《乙班学生实习一万分一及二万分一地形测图经费表》（按：从略）。

第十表《乙班学生实习五万分一地形测图经费表》（按：从略）。①

按：测绘学堂为蔡锷"一手创办者"（见本书 1910 年 10 月 26 日记事），此章程当为蔡锷手定。

7 月
（五月十四日至六月十五日）

▲蔡锷在龙州任新军标统，李根源应云贵总督李经羲和云南护督沈秉堃之催促回滇，在龙州与李根源第二次见面。从后来李根源与罗佩金向李经羲推荐调蔡锷入滇来看，此次见面蔡锷当向李倾吐了他在广西的遭遇和不快。李说他们两人"至是始订交"。李是 1909 年 8 月 29 日（宣统元年己酉七月十四日）回到昆明的。②

▲蔡锷函告曾广轼大力整顿讲武堂情况。说："抵龙后，奉大翰及叶书，时以堂事纷麻，遂稽笺答，罪甚。石（陶钧）、杨（源浚）、袁（华选）三君已于日内抵龙，派充学员队长，以袁充测量局科长（月薪均百六十金，阶级少佐），军界得此数生力军，足为前途贺也。延陵季子③之办理讲武堂，丑态怪状，馨竹难书。海丰（按：指张鸣岐，他是广东海丰人）以兄承其乏，辞之不得，勉强就道。数月以来，心力卒［交］瘁，第千荆

———————————

① 《广西官报》第 21 期，宣统元年五月初十日。
② 《辛亥革命回忆录》第一集，第 324 页。
③ 暗指讲武堂前任总办吴元泽。春秋时，吴季札居延陵，称延陵季子。

百棘中，俱能迎刃而解，既坠之局于以复振，劳力之价值尚足相偿。前此学兵营聚众殴官，围赌杀人之事，层见叠出者，今则震慑于军箭军棍之下，不复萌故态矣。前此之全营出操之士兵，不过数人乃至数十人者，今则适成反比例矣（改革学兵营，尤为困难，以一日而撤换官长至廿余人之多，仅留一排长。裁散兵丁二百余人，而毫无声息，亦云幸矣）。可知'不要钱''不怕死'六字，于办事大有效力也。监督处会计拐逃银钱一案，已否了结？闻彼逃员系部中所派，于周公无甚干系，信否？东来者多不满意于大极，或亦有因。弟居幕中，似宜善尽忠告，俾其稍变方针也。舍弟等如常趋谒，务望曲施裁成，教以读书处世之方，无任感盼。忙中，不多及。"[1]

关于龙州新军及蔡锷对讲武堂的整顿情况，当时则有报载："龙州巡防队分驻各边隘，城内只有炮队一营。至于教练队，每朝徒闻洋号之声，而军人全系各队官管带之子侄，有未成年而当队官者，有不识字而当队长者，其实系由学堂出身者寥寥无几云。"[2] 又载："桂省讲武堂宪兵科，创自总办吴元泽，迄今已有一年，近因该总办聘来之日本教习学问甚浅，故成绩甚劣。前日蔡总办电禀抚台，辞退该日本教习，拟另聘才学较优之员接充。旋奉抚台电复：将该科日本教员辞退，不须另聘，即将宪兵一科停办，以节款项，并将该科学生考验，插入相当之兵学科等语。现蔡总办已遵照办理矣。"[3]

24 日（六月初八日）

▲监督雷飙、提调楼守愚禀告张鸣岐，陆军小学堂"暑假留堂学生共一百七十余名，已由初五日（21 日）在象鼻山下开始游泳，每日两次，每次约两点钟"。

按：据此可知蔡锷此时仍是陆军小学堂总办。

同日，"留学日本陆军毕业候选郎中陈之骥，留学日本陆军毕业生高兆奎、孙方瑜、李书城、全恕、孙荣、王孝缜俱禀知奉委督练公所参事官札

① 曾业英编《蔡锷集》（一），第 273—274 页。
② 《军界·边防新军之真相》，《申报》1910 年 4 月 28 日。
③ 《军界·讲武堂宪兵科停办》，《申报》1909 年 12 月 28 日。

即日到差"。①

8 月

（六月十六日至七月十六日）

▲张鸣岐奏调的浙江陆军统带官蒋尊簋抵桂，并以其分别接替蔡锷与庄蕴宽为陆军小学堂总办与兵备处总办。② 据蔡锷说，陆军小学堂的"湘人"由此大受"排斥"，雷飙等人"同时出校"。③ 雷飙也委婉表示："飙已疲甚，得辞各职，刻日离桂"。④

▲蔡锷呈禀张鸣岐，申报拟组织南宁将校讲习会。说：

代理广西全省陆军讲武堂总办、常备军步队第一标统带蔡锷为申报事。窃查讲武堂及第一标下级将校，概由本省暨各省陆军毕业生中任用，其程度之高下，学术之优劣，每多未能划一，则教练军队自不免互有异同。且青年将校平昔虽在学堂修习各种学术，而于实际上之应用则经验甚寡。代总办深虑各下级将校弃学日久，无他研究，非惟不能于军事上增新知识，诚恐失其固有之技能，于广西陆军前途大有影响，此在邕将校团讲习会之设诚不容已者也。去年冬间，曾于第一标内设立将校讲习所，合标中下级官长每日授以兵事上必要学科，为一炉陶冶之计。嗣因奉檄赴龙，事遂中止。讲武堂移邕后，即拟合堂、标两处设立将校讲习会，时以堂、营迁移未久，诸事待理，未即举行。现各事稍形就绪，经饬本堂监督、标营管带暨日本教员等公同组织斯会，分担教育。现经拟定简章，定名为将校讲习会，自十月初一日起至十二月底止为第一期。设会长、干事长各一员，以董其事。会员以堂、标下级军官四十余员充之，编为甲、乙两班，隔日到会听讲，俾各将校学术逐日增进，将来新军教育方针，借能同归一致，庶有补于万一。至开办费，由堂、标各级军官任意捐助，经常费则按薪额派捐。每届期末举行试验，由会长发给证书。其余均遵照陆军各项规则施行。

① 以上二事见《辕抄》，《广西官报》第 26 期，宣统元年六月十六日。
② 《申报》1909 年 10 月 9 日（宣统元年己酉八月二十六日）记载，浙江"二标标统蒋百器孤立无援，契然舍去"，说明他此时已离浙赴桂。
③ 曾业英编《蔡锷集》（一），第 283 页；《广西文史资料选辑》总第 38 辑，第 81 页。
④ 雷飙：《蔡松坡先生生平事略》，《国防月刊》第 4 卷第 3 期，1947 年 11 月。

205

此组织南宁将校讲习会之大概情形也。除咨兵备处查照外，理合备文申报宪台鉴核，训示祗遵。

南宁将校讲习会简章

总则

一、宗旨。本会之设立，为增进将校之知识、技能，并觇视各将校平素学修之结果。

二、定名。本会系合讲武堂及第一标将校集成一团讲习军事，故名曰将校讲习会。

三、会员。本会会员以讲武堂及第一标下级军官充之。

四、会所。以标营新建之房舍暂充会所。

五、员额。视堂、标供职之下级官长数而定。

六、讲习期。第一期定十月初一日起，至十二月底止。尔后酌量续订。

七、班次。每届期末举行试验，由会长发给证书。会员分为甲、乙两班，每班以堂、标下级官长二分之一编成之。每班隔日到会。在星期日则甲、乙两班同时到会讲习。

八、职员。会长以卫戍地高级资深之长官充之，其余各员由会长指派。

九、教习。由日本教习暨堂、标上级将校中派充。

职员及其职责

一、会长一员，总理本会一切事宜，有督饬干事长以下各员整理庶务，稽核教务之责。

二、干事长一员，禀承会长综司一切教务及庶务上事宜。

三、干事二员，禀承干事长处理全会一切事务，并任命令、报告之传达，会所之清洁，及器具之保存等事。

四、会计一员，禀承干事长掌银钱之出纳、会所之清洁、器具之保存，并监视杂役服务之勤惰等事。

五、教员若干员，禀承会长协商干事长，任各科教授之责。

六、通译官二员，协商教习任译述之责。

此外，会所附杂役一名，任会所之监守、打扫，器具之保管，及其他公务之役使。

课程

一、第一期讲习之科目如下。（一）图上战术。（二）兵棋。（三）现地讲话。（四）服务提要。（五）马术。（六）击剑。

二、图上战术及兵棋，自午后四时开始，其时间约二小时。

三、现地讲话，于星期日行之。其开始时刻，分为午前七时半及午前十时二次。

四、服务提要、马术及剑术等，于前条以外之时间行之。

五、会员应准备之物品如下。（一）地图。（二）各兵种操法，及野外勤务书、战术学，及各项参考书。（三）军队符号。（四）方眼纸。（五）手簿。（六）二十生的米＜密＞达尺。（七）两脚器。（八）铅笔及红蓝铅笔。

六、自十月初一日起至十一月底止，讲习图上战术、马术及剑术。自十一月初一日起至十二月底止，讲习兵棋、马术、服务提要及剑术。其研究之要领，述之如下（但现地讲话自第五星期之星期日开始）。

（一）讲习图上战术之先，须研究以下各项。（甲）说明战斗序列与军队区分之判别及举例，且课以作业如下。（1）以步队一营为前卫之军队区分。（2）以步队一标为基干，诸兵连合之支队之军队区分。（乙）说明行军长径，并依前项作业计算行军长径，并与以适当之地形，以略图记入其长径。（丙）揭举命令之种类并说明之，且予以简单之情况，使据之以制作诸命令。（丁）说明命令与训令之区别，且使制作简单之训令。（戊）通报、报告、详报及阵中日志等之说明并举例。（己）命令、报告之传达法。（庚）各种略图之说明并举例，更调制行军战斗及宿营之略图。（辛）设简易之想，定于图上。研究在一支队内，步队管带以下之处置。

（二）图上战术，分步、马、炮及诸兵连合之四类，先使之习会各兵科特有战斗法，然后及于诸兵连合战斗法。

（三）诸兵连合之图上战术，先就步队一标为主干者讲习之，次及于一协之战斗。所研究者，即关于攻击、防御、追击、退却、驻军及行军之诸动作。

（四）讲习后方勤务，在研究一协战斗时行之。

（五）讲习中，无论行军、战斗、宿营，皆引用各兵科操典，及野外勤务书之诸条项，摘其要领而说明之。

（六）兵棋，系研究诸兵连合支队之运用法，在使下级将校取上级职务，放大其眼光，且使其决心及处置迅速、确实，以得实兵指挥之要领。

（七）在兵棋研究之际，使行通报、报告，及阵中日志之实施。

（八）现在讲话，为补足图上战术，及兵棋上所研究之未逮者也。其应研究之各项如下。（甲）地形之记述及指示。（乙）撰定阵地。（丙）于现地调制略图。（丁）就图上战术之研究课目在现地实施之。（戊）以旗帜拟似实兵，授以任务，而行演习。

（九）服务提要，系依日本士官学校所编纂者，以讲授之。

（十）马术，据马术教范行之，使领略马匹之御法及调教法。

（十一）击剑，据击剑教范行之。

七、第一期讲习之课程，列表如下。

《第一期课程表》［按：可见《蔡锷集》（一），第 280—281 页，此处从略］。

《各班时间配置表》［按：可见《蔡锷集》（一），第 281 页，此处从略］。

经费

一、开办费，由堂、标各级军官任意捐助之。其开办费项目如下：购办器具费、购办图书器械费。

二、经常费，由堂、标各级军官，按薪水额抽捐四十分之一。其经常费项目如下：纸张粉笔费、译员夫马费、茶水、灯油及其他消耗费、杂役工食银。

规条

一、干事、会计各职员，每届开会，必须轮流到场。如因公不到，须报告干事长。

二、会员因公私事故或疾病等，不得已不能到会，须预先通知不到理由于干事。

三、会员中每班须轮派值日，会员一人司一班之庶务。例如，调查到场员数，及对于长官及教习进退会场时应行之礼节。

四、本会杂役，只设一名，会员不得以私事使役之。

五、其余均遵照陆军各项规制施行。

抚部院批：申及简章均悉。仰即认真办理，以期军事日有起色。嗣后请示之件，应具正副详文，以便批发。并饬知照。此檄。摘由批发，简章存。十二月初二日。①

8 月 16 日至 9 月 13 日

（七月初一日至二十九日）

▲张鸣岐"遵照清廷练兵处颁定通章"，"成立广西督练公所，内设兵备、参谋、教练三处。其组织如下。兵备处设三科，一考功科，二筹备科，三军需科。参谋处设二科，一筹略科，二调查科。教练处设二科，一教育科，二训练科。奏派太平思顺兵备道边防督办庄蕴宽为总办，分委留日陆军士官毕业生钮永建、尹昌衡、蒋尊篡、赵恒惕、陈之骥、胡景伊、孔庚等分任三处科长、科员。岁支银七万一千九百六十两，奏准报销有案"。②

按：如以上所述，蒋尊篡此前已抵桂。尹昌衡等人则是"己酉冬"抵桂的，其职务也是此后任命的（详后）。

▲蔡锷函告曾广轼，正"检点行装"，准备回省，并"决意将讲武堂一差辞去"。说："兄现奉前途电饬晋省一行，正值检点行装，捧读长翰，慰我良多。敝堂于旬日内迁邑，然而所住者为竹棚，教育管理上之困难，弟在万里外亦足瞑索而得其梗概矣。现蒋君伯器（按：蒋尊篡，字伯器）已奉奏调到桂，庄、钮（按：庄蕴宽、钮永建）两君亦经回省，此行决意将讲武堂一差辞去，足以稍轻负担，亦足以藏拙也。遗奖案尚有时日，内外各友劝兄捐一头衔，道也者需万金，踊跃为兄投股者颇不乏人。此事虽无谓，然居此傀儡场中，亦未尝毫无裨益，拟姑一试，但须抵桂垣后方能决也。仲公（按：周家树，字仲玉）急流勇退，自是卓见，但此时似宜稍待。若能于煞局时做几件事，令人怀去后之思，借以恢复昔年留学时之周

---

① 曾业英编《蔡锷集》（一），第 275—282 页。从文中有"自十月初一日起至十二月底止为第一期"一语推断，蔡锷此呈当上于宣统元年己酉秋。

② 《广西大事记》，第 53 页。

仲玉的荣誉。弟以为何如？舍弟松垣不甚厚重，望有以教之。松墀气质颇为拙钝，苟能勤学励志，亦足自成一格。若常叩谒台从，请以中国读书为人之道诱之。至盼。至感。"①

8—9 月
（七至八月）

▲据石陶钧撰于 1939 年的回忆说：他"开始入社会，是应蔡锷之约，自倭地赴广西。一九〇九年五月东京发，六月过桂林，与张鸣岐谈话，七月七日抵龙州"。"七月十六日"，他开始"任职为广西讲武堂学生队长兼战术教官"。其间，蔡锷向他谈起广西练兵的"主旨"是："一、为求中国独立自由，必须战胜至少一个帝国主义的国家，以此为最高目的；二、为达到此目的，必须全国一致；三、广西必须为把握全国之枢纽。为完成此事，要密切团结新人。"他还披露蔡锷此时曾"倡组武德会，要使军人社会卓出一般社会之上，完成武德化，其后改为建国团秘密组织"。②

11 月
（九月十九日至十月十八日）

30 日（十月十八日）

▲桂林陆军小学发生驱逐总办蒋尊簋事件。报载原因如下："上月（按：指十月）十八日（11 月 30 日），桂林陆军小学堂因第一班堂长见二班饭堂不洁，越俎干涉，二班学生驳之，堂长不服，掌殴学生，全班大为不平，乃扭以见监督。讵监督左袒堂长，将该生罚站刑仓，激动公愤，一时第二、三班学生（时第一班停课）皆回寝室，更去校衣，鱼贯出堂，宿于客寓，公举舍监管理同群，不得出门一步。各教员来劝者，皆以严词答之，迄无回堂之意。劝之再四，乃开队赴抚辕，肃立照墙下，令代表往见。抚宪谕以暂时回堂候办，勿荒功课，始肃队而返。"③

而雷飙则在 20 世纪 40 年代的回忆中说，此事的发生是因蒋尊簋"意气用事，随带人员颇多，又不考察该校从前办理情况、事实、效果如何，

---

① 曾业英编《蔡锷集》（一），第 274—275 页。
② 石陶钧：《六十年的我》（节录），《湖南历史资料》第 2 期，第 27、28 页。
③ 《军界·陆军学堂风潮之原因》，《申报》1909 年 12 月 21 日。

任意更换教员、学长，所换学长甚有不识一丁者，全堂鼓噪。蒋欲严厉制止，突将第二班两年级之学生百余名全数开除，全校学生更愤，遂结队将牌示携至抚院见张抚，请求收回成命。张抚不胜惊讶，即允收回，并勉励学生照常上课，各生亦欣然听命，结队回校，蒋即不辞离桂矣（按：蒋并未离桂，仅不任陆军小学堂总办，改任他职而已）。该校以后，虽接办有人，而风潮时起，几无宁日。而新集之仕〔士〕官学生四十余人，事少员多，阶级又难一致，岂能尽如人意。奉令守纪者，固尚有人，而好大喜功、争权夺位者，尤占多数，甚有夺门逼见，犯颜不惜，军纪荡然无存。庄总办无如之何，而张抚急功好名之心，一落千丈矣，且不以庄道为然。庄本文士名流，于军事实门外汉，不过假一二官僚学生，主持一切而已。挂冠去桂，亦豪气人也。张抚更形棘手，无法纠正，复电蔡公从速返桂，将兵备、教练两处及各军事学校，均予全权办理。蔡公不动声色，视为无事，凡仕〔士〕官生愿留者留，愿去者去，请假辞职，均听其便，情事重大者，酌予处分，轻者包涵之，规规守法者，慰留照常办公，即营房工程各事，亦督饬不遗余力，军事秩序，数日大定。然怨声已载道矣，张抚不觉心灰意懒，颇有去志，即乘机请假进京觐见"。①

李书城则回忆说："桂林陆军小学堂的学生，因为反对他们的总办蒋尊簋，全体学生退出学堂，散住客店。抚台张鸣岐慌了，恐因此被参，找督练公所庄蕴宽总办，共商平息风潮的办法。庄蕴宽要我劝告学生回堂，我应允了，即到学生队伍面前告诉他们说：'我是你们的新监督，如果你们不反对我，即同我一同回堂。'他们跟我回堂后，我即宣布说：'如果我的命令或告诫是不合规章或是不合情理的，你们可不遵从，否则你们须守纪律，并该听我的话。'他们都应允了。"② 还有人编撰的《晚清广西大事记》也记述："陆军小学堂学生罢课，抗议总办蒋尊簋任用同乡、压制民主，学生纷纷搬出学校。巡抚张鸣岐命监督李书城劝带学生回校复课。"③

按：李书城的回忆，也有他人的回忆可印证。如刘克初说："蒋尊簋、

---

① 雷飙：《蔡松坡先生生平事略》，《国防月刊》第 4 卷第 3 期，1947 年 11 月。

② 李书城：《辛亥革命时期广西的陆军干部学堂和陆军小学堂》，《桂林文史资料》第 2 辑，第 118 页。

③ 《广西文史资料选辑》总第 38 辑，第 84 页。

钮永建也做过我们的总办（按：指陆军小学总办）。雷寿荣、李书城也做过我们的监督。""他们是革命先进，对我们极力启发。我们常常受到这种熏陶，思想自然很有进步。"① 又如，与刘克初一起由"马邑西等小学送考"，并被录入陆军小学第三期的学生黄梦年等人的回忆，就更是把李书城处理此次驱逐总办蒋尊簋事件的经过描绘得细致入微了，他们说：在陆军小学堂，"蒋尊簋将自己带来的人（都是蒋的同乡江浙人）委充我们的学长。这三个人是弁目学堂出身的，文化很低，而又装腔作势，喜欢舞文弄墨充斯文，写点东西出来，别字连篇，文理不通。同学任经（第一班学生，革命先进）忍不住，写了一个条子'肚里没点墨'，贴在饭堂门口。在吃饭的时候，这位学长看见了，知道是挖苦他，就大声说：'谁说肚里没点黑！'学生都笑起来，任经大笑不止，并说：'墨字和黑字都不懂，真是肚里没点墨。'这位学长满脸通红，老羞成怒，跑到饭桌看了任经的名字，报告蒋尊簋总办，将任经禁闭一个星期。同学们认为处置失当，派代表要求总办免予处分，并要求将这位不称职的学长革职。蒋尊簋大怒之下，要把代表一起禁闭和开除任经，学生更不服气。事情闹大了，牵连到蒋总办任用私人、压迫学生的问题。一轰出校，分住到各客栈，召开全体大会，到全堂同学三百余人，第二天集队到抚台衙门请愿，选派四位代表，要见张鸣岐巡抚，要求免予同学的处分，并将学长革职。张鸣岐命听候解决。这时，兵备处总办庄蕴宽、会办钮永建、陆军小学堂总办蒋尊簋、监督李书城（雷飙监督调职后派干部学堂监督李书城来堂兼任）都齐集在抚台衙门，商讨平息陆军小学堂风潮的办法。蒋尊簋说：'这班学生目无法纪，太坏了，造就出来也没有用，应予全体解散。'李书城则说：'我看这班学生很好，有志气，如果培养得好，将来是有用之材。'正针锋相对争执着，庄蕴宽以兵备处总办的资格，作出处理的办法说：'蒋总办认为这班学生要不得，而李监督又认为这班学生好，各有不同的见解，现在只有将这班学生交由李监督带回学堂管教一个月，如果还可以造就，就留下来，如果再闹乱子就解散。'张鸣岐同意了庄蕴宽的意见，令李书城把学生带回去严加管教。李书城出到衙门前对学生宣布：'奉大帅命，大家回学堂去好好念书。'于是将学生率领回堂，到了操场，讲了一番鼓励的话，并且出了一条题目：'诸生学陆军的

① 刘克初：《广西陆军小学与辛亥革命》，《桂林文史资料》第 2 辑，第 133 页。

目的何在？'要同学当天把文章写好，同学们在散队后，立刻做了文章，多数都是说求学是为了革命救国的话，李书城在一个夜晚看完了卷子，第二天集合学生训话说，我昨晚看完了你们的文章，很好，有志气，大丈夫，说得出，做得到。我把你们的文章收起来，将来要兑现的呵。同学们听了感动很大，对李书城就奉之为革命导师了"。① 甚至还"画龙点睛"地特意交待李书城是"雷飙监督调职后"由"干部学堂监督"派到陆小"兼任"监督的。

然而，李书城等人的回忆是否属实，仍有诸多可议之处。第一，发生于 1909 年 11 月 30 日的事，70 多年过去了，竟然能说得如此详尽，连当时各人说的话尚能记得一清二楚，着实令人难以想象，除非留存有当时的文字记录，可回忆者们并无只字交代。第二，黄梦年等人当时只是一个普通学生，并无参加兵备处总办庄蕴宽、会办钮永建、陆军小学堂总办蒋尊簋、监督李书城商讨平息风潮办法会议的可能，也无阅看各学生奉命作文"卷子"的权力和机会，何以能知道他们商讨平息风潮办法时彼此的主张？又怎能知道多数学生的作文卷子"都是说求学是为了革命救国"？第三，李书城与黄梦年等人所说事态过程，与当时报载的一个重要节点和人物，即学校"监督"对学生的态度大相径庭。报载说的是，因学生"一班堂长"，"掌殴学生，全班大为不平，乃扭以见监督。讵监督左袒堂长，将该生罚站刑仓，激动公愤"，从而引发"风潮"。也就是说当时的这位"监督"并非如李书城们所说是友善学生的，显然不可能是李书城，而别有其人。第四，当时的记载，明确说了李书城任的是干部学堂的"监督"，任期为"己酉八月（1909 年 9 月 14 日）后"至"十二月（1910 年 2 月 9 日）回籍"。② 看来，黄梦年等人也是了解这一事实的，为了圆李书城和自己的回忆，才特地在回忆中"画龙点睛"地补了一句，李书城是"雷飙监督调职后"，由"干部学堂监督"派到陆小"兼任"监督的。或许黄梦年等人的这一笔确系事实，但是，就个人而言，因为迄今未见到事发当时有李书城兼任陆军小学堂"监督"的文字记载，仍难以认可这些人对此事的回忆，以及学

---

① 尹承纲、黄梦年、陈雄：《广西陆军小学堂学生与辛亥革命》，《桂林文史资料》第 2 辑，第 129—130 页。

② 病武：《桂林春秋·干部学堂毕业》，《南风报》第 1 期，宣统三年辛亥正月十五日（1911 年 2 月 13 日）。

术界据此回忆而做出的判定。

12 月
（十月十九日至十一月十九日）

▲10 日（十月二十八日）

报载陆军部定广西编练新军一镇后，张鸣岐以"边关防务重大，奏请添练一镇，经部议复准先添练一混成协。现正计划一切。除旧定一镇系就本省荣、济两军改编，至混成协则拟实行征兵。近已罗致留学日本士官学校毕业生数十人，并设立干部学堂以养成下级将校。约计明年冬间开征，至宣统三年可以成立。现经督练公所定章，该协内中等三级以上之将校必须在外国士官学校毕业者方为合格，其下等一级以下则先尽用本省所养成之将校，如干部学堂、讲武堂、前边防弁学堂各毕业生，间用外省之投效学生，定例极严，以冀将来得收完全之效果，可为通省新军模范。故近来外省来此投效者，虽络绎不绝，均因无事可派，闲住旅店云"。[1]

1910 年
（宣统元年己酉十一月二十日至宣统二年庚戌十一月三十日）

1 月
（宣统元年十一月二十日至十二月二十一日）

3 日（十一月二十二日）

▲有作者以"选"之名在《申报》上发表文章，感慨留学生的风气，今已大不如昔了。说："昔日之留学生苦，今日之留学生乐。昔日之留学生译书，今日之留学生画稿。昔日之留学生替国民说话，今日之留学生替政府说话。昔日之留学生辫子惟恐不剃，今日之留学生头发惟恐不长。昔日之留学生锦辉馆中开大会，今日之留学生王爷台前磕响头。昔日之留学生

---

① 《军界·边省编练新军之预备（广西）》，《申报》1909 年 12 月 10 日。

立宪共和、君主民主，今日之留学生举人进士、老爷大人。昔日之留学生认有国家，不认有朝廷，今日之留学生认有朝廷，不认有国家。昔日之留学生吹牛，今日之留学生拍马。昔日之留学生爱国，今日之留学生卖国。昔日之留学生西洋装，今日之留学生貂皮褂。昔日之留学生拼命演说，今日之留学生拼命拜客。昔日之留学生像泼兰地酒，今日之留学生如鸦片烟灰。昔日之留学生自命为武士道，今日之留学生自赧似新嫁娘。昔日之留学生气如无双之国士，今日之留学生态似专宠之姨娘。昔日之留学生人力车到留学生会馆，今日之留学生大马车到宪政编查馆。昔日之留学生草章程、当翻译、打电报，今日之留学生吃花酒、讨姨娘、做红人。昔日之留学生号于众曰是英雄，必革命，今日之留学生号于众曰不得已，才做官。昔日之留学生以救国为口头禅，今日之留学生以当差为糊口计。昔日之留学生骂官，今日之留学生挨骂。昔日之留学生要求要求，今日之留学生运动运动。昔日之留学生声光化电工商法，今日之留学生柴米油盐酱醋茶。昔日之留学生慷慨悲歌，痛哭流涕，今日之留学生退□自公，委蛇委蛇。"①

2 月

（宣统元年十二月二十二日至宣统二年正月十九日）

8 日（宣统元年十二月二十九日）
▲吕公望等一行约 30 人抵达广西桂林。

按：以下事实可确定吕公望等人是这一天到达桂林的。1911 年 4 月 13 日（宣统三年辛亥三月十五日），尹昌衡说他是"己酉冬"（1909 年冬）到达桂林的。② 而吕公望的回忆则将这一时间进一步具体化了，说："一九〇九年十二月二日（按：此为阴历，即 1910 年 1 月 12 日），由上海乘轮行，到十二月二十九日（1910 年 2 月 8 日）到广西省城桂林。同行者，日本士官毕业生孔庚、李书城（按：同行者实际没有李书城）、杨曾蔚、覃鎏欣[钦]、王勇公（按：即王孝缜，实际与李书城一样也不在其列）、孙孟戟、

---

① 选:《清谈·留学生之今昔观》，《申报》1910 年 1 月 3 日。
② 尹昌衡：《兵事纲要》，《南风报》第 4 期，宣统三年辛亥三月十五日（1911 年 4 月 13 日）。

尹昌衡、雷寿荣、陈之骥、田家轩等；陆大毕业李灵蛮、何遂，我的同学有刘昆涛、林知渊、杨明远等，约三十人左右。"[1] 何遂的回忆也颇与吕接近，说："一九〇九年底，我们一行人在王孝缜率领下，由上海到香港，在九龙见到了赵声……一九一〇年农历春节（按：1910 年 2 月 10 日），我们到了山明水秀的桂林。"[2] 可见，留日士官毕业生尹昌衡、陈之骥、赵恒惕、孔庚这年 1 月 12 日（宣统元年己酉十二月二日）自上海乘船赴桂，2 月 8 日（宣统元年己酉十二月二十九日），或如何遂所说"农历春节"的 2 月 10 日到达桂林，然后任职于新军各机关、学校和部队。

不过，吕公望等人抵桂后，随即便陷入内部"暗斗"中。有人为此撰文说：

> 带来种性好，何心作酒狂。偶因消愧儡，聊尔命壶觞。入梦惟宗国，还家亦异乡。乾坤终弃我，犹不效蒙庄。
>
> 带来种性好，不济亦为之。到眼衣冠痛，横腔蛤蚌悲。死生何足论，恩怨漫相疑。此意嗟谁解，新添鬓上丝。（庚戌之春，桂林军界，群英济济，极一时之盛。卒以恩怨相疑，暗斗渐剧，以至瓦解。作者想系目击斯情，沉痛久郁，故感为此作，有"还家亦异乡，横腔蛤蚌悲"等句。读者当以血泪视之，勿作诗骚观。至悲凉中尤带刚劲气骨，潇洒神情，非有大觉悟、大摆脱工夫，不能臻此。邃注）[3]

2、3 月间

（宣统二年正月）

▲蔡锷函复曾广轼，自己的近状是进取观念日消，淡退念头日涨。说："久不通音候，甚切驰念。朵云忽颁，为之距跃。东京学界愈趋愈下，周道而吴复逃，继之者当难其人，而大部欲留此赘疣为闹笑话机关，抑又何邪？兄事仍旧贯，鲜可告者。唯进取之观念日消，淡退之念头日涨，此近状也。

---

① 吉迪整理《吕公望亲笔稿》，中国社会科学院近代史研究所近代史资料编辑部编《近代史资料》总 87 号，中国社会科学出版社，1996，第 195 页。

② 何遂：《辛亥革命亲历纪实》，《辛亥革命回忆录》第一集，第 463 页。

③ 季子：《读霜红龛诗，有"带来种性好"五字，喜之，爱用作起》，《南风报》第 2 期，宣统三年二月十五日（1911 年 3 月 15 日）。

讲武堂三月卒业后，决拟奉家母回籍，如能耕钓糊口，不愿作出世想矣。现预计行囊，无他项事实发生，除盘川外，约留三百金之谱。此居桂五六年之储蓄也，以告吾弟，当为哑然失笑。捐官事，去年怂恿者颇众，且均愿助资，海丰尤力赞成（允出四千）。兄均以受惠大［太］普，足为将来之累，决计作罢，自今思之，甚得计也。滇督念旧，托某君为先容，欲邀约赴滇。近日迭接前途函电，嘱早日离桂前往，如允即奏调云云。兄以母病道远，容缓计议辞之。盖滇中军事较桂省尤难，基础已坏，欲挽回补救，决非一二人之力所能奏功耳。南华（按：以庄子暗喻庄蕴宽）现已去桂，一则与海丰意见微有抵牾，一则事事棘手，无从施设，故知难而退。此公既去，桂省军事更无可言矣。舍弟于台从处挪用款费，未函告其事，甚属荒唐。今既声言奉赵，似尚未染着东京国民气概。而吾弟乃却之不受，又从而奖饰之，殆所谓爱而不知其恶欤？去秋陆军小学改委总办，湘人大被排斥，雷时若等同时出校。继而桂省大起风潮，前之排人者，旋即为人所排，今则转而思慕湘人矣。吾弟闻之，当为解颐。扪心自问，兄之对于西省毫未吃半点冤枉饭，可以质诸鬼神者也。抟九（按：曾鲲化，字抟九）来桂查勘铁路，于去腊抵邕，盘桓半月而去。相晤极欢洽，聆其述京华近事，颇不满杨湘潭（按：指杨度，他是湖南湘潭人），谓其傲慢而反复。汾阳（按：借指郭人漳）近有被撤消息，但系得诸传闻。知注，并闻。"①

3 月

（正月二十日至二月二十一日）

31 日（二月二十一日）

▲张鸣岐颁布《抚部院批兵备处详拟学兵营及征募学兵章程缘由文》及四个附件。说：

> 据详及章程表件均悉。现已摘要电饬桂、平、柳三府先行示谕，仍由该处将征募章程迅速印刷多本，刻日呈缴，以凭转发各该属查照办理，以资遵守。征兵官即由处选定，详候核委。至营长、队长及附

① 曾业英编《蔡锷集》（一），第 282—283 页。

军官各员，现经札委另檄行知。惟营长责任重要，应改为月支薪俸一百六十两，以示区别。所有现表所列薪俸总散各数，应查明一律更正。余照办，仰即遵照。此檄。章程及表均存。二月二十一日。

（甲）原详

广西兵备处兼管教练、参谋两处为详请事。案查混成协成立期限甚迫，所需下级干部亟应及早筹备，前承宪台面谕，饬于余家渡附近赶造步队一标，房舍先设学兵营，养成全协军士，以为年内成协之基础。等因。奉此。兹将拟定学兵营章程十八条、附表三张并征募章程一册、成立办事期限表一张备文详请宪台察核，于月内委定学兵营重要各军官及拣员前赴各征兵区，速将此项学兵征齐，勒限入伍，以便开始教练，并请宪台先行电饬平乐、柳州各地方官先期出示晓谕，务遵办事期限，准备一切，以免延误。除征兵官应俟拣请派委并一面督催混成协工程局赶造营房外，所有拟定学兵营各章程表册并请委定军官征募学兵缘由，理合备文连同表册详请宪台察核批示遵行。

（乙）学兵营章程

第一条　广西陆军学兵营以养成各兵科之下级干部为目的。

第二条　本营所设之职员及学兵之额数如附表第一，职员之数不得过定额以外。但临时增加职员时，应具由详请教练处核准，承督办许可后方得照行。

第三条　营长直隶教练处总办，总理营务，监督军纪、风纪，对于学兵学术之进步须担责任，其他概照军队内务书内统带官之职务施行。

第四条　执事官承营长之命，掌管营内之庶务，概照军队内务书内标执事官之职务施行。

第五条　队长直隶营长，分担该队学术之训练，概照军队内务书管带官、队官之职务施行。

第六条　各队职员以下之服务，概准军队内务书诸定则施行。

第七条　队附军官及军需、军医各官，应承营长之命令，分掌其职务。

第八条　宣统二年三月上旬，行学兵体格检查及入营试验，其合格者使于四月上旬入营。

第九条　学兵之修学期，自宣统二年四月起，至同年十一月止。

第十条　学兵教练之次序，概依各兵科一年间教育顺序表施行。其分配如下表（按：从略）。

第十一条　职员以下，在营内居住为定则。军士以下所需之兵器、弹药、被服、书籍、粮秣、器具、消耗品等，均发给或借与之。

第十二条　本营由成立至撤去间，职员以下之薪饷如附表第二（按：从略），其全体经费之预算如附表第三（按：从略）。

第十三条　学兵不得以自己之请愿退营。其因疾病或他之障碍无学术进修之望者，可由该队长禀请营长核准令其退营，并详请教练处存案。学兵中居下列各项之一者，该管队长可禀请营长令其退营：一、学术过劣，无卒业之望者；二、紊乱军纪，屡犯规则者；三、品行不正，屡戒不悛者；四、雁伤痿疾病，无卒业之望者。

第十四条　入营两月以内，学兵如退营过多时，营长可详请教练处施行补缺募集。

第十五条　营长于修学期末，会集各队长及职员开会议，调查学兵修学之成绩，制成考科列序表，附以考科表及兵籍，报告教练处。

第十六条　学兵卒业后，分遣之服装、旅费等，营长应受兵备处总办之指示，于出发前十日定之。

第十七条　学兵卒业后，其成绩优秀者任为下士，其他作为一等兵，俟军队官衔军士缺乏时，可酌量成绩升补。

第十八条　学兵之卒业者，授以卒业证书。

（丙）学兵营办事期限清单

一、征兵员起程：二月二十五日。

二、开征：三月初五日。

三、征齐：三月二十日。

四、入伍：四月一日。

（丁）征募学兵章程

第一章　宗旨及办法

第一条　本处承督练处督办宪命令，预定本年腊月编练混成一协之计划，故拟先办学兵一营，以学兵千人为额，授以下级干部之学术，于腊月以前养成军士之资格，以备成协之用。

第二条　此次招募，用征兵之规则，所以寓征于募，以开将来征兵之先声。

第三条　学兵营拟定四月上旬成立，故征募务于三月下旬一律蒇事。

第二章　征募局及征兵官

第四条　拟在桂林、平乐、柳州三处各设一征募局，以桂林为第一局，平乐为第二局，柳州为第三局。每局设试验场一所，以为考验学兵之地。

第五条　第一局设于兵备处。第二、第三两局由征募局长就各处情形择地设立。

第六条　征募局之职员如下：中等征募官一员，为局长；次等征募官二员，为委员。司书一名，征募弁二员，护兵二员，仆役、伙夫共三名。

第三章　征募局职员之权限及责任

第七条　局长总理一切事务，指挥所属各员。而对于兵备处，负担该局一般成绩良否之责任。

第八条　局长所属各员中，如有不听指挥或怠于任务者，得酌量情形，分别报告兵备处，更派他员。

第九条　该局所有文牍及支应等事，局长得指令所属各员分任之，但局长须负监督之责任。

第十条　局长依据本处简章之范围，得就该局内部之事订立细则。

第十一条　局长担任与各该地方官交涉之事。

第十二条　委员承局长之指挥，而于其分担任务成绩之良否，对于局长须负其责任。

第四章　征募经费

第十三条　征募经费由预算征兵经费项下开支。

第十四条　征募官以下由兵备处派出者，不另支给薪水。至伙食及关于征募一切费用，则实报实销，尤宜节省。

第五章　征募格式

第十五条　征募格式如下：一、年岁，十八岁至二十五岁；二、出身及程度，土著而有公局绅董担保，且粗识文字；三、身长，一米达六十生的以上；四、胸围，须有身长四成五以上；五、体重，须湘平一千二百六十两以上；六、手力，须左右手能提五十斤齐胯；七、目力，须距二丈能辨七分之楷书字画；八、肺量，须二千五百立方生的密达以上（如无肺量器，以胸围涨缩差二十分之一有余者为合格）；九、耳力须灵捷，言语须清楚，五官须端正，四肢须灵活。

第六章　担保规则

第十六条　保人只须担保应征之人确有家属，指明居址，向系土著良民。即或缉逃之时，只责担保人指示逃兵家属，并不强其缉逃，以免牵累。惟无家属或居址不符，则惟保人是究。

第七章　地方官之责任

第十七条　府官须严饬所属照章遵办，先期出示晓谕，并筹提倡鼓励之方，使土民踊跃应征。

第十八条　会同征募官定期招集城乡绅董、市村长老及商学界之有名望者，于开征之日亲临该局演讲征募之宗旨及办法。

第十九条　遇有征募官会商事件，务须互相研究，竭力辅助。于地方一切情形，尤须明白指示，俾征兵事务得迅速、便利之成绩。

第二十条　择各乡公正绅董，用公文照会或谕单，令为劝征董事、市长村长之公正者，谕为劝征义务员，俾资襄办。

第二十一条　会同征募官招集绅董，计划设立劝征所一切事件。

第二十二条　凡关于征募来往公文，随到随办，不得迟误。

第八章　附则

第二十三条　本简章经督练处督办宪裁可后，即由督练公所速发一册与预定征募地方之各府州县，俾地方官得知征募之规则，办理易于措手。至各地限定之征额，得由各局长按照情形，互相商酌增减其数。①

按：对此，稍后有媒体报道说，4 月 10 日至 5 月 8 日（庚戌三月），张鸣岐为编练广西新军混成协，开办学兵营于桂林李家村，"由桂林、平乐、柳州三府征集八百人，编成步四队，马、炮、工、辎各一队"。初由王孝缜

---

① 《广西官报》第 61 期，宣统二年三月二十二日。

任管带。①

本月

▲尹昌衡、覃鎏钦、杨曾蔚等人力主创办月刊《军国指南》杂志，并于5月2日（三月二十三日）出版第一期。宣布宗旨为：1. 发起尚武精神；2. 普及军事知识；3. 研究兵科学问；4. 决定边防计划；5. 讨论征兵办法；6. 考究各国军备。② 但不久就被巡警查封了。③ 在此前后，还发生了另外两起有关"革命"而闯祸的事。据吕公望回忆："何遂在干部学校当教员，他带学生在操场演说革命，最后激动学生说：'你们大胆赞成革命的，上天桥上跳下来，表示决心。'因此一个学生跌坏了，这事就传开去。这是第二件闯祸的事暴露了。"又"有一天，桂抚张鸣岐请杨曾蔚、陈之骥、尹昌衡、孙孟戟几人吃便饭，张抚先诱着他们谈革命事件，先把身藏着短手枪拿出来说'我是赞成革命的一个人，因此我随身带着手枪，随时可练习练习，预备将来好用'云云。尹昌衡接过来看这支枪时，连放三枪，将会客室二块玻璃窗打破了。张抚呵呵大笑。尹昌衡遂将革命情形大概的透露出来，并言要举大帅为首领云云。张抚不露形迹，含笑颔之而已。食毕，并赠每人安南刀一，用红布扎好，斜挂每人肩背上送出。杨曾蔚回寓后，差人来叫我去，醉醺醺的兴奋极点地对我说云：我今天得四宝：一、安南刀；二、岳飞像；三、得一美妾；四、得张大帅一个大同志等语。我听到这样话，心内甚为恐慌，而面子上答以帮办，今天须早睡，有话明天再讲。余回寓后，一夜前思后想，不能合眼，知祸事发作不远了。这是第

---

① 《学兵营满期》，《南风报》第1期，宣统三年正月十五日（1911年2月13日）；《广西文史资料选辑》总第38辑，第87页。

② 《广西文史资料选辑》总第38辑，第87页。

③ 是年，"桂林新军外籍同盟会员尹昌衡、覃鎏钦、杨曾蔚主办《武学报》，吕公望为经理，出版了两期，因发生张鸣岐驱逐外籍革命志士案而停刊"（《广西文史资料选辑》总第38辑，第85页）。但吕公望说："尹昌衡、覃鎏欣〔钦〕、杨曾蔚等，坚决的要办一个《指南报》月刊（按：实际名为《军国指南》杂志），为鼓吹革命之用。第一期印二千份，不几日统销完了。但革命党报的谣传甚炽，巡警道胡铭槃就派巡警来封闭了。尹昌衡等用再接再厉的办法，再改名为《南风报》（按：实际是《南报》），又出版了，新印四千份，又统销罄了，巡警又来封闭了。第三次改名为《南报》（按：实际是《南风报》）。"（《近代史资料》总87号，第195页）何况今尚存该杂志1910年6月21日出版的第2期，就名为《军国指南》，可见，不是《武学报》。

三件闯祸的事暴露了"。果不其然,张鸣岐随即"扣押"了陆军小学堂监督雷寿荣,并扬言要"开军事会审"。后经提法使王芝祥斡旋,张鸣岐答应"不开军事会审了",但王孝慎、孙孟戟、杨曾蔚、陈之骥等人"限三日内离开桂林"。①

4 月

(二月二十二日至三月二十一日)

中、下旬(三月初二日至二十一日)

▲蔡锷将广西新军第一标"自光绪三十四年五月开办之日始至宣统二年二月止"之"各项著要事件,按照年月次序",编成"简要历史","咨送"到陆军部军谘处。②

5 月

(三月二十二日至四月二十三日)

9 日(四月初一日)

▲清廷陆军部军谘处札委"广西兵备处总办蒋尊簋一员充广西参谋处总办"。③

6 月

(四月二十四日至五月二十四日)

1 日(四月二十四日)

▲报载张鸣岐"日前奏请陛见,已蒙允准。兹闻其原因,系属三事,一为边防军政,一为边防交涉,一为全桂路线。三项要政,头绪甚繁,非往返电商所能周密,必须与枢府及各部详细会商,方能核定办法,故奉旨允准。又闻该抚此次到京尚须多延时日云"。④ 8 月 15 日(七月十一日)又有报道说张鸣岐"去桂"。⑤ 8 月 27 日(七月二十三日),又载张鸣岐"行

---

① 《吕公望亲笔稿》,《近代史资料》总 87 号,第 196—198 页。
② 《清末新军编练沿革》,第 290 页。
③ 《军谘处续派各省参谋人员》,《申报》1910 年 7 月 24 日。
④ 《申报》1910 年 6 月 1 日。
⑤ 病武:《桂军春秋·新抚莅桂》,《南风报》第 2 期,宣统三年二月十五日(1911 年 3 月 15日)。

将到京，闻政府拟将张留京内用"。① 9 月（八月），报载魏景桐出任"护理广西巡抚"。② 10 月 29 日（九月二十七日），清廷颁布上谕："两广总督着张鸣岐署理，未到任以前着增祺暂行兼署，钦此。"③ 据报载，张鸣岐此前曾"运动升授粤督，不愿再回本任"，"今闻日内即将请调出京，回籍修墓。其原因系为此次谘议局风潮，政府以其与两粤绅民未能融洽，故嘱张暂回本任，再候升调。张以与广西绅民感情太恶，诚恐再起冲突，不欲回任，故借修墓以待好音。然据今日上谕观之，则好消息当不甚远"。④

7 月

（五月二十五日至六月二十五日）

7 日（六月初一日）后

▲蔡锷奉张鸣岐命从南宁回到桂林任陆军干部学堂总办职，并继王孝缜之后为学兵营管带。至 11 月（十月）销差（详下）。

按：关于干部学堂及学兵营的概况，有媒体做过如下报道：

炮科实弹射击：干部第一期学生定于庚戌年底卒业……炮科于十一月二十二日在干部学堂西端约千米达土岗附近行实弹射击。

干部学堂毕业：广西干部学堂第一期步、马、炮、工、辎科学生于宣统元年五月（1909 年 6 月）入堂，至二年十一月二十五日（1910年 12 月 26 日）行毕业式，毕业者百五十一人。

案：干部学堂为养成适用于广西新军之将校而特设者也。而有心人经营之者亦最切，己酉之冬庚戌之春，新军未练而陆军士官生已来三四十人，其踏实地行实事者只在干部，使积以日月，前途正未可量。惜夫变幻百出，修业于春光绚灿之时代者，毕业于隆冬萧索之时代也。今者毕业之学生又纷纷赋归矣，有军政之责任者，其何以处之？

兹述干部两年内办学之人名于下：

---

① 《申报》1910 年 8 月 27 日。
② 《申报》1910 年 9 月 26 日。
③ 《申报》1910 年 10 月 30 日。
④ 《申报》1910 年 10 月 29 日。

程守箴，湖北人，开办时总理。

那玛善，旗人，开办时科长。

庄蕴宽，江苏人，己酉八月后总办，十二月回籍。

李书城，湖北人，己酉八月后监督，十二月回籍。

陈之骥，直隶人，庚戌正月后监督，五月间回籍。

蔡锷，湖南人，庚戌六月后总办，十月销差。

覃鎏钦，广东人，庚戌十月后总办，毕业后改委。

张文通，直隶人，现在第二期监督。

学兵营满期：学兵营开办于庚戌三月（1910 年 4、5 月间），初由桂林、平乐、柳州三府征集八百人编成步四队，马、炮、工、辎各一队。管带初为王孝缜，继为蔡锷，现为钟鼎基。至十二月已届预定期限，自十二起检阅数日，学兵共有六百人……

案：学兵者，新军之模范也，新兵营即新军之模范队也。前以不先造成模范队，则新军必无良果，故设学兵营。今乃已造成模范队，而仍无可练之新军，乃至于纷纷请假回籍，则前七月间之教育何为者。夫学兵之业，非七八月所能毕，学兵之贵，尤毕生所不能尽。记者深望学兵诸君温故知新，磨励以需，尤望学兴诸官长振奋精神，以身作则也。[1]

10 月
（八月二十八日至九月二十九日）

23 日（九月二十一日）
▲干部学堂发生"排斥总办蔡锷"的退学事件。

26 日（九月二十四日）
▲广西谘议局电请同乡京官"维持桂局"。说："北京学部大堂暨同乡诸公鉴。蔡锷在桂练军，劣迹昭著，近又将干部学生无故开除六十余名，本省占四十余名，激动公愤，全体退学，现该校已无本省学生。似此任性

---

① 病武：《桂林春秋》，《南风报》第 1 期，宣统三年正月十五日（1911 年 2 月 13 日）。

妄为，军政必无效果，经由局呈抚查，乞维持桂局。敬。印。宣统二年九月二十四日。"①

关于干部学堂"排斥总办蔡锷"退学事件的过程，有以下两类文献的详细记载。

第一是报刊的报道。如定于1910年10月22日（宣统二年九月二十日）发行的《南报》第三期在记者病武所主办的专栏"桂林春秋"上，发表了一篇《干部学堂广西学生退学始末记》的"来稿"，依次记载如下：

一、发端。九月二十一日，干部学堂第二期广西学生以排斥总办蔡锷之名义，全体整队出堂，凡四十六人。

二、布置。出堂后，集合于右一村，随即排队入昌平栈，编定各种职务，如定值日生，派守卫，演精神讲话之出入、会客等规则，以整军纪。另定评议、调查、庶务、文牍等职，以分掌各事。

三、劝导者。二十一晚，二期帮教邓、谭二君到栈演说，力陈出堂之非计，嗣谘议局议长甘、干部监督覃、一期区队长刘相继到栈，均申说出堂之不可，敦劝回堂。干部学生，婉言谢之。二十二晚，二期科长谢、赵二君到栈，敦劝回堂。干部学生，谢之如前。

四、动作。二十二日，发报告书，通告省城文武各学堂大旨，申明排蔡之原因与目的，并实行之手段、次序。呈抚宪禀，举出浮开报销、滥用私人、徇纵败类、考试舞弊、妨碍卫生五款。二十三日，续发致各学堂报告书，并派访调查员，探访各学堂对于干部出堂之意见，派代表赴谘议局申诉出堂不得已之苦衷，并恳谘议局出为主持。二十四日，发京电并印布告广西同胞书。第一期干部学堂广西全体学生出堂，凡八十七人，分驻集贤、昌平、连升等栈。两期代表协议办事方法，并编定职人员之序列、实施精神讲话及筹款方法，而两期干部之动作乃联合。二十五日，两期合禀抚宪及发行布告书。二十六日，派代表见巡警道，见谘议局议长（第一期干部以分驻三处，散漫无稽[纪]，难以维持军纪，乃一律迁入昌平栈，而第二期移至吴均和栈）。二十七日，递护抚续禀，递臬台王参议、劝业道胡参议禀各一，上前

① 《广西谘议局第三次报告书》甲编，第四类"电信"，广西官书局宣统二年（1910）编印本，第7页。

兵备处总办庄公函一，均陈明总办不去，学生不能回堂之故，乞顾大局，秉公主持。派代表见巡警道、臬台、劝业道。二十八日，禀复臬台、劝业道、前庄总办等函。二十九日，再发各学堂报告书。代表至监督处要求三事：（一）总办销差；（二）开除学生，另行甄别；（三）学生回堂，不受处罚。三十日，各学堂停课，代表齐集昌平栈，筹商协同排蔡之法，当拟办法数条（秘）。

五、各官长之主持。（一）谘议局。各议员以事关全省命脉，不忍坐视，奋然仗义执言，于二十四日提议查办蔡谔［锷］事件。二十五日，将决议案备文申送抚院，并电北京同乡。二十六日，议长上院，力言总办不去，学生不肯回堂。（二）臬台与劝业道。两参议以顾全军大局，始终居中维持。二十六日，抚宪批下派令，查办蔡谔［锷］。二十七晚，传见代表，再四申说不回堂之非，譬喻百方，历时甚久。代表终以未见切实办法，众情惶惑答之。二十八晨，劝业道有亲笔书长函一缄，致干部学生，嘱令回堂。二十九日，开军事会议，两参议主维持。三十日，蔡谔［锷］销差之批下。（三）巡警道。二十六日，巡警道传见代表，嘱令先行回堂，然后查办蔡谔［锷］。（四）前兵备处庄总办。二十七日，函复干部，亦劝先行回堂。

六、各学堂之摇动。二十八日前，各学堂惟与干部书信往复。二十八日后，各学堂乃一律停课。以陆军小学、师范学堂、高等巡警学堂为最先，测绘学堂、农林学堂、中学堂、大成师范、巡警教练所，以及中小各学堂等继之。三十日，开代表会议于昌平栈，陆军小学、测绘学堂已递禀抚宪，陆军小学又有罢课理由书。各学（堂）拟接续递禀发表罢课理由书，而蔡谔［锷］已销差，遂皆寝议。学兵营于二十八礼拜日有四百人将乘礼拜日出营，幸官长先事豫制，暂得无事。阅三日，局定遂如故。

七、抚之批示。二十六日，发出第一批，勒令学生即日回堂，照常上课，蔡总办种种劣迹，派员查办。二十九日，发出第二批，仍命学生迅速回堂，照常上课，总办之事，静候查明办理。三十日，悬牌，总办准其辞差，遗差委覃监督兼甄别别退学生，札委两司两道复考。

八、全体回堂。总办销差之批既下，学生三件要求均达。三十日晚，由覃监督率各区队长带同军乐队，赴昌平栈迎接回堂。到堂时，覃监督演说尊重军纪，力戒自治。十月朔，休息一日。初二日，照常上课。

记者病武还在文末附以按语说："我读来稿，我有数言，欲以聒广西诸君之耳。退学非美举也，何况在陆军学堂，以陆军学生而演退学之举，违反军纪，莫此为甚。然以诸君之深明军纪，而仍有此。则此中必有大不得已存焉。今者诸君直矣。蔡已退矣，新总办亦派矣。然抑思演违反军纪之举，而毫不受违反军纪之害者，谁之力欤，非有谘议局之公论不能也。然有公论而无王、胡两参议之秉公主持，力保大局亦不能也。有王、胡两参议等之主持，而无贤明之抚宪，俯体群情，亦终不能也。夫抚宪也，王、胡两参议也，谘议局也，所以合力而保全诸君者，必非谓军犯不足重也，也体诸君有一片不得已之苦衷，不忍以刻责军犯为名，陷广西军界于危险地故耳。然则诸君从今而后，其非振奋精神，确守军纪，令破坏乎我者，恢复乎我；不令及身见破坏军纪之害，不令后人蹈破坏军纪之辙，则何以对今日力主保全之诸公也。以诸君团体之坚，群德之美，知微斯言，亦必深勉。然记者望诸君也切，乌可无一言，以尾此风潮。"

与此同时，这位记者还报道了干部学堂广西籍"退堂"学生"回堂"五天后，湘籍学生又发起"退学"的情况，说："十月初五，干部第一期湘籍学生以厕间见有湘人可鄙、湘人可杀之匿名揭帖，全体出堂，第二期干部继之，遍发布告书，历数广西学生仇视湘人之举。经王、胡两参议尽力劝谕，于初十日由两参议护送回堂。"对于这次湘籍学生的"退学"，他发表评论说："湘籍学生退学始末，以未得报告未详焉。然记者窃有数言，欲以聒湘籍学生之耳。尤而效之，罪尤甚焉，诸君知之否？广西学生，以排斥总办，关系大局之举动，愤而横决，当道且责其害军纪，今诸君乃以厕间一纸空言，不辨出之谁手，遽纷纷步武焉。诸君之视军纪，何轻易乃尔。诸君之对一身，何暴弃乃尔。夫纵曰广西学生目的已达，难保中无一二人余怒未息，泄愤于诸君者。然此岂全体之行为？岂有较量之价值？人非圣人，谁能无过，无过且难，况其无谤。礼义不愆，何恤人言。诸君对之，内省不疚可耳。何为争所不必争，自形其器度之不广也。今者经两参议之劝谕，已回堂矣。但愿一堂之中，讲信修睦，忽一而再，再而三，以扰累尊为参议之长官，抑其身份，常为诸君解铃也。"

此外，1910 年 11 月 28 日、29 日（十月二十七日、二十八日）的上海《神州日报》还以《请看蔡锷之十大罪》为题，发表《桂谘议局议案之一》一文。说：

广西议员秦步衢、陈太龙、梁使清、蒙经、黄宏宪、苏继轼、蒋庚蕃提出蔡锷滥握军政大权，溺职贪婪，徇私舞弊，淫威任性，议请魏护院彻查究办，以维军政案理由书云，窃见广西今日之政务，凡办一事，莫不有蠹焉。蠹之害莫危乎在于军政，蠹生于军政，即可以败亡国家。今学兵营营长，兵备处、教练处、参谋处总办，干部学堂总办蔡锷者，总揽全省操练新军大权，而实广西军政之大蠹也。其声名臭秽，性行贪残，极恶穷凶，擢发难数。大吏不察，犹予以优待，视为上宾。不知岁耗练军经费百数十万，全省练军要政，悉败于彼一人之手。不去此蠹，则今日之贻害军政者，即他日之贻害国家，今日之罪归于蔡锷者，他日之咎即分于大吏。据奏定谘议局章程第二十八条，本省官绅如有纳贿及违法等事，谘议局得指明确据，呈候督抚核办等语。则蔡锷之劣迹彰彰，为军政所不能容者，即应为军律所不能赦，谨将其所谓溺职贪婪、徇私舞弊、淫威任性者，一一陈之。

查蔡锷前奉张抚宪派赴南宁充当标统，该标官长则满一标之额，多置私人，而所募兵丁仅得八十六人，此其一。办南宁讲武学堂也，月开擦枪布至十余匹，火油至四五十箱之多，种种浮冒侵吞，不胜枚举。闻屡为兵备处驳其开销不实。其数目至今虽呈报，而仍未清楚，可取其数目查核也，此其二。此系其在南宁以前者，至近年调来省垣以后，又复以一人之身，而兼练军无数之重要差委，已为陆军部章程所不许。其劣迹更有种种。其办学兵营也，冒开学习官薪水。查学习官不能额定其数，而学习之期限则均有一定。按定章，陆军速成或武备毕业生，均派入新军营学习三个月，每员月支薪水银十两。今学兵营之学习官，乃额定其数（如步队一营，学习官二十四员），而又编入此经费册内，则是有学兵营一日，即当支学习官薪水一日矣，此其三。查学兵营始入营时，已有七百人之多，今只得三百有奇，其军装服式概未备发，有着皮鞋出操者，有赤脚出操者。今将毕业，而刺刀、皮带犹未发给，询其故，则借口谓预防争斗也。营中内务，限学生以三日方得洗身一回，询其故，则曰难雇人挑水又曰常洗防［妨］碍卫生也。兵士稍有不合，不特重罚，甚至有重刑酷打毙命者，此其四。其办干部学堂也，私吞炮科科长张文通薪水每月八十两。查张文通系旧班干部炮兵科长，每月薪水银百二十两，兼充马粮委员加银八十两，共每月二百两，蔡仅给百二十两。后张查知，遂辞职，此其五。日本人关敏回国，蔡乃在兵备处支银一千四百两，干部学堂支银八百两，作为送关之川资。关实得千二百六十两，其余实归蔡吞没。然即使蔡无侵吞，何得送至二千余两之多，其中显有情弊，此其六。查该堂学生饭食，原定每名月支银二两七钱，前该堂陈监督时，每日开饭三餐，及蔡接办不久，即减去早餐荤菜，午、晚二餐较前又薄三分之一，而报销如故。又查该堂新旧班学生，本届暑假回籍颇多，计存饭食银七百余两，现亦按月报销，清册具在，可为证据，此其七。军界人员，首重体格。乃查有何锦者，混名驼子何，因为蔡私人，竟使充新班区队长之席，此其八。该堂学生有湖南郑鸿海者，在堂屡窃衣履，叠经发觉。乃查蔡以同乡故，仅以罚礼拜休息了之，此次甄别反得品行十五分。又查新班甄别试验时，弊窦极多，甚至有区队长顶替考试者，如夏光一名是。又有众目共睹缴白卷，现反得留堂者，如黄河清一名是。又查有唐嘉猷者，曾被罚刑仓二次，罚星期八次，此次试验，竟得品行分数十一分。郑鸿海以窃物发觉，被罚锾及罚星期二天，亦得品行分十五分。又去年经本局提出制限外籍学生议案，实因本省学堂有如蔡锷等之徇私纵弊而然。而就练新军而论，揆诸征兵之精意，并求熟悉本省地面风土习惯，则军政尤以用本省之才为原则，学堂尤以收本省人为原则。乃查有湘人唐铣夫、刘汉等冒全州籍而入该堂。及蔡锷为总办后，竟许更正原籍。如以上诸类之徇私舞弊者，不一而足，此其九。蔡未到堂以前，各生颇知其在南宁当标统时，以八十六名而报一标之数，并其种种劣迹，思排去之，纷纷在堂集议，卒不能去。故入堂后，遂于前月借甄别为名，妄将多数学生开除，并不宣示理由。计开除至六十余名之多，除外省学生十四名，本省占六分之五。现留堂者一百二十名，本省仅占三十余名耳。学生环立，请免开除，不许问所以犯开除之故。又莫能言，乃以斥逐命令，驱各生出堂，一切衣服鞋帽，均勒令即刻缴回。各生临出堂时，赤足露体者有之，短褐不完者有之，与道途乞丐无异。又恐有他变，传令守门卫兵，有不脱回衣履者，即放枪击死，卫兵严阵以待，如临大敌。当时该堂监督为之愤恨，某区队长且为学生痛哭送行，其惨酷殆不忍言，此其十。

以上皆蔡锷之劣迹，有确据可指，所谓溺职贪婪、徇私舞弊、淫威任性者。其余如任用私人之类，又无事不然，无处不是。又如陆军部定章，队官月薪五十两，而蔡则每队官支至百二十两。陆军部定章，无军校之名目，而蔡则于队官外，又设一级军校、二级军校、三级军校等名，每员月支薪水四十两。又如陆军部定章，不许兼差，而蔡前在南宁及现在省垣，皆兼练军重要数差委，此皆大不合者。广西岁糜练军经费如此之巨，置练军人员如此之多，试问有何实效？何款不侵吞，何事不废弛，何员非冗设，而大蠹皆在于蔡锷。故就蔡锷之罪而论，杀之可也，严办之可也。若惟予以宽大，使之辞去而止，则恩情虽厚，大非所以戒后来而维持军政也，理合提议呈请护院即将蔡锷彻查究办。一，取调蔡锷历年办事报销数目，彻底清查究追。一，所有蔡锷种种徇私舞弊、违背法律之章程及事实，一一取销更正。一，将干部学堂已开除及留堂之学生，再行公当甄别试验，以定去留而清流品。更有请者，顷查蔡锷侦悉本局提议纠举其种种劣迹，已雇备书记十余人，将前后报销数目更改，日夜赶办。而收受其呈报数目之各局署，又半多系其心腹之人，是不难任其窜改掩饰。拟请护院迅速将蔡锷前后所报销数目，抄送一份交本局，以备此案之参考。以上所议各节，请众公决。幸甚幸甚。

为此，蔡锷随即上书桂抚，逐条驳斥广西谘议局的攻讦，并请"迅咨陆军部军谘处核办"。说：

大人阁下数禀者。窃干部学堂第二期广西学生四十余名，于九月二十一日（按：1910 年 10 月 23 日）罢课出校，结众要挟，闻系由谘议局煽动挑唆所致。是时以为言出无根，未敢据以为信，继于二十四日第一期之本省学生踵效前尤，声言往议局听取提议事件之结果，当经派员前往探查，据称该局门首竟贴有查办蔡锷事件之条。当经入厅采视，各该议员于讨议他项议案后，即提议本案。议时杂乱无章，颇类儿戏，无所否决而止，并闻有取消此案等语。窃锷留桂六年，所办各事，内既不疚于神明，外复何惮乎谣议，故毫不为意。乃日昨桂人某以议案抄示，环诵一过，觉无端之蔓菲辄惑，怆之滋甚。横来拂逆，原可不必计较，惟以全省代表之身，演吠声吠影之剧，若不亟为纠驳，恐流言所播，是非淆乱，大足为军国前途之害。用此就原案敷陈各节，逐端为我宪缕晰陈之。

查原案所称蔡锷前奉张抚宪（按：指张鸣岐）派赴南宁充当标统，该标官长则满一标之额，多置私人，而所募兵丁仅得八十六人一节。查光绪三十三年冬间，因南关匪乱，抚宪张前赴边防督师，檄谓锷随营差遣，及抵龙州，合赴南关、谅山各处，侦察一切。嗣命考验龙州所设各陆军学堂，及随同检阅边军操练毕，于三十四年二月中旬奉派调查南关以西沿边军事、民政及安南谅、高等省情形，于四月抄［杪］返邕。五月抄［杪］奉檄委充第一标标统，以下级官长既苦缺乏，一切设备俱待筹维，饬先试办一营，管带由标统暂兼，不支薪公。经锷筹议办法四端，一曰严将校之选；二曰慎征募之方；三曰求武装之完善；四曰图教育之健全。分目十七条，其大端则拟于八月初一以前先征兵一队，教练三个月后择尤升正副目，于十一月初一以前始足一营。未成标以前，标本部额设各员，只设二等书记官、按事官各一员，司书生一名，马弁二名，其余应设各员概行不设。第一营各员，除管带而外，一律照设等因，具禀抚宪批准在案。同时并奉批饬，凡次等一级以上官长由抚院札委，次等二级以下官长由兵备处札委等语。旋于六、七两月内照章由抚宪暨兵备处将各项官佐分别委定，一面由兵备处派委本标官长前赴归、镇、泗、色等处征募兵士。八月初旬所征新兵共一百五十四名，陆续率领回邕，除编成一队外，溢额十九名，经处电奉抚宪饬，即资遣回籍，计留营入伍者一百三十五名，随经编制成队，开始教练，暂借邕城护国寺权行驻扎。其时营房地基尚未购定，所需装械被服什不备一，挪东扯西，备极艰难。兵备处自庄总办（按：指庄蕴宽）、钮帮办（按：指钮永建）联翩东而渡［渡而］后，处政无人主持。关于筹备各事，任催罔效，办理更属棘手，乃于九月十九日具禀抚宪将第二次征兵成营期限请予展缓声结，俟兵备处将全营装械被服制备完全，营房工程略有端倪，再行续征等语，旋奉批照准。及至宣统元年二月中旬，接奉抚宪张札饬赴龙接办讲武堂，并电令克日启程。锷遵叩前赴龙州，于闰二月初旬接事，而其时标营建筑工程尚未着手，一切服装尚未办到，成营之期茫无把握。锷以该标新兵教育已竣，刻下复无拨充之望，第一营官长职务较简，当于三月内裁设队官、军需长各一员，排长四员，均经禀准有案。暨讲武堂于六、七月之交迁至南宁止，拟禀请赓续前议，将第一营照章扩充。乃斯时军械虽已购齐，建筑工程仅成队房一座，被服装件尚不完完〔全〕，全阵营具等项概未议制，而兵备处亦于八月迁省。关于筹备该标之事，竟至无人过问，此第一标创办以来之情形也。在当时首练一队，而禀恳将全营官长委定者，因成军伊始无头目可资任使，故不得不以官长分头目之职任，且成队之后即须分派各区续行征募，需用官长之处尤多。当时所委官长亦只一营之额，且均非标统所能委用，非如原案所称官长满一标之额，多置私人也，兵士则有一百卅五名，非所谓仅八十六名也。夫军营□领职员训练之责，若夫征募兵士，储备将校，制办装械，采购被服，督造营房，皆兵备处筹备主办，各省皆然。该局既昧于军制，复盲于事理，乌能哓哓置喙？

原案又称其办讲武堂也，月开擦枪布至十余匹，火油至四五十箱之多，种种浮冒侵吞，不胜枚举。闻屡为兵备处驳其开销不实，其数目至今仍未清楚，可取其数目察核一节。查讲武堂自锷接办之后，报册历经兵备处核明详销有案。惟于宣统元年八、九两月报销，经兵备处查核，军需官程□钰签驳，八月分用洋油卅四瓶，九月分用擦枪土布十四匹，每匹之价八九毛不等，拟为滥用。经处移由粮饷邕局就近传堂中军需官面结，并经确查实非冒滥，移复详销有案，旧档具在，可以复按。至经理款项，为军需官之专责，勾稽考核，乃提调之职，总办不过持其大体，纵有弊端，总办亦不过尸失察之咎。况讲武堂军需官熊州同靖孚，系粮饷邕局所保荐，抚宪所特委。籍则干省，人则初仕，与锷向无一面之缘。总办虽欲浮冒侵吞，从何着手？且讲武堂经理办法，略仿他国军队经理之制，采办者为一人，凭各项之证据以登簿者为一人，发款者为一人，上有总办、监督、提调之稽核查察，下有各处之领发单据，即有素性嗜利之员厕列其中，亦复无从染指。原案所谓种种浮冒侵吞，不胜枚举，以该局议员营私之心，度陆军将领之腹，究竟浮冒者何项，侵吞者几何？

　　原案又称其办学兵营也，冒开学习官薪水，查学习官不能额定其数，而学习之期限均有一定。按定章，陆军速成或武备毕业生，均派新军学习三个月，每员月支薪水十两。今学兵营之学习官乃额定其数，而又编入经费期内，则是有学兵营一日，即当支学习官薪水一日矣一节。查经费为编制内所未列，而混领其款谓之冒，虽为编制内所有，实则无其人，而开支其款，以入私囊谓之冒。按学兵营章程，于六月内详奉抚宪核准咨部，学习官亦于五月内经兵备处详准令派四十一员，嗣经陆续到营供差，所谓冒开薪水云云，不知何指？至于编制之当否，该局何得置喙？

　　原案又称查学兵营始入营时，已有七百人之多，今只三百有奇，其军装服式概未备齐，有着皮鞋出操者，有赤脚出操者。今将毕业，刺刀、皮带犹未发给，询其故则预防争斗也一节。查学兵营入伍学兵，锷于五月初八日（按：6月14日）接差之际，除护号、乐兵、匠夫等不计外，约三百名。嗣于五月十三日续征进营者三百九十余名，点验成营之际当场剔退或自请退营者约六十名，实在编队入伍者不过六百余名。九月重阳前后，举行新兵教育第一期检阅之际，除军乐、号兵队，以及一切护医、匠夫不计外，所存步、马、炮、工、辎各队学兵尚有五百八十名。原案所称今只三百有奇，全凭臆造。至学兵营装械、被服，本不完全，锷于接差后，历经咨请兵备处将急须应用各项，赶紧设法制发。兵备处以各项军械已在沪上定购，业电饬速办运桂见复，及锷到处差后亦经迭次电催，于本月中旬始据报告起运第一批。是则装械之缺乏非营员之咎，亦非兵备处之咎，实因成营之前毫无预备，既系急就于前，自不免凿枘于后。锷自接差以来四阅月之中，该营一切事务虽未敢谓管理井然，卓有成效，然关于整顿筹维各事，则已心劳力竭，俯仰无愧者矣。因皮带之无从领取，遂致不能配给刺刀，并非如该局所谓以不肖之心待兵士也。

　　原案又称营中内务，限学生以三日方得洗澡一回，询其故则曰难雇人挑水也，又曰常洗妨碍卫生也一节。查学兵营只有学兵，并无学生。本营澡堂原仅建设一室，容积甚狭，营内官佐、弁兵、匠夫人等八九百人。计三日轮浴一次，每日已有三百人之多，每人平均用水半担，则有一百五十担。浴室离河道往返在一里以外，土民游惰成性，每人按日挑水概二十余担，则挑水者须五六人，浴室两灶烧火者二人，运柴及打杂者二人，计已去十人矣。全营火夫共仅六十余名，而办九百人之火食，计以火夫一名而办十五人之火食，若扣除专归浴室所用之火夫十名，则只五十余名，是以一人而办十八人之火食也。前因火夫太不敷用，不得已将官佐火食另起备办，别雇火夫以供炊爨之役，其工食由官佐公摊。非目兵厨房所用之火夫而犹属不敷，则纵令有难雇人挑水一语，亦有正当之理由，并非借口之词。兵士三日洗澡一次，岂即可谓苛待？且检查其内容，并有游惰性成，既轮班应洗已两三次，即尚不肯一洗者。吾国一般社会习惯颇不勤浴，西省尤甚，则又人人所公认，即讲求卫生如该局之议员诸君，恐尚未必三日洗澡一次也。

原案又称兵士稍有不合，不特重罚，甚至有重刑酷打毙命者一节。查此节语极糊混，究竟重罚者何人，酷打毙命者何人，系何时之事，此节全属该局捏造。

原案又称私吞炮科科长张文通薪水每月八十两。查张文通系旧班干部学堂炮兵科长，每月薪水一百二十两，兼充马粮委员，月加银八十两，共每月二百两，蔡仅给一百二十两，后张查知，遂辞职一节。查干部学堂并无马粮委员名目，所设管理马匹委员长前以马兵科长袁华选派充。八月初旬，袁科长赴京应试，改派兵器委员张科长文通接充，均不另支薪水，预算决算内并无此项名目。张科长今仍在堂，并无辞差之事，此节全属该局捏造。

原案又称日本人关敏回国，蔡乃在兵备处支银一千四百两，干部（按：指干部学堂）支银八百两，作为关敏川资，关实得银一千二百六十两，其余实归蔡侵吞。然即蔡锷侵吞，何得送至二千余两之多，其中显有情弊一节。查干部学堂将关敏、林正民等撤差分别斥退一案，其原委始末早在宪台洞鉴之中，请免赘叙。

原案又称查该堂学生饭食，原定每名支银二两七钱，前该堂陈监督时，每日开饭三餐，及蔡为总办不久，即减去早餐荤菜，午、晚二餐较前又薄三分之一，而报销如故一节。查干部学堂粮食委员长为步兵科长之□［蒋］昭，委员为学习官陈果。委员对于办□［理］火食事务本负全责，且有随时酌量变通之权，所需火食银两由收支官送交委员长支用，总办无庸过问。究竟饭开几餐、荤菜有无增减、较前孰厚孰薄，从未据该员等将情形报告，亦未据学生声请改良。昨经以此事面询覃监督流钦亦且茫然，究竟干部学堂学生火食有无别项情弊，应请宪台另案察办。

原案又称查新旧班学生，本届暑假回籍颇多，计存饭食银七百余两，现亦按月报销，清册具在，可为证据也一节。查暑假期内六月分报册，前据收支官方国深所报，新班留堂学生七十七名，旧班留堂学生八十二名，共支绕食银四百一十余两，俱经造报局处有案，档案具在，可以一查而得。所称计存饭食银七百余两云云，全系该局捏造。

原案军界人员首重体格，乃查有何锦者，混名驼子何，因为蔡私人，竟使充新班区队长之席一节。查何锦系陆军速成学堂毕业生，于五月内由部咨送回桂，旋经兵备蒋总办详请派充干部学堂差遣员，七月下旬由堂调充第二期区队长。核其学术科成绩为桂省所送马兵科学生之冠。该员于体操、剑术尤为擅长，惟人欠魁梧，此何锦之来历也。陆军部速成学堂最注重体格，各省所送学生以体格不合剔退者不少，该员于入堂之际既得于选，在学三年，既经毕业且其毕业成绩反出同学之上，其体格之良否不问可知。咨送其北上考试者为张抚，悉造就何锦者为速成学堂，及其毕业咨送何锦回桂服务者为陆军部，详请派何锦充差遣员者为蒋总办，何以培植之、造就之、委用之之人皆不得而私之，惟偶经蔡一用则成为私人？且何锦之派充区队长也，阶位仍次等二级，月薪仅三十两，何足以收感恩知己之效？该局以私人之名号加之，毋乃不伦。

原案又称该堂学生有湖南郑洪海在堂屡窃衣履，迭次发觉，乃查蔡以同乡故，仅以罚礼拜休息了之，此次甄别尚得品行十五分。又查新班甄别试验时，弊窦极多，甚至有区队长顶替考试者，如夏光一名是。又有众目共见缴白卷，反得留堂，如黄河清一名是。又查有康嘉献者曾被罚刑仓二次，罚星期八次，此次甄别竟得品行十一分。郑洪海以窃物发觉被罚锾，及罚星期二天，亦得品行十五分。又去年经本局提议限制外籍学生一案，实因本省学堂有如蔡锷等之徇私纵弊而然。而就练新军而论，揆诸征兵之精意，并求熟习本省地土风俗习惯，则军政尤以用本省之人才为原则，学堂尤以收本省人为原则。乃查有湘人唐铣天、刘汉等冒全州籍而入该堂，及蔡为总办竟许更正原籍，如以上之诸类徇私舞弊者不一而足一节。查干部学堂向来处罚学生，系遵部颁定章，凡半月以内之禁闭由监督主之，其因寻常过失而罚禁足，由科长或值星区队长主之。郑洪海是否有过犯被罚，经面讯覃监督，据称并未知闻其事，监督且不知之，何有于总办？此次甄别考试，内场之主试员为蒋昭、赵恒恩、陈其蔚、马孝笃，诸监场员为新旧班区队长及帮教学习官等，每次派至八九人之多。外场之主试员则为各该兵科之主任教习，至少以两人为度，同时记分，而求其平均。品行分数，则由科长、区队长等公同判定，分科列表。其性行最劣之六七十人，则各人皆有切实考语。各项成绩经主试员详定列表，于当晚并同试卷呈送监督复核，汇同造表。以上办法，于甄别之前三日，由锷列表布达全堂遍知，及其实施之际，各员亦均恪遵无误。惟何锦于马兵科学生技术成绩，迟至次日九点钟始行列表呈交，曾据覃监督禀，由锷罚该员轻看管三日，此甄别考试之大概情形也。一切案证具在，不难□知。该局所称考试舞弊各节，全系捏造。至唐铣天、刘汉等之许予更正原籍云云，更属子虚。

原案又称蔡未到堂以前，各生颇知其南宁当标统时，以八十六名而报一标之数，并其种种劣迹，思排去之，纷纷在堂集议，卒不能去。故入堂后遂于前月借甄别为名，妄将多数学生开除，并不宣示理由，计开除至六十余名之多。除外省学生十四名，本省占六分之五。现留堂者一百廿名，本省仅占三十余名。再，学生环立请免开除，不许问所以犯开除之故。又莫能言，乃以斥逐命令，驱各生出堂。一切衣服、鞋帽，均勒令即刻缴回。各生临出堂时，赤足露体者有之，短褐不完者有之，与道途乞丐无异。又恐有他变，传令守门卫兵，有不脱衣履者，即放枪毙死。守卫兵严阵以待，如临大敌。该堂监督为之愤恨，某区队长且为学生痛哭送行，其惨酷殆不忍言一节。查干部学堂第二期学生于四月间开学，经前监督陈之骥于五月抄放给暑假，未予照章甄别。锷自六月初旬接差后，迭奉抚宪张面谕，陆军将弁应严加选择，而培植造就之，始尤宜认真，庶收练兵之实效。该堂第二期学生应予切实甄别一次，严加淘汰，以固始基。且桂林方面，只能编练一混成协，现时将校极形拥挤，该堂学生一经毕业颇难位置，不如将学行庸劣之学生，随时认真剔退。不独于公家有济，即被剔退之学生亦得以另事别业。若概予毕业，将来仍行置之间［闲］散，爱之反所以害之，望毋避劣，恳勉为其难等因。奉此。嗣新旧两班学生均于七月十二日开学，选据各该员面称，学生气习骄纵恣肆，其来已渐察。锷亟思从速甄别，借示惩劝，堂员等佥称以趁第二期兵卒教育完成之际举行为宜，乃定八月二十五、六等日为甄别之期，督同监督以下各员严行试验。二十七日上午，经覃监督等将成绩总表核定，是日下午传集第二期科长、区队长调取试卷及学生品行考语，择其品行陋劣、体格孱弱、学术科在八分以下者□名，推校不厌，详审磋论五六时之久，彼此意见佥□［同］，毫无疑议，乃将榜案决定。在审查成绩、决定去留之际，并不知所谓籍贯也。就甄别二字之定义，更不能于成绩优劣之外，而参以他项意见也。甄别全案俱在，可以复按。至所称学生环立，请免开除，不许问所以开除之故，又莫能言以下各语，均系该局议员任意捏砌，应免置论。

原案又称以上皆蔡锷之劣迹，有确据可指，所谓溺职、徇私舞弊、任威任性者，其余如任用私人之类，又无事不然、无处不是一节。查议案所指各节，要不外道听涂［途］说，及提议此案不过二三人之梦呓。今竟谓有确据可指，不知所谓确据者果何在也。推其心不过曰构陷蔡锷之手段，特造以上各种之谣言耳。

原案又称陆军定章，队官五十两，而蔡则每队官支至百二十两。陆军部定章，无军校之名目，则于队官外又设一级军校、二级军校、三级军校等名，每员月支薪水银四十两一节。查学兵于二月内经兵备处将章程详准立案，该营各级官佐亦经于二月杪委定，于三、四两月内，设局征兵，次第筹办。锷于五月初八日，奉檄到营视事，查察营内情形。窃见其事少头绪，秩序藐然，官长名目或袭用日本编制，一切不仅（不）与部奉相符，且于事实上有窒碍难行之处。当经禀奉抚宪张，谕饬会同蒋总办将章程妥为厘订。但木已成舟，势难彻底更动，不得不略为迁就其中，如阶级薪水问题尤难解决，爰将该营编制及其名目，一律遵照奏定营制概为更正，如原章之队长改为队官，薪水、阶级俱仍其旧。原章之队附每月支薪水银五十两，则改为军校一级者，俸银只给四十两，二级者三十两，三级者二十五两。盖以其时充任队官各员，概由日本士官毕业，历供处、堂各差，阶级则中等，薪水则一百二十两以上者，未便骤于裁减。而军校中亦多曾充次等一二级军官者，亦只得从权变通，且各该员均系王管带孝镇手所委任。遍查南、北洋，广东各省学兵营办法，其官长之薪水、阶级多与普通营队不同，其所定特别章制，概经奏咨立案，可自仿办。此次厘定学兵营章程，亦经抚宪张咨部有案，并未奉驳。该局议员于速成法政讲议尚少研究，其于陆军制度更未梦见，少见多怪，无怪其然。

原案又称陆军部定章不许兼差，而蔡前在南宁及现在省恒［垣］皆兼练军重要数差委，此皆大不合者一节。锷数年前供职江西、湖南等省，承大府历委兼差。光绪三十一年奉升任云贵总督李电调来桂，即委抚院练兵总参谋，兼新军随营学堂、测绘学堂总理等差。光绪三十二年奉委陆军小学堂总办。卅三年奉委兼兵备处会办、调查局参议各差，均未领用兼差薪水。三十四年在南宁差次，奉委兼代讲武堂总办，当经电请不支薪水，奉饬薪水应照支，借资办公。本年奉调来桂，力求交卸回籍，未邀见允，反以重职相属干部（学堂）及兵备处两差，前后力辞，竟未邀准。然学兵营则只支半薪，兵备、参谋两处并未照章支薪。历年所供各差均经奏咨有案，该局所称为大不合者，殊不可解。

原案又称广西练军经费如此之巨，练军人员如此之多，试问有何实效，何款不侵吞，何事不废弛，何员非冗设，而大橐皆在于蔡锷。以就蔡锷之罪而论，杀之可也，严办之可也，若维予以宽大，使之辞去而止，则恩情虽厚大，非所以戒后来，而维持军政也一节。查此节纯系讼痞声口，本应毋庸置议，但试问该局所谓练兵经费究有若干之巨，练兵人员究有若干之多，何者无实效，何者为侵吞，何者为废弛，何员为冗设，蔡锷之罪何罪，何者谓之宽大，何者谓之恩情，何所谓戒后来，何所谓维持军政，信口雌黄，莫可究结。苟锷竟于该局所捏造之罪状，而实有其一端也，则锷虽愚陋，既身为军人，一闻人言之指摘，早经自到，以谢同袍之战友，并以谢该局之所谓议员者矣，何敢留此污秽之躯壳，以贻军国羞耶。

原案又称理合提议呈请护院即将蔡锷彻查究办，一，取调蔡锷历年办事报销数目，彻底清查究追；一，所有蔡锷种种徇私舞弊、违背法律之章程及事实，一一取消更正；一，将干部学堂已开除及留堂之学生，再行公当甄别试验，以定去留，而清流品一节。查此节当系该局议员狂癫中之呓语，故有此奇离怪幻之文字。报销数目固不难彻底清查，惟办事数目应如何清查，则应由该局先行议定清查之手续。种种违背法律之章程，或不难取消更正，惟种种违背法律之事实应如何取消更正，应由该局研究其方法。苟事实而可以取消更正也，则洪荒以来历史上之事实，皆得追溯而取消更正之矣。

原案又称顷查蔡锷侦悉本局提议纠举其种种劣迹，已雇备书记十余人，将前后报销数目更改，日夜赶办，而收受其呈报数目之各局署，又多半系其心腹之人，是不难任其窜改掩饰，拟请护院迅速将前后报销数目抄送一份至本局，以备此案之参考一节。查此节纯系讼师装点狱词之法，尤属可笑。夫报销月册定章，于次月初十日前后发出，每册四份，一呈抚署，一存粮饷局，一存兵备处，一存财政局。本年夏季以前报销，早经财政局汇造达部，纵如该局议员所称心腹人如是之多，书记如是之易雇，究亦何能为力？身为议员而于本省财务行政最浅近之办法，尚盲然莫辨，不亦大可哀乎。如其为逞词锋计，何不竟抄小说中成语，谓蔡某有降妖捉怪之能、驱神遣鬼之伎？其历年款项报销不难以咒语戟指之劳，霎那之间可以弥缝于无迹，不更新奇动听乎。要之，该局欲肆其倾陷排挤之技，自不得不搜括风说浮词，以达其含沙射影之阴谋。犹虑风说浮词之不足以神其说也，更设种种幻语，以附丽之。今就该局议案所最置重之点，所持以为构陷之疑阵者，如款项报销一端，更为我宪剖切陈之。查陆军将领虽兼负经理款项之责，但只能持其大体，裁决用款之当否而准驳之，负直接经理之专责者实维军需收支等员，此中外各国之通例也。锷以经理款项最易启人疑忌，故历供各差，其军需收支等员，必请上宪特委，如陆军小学堂之收支委员，前为楼令守愚，继而谢令上珍。讲武堂之军需官为熊州同靖孚，干部学堂之收支官为刘令锡，混成协学兵营之军需官为罗令鸿勋，皆由抚宪所特别遴委者也。且陆军经理，规制基〔綦〕严，□闲最密，何能逾矩越范？直接经理之员，尚且无从染指，则间接者更无论矣。窃思锷自幼负笈四方，十有余稔，所成就者本属浅薄，但于立身行事，夙以不自欺之旨自励。留日六年，感外界之刺戟，伤宗国之衰微，每叹献身无所。归国以后，辄欲稍效绵薄，借报覆载之恩。履桂六年，就业自持，时凛冰渊，所办各事，有无成效，当为有识者所共见共闻。

第赋性戆直，不解趋避瞻顾之术，只知审察是非，不知顾虑利害。处兹浊世，自难见谅于人人，疑谤之生，即根于此。溯查此次风潮，远因起于数年以前，近因起于甄别一案。推桂人之意，不过曰蔡某有所偏私于外籍人员，似乎有意仇桂，此尤桂人心理上之作用，幻想非非，趋入奇离妄识，□桂人之心，对于本省之外籍旅桂人员，莫不怀斯恶感。故比年以来，商学两界之排挤湘粤甚于冰炭，复蔓延于军界。使桂人而不知省悟，则两败俱伤，全局事业，末「未」由发展，祸水横流，终无止极，是真可为隐忧者也。一般桂人所最痛心疾首者，则以国家经费范围内所设各学堂，不分省界一律征收学生一事。去年谘议局开局之年，即以限制外籍学生为第一议案，始终坚持，至为激烈。限制外籍学生一议，其利害是非及事实上之有无窒碍姑不具论。惟锷历年所办各学堂，其为一手创办者，如测绘学堂，定额五十名，只收取外籍学生五名。陆军小学堂第一期学生定额百名，只收取外籍附学生十名，招考该堂第二期学生时亦然，是所谓收外籍学生者仅乃十分之一。其他如中途接办之学堂，若随营学堂、讲武堂、干部学堂等处，其中外籍学生或占全数，或居十分之三四，两相比较，锷固毫无负于桂人而有所谓偏私者也。此次举行甄别，上系奉抚宪之严命，下有监督、科长各员之分任试验，去留之间全凭公决。该局议员贸然不察，横起干预，明则提议，暗实主谋，以致文武各学堂纷纷罢课，匿名揭帖遍布通衢，声势汹汹，不可向迩。呜呼，锷一人之去留死生不足轻重，其如军政前途何？窃念军人以名誉为性命，宁甘玉碎，不敢瓦全。该局议案，若据以上呈，而宪台曲予优容，不予彻底究办，则锷之名姓，既已高揭于通衢，此耻乌能忍受？用是抄列原案，并逐件驳斥，冒昧直陈。伏乞迅赐派员，按款彻底查办，如所陈各节，有一虚饰欺诳，甘受严惩。否则，遂治该局以反坐之罪，并恳迅咨陆军部军谘处核办，实为公便。除将广西谘议局违背宪章、干预军政、煽动风潮缘由另案呈请核办外，为此具禀，仰维垂鉴。总办锷谨禀。①

第二是清政府的档案。有李文汉当年编纂《蔡公松坡年谱》时抄录的

---

① 《代理广西兵备参谋两处总办前干部学堂总办兼学兵营管带蔡锷上桂抚谨禀》，北京《帝国日报》1911 年 2 月 9—13、15 日。

《前清宣统年间广西干部学堂风潮始末文件》，现将其转抄如下。据李文汉说，这些"文件，系抄自蔡公家中，据蔡公手批，为宣统三年，托人在广东督练公所所抄录。本与护国史料无关，但广西干部学堂风潮，是蔡公历史中一段大事，对于蔡公有深刻影响，因附录于此，以供研究蔡公生平的参考。"

军谘处第一厅来电。参谋处吴总办。宙密。广西干部学堂因甄别剔退学生事，本省学生联合谘议局，遍发传单、揭帖，禀讦蔡总办锷，要挟文武各学生同时罢课。护抚准将总办销差，并将剔退学生重新试验收回。当由本处电令护抚不准撤销蔡总办各差，业经剔退试验收回之学生暂缓入堂，听候本处核办。现经查此事关系重大，一切详情，本处即密派贵总办迅速前往秉公查核禀复，以凭办理。并经本处电告增督、贵总办。现经本处派往广西查办事件，所有该总办各差，无庸派署。到桂后，望随时电禀。军谘处第一厅。齐。

吴总办复电。军谘处堂宪钧鉴。宙密。前准第一厅卢厅长齐电，并奉增署督、院行知。遵于上月元日，由东启程，桂河滩多舟迟，月晦抵省，当即电请卢厅长先行奉闻在案。查广西干部学堂新班生，于八月杪举行甄别，经该堂总办蔡锷将品行及国文少点并体弱者，剔退六十一名，内桂籍四十九名、外籍十二名。九月念一日，该堂新班广西学生四十四名，因星期休假，出堂不回，派员劝归无效。廿四日，旧班广西学生全体八十六名，又罢课出堂，均集于昌平客栈。经该堂监督亲往，并派员先后前往劝导，抗不遵从。廿四、五、六、七等日，递联合禀呈魏护抚，及发行传单，控告蔡总办劣迹五款，要求撤退，并要求学生回堂不受处罚，剔退学生另行甄别。而谘议局亦于廿四日提议查办蔡锷罪状十余款，将议案申送。护抚于廿六、八等日两次批行，有勒令学生即日回堂，总办之事听候查办，及司道传见学生代表，苦口劝谕，均置弗省。廿九日，陆军小学桂籍生全体罢课，省城各学堂并大受影响。总办蔡锷亦于六、七两日，先后禀请撤销各差，听候查办。三十日，护抚因牌示总办准其辞差，遗差委该堂监督覃鎏钦兼摄，剔退各生派司道再予试验，另定去留。十月朔，各学生始回堂上课。此风潮起息之始末情形也。乃初六日，该堂旧班湘籍学生五十五人，初八日新班湘籍学生四十二人，又以厕门上绘有杀湘人等字样图画，复先后罢课出堂，又经各长官并前总办蔡锷剀切开导，于初十日一律回堂上课。此又风潮定后之尾潮，而为湘籍学生罢课之原因也。伏查桂省军界人员，时常更易，人心迄未大局［定］。而各学堂向以排斥外籍为宗旨，闻谘议局曾有建议限制外籍学生情事。此次干部学堂因剔退学生六十一名，本省较外籍似占多数，其实该堂新班原有学生百七十七名，隶桂籍百二十名，约居全数三分之二。蔡本湘人，湘生共廿九名，剔退六名，人数似少，然调查该堂学生成绩表及试卷，再三详核，尚无不公之处。惟查表内有湘籍生宾心亚一名，其品行、国文分数均应剔退而仍留堂。查湘桂联界，湘人寓桂，本多于他省，采访舆论，蔡总办平日于用人之间，稍重乡情，似亦在所难免。加以该省素有排斥外籍之见，遂不惜借端发作，捏砌多款，禀讦蔡锷，欲其必去。但细察指攻各节，大半诬枉挟嫌，间或事近确凿，亦均别有理由。现已经魏护抚饬行查明，锡永复经严密查察，其贪婪舞弊各节，均属类拟，并无实据。该总办已事先奉滇省奏调，禀准销差，尚未离桂，剔退各生，虽经牌示，并未考验入堂。至罢课各生，均系轮流更换，代表率借全体名目，并无主动可查。目下情形，尚为安静。第桂籍学生及谘议局排外之见，既未融化，若遇事要挟，不无破坏军纪之虞。谘议局越分干涉，愈足长浮嚣之渐，究应如何办理，以维军政而遏乱萌之处，听候尊裁。再此次电禀，仅撮要陈明，至详细情形及关于本案卷宗，当另具文报告。然本案起讫实情，亦已备具，应否准予锡永销差回东，伏乞钧电祗遵。锡谨禀。鱼。

吴总办复电。军谘处堂宪钧鉴。宙密。鱼电谅蒙鉴察。兹查干部新班桂籍生禀讦蔡总办，全体中列名第一、二、三之廖矗、王斌、覃连三人，素不安分，廖原名成俊，前在陆军小学肄业，去秋因闹事革退，今年夏考入干部。再湘生罢课，具禀护抚系唐岳五、李有馥、刘镇南、皮寓麟四人代表。合禀闻。锡谨奏。庚。（宣统二年十一月初八日上午八时发）

吴总办去电。军谘处卢厅长鉴。宙密。灰电敬悉。遵即与魏护抚筹商善后办法四条，已由护抚电请尊处核示。是否准如所拟办理及永可否先行销差回粤之处，统乞电示祗遵。永。元。［宣统二年十一月上

午十一时三十分（按：原文如此）发]

吴总办去电。军谘处卢厅长鉴。宙密。元电谅已达览。永可否即行回东，乞电示。永。号。（宣统二年十一月二十日上午十一时三十分发）

魏护抚去电。北京军谘处钧鉴。午密。蒸电谨悉。具仰钧处申明纪律，整顿军政至意，无任钦佩。遵与吴参议会商，具拟办法四条。一，甄别剔退各生，经调阅原卷，均不及格，照章应行剔退，勿庸再行考验。二，桂籍罢课出堂、持众要挟之学生，查系廖磊、王斌、覃连、周采藻列名在前，及湘籍罢课出堂学生代表唐岳五、李有馥、刘镇南、皮寓麟，均请一律斥革，仍追缴学费，以肃军纪。三，谘议局呈控蔡锷违法纳贿各节，经派司道详查，并经吴参议切实访察，均无其事。除由景桐札复外，应否按照议院法要领，将诬蔑毁辱之议员，咨由钧处转请资政院分别惩罚，及以后应如何明定限制，免令凭空缕撰，煽惑军心，统候裁夺。四，以后陆军各学堂学生，应饬令各主管总办、监督严行告戒，化除畛域。嗣后如再滋生事端，除将为首之学生从重惩办外，仍惟该主管总办、监督是问。至蔡锷已奉滇督奏调，拟请准其赴滇。以上各节，是否有当，伏候核示遵行。景桐谨肃。盐。（宣统二年十一月十四日发）

军谘处复电。盐电悉。贵抚与吴参议会商干部学堂善后办法，第一、二、四各条，均属妥善，希即照办。惟三条内所拟办法各节，应请贵抚查照定章办理可也。军谘处。号。印。

吴总办报告。为报告事。窃〇〇于宣统二年十月初九日准宪处第一厅卢厅长电开云云至齐。等因。准此。十一日并奉两广总督部堂增札同前因。〇〇遵由十三日由东乘轮启程，十五日行抵梧州，换内河小船，溯流而上，沿途滩多水浅，舟行迟滞，十月廿九晚始抵桂林。经将查明情形，于十一月初六、初八日两次电陈，并准卢厅长灰电，祇悉一切。旋往谒商护理广西抚部院魏，筹拟善后办法四条，意见相同。当由魏护抚电请核示，并〇〇元电请卢厅长陈明准复各在案。查广西干部学堂于宣统元年夏间成立，初收第一期生一百四十八名，即在南门外大较场地方，将旧营房改筑开办，定为年半毕业。本年春间又招收第二期生一百八十一名，因房舍不敷，即将该二期生住于文昌门外陆军小学堂内。四月间开学，六月朔即放暑假。七月十一开学，计回堂学生一百七十八名。该堂总办蔡锷六月方奉委到差，维时因奉抚院谕饬桂省只能编练混成一协，新旧两班生毕业难于位置，该堂新生应予切实甄别，认真淘汰。八月杪，举行甄别，蔡锷遂同监督以下各员严行试验。经监督等将成绩总表呈定，传集第二期科长、区队长等调取试卷及学生品行考语，择其品行最劣、体格孱弱、躬行及国文分数在八分以下者，斟酌剔退，决定榜案。桂籍学生原有百二十一名，被剔退者四十九名。外籍学生原有五十七名，内湘籍二十九名，被剔退者十二名，内湘籍六名，计共六十一名。各生经剔退后，时已兼旬，讵九月廿一日，该堂桂籍新班学生四十四名，因星期放假，出堂不回。廿四日桂籍旧班生全体八十六名，亦罢课出堂，群聚于皇宫街昌平客栈。经各官长劝谕回堂，均置弗省。该生等出堂之后，即有第二期生廖蟊、王斌、覃连、周采藻等纠合该班生四十余名，于廿四日具禀抚辕，呈控蔡锷劣迹五款。该堂全体桂籍生，又于次日禀控蔡锷以徇私、庇湘、仇桂，祸害本省。而谘议局亦同时提议查办蔡锷罪状十余款，于廿六日呈送抚院，倒填二十日期。当经魏护抚分别批示，学生勒令回堂，至奏控总办各情，俟派员查办。该堂总办蔡锷亦于廿七、八等日，先后禀请撤销各差，派员彻查，并请委该堂监督覃鎏钦接办。尚未批示。廿九日，陆军小学堂桂籍生又全体罢课，省城文武各学堂亦纷纷聚议罢课。督练公所参议提法使王芝祥、劝业道胡铭槃派员分往开导，及传代表学生至署劝谕。该生等佥称与蔡总办势不两立，蔡如不去，学生断不回堂，并要求有学生回堂不受处罚，及剔退学生另行甄别二事。其时王、胡两参议以陆军学生此等嚣风万不可长，拟从严办理，而提学使及巡警道因各学堂纷纷聚议，学生群集客栈中，良莠不齐，恐别酿事端，致难收拾，力请护院和平了结。迨卅日，魏护抚牌示：总办准其辞差，遗差委该堂监督覃鎏钦兼摄，剔退各生派司道再予试验，另定去留。各生始于十月初一日回堂上课，各学堂亦安定如常。不期桂籍学生回堂后，又多方挫辱湘籍学生，于厕门上绘有杀湘人等图画字样。该堂旧班湘生五十五人，新班湘生四十二人，复于初六、初八等日先后罢课出堂。经由第一期代表唐岳五、李有馥、刘镇南、皮寓麟等四人，及第二期全体生周之桢等，将罢课出堂情形禀陈魏护抚，均奉批饬回堂，不准再行滋事。又经各官长及总办蔡锷剀切开导，各生于初十日一律遵照回堂，并由王、胡两参议及巡警道王秉义亲自到堂传集全堂学生严行告戒，不准再分畛域。此干部学堂自剔退学生后风潮起息之始末情形也。〇〇伏查桂省地方偏僻，困于交通，风气初开，人无远见，干部学堂开办年余，总办经已数易，军界人员亦多更动不常，兼以该省士绅素以排斥外籍为宗旨，上年谘议局开局，即以限制外籍学生为第一议案，始终坚持。此次干部学堂因剔退学生，本省较外籍似占多数，遂疑总办蔡锷有所偏私于外籍各生，似乎有意仇桂。谘议局议员复不知大局所关，昧于权限，从而干涉。该省士气，本极浮嚣，当时若非勒令各生速即回堂，则声势汹汹，几致酿成别故。〇〇以此次风潮，关于各省军政前途甚巨，到桂后博访舆论，细核案卷，复于当日在事各员详加询问，平心而论，蔡锷于剔退学生之事，上系奉抚院严谕，下有监督、科长各员之分任试验，去留之际，本无成心。调查该堂学生成绩表及试卷，一再详核，尚无不公之处。惟查表内有湘籍生宾心亚一名，其品行、国文分数均应剔退，独算学尚优，仍予留堂。查湘桂本属联界，湘人寓桂，本多于他省。蔡锷平日用人，稍重乡谊，似所难免。各学生于蔡锷奉委到堂之始，已预存有意见，值此剔退学生之际，如廖荄、王斌、覃连、周采藻等，遂得乘间联合谘议局议员及各学生等，不惜捏砌多款，禀讦蔡锷，欲其必去而甘心。但细查指攻各节，大半诬枉挟嫌，间或事近确凿，亦均别有理由。已经魏护抚饬行司道派候补知府徐宗荫、吴英华查明。〇〇复加详查，如所禀蔡锷贪婪舞弊各节，尽皆虚拟无实。惟桂省当开办军政之初，凡百困难，经费开支，未能悉符章制，兼以办事既非一手，故所用不免稍多。查其历年支用款目，亦均详准报销核明，咨送有案。如概归于蔡锷，似非情理之平。况以陆军学生而攻讦总办，动出要挟，谘议局议员而越分干涉，诬蔑他人，若不量予惩罚，则涓涓不塞，将成江河，军纪何存，乱萌更长。〇〇经由委员查复蔡锷原禀内，将察明各节，逐款签明。除原案卷宗已由魏护抚抄送者应免重录外，余凡关于此案之成绩表名册、传单及报纸论说，均随折汇呈宪鉴备案。至所拟办法四条，已遵照电饬，由魏护抚将第三条照章另拟核咨。〇〇亦遵于廿一日销差，由桂启程回东，三十日行抵广东省城，到所办事。所有遵饬前赴桂省查明干部学堂因剔退学生罢课要挟，拟议办法，事竣销差回东各缘由，理合连同汇呈各件，奏候宪台鉴核施行，须至报告者。○○○○谨呈。计呈清折、表册、传单、报纸，共八件。

敬附奏者。窃维军人以服从为命脉，凡东西立宪各国，其治军也，无不具有专制性质。盖非此无以养成完全之军人，亦非此无以练成有用之军队。我国当预备立宪之际，民权初有萌蘖，民气已渐嚣张。两广介在南服，士民识见，多囿于方隅。纲纪凌夷，素称犷悍。此次广西谘议局于干部学堂剔退学生一事，其控总办蔡锷各款，类皆不实，按照议院法要领第八条内开，议员言论，不得有诬蔑、毁辱他人情事，违者分别惩罚。是该议员诬告总办蔡锷，已与议院法要领有违。其越权干预，以致风潮剧烈，尤与宪法大纲第六条内注明君上调遣全国军队、制定常备兵额，得以全权执行，凡一切军事，皆非议院所得干预用意有悖。若不申明定章，严行诫谕，诚恐各省接踵效尤。涓涓不塞，将成江河，权限不明，军政前途，动为谘议局无识员绅煽惑牵掣。且将来实行征兵，势不能不用土著。堤防溃决，流弊何穷。可否准由宪处主持，或予奏明请旨，严饬嗣后各省谘议局提议事项，务须恪遵定制，不准妄有干预军事，违者分别惩罚。庶涣汗一颁，得以乱萌隐戢，儆示方来，裨益非浅。○○为维持宪法、军政起见，愚虑所及，用敢妄陈。是否有当，伏乞宪台酌核施行。附奏军谘处。［宣统二年十二月初八日（1911 年 1 月 8 日）发］

报载干部学堂风潮之结果。说：

干部学堂自庚戌九月间本籍学生、湘籍学生各起风潮后，军谘处委派广东督练公所参议官吴锡永查办。吴于十月中抵桂，密查结果，电请军谘处开除本籍学生首倡退学之廖羴、王斌、覃连、周采藻四人，湘籍学生充当代表之李宽、皮寓麟、刘镇南、唐岳五四人。

案：此八人者，可谓军纪之牺牲儿。[1]

---

[1] 病武：《桂林春秋·干部学堂风潮之结果》，《南风报》第 1 期，宣统三年正月十五日（1911 年 2 月 13 日）。

　　按：对于广西这场"驱蔡风潮"的由来，多年来研究者均认为是"广西同盟会支部年轻的盟员们掀起"的，[①] 是革命的同盟会员与没有革命党人"味道"的蔡锷矛盾的结果。其依据是何遂发表于 20 世纪 60 年代的回忆。他们据此论证说："耿毅、何遂等人刚从中越边境调查边防情况回来，他们返桂途经香港时到同盟会香港总部见了赵声和黄兴。黄兴告诉他们，南宁讲武堂总办蔡锷也是革命的同志，并给了他们一封介绍信，要他们多与蔡锷联系。他们回到桂林后本想直接拿着黄兴的介绍信去见蔡锷，但觉得蔡锷一人身兼兵备处总办和干部学堂总办，掌握督练新军的大权，官气大浓，没有革命党人的味道，所以就想了一个办法试探他，即在黄兴的介绍信之外另附一信，大意说'我们路过香港，遇见你的好友黄君，带来书信一封，并有要事相商，请于某晚九时到江南会馆门前一叙'，并把两封信都放在蔡锷办公的桌子上。可是那一天蔡锷并没有去。他们以为蔡锷曾在湖南时务学堂学习，和梁启超有师生之谊，不是革命派而是立宪派，因此就决定设法对付他。而蔡锷在干部学堂主持的这场甄别考试的风波，正好给他们提供了一个难得的机会。于是，他们暗中利用蔡锷淘汰干部学堂的广西籍学生一事，推波助澜，扬言蔡锷袒护同乡，排挤广西人，并且通过同盟会的组织关系，动员干部学堂、陆军小学罢课，学兵营罢操，声言要把蔡锷赶出广西。这样就在广西引发了一场'驱蔡风潮'。"还说蔡锷在"沉冤得以澄清"后，"并未忘记此次风潮的'对手'，特意请同盟会广西支部的何遂等人吃饭。席间，蔡锷语重心长地对何遂等人说：'你们何苦撺我，你们是革命党，我比你们资格更老。你们太年青，浑身带刺儿，不小心将来难免于杀身之祸。我在此尚可为你们敷衍，我走后你们更须自爱，千万不可拔苗助长。'说着，蔡锷还在桌上取过一个炮筒子放在他们面前说：'这个送你们作个纪念，成大事的人都要有个修养，你们念过苏东坡的《留侯论》吗？所谓"卒然临之而不惊，无故加之而不怒"，你们能做到这一点，当成大事。'同时，蔡锷还推荐革命党人继任兵备处帮办，使广西的革命活动更便于开展了"。[②]

　　然而，历史的实际表明，驱蔡风潮其实另有源头，而非何遂所说是他

[①] 《蔡锷》，第 28 页；《蔡锷大传》，第 53 页。

[②] 《护国元勋蔡锷传》，第 97、100 页。

们广西同盟会支部与没有革命党人"味道"的蔡锷的矛盾所引发的。

首先，如本书 1907 年 12 月 15 日记事所述，广西人对蔡锷的无理攻讦不自今日始，早在没有何遂等人组织的同盟会支部活动的 1907 年就开始了。

其次，姑且不论何遂的回忆是否真实可靠，即使真实可靠，依其所说的二事，也决定了同盟会的基础尚薄弱，影响力有限，不太可能在随后不久的 10 月 23 日（九月二十一日），便由他们"引发一场'驱蔡风潮'"。何遂所说的这两件事是：第一，他们在回桂林的路上碰到吕公望，得知"王孝缜和他约来的大部分同志都被撤差，离开了广西"，吕公望也"一个人回老家浙江去了"。而他们回到桂林后也证实"大多数同伴都已走散，的确有一种萧索之感"。这就是说，他们心目中的"大部分"革命"同志"，皆因张鸣岐的"变脸"打压，被迫离开了广西。第二，何遂他们回到桂林后的"八月"，才组织成立广西同盟会支部，他们"在干部学堂、陆军小学、学兵营等几个部门的同志共约二十多人，聚在一起开了一个会。大家推举耿毅为支部长"，何遂"为参议，赵正平为秘书长，刘建藩［绪］为学兵营分部长，杨明远为干部学堂分部长，梁史为陆军小学分部长，蒙经为谘议局分部长"。既然王孝缜等大部分革命骨干都离桂林而去，广西同盟会支部又刚刚成立，尚无时间做广泛的联络、组织、发动群众的工作，怎么可能在个把月内就"引发"出这么一场迫使没有革命党人"味道"的蔡锷离桂的风潮？

再次，何遂所说是否皆为事实也值得怀疑。如他回忆说，1910 年"三月，军谘府令张鸣岐调查中越边防。张委我为边防调查长，耿毅为副。四月初，我们便离开桂林向越桂边境出发了，冷遹也同行（冷时因革命嫌疑被撤职，在闲居中）。迎着初夏的艳阳天，我们翻越了十万大山。"按此说法，何遂他们是"初夏"出发的，所谓"初夏"，就是四月，即 5 月 9 日至 6 月 6 日。他们出发后，"不久到了镇南关（今名睦南关）"，然后"又到龙州"，再"在河内坐上火车，经河口、阿迷州到了昆明"，"在昆明逗留一星期，又回河内与耿毅会齐，经海防到了香港，在香港同盟会总部见着了赵声和黄兴"。黄兴告诉他们说："南宁讲武堂总办蔡锷（松坡）也是革命的同志。他给了我们一封介绍信，要我们多与蔡联系。"①

---

① 何遂：《辛亥革命亲历纪实》，《辛亥革命回忆录》第 1 集，第 464—465 页。

至于他们什么时候回到桂林的，何遂没有说，只说他们在结束调查中越边防事后，在回省城的路上"距桂林三十里的地方碰上了吕公望"，吕公望告诉他们："现在勇公（按：指王孝缜）他们全都走啦。你们走后，这些人发了狂，把什么都泄露了，险些儿掉了脑袋。"还劝他们别回桂林了。而吕公望的回忆则有所不同，说是他送王孝缜等"上船去后，约过一个月，何遂自边关调查炮台回，我告诉他两个月来变化"。意谓何遂等人回到桂林后才见的面。① 两人所说见面时间和地点虽有所不同，但见过面则是一致的。从吕公望告诉何遂他们桂林"两个月来"的变化情况看，何遂等人离开桂林，外出调查，再回到桂林，起码是花了"两个月"的时间，即5月9日至7月10日前后。

可是，细察迄今所知的黄兴这两个月里的行程，他5月的确在香港，但6月7日便由"香港秘密抵东京，与宫崎寅藏会晤了"。7月17日才"因日本政府向宫崎寅藏'严厉追究'，离东京往香港"。② 也就是说，6月7日至7月底，黄兴是不在香港的。可见，何遂说他们结束调查，返回桂林时，"在香港同盟会总部见着了赵声和黄兴"；黄兴告诉他们"南宁讲武堂总办蔡锷（松坡）也是革命的同志"；还给了他们"一封介绍信"，要他们"多与蔡联系"；并由此发生他们返回桂林后的所谓约见蔡锷的故事，就都成了不可信的无根之言了。何况迄今所见，黄兴所言蔡锷是"广西同志"，还是一年后的6月17日与胡汉民致加拿大同志书中说的，③ 何遂如果不是看到早在1949年前商务印书馆出版的《革命逸史》初集中披露的信函，是很难在未见到黄兴的情况下能有这一记忆的。

再说了，何遂回忆中的有些内容，也的确是采自前人公开发表的记述，而不真正出于与吕公望见面时的吕公望之口。如何遂回忆说，吕公望与他们见面时，告诉他们，有一天，"张鸣岐请王孝缜和几个新来的人员吃饭，酒酣耳热之际，尹昌衡失口说道：'要想中国复兴，满清是不能存在的。'王孝缜急忙用脚踢尹，可是张鸣岐已经觉察了，笑道：'大家不用顾虑，畅所欲言好了。'他还拿出几支新购的手枪来让大家传观。（按：着重号为编著者所加，下同）王孝缜酒后兴起，接过枪来连放数响，把天花板打了好

① 《吕公望亲笔稿》，《近代史资料》总87号，第198页。
② 毛注青：《黄兴年谱》，湖南人民出版社，1980，第101、102页。
③ 《革命逸史》初集，第239页。

几个洞。张鸣岐连称：'壮士！壮士！'又对尹昌衡说：'广西地方太小，不足以容公。将来四川有事，可以多多借重。'（尹是四川人）尹大笑道：'世事难定，将来不知是谁借重谁啦！'张鸣岐因为王等握有实权，敢怒而不敢言，只得表面敷衍一番，暗中急调前任陆军小学监督蒋伯器（尊簋）和南宁讲武堂总办蔡锷入桂。蒋、蔡一到，张鸣岐就变了脸，把陆小监督雷寿荣和兵备处经理科科长孔庚扣押起来，并扬言要开军事法庭进行审讯。多亏吕公望作揖叩头，求蒋伯器、王芝祥帮忙，说：'政府现在都不随便杀人，公等都是汉官，何必过于认真。'蒋、王总算答应了。蒋伯器还说：'我只问抚台，这批人是谁请来的？如果杀了人，上奏折，岂不要担知人不明之罪？政府唯亲贵是用，保不定反因此得罪哩！'蒋伯器也是同盟会的人，和秋瑾相熟，所以他肯帮忙。由于他和王芝祥的转圜，一场风波算是消弭了。"①

何遂复述的这些情况，其实并不来源于吕公望之口，而采自 1944 年 11 月 30 日云风出版社印行的黄绍竑的《五十回忆》。黄在该书中记述：第三件事是张鸣岐"宴请尹（昌衡）、杨（曾蔚）、孙（孟戟）、覃（鎏钦）等，席间，张自言：'革命并不是一件奇怪或可怕的事情，本人有志革命，刷新军政，即是广西革命领袖。'说毕，又拿出他新置的手枪，给大家传观，说是革命武器。尹昌衡接枪在手，连放三响，将窗上玻璃击碎。这等举动，原没什么意义，但从假革命的张氏看来，多少有点刺目。当时微笑不语，散席后，每人还致送安南刀一把，以示联欢之意。一班青年人，感情本易冲动，得此异数，还以为张氏真能赞助他们革命，情绪愈加激昂。不料张已暗约龙州讲武堂堂长蔡松坡（锷），及前任陆小校长被学生轰走的蒋伯器（尊簋）秘密到桂林，派蔡为干部校长兼学兵营营长，以去陈之骥、孙孟戟，派蔡任兵备处总办，代王芝祥。并以随蒋同来的董吉生（绍箕）为陆小监督，斯燮馨（烈）为提调，而将原任陆小监督的雷寿荣和兵备处经理科长孔庚，先后拘捕扣押起来。一班青年志士始知上了张的大当，一时大为不平。王勇公时任干部学校教员，竟赴兵备处，与蒋力争。蒋至抚署谒张请示，不得要领。张并言，明日当开军法会审。此言传出，群情愈加愤激，吕公望夤夜见蒋，长跪两小时，力求转圜。蒋说：'大帅已吩咐下

① 何遂：《辛亥革命亲历纪实》，《辛亥革命回忆录》第 1 集，第 466 页。

来，明天砍几个脑袋给大家看看，恐怕不易挽回。'吕涕泣陈词说：'我辈在浙江时，闻秋瑾女士说总办是革命同志，所以全体热诚拥护总办。现同志们有杀身之祸，无论如何，要请总办救援。'蒋沉思良久，乃言：'我实没有办法，你可去求求王芝祥。他的资格比我老，或者可以说话。'吕复同王勇公、孙孟戟、陈之骥三人，连夜谒王，苦求设法，王先有难色，后来见他们恳切情形，心为之动，即毅然说：'难得你们有这样义气，好好，拼我老面子不要，替你们去碰一碰看。'漏夜赴抚署，和张氏磋商良久，议定条件：限这班青年人于两月内全部离桂。特别指定陈之骥、杨曾蔚、王勇公、孙孟戟四人，在三天内先行离开桂林。王将此意转达，并劝他们服从，一场风波，也就此消弭。"

不过，值得注意的是，通观黄绍竑全文，他在记述这场"风波"之后，虽然高度肯定了这班青年人对"广西革命"的"鼓动提倡"作用，说"一般青年，尤其是学兵营及干校学生，脑海中已注满了革命思想，都在摩拳擦掌，等待时机的到来"，却只字未提有何遂所说他们利用蔡锷在干部学堂甄别考试中，"祖护同乡，排挤本地人"，引起广西人不满的机会，"通过同盟会的组织关系，动员干部学堂、陆军小学罢课，学兵营罢操，声言要把蔡锷赶出广西"的"驱蔡风潮"一事。[①]

相较于黄绍竑的回忆，何遂的回忆除了文字详略有不同，将黄绍竑所说"尹昌衡接枪在手，连放三响，将窗上玻璃击碎"，写成了"王孝缜酒后兴起，接过枪来连放数响，把天花板打了好几个洞"外，其他关键情节，甚至用词都是一样的，明显反映了是摘抄于黄绍竑的回忆。虽然吕公望20世纪60年代也撰有回忆录，[②]由于当时并未问世，所以看似采用的是吕公望所述的何遂回忆，实则同样来源于黄绍竑的《五十回忆》。

还要特别指出的是，何遂还颠倒了黄绍竑所述以下两事的时间顺序。其一是黄绍竑所说的"办报被封"。黄绍竑说的是"尹昌衡、覃鎏鑫[钦]、吕公望和先时随钮永建同来的赵正平等，出版指南月刊（按：实为《军国指南》月刊，1910年5月创刊），为广西最早的定期刊物。覃、尹、赵等分任编辑撰述，吕为经理，第一期出版，销三千余份。因言论激烈被

---

① 广西文史研究馆编《黄绍竑回忆录》，广西人民出版社，1991，第18—19页。

② 《吕公望亲笔稿》，《近代史资料》总87号，第189—220页。

巡警道胡铭槃封闭。又改出《南风报》，亦只出了一期（按：实际为《南报》，也非只出一期，1910 年 10 月 22 日出版的第 3 期今仍存世）。因刊载石达开'扬鞭慷慨莅中原，不为仇雠不为恩。只觉苍天方愦愦，莫凭赤手拯元元。三年揽辔悲嬴马，万众栖山似病猿。我志未酬人亦苦，东南到处有啼痕'的诗，尹昌衡并在封面插画的竹子叶里，暗暗画成'民族革命'四字，旁边还有一只公鸡，象在啼叫的样子，题为'雄鸡一鸣，天下震动'，又被胡氏觉察，仍行封闭。他们又改出《南报》（按：实际为《南风报》）。胡氏……劝他们自动停版"。其二是黄绍竑说的"何遂任干部学堂队长，在操场演说革命，一时情绪热烈，群众欢呼。何忽举手指场中天桥，高呼：'有志革命者，可跳此天桥，以示勇敢！'一个学生因跳桥不慎，伤及腿部，事遂外泄。而干部学校，亦便成为政府监视的目标"。①

黄绍竑所说的这两件事，从其依次记述王孝缜等四人是如何被迫"在三天内先行离开桂林"的过程看，可知皆发生在吕公望离桂之前，也即何遂所说的"八月"广西同盟会支部成立之前。可是，何遂在摘抄黄绍竑的回忆时，竟说发生在同盟会支部成立之后了。

对于第一事，何遂纠正黄绍竑颠倒了《南报》与《南风报》刊行先后的顺序，不再摘抄黄绍竑所说尹昌衡、覃鎏钦、吕公望、赵正平等人这年 5 月先创刊有《军国指南》一事，而是接其下文的内容说："同盟会支部组成不久，在福棠街二号租了一幢房子，作为活动的中心，并决定出版《南报》，开展革命宣传，由赵正平任主笔，每半月一期，每期印两千多份。在这个报上，我以'贱夫'的笔名写过一篇《边防调查纪实》。《南报》创办以后，起了不小的影响，各学堂都有人来订阅，也有捐钱的。不久受到巡警道王秉必的干涉，我们又改名《南风报》继续出版。"

而对于第二事则大加发挥说：

> 我当时除担任参谋处筹略［备］科科长的职务外，又兼任了干部学堂的教官。干部学堂有二十多个同盟会员，分部长杨明远是一个精明细致的人，每次开会他都预先通知我，并把学生集合好。我们曾在一起主持过入盟式。有一天上课时，我借口教室太闷热，命学生队长

---

① 《黄绍竑回忆录》，第 17—18 页。

带着全班跑步到郊外的操场去。到了操场，我对学生们作了一次演讲，大意是说："自从鸦片战争以来，满清王朝丧权辱国，残民以媚敌，我们做的是二层奴才。满洲人讲的是'宁赠友邦，不予家奴'，外国人只要派一只兵舰来，就能从中国拿一块地方去。我们要让满洲人统治下去，不久就会当了亡国奴，怎么有脸立于世界，怎么对得起自己的祖宗？广西是洪秀全的故乡，广西人是对得起祖宗的。今天有了枪杆子就要誓同生死，志共恢复。孙中山、黄克强不是到处举行起义吗？我们就是和孙先生一伙的，孙先生的人遍于天下，只要我们中间有人起来振臂一呼，就会天下响应。"我当时情绪很激动，问大家："你们当中有敢做陈涉、吴广的没有？"学生们一致高呼："有！"又问："有不以为然的吗？"谁也不做声。操场中立着一座天桥，高约丈余，我便三脚两步爬到天桥上站住，又从上面奋身跳了下来，指着天桥对大家说："敢做陈涉、吴广的就跳此桥！"在场的七十二个学生经我这番鼓动，全部都跑上天桥，奋身跳下，以表示他们的革命决心。我兴奋极了，对他们说："你们毕业了。你们都是洪秀全！清朝一定要灭亡！"我们闹得这样厉害，有些人从天桥上跳下时又摔坏了腿，沈秉堃也有些觉察了。他问干部学堂监督赵恒惕："听说有人拿你的学校闹革命，是真的吗？"赵连忙说："没有这个事，何遂这个人有口无心，我敢担保。"沈秉堃才没有深究。①

何遂所述这场"驱蔡风潮"的由来和过程，既多为摘抄黄绍竑的回忆，在叙事方面又出现不少偏差，算不上信史，自然不能据此断定这次"驱蔡风潮"，就是"广西同盟会支部年轻的盟员们掀起"的，是革命的同盟会员与没有革命党人"味道"的蔡锷矛盾的结果。

其实，这场"驱蔡风潮"，只是当时各省盛行的省籍矛盾的产物，不但蔡锷本人对此深有体会，在其后来所撰的《曾胡治兵语录·序》的初稿中说过"或曰，子湘人也，四五年来，于役岭峤，桂人谓子爱湘仇桂，群相龃龉，徒效犬马之劳，终遭薏苡之谤"（见本书1911年7月记事），就是当时的媒体也窥破了这一端倪。有报纸报道其直接起因是广西谘议局的一个

① 何遂：《辛亥革命亲历纪实》，《辛亥革命回忆录》第1集，第468—469页。

决议，说："桂省谘议局各议员前将官厅所提出之议案一律批驳作废，现谘议局所议决之议案呈请抚宪裁可施行，闻亦一律被抚宪批驳。论者谓官厅对谘议局现在已极端反对云。"①　两天后又载："广西谘议局业已于本月十五闭会，该省官厅与谘议局意见不洽之故，又另有原因。闻自谘议局提出限制外省学生案后，某官厅颇为不悦。旋有广东人某幕友传出谣言，谓广西议员议拒绝广东留桂学生，于是广东之宦桂省者道府大员，俱联函广东谘议局，请自后广东学堂不收广西学生，以为报复，意见遂因此益深矣。"②

而下面这通答复广东谘议局的函电就说得更清楚了。该电说：

日前广西谘议局提议限制外籍学生，经广东谘议局及自治会函电询问，旋接该局复自治会函辨论，经见前报。昨该局又有复广东谘议局函云，昨初四日复电，知蒙谅察。电中未悉所怀，谨再缕述。我两粤有密切之关系，分形同气，唇齿相依，伏愿公等深悉此案真情，洞澈此中原委，使粤人屏息群谣，无忘亲谊。原制限外籍学生议案之提起，本局一般议员意思，并无广东二字介存其间。实因干部学堂收容外省学生过半数，又以湖南人为最多，本局议员相思议，以为如此喧宾夺主，各省学堂谅亦无此办法。且现在预备立宪，筹办自治，当需材孔亟之时。而外省学生卒业者悉归外省，是本省学堂终失其为地方造才之目的，并失其为地方造才之效用。是以反复参酌，外省学生或有因其父兄宦商此地，不能归本省就学者，既不能不收外省学生，而又不能漫无制限，故于高等警察学堂招考之前，预定制限外籍学生之议案。其制限法，即外省学生之名额，不过本省名额十分之二。但名之曰制限，非名之曰抵制，并非名之曰拒绝，更非所谓拒绝广东学生。且查广东学生在桂林者，实居少数之尤，是既非为制限之缘起，更何至以拒绝，而为制限之进步？既失两粤一体之爱情，复非议员之口吻。此其说可以盅惑见识未确之人，而必不可取信于代表吾粤之诸公。故本案经全体通过后，外间谣诼四起，致使吾粤官商旅斯地者为之哗然，开全体之大会，唱抵制广西之政策，又风闻已联名诉愿于诸公。但自

① 《桂省官厅对于谘议局之意见》，《申报》1909 年 12 月 8 日。
② 《桂谘议局闭会纪事》，《申报》1909 年 12 月 10 日。

本局议员观之，则以为此实由吾粤人爱乡心及吾两粤之本来亲切，一日闻此谣言，遂激刺其两种之感情，偶为所惑，本局议员深滋抱歉。则以受此离间，又不能辄以本局名义向外申辩，而逆知诸公必不遽信，故亦从容以俟辩明。忽承诸公驰电诘问，开诚质疑，并于张中丞处得读来电，使本局有所凭借，以告无罪，是本局所最感激欣幸，谓非两粤交情亲挚，何得如此？但本局可以表明心迹者，固不仅有原案可稽，亦有王君广龄可以为证。王君粤东人，当此案会议之日，适奉张中丞委派，赴局代表意见，本局议员反对官厅意见者，容或有言词过激之弊，然止就官厅行政发挥，而未有道及广东只字。此事如何，王君粤东人亦可居证人之地位。至于其中谣言之所由起，非本局所宜言，亦非本局所宜计及。诸公聪明亮察，时局日艰，外交日迫，阅中外新闻各报，风声鹤唳，最可惊心。吾粤适为某国虎视耽耽之场，内治外交，正赖两粤勠力同心，撑撑危局，谷风恐惧，维予与汝能无关念。尚祈传之道路，布此区区，使吾粤人不惑于流言，无漓乎亲谊。幸甚幸甚。①

更何况雷飙所说以下情况，也不能因他是蔡锷"知友"而否定无余吧。他说魏景桐时任广西巡抚，但"魏与蔡虽同乡，素无关系及认识，其知识言论，亦极腐旧，新军、新学、新政又不讲求。蔡公斯时只得维持现状已矣。而前日之失势军人、学生、官僚，心怀叵测，复作种种鼓动，煽感〔惑〕联络各学校，与省谘议局不良分子，出头与蔡公为难，并讼以数十条罪状，朦请魏抚派大员查办。魏抚胆小无识，颇中彼等轻视诬妄之计，遂支吾敷衍于其间，愈演愈烈，愈烈愈假。魏抚不已，将全案移送京师陆军部核办。幸蔡公在桂前后所办各军事学校机关及新军工程事务，凡属财政经费收付各事宜，均请抚、藩派专员负责办理，蔡公不过计划指示，及各种图表而已，于银钱丝毫无关，故即自请进京面质。陆军部派专员核办该全案情事，结果与蔡公无关，且对蔡公极表敬佩，一场无头冤案从此烟消云散矣。"②

---

① 《桂谘议局函辨限制客籍学生原因》，《申报》1910 年 1 月 4 日。
② 雷飙：《蔡松坡先生生平事略》，《国防月刊》第 4 卷第 3 期，1947 年 11 月。另详见曾业英《蔡锷 1910 年为何在广西蒙冤遭驱？》，《抗日战争研究》2022 年第 3 期。

11 月

（九月三十日至十月二十九日）

3 日（十月初二日）

▲兵备处以及各堂营局各职员在新广东会馆举办"欢迎会"，到者70余人，送别前兵备处总办庄蕴宽离桂。①

17 日（十月十六日）

▲魏景桐电恳民政部"展限"广西巡警简易科无论"本籍、外籍均许考选"办法。说：

> 民政部钧鉴。据高等巡警学堂监督详称，查前升抚部院张于遵照预备宪政清单筹办巡警并将高等巡警学科考选办法及各属巡警教练所名额酌量变通折内，以定章高等巡警学生原就本省举贡生员，及曾在中学以上毕业者考选恐难足额，加入凡与中学程度相当，无论本籍、外籍均许考选一节，经钧部核议暂准照办，并声明下届开办第二班时，应即查照办理，不得援此次成案等因。本堂简易科于本年冬月毕业，明年续挑新班，自应遵照原章考选。惟查各属中学现时仍无毕业之人，举贡生员能取入学试验者亦在不可必得之数。体察情形，与上届并无出入，非将变通考选办法展限，恐取材过隘应试，转希将来学额不免虚悬，公家岁费巨款以养成少数学生，似非设学之本意。兹拟第二届挑生办法，一、外省仍准考选，但取录不得过名额十分之二，并酌征学费、膳费等项；一、入学资格仍请以中学相当程度为衡；一、续挑简易科生六十名，合原有高等科生六十名，以符百二十名之定额；一、兼发行校外讲义，并查照法政学堂办法，酌量办理等情。查以上各节，虽与部章仍有变动，实较旧年略加限制，似属可行。敬恳核复。景桐谨叩。谏。②

20 日（十月十九日）

▲溥伦、沈家本奏请清廷"裁夺所有议决广西限制外籍学生一案"。说：

---

① 病武：《桂林春秋·欢迎会》，《南报》第 3 期，1910 年 10 月 22 日。
② 中国第一历史档案馆藏档案。

　　资政院总裁贝勒衔固山贝子臣溥伦等跪奏，为核议广西限制外籍学生一案，谨将议决办法请旨裁夺恭折仰祈圣鉴事。窃准广西巡抚咨称，广西谘议局第一届会议所有提议建议议决各案内，除限制外籍学生一案，查照谘议局章第二十四条，应请核议再行定夺等因，并将全案一并咨送到院。查资政院章内载各省谘议局与督抚异议事件，由资政院核议议决后，由总裁、副总裁具奏请旨裁夺等语。此案既系广西谘议局与广西巡抚异议事件，自应遵章由臣院核议，当将全案送付股员会审查。旋据股员会称，审查得此案系广西巡抚与广西谘议局异议事件，异议之点在广西巡抚筹办高等警察学堂，其招生办法于本省举贡生员及曾在中学堂以上毕业者外，加入凡与中学堂相当，无论外省均许考选一条。其理由系谓本省举贡生员经历年办学及考试搜罗殆尽，是不得不兼收外籍。在谘议局则谓本省高等警察学堂，收容外省学生有四不便。其理由主张以本省学生办本省公务，较之他省人究为亲切，并议将各学堂有收容外省学生之章程，一律更正定为外籍学生酌定名额，不得过本省学生名额十分之二，并征收学费作为附学之办法。本股查民政部奏定各省巡警学堂章程第四条，高等巡警学堂学生以本省举贡生员及曾在中学堂以上毕业者考选等语，是此项巡警学堂学生应尽本省人，考选章程固已确定。广西巡抚谓本省举贡生员搜罗殆尽，亦非事实之论。至谓经费有国家地方之分，外籍限制与否，即以此为标准，无论现在国家税、地方税尚未划分，固难确定界限，即将来划清以后，恐亦无依据税别以定限制之理，自应遵照民政部奏定章程，所有广西高等巡警学堂招考学生，应尽本省人考选等语，具书报告前来。复经臣院开会核议，佥以广西高等警察学堂招生办法，应请旨饬下广西巡抚仍照民政部奏定章程办理。如收外籍学生，亦须查照谘议局原案，酌定名额，征收学费，作为附学办法办理。业经多数议员意见相同，当场议决，相应遵章具奏请旨裁夺。所有议决广西限制外籍学生一案缘由，理合恭折具陈，伏乞皇上圣鉴训示。谨奏。宣统二年十月十九日。资政院总裁贝勒衔固山贝子臣溥伦、资政院副总裁法部右侍郎臣沈家本。钤章。军机大臣钦奉谕旨，资政院前奏核议广西限制外籍学生一折，着依议。钦此。军机大臣署名：臣奕（劻）（假）、臣毓（朗）、臣那（桐）、臣徐（世昌）。十二月二十四日。军机大臣钦奉谕旨，民政部奏查明广西高等警察学生招生办法，与奏定章程相符一折，知道了。钦此。军机大臣署名：臣奕劻（假）、臣毓朗、臣那桐、臣徐世昌。①

本年

▲蔡锷函复陈子藻（按：陈子藻，字律齐，号兆龙）"勿辞小就"。说："手书诵悉。足下急欲返沪，乃白驹方歌维絷，鸿鹄遽欲高骞，对此未免慊然。尚祈暂驻行旌，勿辞小就，用副远道相投之雅，如何如何？"②

1911 年
（宣统二年庚戌十二月初一日至宣统三年辛亥十一月十二日）

1 月
（宣统二年十二月初一日至宣统三年正月初二日）

中旬（宣统二年十二月十一日至二十日）

▲蔡锷于"驱蔡"之案结案后力请"解职"："适片马问题发生，举国骚然。滇督李经羲以公治事有声，迭电郭请调，并派员迎迓。先是督练公所参议罗佩金曾极力推荐，李督乃有是命。李公根源《曲石文录·四川督军罗君镕轩行状》有云：李督以总参议靳云鹏专权任私，颇疑之。一日，召镕轩与余入见，曰：靳云鹏眼斜心不正，难倚信，曷举军事人材告余。疑李督意在试探，不敢言。君决然起揭云鹏之失，举蔡锷可大用。李公纳之，命君密电召锷来，勿与靳知。时锷在广西充新军标统，为桂人所排，复电允送母归湘即起程。李公大喜，命汇千金作旅费。"③

---

① 中国第一历史档案馆藏档案。
② 曾业英编《蔡锷集》（一），第 284 页。
③ 《蔡公松坡年谱》，第 11—12 页。

本月

▲蔡锷奉母命娶第二位夫人潘蕙英。据一"记者亲得之同学，先生犹子虎尊君云"："先生（按：据蔡锷）谐伉俪（按：指第一夫人刘侠贞）十余年，不育男，老母黄太夫人抱孙心切，屡劝其置媵。适宣统二年冬，有云南混成协统之命。滇中潘先生者巨绅也，见先生奇异之，愿妻以女，先生固辞不获，卒赖以得男，继承宗祧焉。先生有女二，长十二岁，次七岁，皆夫人所出，子二人，长六岁，次三岁，纳溪战后数日生于滇中外家者也。夫人抚之，均过于己出（按：12岁、7岁二女当为第一夫人所生，故有此言。实际潘夫人在二男之前也产有一女），惟将来之成人，是所望于组织遗孤教养会之梁任公诸贤。"①

3月

（宣统三年二月初一日至三月初二日）

月初（二月初）②

▲蔡锷奉李经羲之调，抵达昆明。③ 李经羲"受云鹏挟制，无以处锷"。罗佩金"献策调王振畿兵备处，以锷任三十七协统领"，罗表示"愿为之属，任步队七十四标统带"，并"引用雷飙、刘存厚、唐继尧充本标管带"。蔡锷"亲送王太夫人回湖南原籍"。梁启超在其为《蔡母王太夫人六旬正寿征文启》中说："未几，军府量移滇池，随牒轻斋返里都，无郁石之装，掺袂于歧，唯勉澄清之志。"④

4月

（三月初三日至四月初二日）

▲1910年12月前后（宣统二年冬），陆军大臣荫昌调云南新军第十九镇统制官崔祥奎回部"臂助"后，所遗职缺"本应由部遴员奏简"，但他"念边防重要，权令在该镇协中酌保谙习本省军队情形，确系得力人员，电

---

① 谢濂：《蔡松坡先生遗族纪略》，《法政学报》第9期，1919年2月25日。
② 此时间由以下蔡锷复石陶钧函中有"弟到此月余"一语推定。
③ 李根源说蔡锷是6月下旬或7月上旬奉云南巡抚李经羲之邀抵达昆明的（《雪生年录》卷一，第20页），误。
④ 《蔡公松坡年谱》，第12页。

部核办"。李经羲认为"滇省陆军年来创办整饬事宜，均赖协统王振畿、钟麟同协力进行，同为辅助，两协统材力资劳均足相埒，而钟之器识宏毅，更胜于王，尤于边军主将位置相宜"，因而于 1911 年 3 月 11 日（二月十一日）奏请简任钟麟同为十九镇统制官。①

4 月 9 日（三月十一日），蔡锷就任云南第十九镇三十七协统领官（按：相当于今旅长）②。

6 月 16 日（五月二十日），李经羲"除附片奏明外"，先行将蔡锷补充为三十七协统领官一事，电知北京陆军部。说："三十八协统领钟麟同已蒙简放十九镇统制，遗缺查有七十四标统带、士官毕业生曲同丰堪以升充。又三十七协统领王振畿调充兵备处总办，遗缺查有前广西兵备处总办、士官毕业生蔡锷堪以补充，除附片奏明外，谨先电知。又递遗七十四标统带缺，查有该标三营管带、士官毕业生何国华堪以升任，递遗管带一缺，查有前充广西陆军小学堂监督、湖南武备毕业生雷飙堪以补充，除咨达外，请查核备案。号。印。"③

7 月（六月），李经羲就委充蔡锷为云南第十九镇三十七协统领官事再奏报清廷，说："本年三月初三日（按：1911 年 4 月 1 日），接奉电抄，初三日奉上谕：钟麟同着赏给陆军副都统衔，充陆军第十九镇统制官，钦此。等因。电寄前来……查钟麟同原充第三十八协统领官，兹蒙恩命，应即转饬到差，以专责成。遗差经臣于本省军官详加遴选，查有步队第七十四标统带官曲同丰，原系陆军部步队正军校、速成学堂正监督，上年五月经臣咨调到滇委充是差。该员办事认真，学术优长，堪以升充第三十八协统领官。又第三十七协统领官分省补用知府王振畿，现经调充兵备处总办，遗差查有前充广西兵备处总办留日士官毕业生蔡锷，干练果毅，经验颇深，堪以委充第三十七协统领官。"

8 月 12 日（闰六月十八日），李经羲"奉朱批：'该部知道。'钦此。"④

8—9 月（按：闰六月十八日至七月二十九日），陆军部奏报清帝，指

① 《清末新军编练沿革》，第 273—274 页。
② 见本书第 1911 年 4 月 13 日记事。
③ 《督抚李为委定陆军三十七、八协统领及七十四标统带各缺咨陆军部电》，《云南官报》第 12 期，宣统三年五月下旬。
④ 《清末新军编练沿革》，第 274 页。

陈李经羲"径行附片上奏，分别遴员接充"三十七、八两协统领官，"核诸定章成案办理，未免两歧"，"未便率行照准"。但又表示"至曲同丰、蔡锷二员既为该督臣所力保，自不妨一并入单，恭候简派"。说：

> 奏为云贵督臣奏充统领官与章不符声明请旨恭折仰祈圣鉴事。内阁抄出云贵总督臣李经羲奏云南暂编陆军第十九镇第三十七、八两协统领官职缺派员充补一片，宣统三年闰六月十八日奉朱批：该部知道，钦此。钦遵到部。原奏内开：钟麟同原充第三十八协统领官，奉命升任统制，遗差查有步队第七十四标统带官曲同丰堪以升充。又第三十七协统领官王振畿现调兵备处总办，遗缺查有留日士官毕业生蔡锷堪以委充，分饬各员遵照到差，并将履历咨部查照。等因。臣等查上年十一月三十日（按：1910年12月31日）臣部会同前军谘处奏定《陆军任职章程·补职》第三条内开：副协都统军职遇有缺出，由部开单奏候简派等语。当经恭录谕旨，刷印原奏，通行各省督抚一律遵照在案。自定章颁布以来，各省上等职缺，各该督抚均已遵章报由臣部妥筹办理。即就云南而论，本年春间，简任该省第十九镇统制官，虽系该督臣拟保电商，实由臣部查核具奏。此次三十七、八两协统领官缺出，同属上等军职，自应电咨臣部开单奏简。兹该督臣径行附片上奏，分别遴员接充，核诸定章成案办理，未免两歧。臣等再三拟议，所有该督臣奏充三十七、八两协统领官，未便率行照准，所遗职缺仍应遵照定章，由臣部遴员具奏。至曲同丰、蔡锷二员既为该督臣所力保，自不妨一并入单，恭候简派。该职缺未经奏简之先，应由该督臣遴委资深劳著之员，分别权时代理，以重职守，而符定章。如蒙俞允，即由臣部钦遵办理。是否有当，恭折具陈，伏乞皇上圣鉴训示遵行。谨奏请旨。宣统三年八日初一日（按：1911年9月22日）奉旨依议。钦此。①

10月16日（八月二十五日），"内阁奉上谕：前广西兵备处总办蔡锷着派充陆军第三十七协统领官，陆军步队第七十四标统带官曲同丰着派充

---

① 《陆军部奏滇督奏充统领官与章不符议驳折》，《内阁官报》第36号，宣统三年八月初七日。

陆军第三十八协统领官，并均赏给陆军协都统衔。钦此。奕劻、那桐、徐世昌、荫昌（差）署名"。① 18 日，李经羲奉上谕："前广西兵备处总办蔡锷着派充陆军第三十七协统领官，陆军步队第七十四标统带官曲同丰着派充陆军第三十八协统领官，并均赏给陆军协都统衔。"②

按：以上事实表明，李经羲实际是巧妙利用荫昌"念边防重要，权令"其"酌保"得力人员补充遗缺的机会，绕过北京陆军部仍须"电部核办"的要求，先斩后奏地委充蔡锷为云南新军第十九镇三十七协统领官。同时也表明，尽管如此，并不代表他此时有任充蔡锷为第十九镇"镇统职"之意。

随同蔡锷入滇、后被委充七十四标三营管带的雷飙，在 30 多年后的回忆中两次谈及李经羲"本拟"委充蔡锷为"镇统职"，不过内容有很大差异。第一次是 1947 年 12 月发表在《国防月刊》第 4 卷第 4 期的《蔡松坡先生事略》（二续）一文。该文如是说："松公到滇，李督经羲本拟接充十九镇镇统职，但当时该镇大小军官，多系北方人，四川、云南两派军官占极少数，加之总参议靳云鹏，协统钟麟同、王振畿，标统曲同丰及各中级军官，又皆系段祺瑞所荐之部下学生，不能达其所愿，劝蔡暂任协统。蔡本不在官之大小，相信而已。"③ 第二次是 1961 年发表在《辛亥革命回忆录》第三集上的《蔡松坡先生事略》一文。该文如是说："蔡公到滇，李经羲本拟以之接充第十九镇镇统职，但当时该镇军官多系北方人，四川、云南两派军官占极少数，加之总参议靳云鹏，协统钟麟同、王振畿，标统曲同丰及各中级军官又皆系段祺瑞所荐之部下及学生，未便任以统制之职，劝蔡暂任协统。遂决定由钟麟同接崔祥奎统制事，蔡接任王振畿之协统，王改任兵备处总办，钟之协统遗缺由曲同丰升任，余皆仍旧，北派势力仍占优势。"④

比较两次所述，有一个共同点，就是李经羲"本拟"由蔡锷"接充十九镇镇统职"。但在说明他最后放弃的理由时则有很大差异。前文强调是因

---

① 《内阁官报》第 55 号，宣统三年辛亥二十五日。
② 《清末新军编练沿革》，第 274 页。
③ 雷飙：《蔡松坡先生事略》（二续），《国防月刊》第 4 卷第 4 期，1947 年 12 月。
④ 《忆蔡锷》，第 58 页。

"该镇大小军官，多系北方人"，"不能达其所愿"，故而"劝蔡暂任协统"，而蔡也"本不在官之大小"。说明李拟任蔡为镇统的本意是存在的，而且很坚定，仅因"不能达其所愿"而放弃了，蔡也"本不在官之大小"，表示理解。后文则将"不能达其所愿"改成"未便任以统制之职"，也不再提"蔡本不在官之大小"了。明显降了调，不是"不能达其所愿"，而是自己也觉得不便任蔡为镇统了，完全没了前文所强调的有其坚定想委充蔡为镇统的本意。至于两文何以会有此记述上的差异，不言而喻，自然是不同时代不同价值观的反映。

其实，就历史事实而言，当时李经羲并无委充蔡锷为镇统的意思。1911年4月1日（宣统三年三月初三日）陆军大臣荫昌的奏折已清楚说明了这一点。他说，崔祥奎派充云南新军一镇的"统制官"以后，"擘画经营，尚无贻误。上年冬间臣部更订部章，整顿进行，一切均须筹画，该统制官崔祥奎原系臣部一等检查官，于臣部事宜颇称熟悉，曾经会同军谘处电商云贵总督臣李经羲拟调来部，借资臂助。并以统制职缺本应由部遴员奏简，惟念边防重要，权令在该镇协中酌保谙习本省军队情形，确系得力人员，电部核办。比得复电，据称请俟选将得人再为请命等因。兹于本年二月十一日（按：1911年3月11日）准该督臣电开，滇省陆军年来创办整饬事宜，均赖协统王振畿、钟麟同竭力进行，同为辅助。两协统材力资劳均足相埒，而钟之器识宏毅更胜于王，尤于边军主将位置相宜，倘蒙迅赐核夺，准如所拟，即日奏请简任，边疆幸甚，大局幸甚。"①

荫昌虽表示崔祥奎调部离滇后，"念边防重要"，所遗"统制职缺"，可"权令"李经羲"酌保"得力人员，"电部核办"，但又明确划定了"酌保"的范围——应在"该镇协中"，应是谙习"本省军队情形"，又"确系得力"人员。蔡锷这时刚到云南，既不可能谙习"本省军队情形"，又尚不在"该镇协中"。李经羲作为一名地方官员，再怎么欣赏蔡锷，也不可能公然越出中央官员荫昌所划定的范围，而拟以蔡锷接替崔祥奎为"镇统职"。何况事实也证实，他奏请的是升任原三十八协统领官钟麟同为"镇统制"，奉行的完全是荫昌所划定的范围，有何事实可验证他"本拟"以蔡为"镇统制"了？可见，雷飚尽管在1961年的第二次回忆中，将李经羲没

———————————

① 《清末新军编练沿革》，第273—274页。

有奏请任用蔡锷为"镇统制"的原因,由先前所述"不能达其所愿",改为"未便任以统制之职",算是较为得体了,但仍然以"本拟"蔡锷"接充十九镇镇统职"为前提,因而也是难以置信的。雷飙强调李经羲"本拟"蔡锷"接充十九镇镇统职",只是因为蔡锷后来成了反袁称帝的英雄,便处处欲升华其地位,实际则是不可信的。

13 日(三月十五日)

▲蔡锷函复石陶钧,指陈国家被英、法、俄、日等列强瓜分,形势严峻,"吾侪军人,当于拼命二字外,择一稳健之策",若以"两湖为根据地","未必不可保半壁之局"。说:

> 醉六学兄赐鉴。顷奉复书,慰甚。值此性命呼吸之顷,而内部之暗潮伏湍,毫不稍戢,且有进焉。苍苍者天,曷其有极,惟所谓怪相的专制说,果见诸实施。吾兄所谓满汉并〔拼〕命一层,必得乘之而起矣。祸水横流,乌有涯涘,可胜太息。端某(按:指端方)者,向以险贼之心,行牢笼之术。而幸有此珍宝之蚩蚩者(指那时的民心民情也),不受其牢笼,于湘于鄂于宁皆不获逞,竟蹶于直,宜其愤恨更毒。斯人再出,我族其无噍类矣,然实满汉共同之蟊贼也。此种蟊贼,其智术足以蛊其同类,蛊发则两败俱伤。汉亡幸有野草复生之望,满亡则更无死灰再燃之时,渠辈何不思之甚也。弟到此月余,于本月十一日就任三十七协。全协军官,率多北洋派出身,咸张而欲重。积重之余,自顾才力,实不能挽此江河日下之局,望时示教。片马英兵以瘴疠倒毙人员五百余名,其中吾国人居多,现已退出百里之外。闻其充后方勤务者,率为滇、粤人,运军费之驮马四千匹,皆此辈筹办,今尚络绎于道。法人已添兵老开,增置面包厂五所,此皆最确情之报。其他如俄之于蒙古、伊犁,日本之于东三省,报纸所传,似较此间英、法为甚。昨闻黑龙江已开战衅,似与红胡子冲突。要之,瓜分之局,迨难幸免。吾侪军人,当于拼命二字外,择一稳健之策,否则,拼命毫无所济,且不够说拼命也。姑就吾湘小范围而论,外兵阑入湘境,至快当在一年以外,尚能得少许时布置。如能于一年中得正式国民军二十万,即足为南服之中坚,但非合以湖北不可。以两湖为根据地,

相机肆应，未必不可保半壁之局。苟有万众一心，赌存亡之决心，断可有济。吾兄以为何如？北京近来颇见新人物荟萃，兄能谋聚而研究将来一切之组织及手续否？匆肃。敬请勋安。①

5月

（四月初三日至五月初四日）

▲广西巡抚沈秉堃为防范革命党人，任命亲信胡景伊为协统，将学兵营营长方声涛解职离桂。②

6月

（五月初五日至六月初五日）

16日至25日（五月下旬）

▲《云南官报》发表李经羲对云南谘议局请其"审查办理"广西谘议局"呈控蔡（锷）总办各条"文的批示，说："呈悉。查谘议局应议事件，以本省为范围。广西谘议局呈控蔡总办各条，早经广西抚院派司道详查并无其事，咨由军谘处销案。兹该局以他省已结之案，呈请本督院审查办理，不惟该局无此权限，即本督院亦岂能越俎，所请应毋庸议。该局为法定机关，所有职权均规定于钦颁局章之内，一切行动自应根据局章，方为正当。来呈所称既经广西谘议局呈请查办，各省应表同情，不谂见于局章何条？该局既称不知蔡锷为何许人，亦不知何日到滇，然则所谓同情，得毋有类于盲从者耶。本督院去年联合各省请开国会，反对者方以人民程度无遵守法律之能力为言，该局以后办事幸勿再蹈前辙，愿相与一雪此耻也。折存。摘由批。"③

而军界对滇议员此举则"咸抱不平，欲与滇议员开谈判"。蔡锷"函阻之，曰：予果无状，为世所摒斥宜也。既俯仰无愧，何恤人言？余将来若能于吾国有所建树，则渠等今日之掊击，适凑成余个人历史上之佳话，

---

① 《辛亥先驱石醉六》，第193—195页。

② 《广西文史资料选辑》总第38辑，第96页。

③ 《督院李批谘议局呈送准广西谘议局函电谓前干部学堂总办蔡锷劣迹昭著请审查办理文》，《云南官报》（旬报）第12期，宣统辛亥三年五月下旬。

中外伟人无不为世所诟病者，复何庸计较云云"。[1]

按：广西谘议局这时之所以重提早经"军谘处销案"的所谓"呈控蔡锷"案，显然是获悉清廷对资政院此前奏请"裁夺"广西谘议局"议决广西限制外籍学生一案一折"，已于 1911 年 1 月 24 日（宣统二年十二月二十四日）"着依议"的结果。

7 月
（六月初六日至闰六月初六日）

▲蔡锷编著成其首部军事著作《曾胡治兵语录》一书。出版时序文如下：

序

辛亥之春，余应合肥李公之召，谬忝戎职。时片马问题，纠葛方殷，瓜分之谣琢忽起，风鹤频惊，海内骚然。吾侪武夫，惟厉兵秣马，赴机待死已耳，复何暇从事文墨以自溺丧？乃者统制钟公有嘱编精神讲话之命，余不得不有以应。窃意论今不如述古。然古代渺矣，述之或不适于今。曾、胡两公，中兴名臣中铮皎者也。其人其事，距今仅半世纪，遗型不远，口碑犹存，景仰想象，尚属匪难。其所论列，多洞中窾要，深切时弊。爰就其治兵言论，分类凑辑，附以案语，以代精神讲话。我同胞列校，果能细加演绎，身体力行，则懿行嘉言，皆足为我师资。丰功伟烈，宁独让之先贤。宣统三年季夏，邵阳蔡锷识于昆明。

按：这是正式出版时的序文，但手稿序文更长，在"宁独让之先贤"之后尚有 200 余字，现详录如下："或曰，子湘人也，四五年来，于役岭峤，桂人谓子爱湘仇桂，群相齮龁，徒效犬马之劳，终遭薏苡之谤。曾、胡亦湘人也，且其一身历史，颇为两粤人士所诟病，至今尚蓄怒未已。今子汇辑是书，倘桂人持此为吾子庇湘仇桂之铁案，以证子之罪，子将何辞以解？余曰，曾、胡者，中国之伟人也，伟人之行，人人得而崇拜之；伟

---

[1] 《蔡公松坡年谱》，第 12—13 页。

人之言，人人得而服膺之。余之抄辑是篇，盖欲以自励，而励国人，固不知其所谓湘，焉知其所谓桂？果桂人以此罪余，余其甘罪无辞矣。宣统三年季夏识于云南三十七协军次。"① 至于究竟是蔡锷友人或有关人士提醒他做此删改的，还是他自己为避免不必要的麻烦而主动删改的，就不得而知了。从他在广西的不愉快经历来看，主动删改的可能性还是存在的，而且很大。

该书正文内容如下：

第一章　将才

"带兵之人，第一要才堪治民［兵］，第二要不怕死，第三要不急急名利，第四要耐受辛苦。治兵之才，不外公、明、勤。不公不明，则兵不悦服；不勤，则营务巨细皆废弛不治，故第一要务在此。不怕死，则临阵当先，士卒乃可效命，故次之。为名利而出者，保举稍迟则怨，稍不如意则怨，与同辈争薪水，与士卒争毫厘，故又次之。身体羸弱者过劳则病，精神短乏者久用则散，故又次之。四者似过于求备，而苟阙其一，则万不可以带兵。故吾谓带兵之人，须智深勇沉、文经武纬之才。数月以来，梦想以求之，焚香以祷之，盖无须史或忘诸怀。大抵有忠义血性，则四者相从以俱至；无忠义血性，则貌似四者终不可恃。

"带兵之道，勤恕廉明，缺一不可。"以上曾语。

"求将之道，在有良心，有血性，有勇气，有智略。

"天下强兵在将。上将之道，严明果断，以浩气举事，一片肫诚。其次者，刚而无虚，朴而不欺，好勇而能知大义，要未可误于矜骄虚浮之辈。使得以巧饰取容，真意不存，则成败利钝之间，顾忌太多；而趋避愈熟，必至败乃公事。

"将才难得，上驷之选，未易猝求。但得朴勇之士，相与讲明大义，不为虚骄之气、夸大之词所中伤，而缓急即云可恃。

"兵易募而将难求。求勇敢之将易，而求廉正之将难。盖勇敢倡先，是将帅之本分；而廉隅正直，则粮饷不欺，赏罚不滥，乃可固结

---

① 谢本书主编《蔡锷墨迹诗文选集》，中国社会科学出版社，2013，第35、37页。

士心，历久长胜。

"将以气为主，以志为帅。专尚驯谨之人，则久而必惰。专求悍鸷之士，则久而必骄。兵事毕竟归于豪杰一流，气不盛者，遇事而气先慑，而目先逃，而心先摇。平时一一禀承，奉命惟谨，临大难而中无主，其识力既钝，其胆力必减，固可忧之大矣。"以上胡语。

上论将材之体。

"古来名将，得士卒之心，盖有在于钱财之外者。后世将弁，专恃粮饷重优，为牢笼兵心之具，其本为已浅矣。是以金多则奋勇蚁附，利尽则冷落兽散。

"军中须得好统领营官，统领营官须得好真心实肠，是第一义。算路程之远近，算粮仗〔饷〕之缺乏，算彼己之强弱，是第二义。二者微有把握，此外良法虽多，调度虽善，有效有不效，尽人事以听天而已。

"璞山之志，久不乐为吾用，且观其过自矜许，亦似宜于剿土匪，而不宜于当大敌。

"拣选将才，必求智略深远之人，又须号令严明，能耐劳苦，三者兼全，乃为上选。"以上曾语。

"李忠武公续宾，统兵巨万，号令严肃，秋毫无犯。湖南、湖北、安徽、江西、浙江等省官民无不争思倚重。其临阵安闲肃穆，厚重强固，凡遇事之难为，而他人所畏怯者，无不毅然引为己任。其驻营处所，百姓欢忻，耕种不辍，万幕无哗，一尘不惊，非其法令之足以禁制诸军，实其明足以察情伪。一本至诚，勇冠三军，屡救弁兵于危难，处事接人，平和正直，不矜不伐。

"乌将军兰泰遇兵甚厚，雨不张盖，谓众兵均无盖也。囊无余钱，得饷尽以赏兵。

"兵事不外奇正二字，而将才不外智勇二字。有正无奇，遇险而覆。有奇无正，势极即阻。智多勇少，实力难言。勇多智少，大事难成。而其要，以得人为主。得人者昌，失人者亡。设五百人之营，无一谋略之士、英达之材，必不成军。千人之营，无六七英达谋略之士，亦不成军。

"统将须坐定能勇敢不算本领外，必须智勇足以知兵，器识足以服众，乃可胜任。总须智勇二字相兼，有智无勇，能说而不能行，有勇无智，则兵弱而败，兵强亦败。不明方略，不知布置，不能审势，不能审机，即千万人终必败也。

"贪功者，决非大器。

"为小将须立功以争胜，为大将戒贪小功而误大局。"以上胡语。

上论将材之用。

古人论将有五德，曰智、信、仁、勇、严。取义至精，责望至严。西人之论将，辄曰天才。析而言之，则曰天所特赋之智与勇。而曾、胡两公之所同唱者，则以为将之道，以良心血性为前提，尤为扼要探本之论，亦即现身之说法。咸、同之际，粤寇蹂躏十余省，东南半壁，沦陷殆尽。两公均一介书生，出身词林，一清宦，一僚吏，其于兵事一端，素未梦见，所供之役，所事之事，莫不与兵事背道而驰。乃为良心、血性二者所驱使，遂使其可能性发展于绝顶，武功烂［灿］然，泽被海内。按其功事言论，足与古今中外名将相颉颃，而毫无逊色，得非精诚所感，金石为开者欤！苟曾、胡之良心、血性，而无异于常人也，充其所至，不过为一显宦。否则，亦不过薄有时誉之著书家，随风尘以殄瘁已耳。复何能崛起行间，削平大难，建不世之伟绩也哉？

第二章　用人

"今日所当讲求，尤在用人一端。人材有转移之道，有培养之方，有考察之法。

"人材以陶冶而成，不可眼孔太高，动谓无人可用。

"窃疑古人论将，神明变幻，不可方物，几于百长并集，一短难容，恐亦史册追崇之词，初非预定之品。要以衡材不拘一格，论事不求苛细，无因寸朽而弃连抱，无施数罟以失巨鳞。斯先哲之恒言，虽愚蒙而可勉。

"求人之道，须如白圭之治生，如鹰隼之击物，不得不休。又如蚨之有母，雉之有媒，以类相求，以气相引，庶几得一而可及其余。大抵人才约有两种，一种官气较多（一种乡气较多）。官气多者，好［好］讲资格，好问样子，办事无惊世骇俗之象，言语无此妨彼碍之弊，其失也奄奄无气。凡遇一事，但凭书办家人之口说出，凭文书写出，不能身到、心到、口到、眼到，尤不能苦下身段去事上体察一番。乡气多者，好逞才能，好出新样，行事则知己不知人，言语则顾前不顾后，其失也一事未成，物议先腾。两者之失，厥咎惟均，人非大贤，亦断难出此两失之外。吾欲以劳、苦、忍、辱四字教人，故且戒官气，而姑用乡气之人，必取遇事体察，身到、心到、口到、眼到者。赵广汉好用新进少年，刘晏好用士人理财，窃愿师之。"以上曾语。

"一将岂能独理，则协理之文员、武弁，在所必需。虽然，软熟者不可用，诙谐者不可用，胸无实际、大言欺人者不可用。

"营官不得人，一营皆成废物。哨官不得人，一哨皆成废物。什长不得人，十人皆成废物。滥竽充数，有兵如无兵也。

"选哨官、什长，须至勇至廉。不十分勇，不足以倡众人之气。不十分廉，不足以服众人之心。

"近人贪利冒功，今日求乞差事争先恐后，即异日首先溃散之人。屈指计之，用人不易。

"人才因求才者之智识而生，亦由用才者之分量而出。用人如用马，得千里之马而不识，识矣而不能胜其力，则且乐驽骀之便，安而斥骐骥之伟骏矣。

"古之治兵，先求将而后选兵。今之言兵者，先招兵而并不择将。譬之振衣者，不提其领而挈其纲，是棼之也将自毙矣。"以上胡语。

曾谓人才以陶冶而成，胡亦曰人才由用才者之分量而出，可知用人不必拘定一格。而熏陶裁成之术，尤在用人者运之以精心，使人人各得显其所长，去其所短而已。窃谓人才随风气为转移，居上位者有转移风气之责（所指范围甚广，非仅谓居高位之一二人言，如官长居目兵之上位，中级官居次级官之上位也）。因势而利导，对病而下药，风气虽败劣，自有挽回之一日。今日吾国社会风气败坏极矣，因而感染至于军队，以故人才消乏，不能举练兵之实绩，颓波浩浩，不知所届。惟在多数同心共德之君子，相与提挈维系，激荡挑拨，障狂澜使西倒，俾善者日趋于善，不善者亦潜移默化，则人皆可用矣。

第三章　尚志

"凡人才高下，视其志趣。卑者安流俗庸陋之规，而日趋污下。高者慕往哲隆盛之轨，而日即高明。贤否智愚，所有区矣。

"无兵不足深忧，无饷不足痛苦。独举目斯世，求一攘利不先，赴义恐后，忠愤耿耿者，不可亟得。或仅得之，而又屈居卑下，往往抑郁不伸，以挫，以去，以死。而贪饕退缩者，果骧首而上腾，而富贵，而名誉，而老健不死，此其可为浩叹者也。

"今日百废莫举，千疮并溃，无可收拾。独赖此耿耿精忠之寸衷，与斯民相对于骨岳血渊之中，冀其塞绝横流之人欲，以挽回厌乱之天心，庶几万一有补。不然，但就时局而论之，则滔滔者吾不知其所底也。

"胸怀广大，须从平淡二字用功。凡人我之际，须看得平。功名之际，须看得淡。庶几胸怀日阔。

"做好人，做好官，做名将，俱要好师，好友，好榜样。

"喜"誉恶毁之心，即鄙夫患得患失之心也。于此关打不破，则一切学问、才智，实足以欺世盗名。

"方今天下大乱，人怀苟且之心，出范围之外，无过而问焉者。吾辈当立准绳，自为守之，并约同志共守之，无使吾心之贼，破吾心之墙子。

"君子有高世独立之志，而不与人以易窥；有藐万乘却三军之气，而未尝轻于一发。

"君子欲有所树立，必自不妄求人知始。

"古人患难忧虞之际，正是德业长进之时。其功在于胸怀坦夷，其效在于身体康健。圣贤之所以为圣贤，佛家之所以成佛，所争皆在大难磨折之日，将此心放得实，养得灵。有活泼泼之胸襟，有坦荡荡之意境，则身体虽有外感，必不至于内伤。"以上曾语。

"军中取材，专尚朴勇，尚须由有气概中讲求。特恐讲求不真，则浮气、客气夹杂其中，非真气耳。

"人才由磨炼而成，总须志气胜，乃有长进。成败原难逆睹，不足以定人才。兵事以人才为根本，人才以志气为根本。兵可挫而气不可挫，气可偶挫而志不可挫。

"方今天下之乱，不在强敌，而在人心。不患愚民之难治，而在士大夫之好利忘义而莫之惩。

"吾人任事，与正人同死，死亦附于正气之列，是为正命。附非其人，而得不死，亦为千古之玷，况又不能无死耶。处世无远虑，必有危机。一朝失足，则将以熏莸为同臭，而无解于正人之讥评。"以上胡语。

上列各节，语多沉痛，悲人心之陷溺，而志节之不振也。今日时局之危殆，祸机之剧烈，殆十倍于咸同之世。吾侪身膺军职，非大发志愿，以救国为目的，以死为归宿，不足渡同胞于苦海，置国家于坦途。须以耿耿精忠之寸衷，献之骨岳血渊之间，毫不返顾，始能有济。果能拿定主见，百折不磨，则千灾百难，不难迎刃而解。若吾辈军人将校，则以跻高位、享厚禄、安福尊荣为志，目兵则以希虚誉得饷糈为志，曾、胡两公必痛哭于九原矣。

第四章 诚实

"天地之所以不息，国之所以立，圣贤之德业所以可大可久，皆诚为之也。故曰：诚者，物之终始，不诚无物。

"人必虚中不着一物，而后能真实无妄，盖实者不欺之谓也。人之所以欺人者，必心中别着一物，心中别有私心不敢告人，而后造伪言以欺人。若心中了不着私物，又何必欺人哉。其所以欺人者，亦以心中别着私物也。所知在好德，而所私在好色，不能去好色之私，则不能欺其好德之知矣。是故诚者不欺者也，不欺者心无私着也，无私着者至虚者也。是故天下之至诚，天下之至虚者也。

"知己之过失，即自为承认之地，改去毫无吝惜之心，此最难之事。豪杰之所以为豪杰，圣贤之所以为圣贤，便是此等处磊落过人。能透过此一关，寸心便异常安乐，省得多少纠葛，省得多少遮掩、装饰丑态。

"盗虚名者有不测之祸，负隐慝者有不测之祸，怀忮心者有不测之祸。

"天下惟忘机可以消众机，惟懵懂可以被不祥。

"用兵久则骄惰自生，骄惰则未有不败者。勤字所以医惰，慎字所以医骄。此二字之先，须有一诚字以立之本。立志要将此事知得透，办得穿，精诚所至，金石亦开，鬼神亦避，此在己之诚也。人之生也直，与武员之交接尤贵乎直。文员之心多曲、多歪、多不坦白，往往与武员不相水乳。必尽去歪曲私衷，事事推心置腹，使武人、粗人坦然无疑，此接物之诚也。以诚为之本，以勤字、慎字为之用，庶几免于大戾，免于大败。

"楚军水、陆师之好处，全在无官气而有血性。若官气增一分，血性必减一分。军营宜多用朴实少心窍之人，则风气易于纯正。今大难之起，无一兵足供一割之用，实以官气太重，心窍太多，漓朴散醇，真意荡然。湘军之兴，凡官气重，心窍多者，在所必斥。历岁稍久，亦未免沾染习气，应切戒之。

"观人之道，以朴实、廉介为质。有其质而傅以他长，斯为可贵，无其质而长处亦不足恃。甘受和白受采古人所谓无本不立，义或在此。

"将领之浮滑者，一遇危险之际，其神情之飞越，足以摇惑军心，其言语之圆滑，足以混淆是非，故楚军历不喜用善说话之将。

"今日所说之话，明日勿因小利害而变。

"军事是极质之事，二十三史除班、马而外，皆文人以意为之。不知甲仗为何物，战阵为何事，浮词伪语，随意编造，断不可信。

"凡正话、实话，多说几句，久之人自能亮其心。即直话亦不妨多说，但不可以讦为直，尤不可背后攻人之短。驭将之道，最贵推诚，不贵权术。

"吾辈总以诚心求之，虚心处之，心诚则志专而气足。千磨百折而不改其常度，终有顺理成章之一日。心虚则不客气，不挟私见，终可为人共谅。

"楚军之所以耐久者，亦由于办事结实、敦朴之气，未尽浇散。若奏报浮伪，不特畏遐迩之指摘，且恐坏桑梓之风气。

"自古驭外国，或称恩信，或称威信，总不出一信字。非必显违条约，轻弃前诺，而后为失信也？即纤悉之事，嚬笑之间，亦须有真意载之以出。心中待他只有七分，外面不必假装十分。既已通和讲好，凡事公平照拂，不使远人吃亏，此恩信也。至于令人畏敬，全在自立自强，不在装模作样。临难有不屈挠之节，临财有不沾染之廉，此威信也。《周易》立家之道，尚以有孚之威归诸反身，况立威于外域，求孚于异族而可不反求诸己哉。斯二者，似迂远而不切于事情，实则质直而消患于无形。"以上曾语。

"破天下之至巧者以拙，驭天下之至纷者以静。

"众无大小，推诚相与。咨之以谋，而观其识。告之以祸，而观其勇。临之以利，而观其廉。期之以事，而观其信。知人任人，不外是矣。近日人心，逆亿万端亦难穷。究其所往，惟诚之至，可救欺诈之穷。欺一事，不能欺诸事。事欺一时，不能欺诸后时。不可不防其欺，不可因欺而灰心所办之事。所谓贞固，足以干事也。

"吾辈不必世故太深，天下惟世故深误国事耳。一部《水浒》，教坏天下强有力而思不逞之民。一部《红楼》，教坏天下堂官、掌印司官、督抚、司道、首府及一切红人，专意揣摩迎合，吃醋捣鬼。当痛除此习，独行其志，阴阳怕懵懂，不必计及一切。

"人贵专一，精神［诚］所至，金石为开。

"军旅之事，胜败无常，总贵确实而戒虚捏。确实则准备周妥，虚饰则有误调度，此治兵之最要关键也。粤逆倡乱以来，其得以肆志猖獗者，实由广西文武欺饰捏报，冒功幸赏，以致蔓延数省，流毒至今，莫能收拾。事上以诚意感之，实心待之，乃真事上之道。若阿附随声，非敬也。

"挟智术以用世，殊不知世间并无愚人。

"以权术凌人，可驭不肖之将，而亦仅可取快于一时。本性忠良之人，则并不烦督责而自奋也。"以上胡语。

吾国人心，断送于伪之一字。吾国人心之伪，足以断送国家及其种族而有余。上以伪驱下，下以伪事上，同辈以伪交，驯至习惯于伪，只知伪之利，不知伪之害矣。人性本善，何乐于伪？惟以非伪不足以自存，不得不趋于伪之一途。伪者人固莫耻其为伪，诚者群亦莫知其为诚，且转相疑骇，于是由伪生疑，由疑生嫉，嫉心既起，则无数恶德从之俱生，举所谓伦常道德，皆可蹴去不顾。呜呼！伪之为害烈矣。军队之为用，全恃万众一心，同胞无间，不容有丝毫芥蒂，此犹在有一诚字为之贯串，为之维系。否则，如一盘散沙，必将不战自焚。社会以伪相尚，其祸伏而缓，军队以伪相尚，其祸彰而速且烈。吾辈既充军人，则将伪之一字，排斥之不遗余力，将此种性根拔除净尽，不使稍留萌蘖，乃可以言治兵，乃可以为将，乃可以当兵。惟诚可以破天下之伪，惟实可以破天下之虚。李广疑石为虎，射之没羽，荆轲赴秦，长虹贯日，精诚之所致也。

第五章 勇毅

"大抵任事之人，断不能有毁而无誉，有恩而无怨。自修者，但求大闲不逾，不可因讥议而馁沉毅之气。衡人者，但求一长可取，不可因微瑕而弃有用之材。苟于峣峣者过事苛求，则庸庸者反得幸全。

"事会相薄，变化乘除。吾尝举功业之成败、名誉之优劣、文章之工拙，概以付之运气一囊之中，久而弥自信其说之不可易也。然吾辈自信之道，则当与彼赌乾坤于俄顷，较殿最于锱铢，终不令囊独胜而吾独败。

"国藩昔在江西、湖南，几于通国不能相容。六七年间，浩然不欲复闻世事。惟以造端过大，本以不顾生死自命，宁当更问毁誉。

"遇棘手之际，须从耐烦二字痛下工夫。

"我辈办事，成败听之于天，毁誉听之于人。惟在己之规模气象，则我有可以自立者，亦曰不随众人之喜惧为喜惧耳。

"军事棘手之际，物议指摘之时，惟有数事最宜把持得定，一曰待民不可骚扰，二曰禀报不可讳饰，三曰调度不可散乱。譬如身行遇大风暴发，只要把舵者心明力定，则成败虽未可知，要胜于他舟之慌乱者数倍。若从流俗毁誉上讨消息，必致站脚不牢。"以上曾语。

"不怕死三字，言之易，行之实难。非真有胆、有良心者，不可仅以客气为之。一败即挫矣。

"天下事只在人力作为，到水尽山穷之时自有路走，只要切实去办。

"冒险二字，势不能免。小心之过，则近于葸。语不云乎：'不入虎穴，焉得虎子？'国家委用我辈，既欲稍稍补救于斯民，岂可再避嫌怨。须知祸福有定命，显晦有定时，去留有定数，避嫌怨者未必得，不避嫌怨未必失也。古人忧谗畏讥，非惟求一己之福也。盖身当其事，义无可辞，恐谗谤之飞腾，陷吾君以不明之故。故悄悄之忧心，致其忠爱之忱耳。至于一身祸福进退，何足动其毫末哉！

"胆量人人皆小，只须分别平日胆小，临时胆大耳。今人则平日胆大，临时胆小，可痛也已。

"讨寇之志，不以一眚而自挠。而灭寇之功，必须万全而自立。

"两军交绥，不能不有所损，固不可因一眚而挠其心，亦不可因大胜而有自骄轻敌之心。纵常打胜仗，亦只算家常便饭，并非奇事。惟心念国家艰难，生民涂炭，勉竭其愚，以求有万一之补救。成败利钝，实关天命，吾尽无〔吾〕心而已。

"侥幸以图难成之功，不如坚忍而规远大之策。

"兵事无万全，求万全者无一全。处处谨慎，处处不能谨慎。历观古今战事，如刘季光武、唐太宗、魏武帝均日濒于危，其济天也。

不当怕而怕，必有当怕而不怕者矣。

"战事之要，不战则已，战则须挟全力。不动则已，动则须操胜算。如有把握，则坚守一月、二月、三月，自有良方。今日之人，见敌即心动不能自主，可戒也。

"古今战阵之事，其成事皆天也，其败事皆人也。兵事怕不得许多，算到五六分，便须放胆放手，本无万全之策也。"以上胡语。

勇有狭义的、广义的及急遽的、持续的之别。暴虎冯河，死而无悔，临难不苟，义不反顾，此狭义的、急遽的者也。成败利钝，非所逆睹，鞠躬尽瘁，死而后已，此广义的、持续的者也。前者孟子所谓小勇，后者所谓大勇，所谓浩然之气者也。右章所列，多指大勇而言，所谓勇而毅也。军人之居高位者，除能勇不算外，尤须于毅之一字痛下工夫。挟一往无前之志，具百折不回之气，毁誉荣辱死生皆可不必计较，惟求吾良知之所安。以吾之大勇，表率无数之小勇，则其为力也厚，为效也广。至于级居下傣（将校以至目兵），则应以勇为惟一之天性，以各尽其所职，不独勇于战阵也。即平日一切职务，不宜稍示怯弱，以贻军人之羞。世所谓无名之英雄者，吾辈是也。

第六章　严明

"古人用兵，先明功罪赏罚。

"救浮华者，莫如质积玩之后，振之以猛。

　　"医者之治瘠痛，甚者必剜其腐肉，而生其新肉。今日之疲弁赢兵，盖亦当为简汰，以剜其腐者，痛加训练，以生其新者。不循此二道，则武备之弛，殆不知所底止。

　　"太史公所谓循吏者，法立令行，能识大体而已。后世专尚慈惠，或以煦煦为仁者当之，失循吏之义矣。为将之道，亦以法立令行，整齐严肃为先，不贵煦妪也。

　　"立法不难，行法为难。凡立一法，总须实实行之，且常常行之。

　　"九弟临别，深言御下宜严，治事宜速。余亦深知驭军驭吏，皆莫先于严，特恐明不傍烛，则严不中礼耳。

　　"吕蒙诛取铠之人，魏绛戮乱行之仆。古人处此，岂以为名，非是无以警众耳。

　　"近年驭将失之宽厚，又与诸将相距过远，危险之际，弊端百出。然后知古人所云，做事威克厥爱，虽少必济，反是乃败道耳。"以上曾语。

　　"自来带兵之员，未有不专杀立威者。如魏绛戮仆、穰苴斩庄贾、孙武致法于美人、彭越之诛后至者，皆是也。

　　"世变日移，人心日趋于伪，优容实以酿祸，姑息非以明恩。居今日而为政，非用霹雳手段，不能显菩萨心肠。害马既去，伏龙不惊，则法立知恩。吾辈任事，只尽吾义分之所能为，以求衷诸理之至，是不必故拂乎人情，而任劳任怨，究无容其瞻顾之思。

　　"号令未出，不准勇者独进。号令既出，不准怯者独止。如此，则功罪明而心志一矣。

　　"兵，阴事也，以收敛固啬为主。战，勇气也，以节宣提倡为主。故治军贵执法谨严，能训能练，禁烟禁赌，戒逸乐，戒懒散。

　　"治将乱之国，用重典。治久乱之地，宜予以生路。

　　"行军之际，务须纪律严明，队伍整齐，方为节制之师。如查有骚扰百姓，立即按以军法。吕蒙行师，不能以一笠宽其乡人，严明之谓也。条侯治兵，不能以先驱犯其垒壁，整齐之谓也。

　　"立法宜严，用法宜宽，显以示之纪律，隐以激其忠良。庶几畏威怀德，可成节制之师。若先宽后严，窃恐始习疲玩，终生怨尤，军政必难整饬。"以上胡语。

　　治军之要，尤在赏罚严明。煦煦为仁，足以隳军纪而误国事，此尽人所皆知者。近年军队风气纪纲大弛，赏罚之宽严，每不中程，或姑息以图见好，或故为苛罚以示威，以爱憎为喜怒，凭喜怒以决赏罚，于是赏不知感，罚不知畏。此中消息，由于人心之浇薄者居其半，而由于措拖［施］之乖方者亦居其半。当此沓泄成风，委顿疲玩之余，非振之以猛，不足以挽同颓风。与其失之宽，不如失之严，法立然后知恩，威立然后知感，以菩萨心肠，行霹雳手段，此其时矣。是望诸勇健者毅然行之，而无稍馁，则军事其有豸乎。

第七章　公明

　　"大君以生杀予夺之权授之将帅，犹东家之银钱货物授之店中众伙。若保举太滥，视大君之名器不甚爱惜，犹之贱售浪费，视东家之货财不甚爱惜也。介之推曰：'窃人之财犹谓之盗，况贪天之功以为己功乎？'余则略改之曰：'窃人之财犹谓之盗，况假大君之名器，以市一己之私恩乎？'余忝居高位，惟此事不能力挽颓风，深为愧惭。

　　"窃观自古大乱之世，必先变乱是非，而后政治颠倒，灾害从之。屈原之所以愤激沉身而不悔者，亦以当日是非淆乱为至痛。故曰：兰芷变而不芳，荃蕙化而为茅。又曰：固时俗之从流，又孰能无变化。伤是非之日移日淆，而几不能自主也。后世如汉、晋、唐、宋之末造，亦由朝廷之是非先紊，而后小人得志，君子有皇皇无依之象。推而至于一省之中，一军之内，亦必其是非不揉于正，而后其政绩少有可观。赏罚之任，视乎权位，有得行有不得行。至于维持是非之公，则吾辈皆有不可辞之责。顾亭林先生所谓匹夫与有责焉者也。

　　"大抵莅事以明字为第一要义。明有二，曰高明，曰精明。同一境，而登山者独见其远，乘城者独觉其旷，此高明之说也。同一物，而臆度者不如权衡之审，目巧者不如尺度之精，此精明之说也。凡高明者，欲降心抑，志以遽趋于平实，颇不易易。若能事事求精，轻重长短，一丝不差，则渐实矣，能实则渐平矣。

　　"凡利之所在，当与人共分之。名之所在，当与人共享之。

　　"居高位，以知人、晓事二者为职。知人诚不易学，晓事则可以阅历黾勉得之。晓事则无论同己、异己，均可徐徐开悟，以冀和衷。不晓事则挟私固谬，秉公亦谬；小人固谬，君子亦谬；乡愿固谬，狂狷亦谬。重以不知人，则终古相背而驰，决非和协之理。故恒言皆以分别君子、小人为要，而鄙论则谓天下无一成不变之君子，亦无一成不变之小人。今日能知人、能晓事，则为君子，明日不知人、不晓事则为小人。寅刻公正光明则为君子，卯刻偏私暗暧则为小人。故群毁群誉之所在，下走常穆然深念，不能附和。

"营哨官之权过轻，则不得各行其志。危险之际，爱而从之者或有一二，畏而从之者则无其事也。此中消息，应默察之而默挽之，总揽则不无偏蔽，分寄则多所维系。"以上曾语。

"举人不能不破格，破格则须循名核实。否则，人即无言，而我心先愧矣。

"世事无真是非，特有假好恶。然世之徇私以任事者，试返而自问，异日又岂能获私利之报于所徇私利之人哉！盍亦返其本矣。

"天下惟左右习近不可不慎。左右习近无正人，即良友直言亦不能进。

"朝廷爵赏，非我所敢专，尤非我所敢吝。然必积劳乃可得赏，稍有滥予，不仅不能激励人才，实足以败坏风俗。荐贤不受赏，隐德必及子孙。

"国家名器，不可滥予。慎重出之，而后军心思奋，可与图后效而速成功。

"天下惟不明白人多疑人，明白人不疑人也。"以上胡语。

文正公谓：居高位以知人晓事为职，且以能知人晓事与否，判别其为君子为小人。虽属有感而发，持论至为正当，并非愤激之谈。用人之当否，视乎知人之明昧。办事之才不才，视乎晓事之透不透。不知人则不能用人，不晓事则何能办事？君子小人之别，以能否利人济物为断。苟所用之人，不能称职，所办之事，措置乖方，以致贻误大局，纵曰其心无他，究难为之宽恕者也。

昔贤于用人一端，内举不避亲，外举不避仇，其宅心之正大，足以矜式百世。曾公之荐左中堂（按：指左宗棠），时劾李次青（按：指李元度，字次青），不以恩怨而废举劾，名臣胸襟，自足千古。

近世名器名位之滥极矣。幸进之途，纷歧杂出。昔之用人讲资格，固足以屈抑人才，今之不讲资格，尤未足以激扬清浊。赏不必功，惠不必劳，举不必才，劾不必劣。或今贤而昨劣，或今辱而昨荣。扬之则举之九天之上，抑之则置之九渊之下。得之者不为喜，失之者不为歉。所称为操纵人才、策励士气之具，其效力竟以全失。欲图挽回补救，其权操之自上，非吾侪所得与闻。惟吾人职居将校，在一小部分内，于用人一端，亦非绝无几希之权力。既有此权，则应于用人惟贤、循名核实之义，特加之意，能于一小部分有所裨补，亦足心安理得。

第八章　仁爱

"带兵之道，用恩莫如用仁，用威莫如用礼。仁者所谓欲立立人，欲达达人是也。待弁兵如待子弟之心，常望其发达，望其成立，则人知恩矣。礼者所谓无众寡，无大小，无敢慢泰而不骄也。正其衣冠，尊其瞻视，俨然人望而畏之，威而不猛也。持之以敬，临之以庄，无形无声之际，常有凛然难犯之象，则人知威矣。守斯二者，虽蛮貊之邦行矣，何兵之不可治哉。

"吾辈带兵如父兄之带子弟一般。无银钱，无保举，尚是小事，切不可使之因扰民而坏品行，因嫖赌、洋烟而坏身体。个个学好，人人成材，则兵勇感恩，兵勇之父母亦感恩矣。

"爱民为治兵第一要义。须日日三令五申，视为性命根本之事，毋视为要结粉饰之文。"以上曾语。

"大将以救大局为主，并以救他人为主。须有嘉善而矜不能之气度，乃可包容一切，觉得胜仗无可骄人，败仗无可尤人。即他人不肯救我，而我必当救人。

"必须谆嘱将弁，约束兵丁，爱惜百姓，并随时访查，随时董戒，使营团皆行所无事，不扰不惊，戢暴安良，斯为美备。

"爱人当以大德，不以私惠。

"军行之处，必须秋毫无犯，固结民心。

"长官之于属僚，须扬善公庭，规过私室。

"圣贤、仙佛、英雄、豪杰，无不以济人济物为本，无不以损己利人为正道。

"爱人之道，以严为主，宽则心弛而气浮。

"自来义士忠臣，于曾经受恩之人，必终身奉事惟谨。韩信为王，而不忘漂母一饭之恩。张苍作相，而退朝即奉事王陵及王陵之妻如父母，终身不改。此其存心正大仁厚，可师可法。"以上胡语。

带兵如父兄之带子弟一语，最为慈仁贴切。能以此存心，则古今带兵格言，千言万语皆可付之一炬。父兄之待子弟，虑其愚蒙无知也，则教之诲之；虑其饥寒苦痛也，则爱之护之；虑其放荡无行也，则惩责之；虑其不克发达也，则培养之。无论为宽为严，为爱为憎，为好为恶，为赏为罚，均出之以至诚无伪，行之以至公无私。如此则弁兵爱戴长上，亦必如子弟之爱其父兄矣。

军人以军营为第二家庭，此言殊亲切有味。然实而按之，此第二家庭，较之固有之家庭，其关系之密切，殆将过之。何以故？长上之教育部下也，如师友；其约束督责爱护之也，如父兄；部下之对长上也，其恪恭将事，与子弟之对于师友父兄，殆无以异耳。及其同莅战役也，同患难，共死生，休戚无不相关，利害靡不与共。且一经从戎，由常备而续备，由续备而后备，其间年月正长，不能脱军籍之关系。一有战事，即须荷戈以出，为国宣劳，此以情言之耳。国为家之集合体，卫国亦所以卫家，军人为卫国团体之中坚，则应视此第二家庭为重，此以义言之耳。

古今名将用兵，莫不以安民爱民为本。盖用兵原为安民，若扰之害之，是悖用兵之本旨也。兵者民之所出，饷亦出之自民，索本探源，何忍加以扰害？行师地方，仰给于民者岂止一端？休养军队，采办粮秣，征发夫役，探访敌情，带引道路，何一非借重民力？若修怨于民，而招其反抗，是自困也。至于兴师外国，亦不可以无端之祸乱，加之无辜之民，致上干天和，下招怨仇，仁师义旅，决不出此，此海陆战条约所以严掳掠之禁也。

第九章　勤劳

"练兵之道，必须官弁昼夜从事，乃可渐几于熟。如鸡伏卵，如炉炼丹，未可须臾稍离。

"天下事，未有不由艰苦中得来，而可大可久者也。

"百种弊端，皆由懒生。懒则弛缓，弛缓则治人不严，而趋功不敏。一处弛，则百处懒矣。

"治军之道，以勤字为先。身勤则强，逸则病。家勤则兴，懒则衰。国勤则治，怠则乱。军勤则胜，惰则败。惰者，暮气也，当常常提其朝气。

"治军以勤字为先，有阅历而知其不可易。未有平日不早起，而临敌忽能早起者。未有平日不习劳，而临敌忽能习劳者。未有平日不能忍饥耐寒，而临敌忽能忍饥耐寒者。

"每日应办之事积搁过多，当于清早单开本日应了之件日内了之，如农家早起，分派本日之事，无本日不了者，庶几积压较少。

"养生之道，莫大于惩忿窒欲，多动少食。"以上曾语。

"军旅之事，非以身先之劳之，事必无补。古今名将，不仅才略异众，亦且精力过人。

"将不理事，则（兵）无不骄纵者。骄纵之兵，无不怯弱者。

"凡兵之气，不见仗则弱，常见仗则强。久逸则终无用处，异日则必不可临敌。

"兵事如学生功课，不进则退，不战则并不能守。敬姜之言曰：劳则思，逸则淫。设以数万人屯兵境上，无论古今，无此办法。且久逸则筋脉皆弛，心胆亦怯，不仅难战，亦必难守。

"淫佚酒色，取败之媒。征逐嬉娱，治兵所戒。金陵围师之溃，皆由将骄兵惰，终日酣嬉，不以贼匪为念。或乐桑中之嬉，或恋室家之私，或群与纵酒酣歌，或日在赌场烟馆，淫心荡志，乐极忘疲，以致兵气不扬，御侮无备，全军覆没，皆自宣淫纵欲中来也。夫兵犹火也，不戢则焚。兵犹水也，不流则腐。治军之道，必以苦其心志，劳其筋骨为典法。"以上胡语。

战争之事，或跋涉冰天雪窟之间，或驰驱酷暑恶瘴之乡，或趁雨雪露营，或昼夜趱程行军，寒不得衣，饥不得食，渴不得水，枪林弹雨之中，血肉横飞，极人世所不见之惨，受恒人所不经之苦，其精神，其体力，非于平时养之有素，练之有恒，岂能堪此！练兵之主旨，以能效命于疆场为归属。欲其效命于疆场，允宜于平时竭尽手段，以修养其精神、锻炼其体魄、娴熟其技艺，临事之际，乃能有恃以不恐。故习劳忍苦，为治军之第一要义。而驭兵之道，亦以使之劳苦为不二法门。盖人性似猴，喜动不喜静，宜劳不宜逸，劳则思，逸则淫，闲居无所事事，则为不善，此常人恒态。聚数百千血气方刚之少年于一团，苟无所以苦其心志、劳其体肤，其不逾闲荡检、溃出堤防之外者，乌可得耶。

第十章　和辑

"祸机之发，莫烈于猜忌，此古今之通病。败国、亡家、丧身，皆猜忌之所致。《诗》称：'不忮不求，何用不臧？'忮、求二端，盖妾妇穿窬兼而有之者也。

"凡两军相处，统将有一分龃龉，则营哨必有三分，兵夫必有六七分，故欲求和衷共济，自统将先办一副平恕之心始。人之好名，谁不如我？同打仗不可讥人之退缩，同行路不可疑人之骚扰。处处严于治己，而薄于责人，则唇舌自省矣。

"敬以持躬，恕以待人。敬则小心翼翼，事无巨细，皆不敢忽。恕则凡事留余地以处人，功不独居，过不推诿。常常记此二字，则长履大任，福祚无量。

"湘军之所以无敌者，全赖彼此相顾，彼此相救。虽平日积怨深仇，临阵仍彼此照顾。虽上午口角参商，下午仍彼此救援。"以上曾语。

"军旅之事，以一而成，以二三败。唐代九节度之师，溃于相州。其时名将如郭子仪、李光弼亦不能免。盖谋议可资于众人，而决断须归于一将。

"古来将帅不和，事权不一，以众致败者，不止九节度使相州一役。为大将之道，以肯救人、固大局为主，不宜炫耀己之长处，尤不宜指摘人之短处。兵无论多寡，总以能听号令为上。不奉一将之令，兵多必败。能奉一将之令，兵少必强。"以上胡语。

古人相处，有愤争公庭而言欢私室，有交哄于平昔，而救助于疆场，盖不以公废私，复不以私而害公也。人心之不同如其面，万难强之使同，驱之相合，则睚眦之怨，芥蒂之隙，自所难免。惟于公私之界分得清、认得明，使之划然两途，不相混扰，则善矣。发捻之役、中日之役、中法之役，列将因争意气而致败绩者，不一而足。故老相传，言之凿凿。从前握兵符者，多起自行间，罔知大体，动以意气用事，无怪其然。今后一有战役，用兵必在数十万以上，三十数镇之师，情谊夙不相孚，言语亦多隔阂，统驭调度之难，盖可想见。苟非共矢忠诚，无猜无贰，或难免不蹈既往之覆辙。欲求和衷共济，则惟有恪遵先哲遗言，自统将先办一副平恕之心始。功不独居，过不推诿，乃可以言破敌。

第十一章　兵机

"前此为赴鄂救援之行，不妨仓卒成军。近日为东下讨贼之计，必须简练慎出。若不教之卒、窳败之械则何地无之，而必远求之湖南，等于辽东自诩之豕，仍同灞上儿戏之军。故此行不可不精选，不可不久练。

"兵者，阴事也。哀戚之意，如临亲丧。肃敬之心，如承大祭，故军中不宜有欢欣之象。有欢欣之象者，无论或为和悦，或为骄盈，终归于败而已矣。田单之在即墨，将军有必死之心，士卒无生还之气，此其所以破燕也。及其攻狄也，黄金横带，有生之乐，无死之心，鲁仲连策其必不胜。兵事之宜惨戚，不宜欢欣亦明矣。

"此次由楚省招兵东下，必须选百炼之卒，备精坚之械，舟师则船炮并富，陆路则将卒并愤，作三年不归之想，为百战艰难之行。岂可儿戏成军，仓卒成行？人尽乌合，器多苦窳，船不满二百，炮不满五百，如大海籤豆，黑子着面，纵能速达皖省，究竟于事何补？是以鄙见总须战舰二百号，又补以民船载七八百，大、小炮千余位，水军四千，陆军六千，夹江而下，明年成行，始略成气候。否则名为大兴义旅，实等矮人观场，不直方家一哂。

"夫战，勇气也，再而衰，三而竭。国藩于此数语，常常体念。大约用兵无他妙巧，常存有余不尽之气而已。孙仲谋之攻合肥，受创于张辽。诸葛武侯之攻陈仓，受创于郝昭。皆初气过锐，渐就衰竭之故。惟荀䓖之拔逼，阳气已竭而复振。陆抗之拔西陵，预料城之不能遽下，而蓄养锐气，先备外援，以待内之自毙，此善于用气者也。

"日中则昃，月盈则亏，故古诗'花未全开月未圆'之句，君子以为知道。故余治兵以来，每介疑胜疑败之际，战兢恐惧、上下悚惧者，其后常得大胜。当志得意满之候，各路云集，狃于屡胜，将卒矜慢，其后常有意外之失。

"国家之强，以得人为强。所谓无竟，惟人也。若不得其人，则羽毛未丰，亦似难以高飞。昔在高宗皇帝，亦尝切齿发愤，屡悔和议，而主战守，卒以无良将帅，不获大雪国耻。今欲罢和主战，亦必得三数引重致远、折冲御侮之人以拟之。若仅区区楚材目下知名之数人，则干将莫邪恐未必不终刓折，且取数太少，亦不足以分布海隅。

"用兵之道，最忌势穷力竭四字。力则指战士之精力言之，势则指大局大计及粮饷之接续，人才之继否言之。

"能战，虽失算亦胜。不能战，虽胜算亦败。

"悬军深入而无后继，是用兵大忌。

"危急之际，尤以全军保全士气为主。孤军无助，粮饷不继，奔走疲惫，皆散乱必败之道。"以上曾语。

"有不可战之将，无不可战之兵。有可胜不可败之将，无必胜必不胜之兵。古人行师，先审己之强弱，不问敌之强弱。

"兵事决于临机，而地势审于平日，非寻常张皇幽渺可比。

"军事有先一着而胜者，如险要之地，先发一军据之，此必胜之道也。有最后一着而胜者，待敌有变，乃起而应之，此必胜之道也。至于探报路径，则须先期妥实办理。

"兵事之妙，古今以来，莫妙于拊其背，冲其腰，抄其尾。惟须审明地势、敌情，先安排以待敌之求战，然后起而应之，乃必胜之道。盖敌求战，而我以静制动，以逸待劳，以整御散，必胜之道也。此意不可拘执，未必全无可采。

"临阵之际，须以万人并力，有前有后，有防抄袭之兵，有按纳不动以应变之兵，乃是胜着，如派某人守后，不应期而进，便是违令。应期而不进，便是怯战。此则必须号令严明者也。徇他人之意，以前为美，以后为非，必不妥矣。

"夹击原是上策，但可密计而不可宣露，须并力而不宜单弱，须谋定后战，相机而行，而不可或先或后。

"不轻敌而慎思，不怯战而稳打。

"兵分则力单，穷进则气散，大胜则变成大挫，非知兵者也，不可不慎。

"敬则胜，整则胜，和则胜。三胜之机，决于是矣。

"我军出战，须层层布置。列阵纵横，以整攻散，以锐蹈瑕，以后劲而防抄袭。临阵切戒散队，得胜尤忌贪财。

"熟审地势、敌情，妥谋分击之举。或伺敌之缺点，蹈瑕而入；或挈敌之重处，并力而前，皆在相机斟酌。惟临阵切忌散队，切戒贪财。得胜之时，尤宜整饬队伍，不可散乱。

"军务只应以一处合围以致敌，其余尽作战兵、援兵、兜剿之兵。若处处合围，则兵力皆为坚城所牵缀。屯兵坚城之下，则情见势绌。

"用兵之道，全军为上策，得土地次之。破敌为上策，得城池次之。古人必四路无敌，然后围城。兵法所谓"十则围之"之义也。

"兵事有须先一着者，如险要之地，以兵据之，先发制人，此为扼吭之计，必胜之道也。有须后一着者，愈持久愈神妙，愈老到愈坚定，待敌变计，乃起而乘之，此可为奇兵而掇其背，必胜之道也。

"一年不得一城，只要大局无碍，并不为过。一月而得数城，敌来转不能战，则不可为功。

"军队分起行走，相隔二日，每起二千人。若前队遇敌先战，非必胜之道也。应于近敌之处，饬前茅后劲中权会齐，并立乃可大胜。

"临阵分支，不嫌其散。先期合力，必求其厚。

"荀悦之论兵也，曰：权不可预设，变不可先图。与时迁移，随物变化，诚为用兵之至要。

"战阵之事，恃强者是败机，敬戒者是胜机。

"军旅之事，谨慎为先。战阵之事，讲习为上。盖兵机至精，非虚心求教，不能领会，矧可是己而非人？兵机至活，非随时谨密，不能防人，矧可粗心而大意？

"侦探须确、须勤、须速。博访以资众论，沉思以审敌情。敌如不分支，我军必从其入境之处，并力迎剿。敌如分支，则我军必于敌多之处专剿。"以上胡语。

曾、胡之论兵，极主主客之说。谓守者为主，攻者为客，主逸而客劳，主胜而客败。尤戒攻坚围城。其说与普法战争前法国兵学家所主张者殆同（其时俄、土两国亦盛行此说）。其论出师前之准备，宜十分周到，谓一械不精，不可轻出，势力不厚，不可成行，与近今之动员准备，用意相合。其以全军破敌为上，不以得土地、城池为意，所见尤为精到卓越，与东西各国兵学家所唱道者，如出一辙。临阵分支宜散、先期合力宜厚二语，尤足以赅括战术战略之精妙处。临阵分支者，即分主攻助攻之军，及散兵、援队、预备队之配置等是也。先期合力者，即战略上之聚中、展开，及战术上之开进等是也。所论诸端，皆从实行后经验中得来，与近世各国兵家所论，若合符节。吾思先贤，不能不馨香崇拜之矣。

第十二章　战守

"凡出队，有宜速者，有宜迟者。宜速者，我去寻敌，先发制人者也。宜迟者，敌来寻我，以主待客者也。主气常静，客气常动。客气先盛而后衰，主气先微而后壮。故善用兵者，每喜为主，不喜作客。休、祁诸君，但知先发制人一层，不知以主待客一层，加之探报不实，地势不审，敌情不明，徒能先发而不能制人。应研究此两层，或我寻敌，先发制人；或敌寻我，以主待客。总须审定乃行，切不可于两层一无所见，贸然出队。

"师行所至之处，必须多问、多思。思之于己，问之于人，皆好谋之实迹也。昔王璞山带兵，有名将风，每与敌遇，将接仗之前一夕，传各营官齐集与之畅论敌情、地势，袖中出地图十余张，每人分给一张，令诸将各抒所见，如何进兵，如何分支，某营埋伏，某营并不接仗，待事毕后转派追剿。诸将一一说毕，璞山乃将自己主意说出，每人发一传单，即议定之主意也。此日战罢，有与初议不符者，虽有功亦必加罚。其平日无事，每三日必传各营官，熟论战守之法。

"一曰扎营宜深沟高垒。虽仅一宿，亦须为坚不可拔之计。但使能守我营垒安如泰山，纵不能进攻，亦无损于大局。一曰哨探严明。离敌既近，时时作敌来扑营之想。敌来之路、应敌之路、埋伏之路、胜仗追击之路，一一探明，切勿孟浪。一曰痛除客气。未经战阵之兵，每好言战，带兵者亦然，若稍有阅历，但觉我军处处瑕隙，无一可恃，不轻言战矣。

"用兵以渡水为最难，不特渡长江大河为难，即偶渡渐车之水、丈二之沟，亦须再三审慎，恐其半渡而击。背水无归，败兵争舟，人马践溺，种种皆兵家所忌。

"隘路打胜仗，全在头敌。若头敌站脚不住，后面虽有好手，亦被挤退。"以上曾语。

"战守机宜，不可纷心。心纷则气不专，神不一。

"交战宜持重，进兵宜迅速。稳扎猛打，合力分支，足以括用兵之要。

"军旅之事，守于境内，不如战于境外。

"军事之要，必有所忌，乃能有所济。必有所舍，乃能有所全。若处处设备，即十万兵亦无尺寸之效。

"防边之要，不可处处设防。若处处设防，兵力必分，不能战，亦不能守。惟择其紧要必争之地，厚集兵力以守之，便是稳固。

"碉卡之设，原所以省兵力，予地方官以据险慎守之方。有守土而无守之之人，虽天堑不能恃其险。有守人而无守具，虽贲获无所展其长。

"有进战之营，必须留营作守。假如以十营作前茅为战兵，即须留五营作后劲为守兵，其留后之兵，尤须劲旅，其成功一也。不可争目前之微功，而误大局。

"有围城之兵，须先另筹打仗之兵。有临阵打仗之兵，必须安排后劲，或预杜抄后之敌，或备策应之举。

"扼要立营，加高加深，固是要着。惟须约束兵丁，不得滋扰。又须不时操练，使步法整齐，技艺精熟，庶战守皆能有备。"以上胡语。

上揭战守之法，意括而言赅。曰攻战，曰守战，曰遭遇战，曰局地战，以及防边之策、攻城之术，无不独具卓识，得其要诀。虽以近世战术之日新月异，而大旨亦不外是。其论夜间宿营，虽仅一宿，亦须深沟高垒，为坚不可拔之计，则防御之紧严，立意之稳健，尤为近世兵家所不及道者也（原按：咸、同时战争两方，多为不规则之混战，来去飘忽，不可端倪，故扎营务求坚固，以防侵袭）。

曾、胡论兵，极重主客之见，只知守则为主之利，不知守反为客之害。盖因其时所对之敌，并非节制之师，精练之卒，且其人数常倍于我，其兵器未如今日之发达，又无骑、炮两兵之编制，耳目不灵，攻击力复甚薄弱。故每拘泥于地形地物，攻击精神，末［未］由奋兴。故战术偏重于攻势防御，盖亦因时制宜之法。近自普法、日俄两大战役以后，环球之耳目一新，攻击之利，昭然若揭，各国兵学家，举凡战略、战术，皆极端的主张攻击。苟非兵力较弱，或地势敌情有特别之关系，无复有以防守为计者矣。然战略战术，须因时以制宜，审势以求当，未可稍事拘滞。若不揣其本，徒思仿效于人，势将如跛者之竞走，鲜不蹶矣。兵略之取攻势，固也，必须兵力雄厚，士马精练，军资（军需、器械）完善，交通利便，四者均有可恃，乃足以操胜算。四者之中，偶缺其一，贸然以取攻势，是曾公所谓徒先发而不能制人者也。法、普战役，法人国境之师，动员颇为迅速，而以兵力未能悉集，军资亦虞缺乏，遂致着着落后，陷于防守之地位。日、俄之役，俄军以交通线仅恃一单轨铁道，运输不继，遂屡为优势之日军所制，虽迭经试取攻势，终归无效。以吾国军队现势论，其数则有二十余镇之多，然续备、后备之制，尚未实行，每镇临战，至多不过得战兵五千，须有兵力三镇以上，方足与他一镇之兵相抗衡。且一有伤亡，无从补充，是兵力一层，决难如邻邦之雄厚也。今日吾国军队，能否说到精练二字，此稍知军事者，自能辨之。他日与强邻一相角逐，能否效一割之用，似又难作侥幸万一之想。至于军资、交通两端，更瞠乎人后。如此而曰吾将取战略、战术上最有利益之攻势，乌可得耶！鄙意我国数年之内，若与他邦以兵戎相见，与其为孤注一掷之举，不如采用波亚战术，据险以守，节节为防，以全军而老敌师为主。俟其深入无继，乃一举而歼除之。昔俄人之蹴拿破仑于境外，使之一蹶不振，可借鉴也。[1]

按：蔡锷此书编成后，即刻受到"世人关注"，影响深远。1913 年《武德》杂志连载全文；1916 年八、九月云南《义声报》又连载全文；1917 年梁启超为之作序，复将其交上海商务印书馆出版；1924 年蒋介石为之增辑"治心"一章，"并加序言作为黄埔陆军军官学校的教材，印发学员学习"；"抗日战争中，《八路军军政杂志》也曾出版《曾胡治兵语录白

---

① 曾业英编《蔡锷集》（一），第 285—313 页。

话解》，作为官兵的军事读物"；近年来还被人列为"中国十大兵书"之一。①

梁启超的序文说：

> 松坡既死于国事，越一年，国人刊其遗著《曾胡治兵语录》行于世，世知松坡之事功，读此书可以知其事功所由来矣。

> 自古圣贤豪杰，初未尝求见事功于当世也，惟其精神积于中、著于外，世人见之以为事功耳。阅世以后，事功或已磨灭，而精神不敝，传之后世，遭际时会，此精神复现为事功焉。松坡论曾、胡二公之事功，谓其为良心、血性二者所驱使，则松坡之事功，亦为此良心、血性所驱使而已。曾、胡二公一生兢兢于存诚去伪，松坡于此尤阐发不遗余力。精神 [诚] 所至，金石为开。二公屡言之，松坡亦屡述之。二公之言，不啻诏示松坡，使其出死生冒危难，掬一诚以救天下之伪，则虽谓松坡之事功，皆二公之事功可也。

> 松坡自谓身膺军职，非大发志愿，以救国为目的，以死为归宿，不足渡同胞于苦海，置国家于坦途。今松坡得所归矣。而救国志愿，曾未达其万一。护国军之起，仅使民国生死肉骨，如大病方苏。元气已伤，将养扶持，所需于事功者正复无限。来者不可见，惟持此耿耿精神，常留存于吾国民隐微之间，可以使曾、胡复生，使松坡不死，以解除日后之千灾百难，超苦海而入坦途。而此语录十余章，实揭吾国民之伟大精神，以昭兹来许者也。民国六年四月。梁启超。

1924 年 10 月，蒋介石在《序》文中说：

> 太平天国之战争，为十九世纪东方第一之大战。太平天国之历史，为十九世纪东方第一光荣之历史，而其政治组织与经济设施则尤足称焉。余自幼习闻乡里父老所谈，已心向望之。吾党总理又常为余讲授太平天国之战略战术，及其名将李秀成、陈玉成、石达开等治兵安民之方略，乃益识其典章制度之可仪。因欲将当时之军事、政治、经济、社会各种纪录搜罗、研钻，编纂太平天国战史，庶几使当时革命之故

---

① 转引自《护国元勋蔡锷传》，第 115—116 页。

实、诸杰之经济得垂永久，而不为前清史臣一笔所抹杀。余既发愿，为此十余年来，留心于太平天国有关系之中外著作，不遗余力。独惜材料缺乏，事实不详，而又不得一系统之书以资参考，乃不能不于反太平天国诸事，如当时所谓中兴诸臣曾、胡、左、李诸集中反测其对象。辛亥以前，曾阅《曾文正全集》一书，然其纪载仅及当时鄂、赣、苏、皖中一部分之战事，其他如浙，如闽，如川、贵、两广，与夫北方诸省之战史皆非所及，且其所述者皆偏重清军一方之胜利，而于太平天国之史料则十不得一二，因是战史之编纂无从着手。

泊乎民国二年失败以后，再将曾氏之书，与胡、左诸集悉心讨究，不禁而叹胡润之之才略识见，与左季高之志气节操高出一世，实不愧为当时之名将。由是益知其事业成败必有所本也。夫满清之所以中兴，太平天国之所以失败者，盖非人才消长之故，而实德业隆替之征也。彼洪、杨、石、李、陈、韦之才略，岂不能比拟于曾、胡、左、李之清臣？然而曾氏标榜道德，力体躬行，以为一世倡，其结果竟能变易风俗，挽回颓靡。吾姑不问其当时应变之手段、思想之新旧、成败之过程如何，而其苦心毅力、自立立人、自达达人之道，盖已足吾人之师资矣。余读曾、胡诸集既毕，正欲先摘其言行，可以为后世圭臬者，成为一书，以饷同志，而留纂太平天国战史于将来。不意松坡先得吾心，纂集此治兵语录一书。顾其间尚有数条为余心之所欲补集者，虽非治兵之语，而治心即为治兵之本。吾故择曾、胡治心之语之切要者，另列一目，兼采左季高之言可为后世法者，附录于其后。非敢擅改昔贤之遗集，聊以增补格言之不足耳。

噫！曾、胡、左氏之言，皆经世阅历之言，且皆余所欲言而未能言者也。其意切，其言简，不惟治兵者之至宝，实为治心治国者之良规，愿本校同志人各一编，则将来治军治国均有所本矣。他日者，太平天国战史告成，吾党同志更能继承其革命之业，以竟吾党之全功，乃无愧吾党后起之秀矣。吾同志其勉旃。蒋中正序于广东黄埔陆军军官学校。中华民国十三年十月。[1]

---

① 曾业英编《蔡锷集》（一），第313—315页。

9 月

（七月初九日至八月初九日）

9 日（七月十七日）

▲清廷公布永平秋操的"中央审判处处长"为卢静远。卢"所派审判官计二十九人"，其中有蔡锷、李炳之、吴元泽、许崇智、周家树、周道刚等人。[①]

24 日（八月初三日）

▲蔡锷由李经羲奏派为陆军第十九镇第三十七协统领官后，清廷陆军部又据李经羲的奏报奏请，"第十九镇第七十四标一营管带官齐专杰调充第七十三标二营管带官，遗缺拟请以云南督练公所参谋处提调唐继尧调补。""第十九镇步七十三标统带官曾鹏程因事请假，遗缺拟请以督练公所参议官丁锦调补"。"第十九镇步七十四标统带官何国华调充陆军小学堂总办，遗缺拟请以督练公所副参议官罗佩金调补。"[②] 唐继尧、罗佩金都是一个多月后发生的昆明"重九"起义的重要骨干。

10 月

（八月初十日至九月初十日）

1 日（八月初十日）

▲李经羲命李根源与蔡锷、殷承瓛、韩凤楼等筹备冬季大操，住宜良法明寺旬日。得悉 10 日武昌起义后即回省聚商于李鸿祥、唐继尧宅，密谋响应。[③]

10 日（八月十九日）

▲武昌爆发推翻清朝的武装起义。

17 日（八月二十六日）

---

① 《永平秋操派定各员一览表》，天津《大公报》1911 年 9 月 9 日。

② 《清末新军编练沿革》，第 274—275 页。

③ 李根源：《辛亥前后十年杂忆》，《辛亥革命回忆录》第 1 集，第 326 页。

▲报载"八月二十五日内阁奉上谕，前广西兵备处总办蔡锷着派充陆军第三十七协统领官，陆军步队第七十四标统带官曲同丰着派充陆军第三十八协统领官，并均赏给陆军协都统衔。钦此"。[①]

27 日（九月初六日）

▲张文光在腾越起义，宣布独立。1914 年，周钟岳在"补记"中记其事说："滇军反正之前，腾越张文光、刀安仁等，亦先于九月初六日，在腾越起兵，宣布独立。然兵匪混淆，军无纪律。而文光、安仁皆称都督，角立争雄。张部下陈云龙称都指挥，率兵自永昌东窜，进窥大理。时大理得省电，已赞成反正，并挽留赵介庵先生在榆维持秩序，保卫地方。乃陈云龙兵分略永平、顺宁、漾濞，榆绅屡电阻止，而陈肆意要求，辞益不逊。蔡公得榆电，遂命迎头痛击，大败之。陈遁回，而腾永之在省者，益嗛赵介庵先生，腾永亦举代表电省，请联和。军府乃派军政部总长李根源率兵前往，相机办理。"[②]

按：腾越"九月初六日"起义时，刀安仁尚在干崖，腾越起义系张文光独自指挥。

30 日（九月初九日）

▲是夜，蔡锷以"总司令"身份，领导云南新军在省城昆明发动武装反清起义，并取得胜利。

11 月 25 日（十月初五日），有报载昆明反清起义的经过。说："云南省城于上月初九夜九时，七十三标陆军全军反正，攻进北门，力扑军械局；七十四标及炮标等应之，各炮标扼南城一带，轰击总督署及各衙署局所，至天明清兵降毙殆尽。唯清镇统扼守五华山顶武侯祠，顽强抵抗，至十时败逃，为民军擒获枪毙。军械局、总督署先后皆破，全城大定。军政府成立，以五华山顶师范学堂为总司令部，公举蔡锷为云南大都督。次日，李督由谘议局转函至军政府，略谓欲出与军政府长官相会，订约三条，一，

① 《谕旨》，天津《大公报》1911 年 10 月 17 日。
② 《惺庵日记》第二册（手稿本），云南省图书馆藏。

可杀不可辱；二，保护家眷回家；三，为相当之职务。军政府随即函答如约，遂于十二日出降，由蔡、李二都督扶入谘议局，相持而哭。现驻谘议局，公同组织军都督府，分为四部，曰参谋部，曰军务部，曰军政部，曰参议部。各部皆分设司局，各司局现已陆续委人，一律成立。"①

26 日（十月初六日），又有报纸更详细报道昆明反清起义的经过。说：

前闻云南独立，已奉李督为都督，兹据滇函所述则大异。据云：九月初九夜九时半，云南陆军第七十三标兵起事，当夜十一时遂占省城。李经義先用卫队保督署，十九镇统制钟麟同则带辎重队守五华山后之军械局。迨民兵得胜，李督不知下落，钟因力战，受伤甚重，经军医局卫生队负至南城时，为标军夺下，枭首示众于南城，并支解其尸体。军械局总办唐尔锟，亦为标军擒获，枭首解尸。其陆军兵备处总办王振畿亦死焉，藩司世增、提学司叶尔恺亦皆为民军杀死，巡警道郭灿降，现仍照旧办事，其余皆无下落。至民军之首先举事者，为七十三标第一营管带李鸿翔［祥］。是夜，先攻大西城，并自西偏缺城入。又有讲武堂学生潜开西城接应，故得手甚速。初，七十四标尚在城外观变，殆机关枪营继进，既攻军械局，又夺得督署。翌日，七十四标始联合卫队亦降，此战时之情形也。事定后，民军即出示安民，称云南新政府，谓系与北京政府有特别交涉，与尔良民九十，务各自安生业，不得自相惊扰。十一日出示，复改称大汉军政府，每日开城数小时，以便人民购柴米菜蔬。复令照常贸易，秋毫无犯，故民间尚无损失。惟督署、镇署上下诸人衣物，无一存者，以仓卒不及备也。现新举总统为前七十三标统带官蔡锷，副总统为前督练公所副参议罗佩金，以五华山师范学堂为办公处。现仍严缉总督、交涉司、按察司（署司杨福璋或谓已自尽，或谓已外出）及粮、盐、劝业三道门禁仍严。现蒙自关道已由省中公举前开化镇总兵夏文炳，而现任之关道龚心湛，已于十五日卸任。附郭府厅州县官多逃，临安、大理陆军于十二日同时响应。先是初九日，李督得永昌警电，谓腾越、永昌所驻之七十五标陆军，于初六日与防营同变，署迤西道宋联奎、腾越镇总兵

---

① 《滇省光复记》，《申报》1911 年 11 月 25 日。

张嘉钰、腾越厅彭继志皆被戕，电线为党人砍阻云云。李督当调署鹤丽镇张继良往援，并调南防数营，星夜赴省防变，孰意电甫发，而事已作矣。[①]

12 月 1 日（辛亥十月十一日），又有报载说：

初九日夜，蔡锷统七十四标炮标、机关枪营，统带罗佩金率唐继尧、刘存厚、雷飙管带七十四标，韩建铎率庾恩旸、刘云峰、谢汝翼带炮标，李根源、李鸿祥、刘祖武带七十三标，李凤楼带机关枪营。分定任务，李军占领军械局、五华山、圆通山、机器局、龙元局、电报局、大清银行、藩署财政局、盐署；罗军占领督署及其余各衙署；韩军在四城发炮，庾恩旸占领大小西门，谢汝翼占领南门、小东门；刘云峰占领小东门。沈汪度、张开儒、张子贞、顾品珍率讲武堂学生、体育总校学生，开大小西门及北门、小东门；陆军小学堂及测绘学堂学生占领粮饷局等处，约定初十日午前三时起事。

不意，七十三标于初九日午后九时顷，因发子弹为反对者所觉，遂开枪击毙两人。于是枪声隆隆，事遂起。李根源、李鸿祥即吹集合号，一二营皆出集合。清统带丁锦闻知，督率卫兵开枪轰击，毙义军二人，伤五人及官长刘增祜。义军随即猛攻标本部，锦不支，由后门潜逃。标本部被火起，李即率全军入城。以约期未至，讲武堂学生未来启门，急会军士越城，入登三十余人，由内开门，全军一涌而入。于是，分派占领各处人员，而自率军攻军械局。既至军械局，先以好言谕守军使降，至三十余分钟之久，内佯许，而暗安排机关枪出。义军不意，开门猛击，伤五六人。李遂下令猛攻，穿地道，焚大门，延烧民房。当是时，虹溪试馆火亦起，盖因与蔡军约期在三时而先发，故以是为号，欲使蔡军知也。当穿地道时，占领五华山军队，以为督署重要，多弃其职务，相率往攻。五华山空虚，遂使清统制钟麟同得上武侯祠，以机关枪由后夹攻，势甚危。幸董鸿勋、马大伦扼守两级师范学堂，钟受侧射，火力始不能发扬。

当是时，蔡、李、罗、韩亦至，开始南城一带之行动。唐继尧统

———————

① 《详纪云南乱事缘起》，天津《大公报》1911 年 11 月 26 日。

军队扑督署，以署内机关枪猛烈，不能前进。适巡防第四营反正马标黄毓成亦来助攻，雷飙占领江南会馆一带，炮标占领四城，轰击督署及武侯祠，义军大振，官军皆受合围，孤立待毙而已。李军夜以梯登军械局，排长文鸿泽〔揆〕死之。天明，罗军以李军兵力单薄，派雷飙率二队来助攻，适巡防第二营偷上元〔圆〕通山，雷军遂与血战。十时，敌军败。于是夹攻军械局，谢军亦至，于虹溪试馆发炮，击破墙垣多处亦无效。于是蒋光亮献策，以暴〔爆〕药炸之，遂破。谢管带身先士卒，由地穴入，守军尚激战。继不支，乃逃散，官军死十余人，义军亦死伤数人，军械局破。诸军移攻武侯祠，李、雷两面夹攻，钟顽强抵抗，激射机关枪，兵死亡甚多。后由李凤楼加机关枪来助攻，遂占领武侯祠，诛钟，余兵逃降净尽，督署亦同时占领，全城大空。①

还有报载说：

滇督李经羲于前月初旬，探悉新军将次起事，特令初十日一律缴械。该军士迫不及待，即于九月初九日晚九句钟，新军七十三标首先起义于北校场，十钟时破北门而入，首占电报局，次攻军械局及学署、巡警道署。初十日晨四时，七十四标抵省，炮营联队、机关枪营同时占领南城大东城等部，复攻军械局，至九时占军械局。七十三标据五华山，互攻督署。十二时，全城克复，即举蔡锷为都督。李督及司道均避匿无纵〔踪〕，十九镇统制钟麟同被擒斩首，防团兵备处总办唐尔锟、陆军兵备处总办王振畿、陆军总参议靳云鹏等均被擒获，下午五时一律枭首军前（按：靳云鹏未杀）。余如标统丁锦及营官、队官五六人均以反抗被杀，民军仅伤数十，人民未伤一人，而军政府已成立矣。

十一晨出示安民，铺户照常交易。都督蔡锷带同统领李根源、罗佩金等，请英、法两国领事暨各西人开议国际上各项条约，西人均乐从。十二日午，李经羲自行归顺，各司道亦纷纷来归。藩司世增被巡逻军在登仕街天源省号内查获，押获军前枪毙。盐道毛在署中服毒自尽。税关、邮政均于是日一律订约，大清银行钞票限五天后十足兑现。各学校亦照常上课。驻大理府之七十六标、驻临安府之七十五标，以

---

① 《云南义军大战记》，上海《时报》1911 年 12 月 1 日。

及腾越之西防营，开广之间南防营亦依次收服。河口亦于十二日光复。蒙自关道龚心湛闻已自尽。现李经羲被拘于谘议局，自□□□□□□万元，以为赎命之资云。①

次年6月，蔡锷亲自"订正"赵式铭编纂的《光复上篇》，对光复昆明，则做如下记录：

清廷腐败，秕政杂出，滥借外债，供私人挥霍之用。宣统三年夏，外人瓜分中国之议起，而清廷方攘夺各省民修之铁路，于是全国物议沸腾，群起反抗。六、七月间，蜀中争路潮起，军民激变，影响波及云南。

初，滇护督沈秉堃调留日士官生回籍，李鸿祥、谢汝翼、张开儒、李根源等分委步、炮军职及办理讲武堂，于是兵卒、学生、皆言革命。而滇督李经羲暗弱，大义遂以遍于军、学各界。及武昌发难，湖南继之。本省军界由统领蔡锷与将校中之同志密议多次。

九月初七，蔡锷、李鸿祥、沈汪度、殷承瓛、韩凤楼、雷飙、张开儒、谢汝翼、黄毓英、刘存厚、黄永社等十余人，议于唐继尧许[宅]，决心于九月初九日举义，为他省之声援。复定恢复云南全省作战及分途出师川、黔计划。

九日下午，锷令李参议官根源率步队七十三标，由北校场向省城北门及东城一带进攻，管带李鸿祥、教官刘祖武佐之。罗统带佩金率步队七十四标，由巫家坝向南门及东门一带进攻，以唐继尧佐之。命炮队统带韩国饶率队一营，分为三部，联络步队，进城后到西、南、东三门之城楼附近。命教官张开儒等率讲武堂全部生发自城内，为开城之准备。命机关枪营分属于步、炮各队，均于夜半开始行动，同时攻城，于揭晓前将全城四周城垣及城内之圆通山占领确实，俟天明时进攻。以步队七十三标攻击军械局及五华山，以炮队据置城垣，协同步队施行射击。置预备队一营于江南会馆，为各队之策应。

十时，锷在巫家坝集步、炮两标重要将校，详细规定攻击计划后，十时卅分，更集两标全体将校，讲明举义宗旨。词严义正，每出一语，

① 《云南光复记》，《申报》1911年11月22日。

各将校齐呼万岁，欢声雷动，誓出死力。宣布既毕，将校中有欲将军官之满人容山、惠森二人处以死刑者，锷、佩金力为禁阻，命暂行拘留，俟事毕后释放（翌日即纵之使去）。正值判决之际，有人从黑暗中射二人，幸未中。复集合两标士卒，将举义宗旨简单宣布，士卒莫不欢欣鼓舞，乐于用命。遂于当场给发子弹，检查武装，于午后十二时陆续出发。时城内火发，枪声四起，即命分道急进。以路重天暗，行进迟滞，炮队尤甚。

初，步队七十三标正值准备之时，事机泄漏。该标统带李鸿祥（按：李系革命党人，此为丁锦之误）率标署卫兵出而弹压，顽固将校亦群起干涉，两方遂激起冲突，官兵中死伤廿余名，清标统丁锦遁去。根源遂率第二、三营向城垣急进，时初九日午后九时也。九时三十分，李部攻入北门，派队占领银元局、兵工厂等处，以其主力逼进军械局。其时清统制钟麟同以五华山空虚，率巡防队两营、辎重营、宪兵营、机关枪队及镇署卫兵占领之，顽强抵抗。军械局内卫兵（六十人）亦据险盛行射击，机关枪之发射尤烈，我军死伤将校以下三十人。肉搏数次，均未奏效，仅占领五华山北端之一部。根源以敌兵据险以守，兵力甚优，且弹药将竭，乃举火为号，冀巫家坝军队之来援（时已十一时半），而仍竭力攻击军械局。排长文鸿揆以长梯登，中弹而殪，我军益奋。

初十日午前一时半，机关枪队（仅两队，余为钟调去）至天台会合于本军，分隶之于步、炮两标。一时四十分，抵南校场时，驻扎南城外之巡防队二百人来降，锷优予嘉奖，命分扎南城外，弹压匪徒，保护居民。二时，抵大东门城外，遇马标队伍，锷与该标统带田书年相晤，令其逡巡城外四周，预防匪类，检查宵小。马标之来城，实系麟同调以防革命军者，锷误以马标预知其事，而田统带亦误以革命军系奉钟之调来相救援者，遂得相安于无事。

午前三时，步队七十四标第一营已占领城西垣，第二营已占领城南垣，第三营已占领江南会馆（预备队）。炮队则于东、南、西三城门附近占领阵地，准备攻击。

午前三时半，步队七十四标第一营管带唐继尧率所部向制台衙门突击二次，未得进。而第三营管带雷胜［飙］以一队增援七十三标，猛扑军械局数次，亦未得手。

午前六时，根源军至危殆。天微明，据城各炮队向五华山敌人阵地及督署开始射击。七时，李军及罗军第三营之一部，攻五华山及军械局，罗军第一、二两营攻督署。时据圆通山军火局之巡防队一哨，向预备队所在地射击，而七十三标反对派之官弁亦收拾残兵，在东城外向城垣一带射击，遂分预备中队一队御之。敌据山地，颇得形势，相持亘二时之久，始行击散。

午前九时，谢汝翼洞军械局围墙，更以药炸之。谢先入，我军从地道随之，军械局、五华山之全部，几为我所得，敌军全数降，遂令围武侯祠。李凤楼以机关枪来助，麟同尚抵死不退，因以负伤。经医兵抬出南门，为兵士所见，处以死刑。王振畿于被擒后自愿投诚，嗣复为众兵所杀。

军械局既为我军所得，各队弹药，得以补充，士气百倍，遂占领五华山全部，督署亦同时陷落。军司令部乃出示安民，一面饬各队整顿队伍，分投驻扎，并定警戒区域及警戒法。是夜，军队于五华山及城垣四周彻夜露营。综计是役，彼我死伤者将校以下百五十余人，我军死达二十余人，伤者四十余人。翌日，清藩司世增、清督李经羲、提法司杨福璋、提学司叶尔凯、巡警道郭灿、粮道曾广铨、劝业道袁玉锡、盐道毛玉麟皆就获，全城光复。十三日，军政府成立，而宣告独立。①

关于重九起义的战况，清廷云南陆军总参议靳云鹏在其呈请代奏从优恤赏所谓"阵亡文武各员"一文中说：

呈为云南兵变御乱阵亡文武各员恳请代奏从优恤赏，以慰忠魂而资激劝事。自湖北变起，各省响应，云南人心大震，第十九镇统制官钟麟同、兵备处总办候选道王振畿及云鹏等深恐军心摇动，糜烂地方，即集合陆军各级将校剀切告谕，筹所以保境安民，预防土匪生心，免致外人借口，各将校多云南土著，莫不以此议为然。讵七十三标三营管带李鸿祥于九月初九日夜九点钟首先发难，突率所部攻击标署，将

① 曾业英编《蔡锷集》（二），第938—941页。

统带丁锦击伤，抢劫所存子弹，直攻省城。七十四标统带罗佩金、炮队统带韩国饶各率全标相继作乱。是时，钟麟同与云鹏、各局总办尚在督署会议，闻变即各自准备迎敌。王振畿督率卫队一营保护督署，钟麟同与云鹏率陆军警察队及卫兵百余名，据守城中五华山，保护械局。一面电调未变各营进城守御，各营未到，惟辎重营范管带钟岳率所部赶至，分兵帮守城中五华山及督署。甫定，不期地方巡警内应开城，变兵全队拥入，分头猛扑。钟麟同等督兵拒战至翌午，变兵移炮城上，攻击愈力，官军死伤过半，且弹药将罄，势已不支，拟夺据城墙一隅，以通外援，同集合残兵，由五华山东面奋攻而下。变乱〔兵〕猛烈射击，云鹏身中两弹，晕仆山麓，麟同率少数兵丁突出。斯时城墙悉被变兵占据，奋攻不克，复转战至督署。而督署已破，总督李经羲不知所往，麟同心力俱竭，慨然叹谓左右曰：身为统将，大局破坏至此，何面目复见天日，当以一死报国，即用手枪向胸回击而仆。弁兵抢救不及，同时从殉者数人，其忠骸为卫生队舁至城门，被变兵截留支解。王振畿于督署破后被执至江南会馆，变兵首领蔡锷礼遇极隆，劝令共同举事。振畿慷慨拒辩，声色俱厉，卒不可屈，遂亦遇害。范钟岳在督署拒战中弹阵亡。云鹏受伤晕仆，为卫生队总办陈世华护救，杂于死兵中舁出，连夜送至车站，因得不死。查钟麟同系山东济宁州人，由兵入卫海武备学堂肄业，历充军职，由排长荐升统制，加陆军副都统衔。平时训练军队，勤于职事，所供各差，莫不卓著成绩。然天性刚直，亲正嫉邪，故此次被祸亦最烈。子二，长培英，次培俊，现避难到京。王振畿年四十一岁，山东滕县人，由文童入天津武备学堂肄业，历充哨长递升统领，以分省补用道充云南兵备处总办。天资聪颖，下笔千言，研精于武学各书，治军尤有节度。所至之处，上下和协，成绩昭著，志颂口碑。子三，廷绍、廷韶、廷昭，均幼，逃奔回籍，茕独无依，深堪悯恻。范钟岳年四十六岁，山东济南府人，由文童入天津武备学堂肄业，历充排队官。现充云南辎重营管带，实心任事，不饰外观，治军尤得兵心。故此次拒战一昼夜，伤亡过半，兵犹力战，无忍去者。该统制等死事极惨，云鹏亲与共事，见闻确凿，用敢据实上陈，应如何奏请优恤表彰英烈之处，伏候钧裁。再，范管带子嗣，现不在京，以下死难各将士应并候查明，续请谨呈。宣统三年十二月十二日。奉旨：已录。①

▲是夜，报载李经羲"匿于巡捕萧家。因在滇政绩甚好，军政府屡函劝降。李督有约三条，一，可杀不可辱；二，保护伊家眷回家；三，亦愿为之尽职。军政府慨然应允，并由统领蔡（锷）单身前往迎护至谘议局驻节"。②

不过，李经羲自述，与此略有不同。其函说："谘议局诸公钧鉴。羲德薄力微，到滇两载，毫无善状。今大局如斯，自问之余，死有余辜。所不急从地下者，与滇人尚有未了之言。滇间于两大，宜善办交涉，勿使渔人得利。其次严防土匪，勿令扰害良民。此外，尚有要求于诸公者：一，出见时，此身可杀不可辱；二，保全家小，平定后护送回籍；三，指定空闲房屋，暂令家小寄居，一切从人，准自由出入，听其检查。以上三端，祈诸公转达军政府。如能许允，羲即出而面晤，倾吐未了政策。一俟大局定后，即当从容就决。此致，即候公安，立盼回至。李经羲顿首，九月十日。"③

《民立报》强调李经羲"匿于巡捕萧家"，是"蔡（锷）单身前往迎护至谘议局驻节"的。

但雷飚说是"临时移入法领府"，并详述了蔡锷对他的特别关照。说："惟对于李督经羲及其眷属，关怀甚切，一有不测，深用咎心。即草函派员送督院同志熊铁崖、刘显治文案，速为李督及全眷筹临时移避地方办法。又切嘱本军各官长，如攻督署时，务留意保护李督及其眷属为第一要务……嗣即探查李督及其家属已临时移入法领府矣。蔡公当即派员赴法府慰问一切，并请法领暂时代为招待一切。当即迅饬各军队官长，赶急安定城内各战区，无论何项军队，不得妄动，妄发一枪，严办宵小乘机窃劫烧杀，扰乱治安，并分电各地县府，告以省城起义，全城已安定如常，各应照常办公，毋得妄自惊异，或妄听谣言，致干咎戾。全省大致安定，即亲

---

① 《内阁递云南陆军总参议靳云鹏为云南兵变御乱阵亡文武各员恳请代奏从优恤赏呈》，天津《大公报》1912年2月6日。

② 《云南光复记》，上海《民立报》1911年11月24日。

③ 《李经羲致谘议局函》（1911年10月31日），《滇省谘议局光复后之报告书》，1911年排印本，云南图书馆藏。据《民立报》1911年11月20日《云南光复记》载，谘议局于九月十一日（阴历）转李经羲一信函予军政府。这也说明李此时"驻谘议局"。

赴法领府，谒李督请罪，并安慰一切，泣请李督出维大局，登高一呼，全国抵〔底〕定，功垂不朽矣。李督对蔡，仍极钦敬，并无何项责备微言也。惟以个人历史关系，不肯遽出为词，似难再强，且滇中军人亦多不愿意，恐生不测，当请移入五华山临时军府居住，即一面为之整装准备离滇一切事宜。行时蔡公与飙等均随轿步行，送至车站，照料上车，家属同行，不胜悲感交集之至。并派彭权率一连兵，随车送至河口，途中虽多阻挠危险，均赖彭君维护排解。河山可变，恩义难忘，古道然也。"①

与此相关的提学使叶尔恺安全出境一事，李根源说是他发话的结果，说："叶尔恺对滇学界迭兴大狱，并劝李督由黔募兵，以制余辈。重九之夜，尔恺遁匿民间，为讲武生何峻然等搜获，击落其面齿三枚，性命只争呼吸。余闻之亟下令解军府，以待惩处，盖为保全其生命也，遂给护照送出河口。顾品珍反对，余解释之曰：当此义军初起，人心惶惑，宜不念旧恶，准其一体自新，方是军府正大光明之态度，杀叶一人何益？顾意乃释。今见近人笔记载此事殊乖事实，特详记之如此。"②

但张一鹏的回忆却与李根源不同，在李根源发表回忆近十年后仍坚持说是蔡锷发了话，才得以安全出境的。他说："余之识将军也……得于高子白宴席间遇之，觉其温文尔雅，不似军人。余法政同学贵州熊君范舆，充督署文案，久与将军稔，为之介绍。厥后与熊君频谒于其私邸，酒酣耳热，三人畅论家国，欢笑之余，继以歌哭，交谊之深，由是益进。""重九"云南反正后，"当是时，统兵将领，趾高气扬，驾御非易。提学使叶伯高尔恺，为革命党人所嫉恶。既为所执，非立置刀俎，不足以泄忿。将军知之，急下令谓叶任内亏空学款甚巨，宜留活口，先与算帐，以裕军饷。众乃送之模范监狱，实则借端缓之，嗣叶得安全出境者，赖此一言。李督避匿民家，逻者捕获，将军延之上座，愿退让，李拒不允。乃馆于咨议局，供应无缺。旋派员送出滇境，资以川资三千金，云土百两。有主张扣留示威者，将军婉词谢之，其不忘旧谊，若此类者多矣。"③此事今天虽已难辨孰是孰非，却也说明各人心中的确有一个不同的蔡锷。

① 雷飙：《蔡松坡先生事略》（二读），《国防月刊》第4卷第4期，1947年12月。
② 《雪生年录》卷一，第21页。
③ 《蔡松坡将军轶事》，张一鹏口述、范君博笔记《不知老之将至斋随笔》，上海《大众》1943年4月号。

关于李经羲离滇的情况，除以上雷飙等人所述外，还有英国驻昆明领事额必廉的记载。他说："前总督李经羲获准动身前往越南东京，由学生志愿兵护送至边境的河口地方。可是，他对于那些护送人员的意图感到十分担心，因为他们似乎对他很不尊敬；他指望得到两位法国领事官员的保护。韦礼德先生（按：法国驻昆明，即云南府的总领事）伴送他至盘溪，而伯伟先生（按：法国驻蒙自领事）伴送他直到边境。人们都很清楚地知道，李经羲是一个很有钱的人。这里普遍的印象是，他以很高的代价换得了他的自由，这笔赎金将填满已经枯竭的地方库藏。"①

当时报纸也有报道，说："前滇督李经羲曾于两星期前由民军护送出省，乘坐火车，前往东京劳开［老街］，当时围观者如堵。李督发辫已去，衣寻常教员之服，步登火车之时，嗒然若失，无向之鞠躬送别，或祝其平安者。越数日，清藩司亦乘车前往东京，民军欲执而杀之，其女振臂救护，以致受伤。后送法国医院疗治，未与家人同行。"② 而且还是"接到日本政府来电讨情要索送回"的。说："李经羲因迟疑寡决，不能先时倡义，虽经军政府迎住谘议局，相待以礼，总觉难堪。后来军政府接到日本政府来电讨情要索送回，故李督于日前得以离滇，军政府派人护送。昨已接李来电，云抵河内老街。"③

31 日（九月初十日）

▲蔡锷等人函请云南谘议局议长、议员至军政府总司令处，会商善后办法。说："满清专制二百余年于兹矣。锷等不惜牺牲身家性命，誓灭胡虏，为同胞谋幸福，爰于昨晚首先举义。所幸围督署及攻各局、所，义师所向，着着制胜，不崇朝而大局已定。惟是破坏之责，锷等已尽，而建设之任，专在诸公。盖诸公为全省代表，乡望素孚，务祈出而维持，互相赞助。如表同情，请即移至敝司令处，会商善后办法，是所切盼。此请公安，

① 《总领事额必廉致朱尔典爵士函》（1911 年 12 月 6 日），胡滨译《英国蓝皮书有关辛亥革命资料选译》上册，中华书局，1984，第 282 页。额必廉此函说李是 11 月 13 日离滇的，误，应以李自说为准。据李经羲自述，他是"九月二十日夜严护出境"的。（《宣统三年十月十六日云贵总督李经羲致内阁请代奏电》，《中国近代史资料丛刊·辛亥革命》第 6 册，第 264 页）

② 《云南新霁色》，《申报》1911 年 12 月 22 日。

③ 《新云南之新事物·李经羲到安南》，上海《时报》1911 年 12 月 10 日。

立候赐复。军政府总司令处蔡锷、李根源、罗佩金、唐继尧、李鸿祥、韩国饶同启。"

同日，谘议局复函说："军政府总司令处诸公鉴：敬复者。顷接来函，得悉诸公推翻满虏，光复汉族，此同人等所欲为而不能为者。今得诸公毅然为之，曷胜馨香崇拜。顾首先发难在诸公，既不避枪林弹雨之危，同人等责任所在，敢不竭力维持，以勷成功。惟是事起仓卒，本局同人大半外出。现已召集，一俟到齐，即趋辕奉教。此候崇安。谘议局议长、议员全体谨复。"①

▲蔡锷等人公开对外发布军政府告示。说："大局已定，举动文明。保我同胞，鸡犬不惊。其各贸易，其各营生。凡我军队，不准扰民。"② 据李根源说："是日所发布告，松坡署衔曰正司令，余署衔曰副司令。"③

11 月前后

（九月十一日至十月初十日前后）

▲蔡锷颁布《战利品物呈缴章程》。文如下：

（甲）军械类

（一）凡获得枪炮、子弹、战刀、佩刀等，于战斗结局后，即按级递缴各部队长，由各部队长汇集数目，分别多寡，并堪用与否，呈报都督府查核，此项物品即为官有。

（二）凡大宗枪炮、子弹、战刀、佩刀等，该部队无须用此项物品补充时，则酌核当时情形，或解送到省，或在战地中存储，或听候命令，运赴他处。

（三）凡大宗枪炮、子弹，足以补充军队战用者，则任由该部队长一面补充他队，一面仍须报告，或电报都督府存案备查。

（乙）军需类

（一）凡获得敌军粮秣，为数较少，则拨归该部队酌核情形自用，或分给邻队共用。

① 以上二函见曾业英编《蔡锷集》（一），第316页。
② 曾业英编《蔡锷集》（一），第315页。
③ 《雪生年录》卷一，第21页。

（二）凡被服、装具、马匹等物，则按级呈缴本部队长，听候该部队长办理。

（三）各部队长照第一、二两条，或分给各队应用，或存储以备补充邻队。一面造册存案，一面仍须汇册报告都督府，以便考查。

（四）凡获得大宗粮秣、马匹、被服、装具，足以补充军实者，则酌核情形报告或电报都督府待命办理，或由该队自用，以俾节约公家经费。

（丙）清政府官物

（一）凡我光复地域内之仓库、驿号、官票庄、官银行、邮局、电局，及各项公所、衙门等，该管理员若未离职守者，则仍由该管理员将粮秣、银钱、马匹案卷等，汇造册籍，由部队长呈报都督府备查。

（二）凡我光复地域内之仓库、驿号、官票庄、官银行、邮局、电局，及各项公所、衙门，其管理员若已离职守者，则应由该部队长查清粮秣、银钱、马匹案卷等，一面造册报告都督府，一面查封，派人管守，或派人经理。

（三）第一、第二两条所列之仓库、驿号、官银行、官票庄、邮局、电局，及各项公所、衙门等，若系清政府所有者，则为我军政府所有；若系地方公有者，则仍为地方上公有。

（丁）民人私产及无主资物

（一）凡我光复地域内之民人私产，严禁列于战利品内。

（二）凡我光复地域内之无主资物，可以充作我军军实者，经本部队长允许后，始准取用，但须仍将所取用之物类，报告都督府，以凭查核。

（三）凡光复地域内之无主资物，不可以充作我军军实者，则由各部队长酌核情形，或变价归公报销，或妥为保护，招原主领取。

附则

（一）各部队长呈报战利品册籍时，须附呈所获人员衔名册一本，内注明某人获缴何物，其价值能以估定者，亦须注明大概价值。但填注时，务期确实，以杜冒滥浮开。

（二）获缴人员名册，即由都督府发交登庸局赏勋科分别轻重，从优议叙。

（三）隐匿战利品，据为己有者，以贪赃论罪。

（四）以上各条，倘有未能尽载事件，即由各部队长酌量情形，适当办理。

（五）本章程以奉到之日，为实行之日。[①]

11 月

（九月十一日至十月初十日）

1 日（九月十一日）

▲昆明起义军民公推蔡锷为"大汉军政府云南都督"。[②]

2 日（九月十二日）

▲蔡锷电告"各省军政府、谘议局"，云南"于本月初九日，军队全数反正，占领省城，宣布独立，乞表同情。滇军都督府"。[③]

▲谘议局通电全省各府厅州县官及自治公所约定以下九条遵行事宜。说：

> 现在军政府为保安土地、人民起见，省城人心大定，商民各界，照常安集。惟大局初定，省城虽可无虑，而外府厅州县各属，难保无借端生事者扰害地方，乱我秩序，甚非军政府保我人民之意也。兹与诸君约定各条，开列于后，请照办为幸，并希即复。
>
> 一、各地方凡有外国教堂、教士居处、游历，我自治团体应会同地方官力加保护。
>
> 一、地方官应由我自治团体请其照常办事，不必惊疑。我自治团体亦应弹压匪类，不宜与地方官为难。
>
> 一、各地方巡警稀少，诚恐匪人滋扰，人民财产，不无损失，应由我自治团体酌添团勇，以资守卫。
>
> 一、学界各学生照常上课，勿得解散。

---

① 《规章》，《云南政治公报》第 1 期，1912 年 2 月 11 日。原件未标注日期，此为辑者推断时日。

② 《雪生年录》卷一，第 21 页。

③ 《滇省光复记》，《申报》1911 年 11 月 25 日。

一、各州县地方积谷，应照旧认真存储，除因公用外，不准耗散。

一、各府厅州县应解地丁钱粮及厘金税等项照旧上纳，暂解交谘议局转解军政府。

一、凡地方官册籍粮案，关于地方自治之件，应竭力保存勿失。

一、地方官及厘金委差如有不明大局、私自逃匿之处，即由地方自治公所公举正绅收解。

一、自治责任，无论议事会成立及未成立之处，望我同胞绅民力为办理，勿稍卸责。

以上各条，均以奉函之日为实行之期。谘议局。文。印。①

▲沈秉堃"委王芝祥总统全省水陆军，新军亦归节制，把桂林新军调往全州，新军协统胡景伊请假回籍，赵恒惕继任标统"。② 6 日，广西独立，沈秉堃为都督，王芝祥、陆荣廷为副都督。

▲蔡锷以"大汉军都督府"名义，电云南各府厅州县官吏及自治局、劝学所，宣布"本月九日，省垣宣告独立"。说："本月九日，省垣宣告独立，举动文明，地方安堵如故，全体欢忻，悬旗庆祝。仍请李帅主持大局，现驻谘议局，司道提镇以次各官一律赞助，帮同办理。英法两国，严守中立，条约已订。该各府厅州县所属希照常办事，力保公安，毋生意外。电到即复，不通电处，妥速转递。大汉军都督府。文。"③

按：据奉中国同盟会仰光总机关演说社之命"调查全滇事"，并于 11 月 16 日（九月二十六日）④ 到达腾越的陈警天说，腾越已于是日获悉省城昆明反正。⑤

但滇西军都督张文光所说与此不同。11 月 5 日，他在致"滇省军都督府"电中说是 11 月 4 日才获知"省垣真相"的："因东路电阻，未得省垣

① 上海《神州日报》1911 年 11 月 30 日。
② 《广西文史资料选辑》总第 38 辑，第 99 页。
③ 上海《神州日报》1911 年 11 月 30 日。又见《云南光复之后记》，上海《民立报》1911 年 11 月 26 日。
④ 《陈警天、邱明致大理总机关同胞电》（1911 年 12 月 7 日），滇第一军都督编修处编辑《滇复先事录》，中国人民政治协商会议云南省委员会文史资料研究委员会编《云南文史资料选辑》第 17 辑，云南人民出版社，1982，第 87 页。
⑤ 黄彦、李伯新编著《孙中山藏档选编（辛亥革命前后）》，中华书局，1986，第 256 页。

真象，正拟由洋电询，旋由十四日（按：11 月 4 日）永昌来函云：风闻省
垣于重九恢复，众推公为大都督，顷聆之余，狂喜无状，愧歉致贺。第未
悉东南两路现象如何?" 9 日，又说 11 月 5 日才 "风间 [闻] 蔡锷都督恢
复省城"。说："光于九月初六晚举义，恢复腾越，已于庚日（按：10 月 29
日）电陈颠 [巅] 末，未卜得达否。仰赖威福，初九晚复龙陵，十二日
（按：11 月 2 日）复永昌，渐复顺宁、云州一带。十五日（按：11 月 5 日）
风间 [闻] 蔡锷都督恢复省城。我军到处，同胞欢迎，鸡犬不扰，待事竣
另行专章庆贺。尚祈时赐电教，以便遵循。云南腾越军都督张文光叩。皓。
印。"① 张文光当时正为其起义后东进大理的问题，与省城军都督府处于矛
盾争执之中，显然有意推迟了获知昆明已于 "重九" 日起义的消息。

▲大理电复昆明，表示 "一体服从"。说："军政都督府鉴：大理地方
官、陆辖巡防、绅民公同决议，求保治安，一体服从，来电各节照办。请
速复。文。"

▲顺宁琦璘与罗念慈电复 "军都督府"，表示拥护滇省 "独立"。说：
"璘在边五年，尽心民事，苦力不逮，负病良多。今闻滇能独立，甚善。璘
与念慈本欲避位待贤，而绅民等坚请维持治安，主持至计。情不忍却，凭
牌布署，详载绅附。顺宁府琦璘、知县罗念慈同电。侵 [浸]。叩。"②

月初

（九月十二日、十三日前后）

▲蔡锷致电各省军政府、谘议局，请表同情。说："滇属本月初九
日，军队全数反正，占领省城，宣布独立，事 [请] 表同情。滇军都
督。印。"③

又发布恤阵亡士卒布告。说："此次恢复省城，阵亡士卒，每名从优各
给恤银二百元。将来应如何赡养家属之处，另行拟订章程颁发。至负伤将
士，应按伤状轻重，另案议恤。"④

---

① 《张文光致滇省军都督府电》（1911 年 11 月 5 日）、《张文光致孙中山电》（1911 年 11 月 9
日），《滇复先事录》，《云南文史资料选辑》第 17 辑，第 36、43 页。
② 以上二电见上海《神州日报》1911 年 11 月 30 日。
③ 曾业英编《蔡锷集》（一），第 318 页。
④ 上海《神州日报》1911 年 12 月 3 日。

又发布褒杨振鸿布告。说："云南革命，始倡者杨君振鸿，当天地草昧，首倡大义，出生入死，备历艰险。时值胡后那拉氏、虏酋载湉死丧，相寻谋举义师于永昌，大勋未集，孤愤呕血，卒于永昌之蒲缥。野死穷边，槁葬荒冢，忠骸未返，毅魄何依？维义师之成功，实杨君之遗绪，宜予褒赠，以旌来者。爰议谥曰'忠毅'，崇祀昭忠祠，并予特别恤金三千元，用发幽光，而励士气。"①

3 日，又与李根源等人布告杨振鸿革命事迹。说："功莫大于首难，典莫大于旌忠。属汉业之重光，岂潜德之久闷。云南首倡光复杨君振鸿，少负环行，每怀国难，名雅重于党籍，说独昌于人权，使风雨如晦，而闻嘐嘐之音。天地易位，而辨苍苍之色，逮名挂禁网，身遁穷荒，嗟五溪之淫毒，驱九关之虎豹，锋气弥厉，壮志不摧。会当虏朝末年，死丧相继，将以一隅而号召，乃收诸寨以誓师。建义柳貌之城，陨身蒲缥之野。荒陇渴葬，遗骸未归，志决身歼，于兹为烈。今以清夷之日，益思启发之功，宜首褒崇，以昭来许。爰累行义，诔曰忠毅。家属恤金三千元。推烈士之心，固将一瞑而不视；弘报功之礼，庶几百世而犹兴。黄帝纪元四千六百有九年九月十三日。滇军都督蔡锷、军政部总长兼参议院长李根源、参谋部总长殷承瓛、军务部总长韩建铎。"②

▲蔡锷发布恤文鸿揆令。说："步队七十三标排长文鸿揆攻击军械局，当机关枪肆其猛击、丸弹如雨之际，奋不顾身，先登殒命，深堪嘉悼。兹拟予谥'壮烈'，给特别恤银一千元，并准该家属按年请领扶助金。俟订定章程，颁发遵行，以慰忠魂，而昭激劝。"③

又发布《云南军政府讨满洲檄》。说：

皇汉纪元四千六百有九年，云南统军政府檄告于我云南汉族父老诸姑姊妹之前曰：

慨自满虏入关以来，荼毒我黄裔，扰乱我神明，金马碧鸡，腥膻遍野。我同胞惕于专制淫威，任其蹂躏践踏，奴隶牛马，而不能扬眉吐气者，二百六十余年于兹矣。今者胡运告终，人心思汉，革命风潮，

① 上海《神州日报》1911 年 12 月 4 日。

② 谢树琼辑《杨振鸿、张文光合刊》，民国三年甲寅十月上海镫版，第 1 页。

③ 上海《神州日报》1911 年 12 月 4 日。

一日千里。某等不才，忝负军人名誉，谨于九月初九日，共举义旗，全军反正，驱除清吏，抚我黎民。诚以世界文明，人权贵重，必不能久屈异族专制之下，而任人鱼肉，不思独立者。惟义旗所指，尚恐吾云南人未能周知本军政府之意，爰数虏之罪，愿我云南人及汉族同胞，悉心以听。

昔拓跋氏窃号于洛，伐北群胡，犹不敢陵轹汉族。满虏入关以来，恐吾汉人心存光复也，凡属要缺，悉置满人，借此以监视汉人之耳目，使汉人永远降为满虏之奴隶而后快。心如蛇蝎，行同虎狼，其罪一。大虏玄晔（即康熙）创一条鞭之法，谓以后永不加税。乃未几而厘金之说起，未几而杂税之说兴。近年以来，更变本而加厉，割吾民之膏，吮吾民之血，使吾民死于囹圄、葬于沟壑者，盖不知几千万。外窃仁声，内存残暴，其罪二。流寇肆虐，遗黎凋丧，云南一隅，犹自完具。虏谓汉人死不尽，满人不得安，于是使其伪王吴三桂，带兵入滇，所过屠杀，迤西数千里，几无人烟。兴言及此，凡我汉人，当无不沉沉泪下也。汉人何辜，受此惨毒？其罪三。前世史书之毁，多由载笔直臣，书其虐政，若在旧朝，一无所问。虏恐人心思汉，毁焚书籍八千余通，自明季诸臣奏议外，上及宋、元之遗书，靡不焚烧。欲令汉人忘旧，永远为奴，其罪四。世奴之制，世界所无。满虏窃据中国，视汉人如猪羊，故汉人少有过失者，即发八旗，永与满人为奴。有私逃者，罪其九族。背逆人道，苛暴齐民，其罪五。满虏为灭绝汉人计，严其刑罚，苛其条例，吾民一触其网罗，则有死无生。历观数年来，寻常私罪，多不复案，府电朝下，囚人夕诛，好恶因于郡县，生杀操之墨吏，刑部不知，按察不问。遂令刑章枉挠，呼天无所，其罪六。垂狗尾以为饰，穿马蹄以为服，衣冠禽兽，贻羞万国，使吾国神州文物，夷为牛马，其罪七。

满虏之大罪，既昭如日月，然满政府近日行事，最足制吾民之生命，有不能不速起革命者，不得不再为我同胞以陈。国家建设政府，所以捍卫国民也，彼满政府以恶劣无能，陷吾民如此悲境，强邻虎伺，楚歌四面，瓜分之机，如张劲弩。吾同胞鉴于亡国之苦、灭种之惨，于是各省各邑，起创国民军及体育总校。夫二者之组织，以御外侮为宗旨，非与满洲政府为难也。乃虏出其"宁赠友邦，无丧家奴"之手段，曰严禁，曰解散，致使已成者归于水泡，未成者不敢再倡。吾民讲自卫之策，虏则百方阻挠之，是亡我国者非外人，实满洲政府也。故满洲政府不除，满洲官吏不逐，吾国终无复兴之一日，此不能不急起革命者一。西人称吾国曰黄金世界，苟使实业振兴，铁道交通，矿山开采，则财不知凡几。虏不为吾民提倡，专以剥削吾民为能，吾民穷矣，则倡言借款，名曰改革币制，实则不过供满虏君臣父子之娱乐而已。自四国借款以还，虏政府已置吾民之生命财产于各国范围之下，吾民其知之否？将来用不得当，偿还无术，各国派兵实行监督，吾民尚有死所乎？此不可不急起革命者二。全国饥民，数逾千万，饥寒交迫而死者，道路相望。西国之人，既非同种，又非同族，尚为之呼号觅捐，奔走施赈。乃反观满洲政府、各省官吏，未闻有一粟一丝之施。时兴王府，建离宫，动以百万计。嗟乎！同胞割膏血以养胡虏，虏不为怜之，而反杀之！《传》曰：非我族类，其心必异。此不可不急起革命者三。今者民气发扬，同趋革命，虏知其大命将倾，乃以伪立宪诱我汉族。阳示仁义，包藏祸心，再任胡人，死相撑拒。我国民伯叔兄弟，亦既烛其奸愿，弗为惑乱。以胡敌孔棘之敢［故］，惟有克期举义，驱其官吏，歼其渠魁，以为中华民族请命。

本军政府总摄纲维，辑和宗族，惧草泽英雄，帝制自为，同类相残，授虏以柄。又惧新学诸彦，震于泰西文明，劝工兴商，漫无限制，乃使豪杰兼并，细民无食，致成他日社会革命。为是与四万万人共约曰：自盟之后，当扫除鞑虏，恢复中华，建立民国，平均地权。有渝此盟，四万万同胞共击之！呜呼！我中华国民伯叔兄弟诸姑姊妹，谁无父母？谁非同气？以东胡群兽，盗我息壤，我先帝先王，亦既丧其血食，在帝左右，旁皇无依；我伯叔兄弟诸姑姊妹，亦既降为台隶，与牛驹同受笞棰之苦，有不寝苫枕块挟弓而斗者，当何以为黄帝之子孙！迩来军中之事，复有所诰诫曰：毋作妖言，毋仇外人，毋排他教。昔南方诸会党，与燕、齐义和团之属，以此三事，自致不竞，太平洪王之兴，又定一尊于天主，烧夷神社，震惊孔庙，遂令士民恐恚，为虏前驱。惟是二者，皆不可以崇效。我国民之智者，则既知引以为戒，其有壮士，寡昧不学，宜以此善导之。使知宗教殊涂，初无邪正，黄白异族，互相通商，苟无大害于我军事者，一切兼容并包。有违节制，悉以军律治罪。又我汉族仕宦于满清者，既为同种，岂遽忘满虏入关之初，暴尔祖父，淫尔姑母之大辱乎？徒以热中利禄，受彼胁迫。苟能于革命大军临城之日，舍逆取顺，翻然改图；及有束身待命，以一城一邑献者，仕宦如故。若自忘其本，为虏效力，以扼大兵之行者，一遭俘虏，杀无赦！其有为虏间谍者，亦杀无赦！又满洲胡人，受我中华之卵育者，三百余年，尺布粒粟，何非资于我大国？尔自伏念食土之毛，不怀报德，反为寇仇，而与我大兵抗，以尔四体，膏我铁钺，尔抚尔膺，又谁怨！若自知不直，愿归部落，以为我中华保塞，建州一卫，本尔旧区，其速自返于吉林、黑龙江之域。惹〔若〕愿留中国者，悉归农牧，一切与齐民等视。惟我政府箫勺群慝，淳化虫蚁，有回面内向者，怀柔一体，选举租税，必不使尔有依轻依重。尔若忘我汉德，尔悉不悛，尔胡人之归化于汉土者，乃践足謦〔謦〕欬与外胡响应，军政府则大选将士，深入尔阻，黎尔庭，扫尔穴，绝尔种族，筑尔尸，以为我观，如律令。布告讫于蒙古、回部青海、西藏之域。

又发出照会英法国领事文。说：

大汉国军都督府照会事。云南军民人等于九月初九日，合力组织民军，光复故土，驱除满政府官吏。历年专制，一旦扫除，大局底定，人心痛快，业经组织完全新政府。兹有应行照会大英、法国领事者，计有七条，开列于下。

一、贵国官吏人民严守中立。

二、贵国火车不得代清政府输送军队，并代运军用品物。

三、贵国官吏人民生命财产，本都督府承认确实保护，但如违第二条，则此条取消。

四、贵国向与清政府所订条约认有继续效力。

五、贵国此后有关于中国旧云南省一切交涉事件，须直接于本都督府方为有效。

六、贵领事应咨回本国承认云南独立。

七、本政府对于贵国有未尽事宜，再随时照会办理。

以上七条，均为文明革命、敦睦友邦起见，谅亦贵领事所乐赞者。为此合行照会贵领事，双方各照所列条款施行，本都督府不胜欣慰之至。须至照会者。

上照会大英、法国领事。

又饬各属云南军都督府成立三部文。说：

本军都督府现已成立，所有一切文件，亟须分别部类，各有统属，始免纷歧。兹已厘订大纲，约分三部。

一曰参谋部，凡关于计划出战、作战、调遣、谍查、测地各事宜均属之。嗣后各联队、大队，及各司、各局厂，并陆军各学堂，有以上事项文件，径向参谋部投递。

一曰军务部，凡关于筹办粮饷、军医、军械、兵工、制革、被服各事宜均属之。

一曰军政部，凡属于民政、财政、外交、学政、实业各事宜均属之。嗣后各联队、大队暨各司、各局厂，及陆军各学堂，有关于以上两部事宜文件，本府特设有总收发文件处，即向该处号房投递，以昭划一，而便举办。①

又以"都督府"名义，发布《严禁将士肆入民居官宅搜索骚扰告示》，谕令全体将士：

我军举义，志在恢复国权，保卫吾民。凡我同胞，均能共谅。故自省城克复以来，以〔三〕迤郡县莫不闻风反正。乃近闻省城内外，竟有身着军服，手持枪械，借搜索逃官满人为名，任意阑入民居官宅，肆行骚扰者，甚非我军倡义之本意，渐灰吾民望治之热心。本都督府念将士之勤劳，岂忍苛以严法？而此等违律之军人，既不能体本都督府保民之苦心，并损我军全体之名誉，本都督府又岂忍稍示姑息，致使吾民不能安其居、乐其业，日归怨于我同志之将领乎！况本都督之禁止骚扰搜索，已不啻三令五申矣。顷接谘议局、自治公所来函，城乡之民犹不免时被搜索之骚扰，法国交涉委员亦谆谆言之，而一般舆论谓初编军队之学生尤有甚焉。吾将士试平心以思，此而（不）惩，吾民之恐慌何如？吾辈此举，原以图吾民之自由，使吾民恐慌若此，

① 以上各文见曾业英编《蔡锷集》（一），第319—320、336—340页。

同志之心，其能安乎！吾辈在伍为兵，退伍为民，设身以处，能勿仇怨军人乎！以保民之义举，而使吾民恐慌仇怨，欲不严惩也得乎！兹与吾将士论，自今日剀切晓谕后，不可再事搜索。其有未奉命令，肆入民居官宅，搜索骚扰，擅取官民财物，损辱官民身体者，一经报告审实，立杀不赦。本管长官有擅发此项命令及约束不严、纵兵骚扰者，一律以军法从事。凛之慎之，勿违此谕。[①]

又电告永昌各属回族同胞，汉、回各族一概平等，请勿惊疑。说："永昌清真寺教习张云舒转各属回族同览。滇垣于九月九日，陆军、防营全体反正，克定全省，光复旧业。汉、回各族均受满洲政府压制二百余年，今扫除专制，一概平等。军政府为民请命，大公无私，不分畛域。凡我回族，请勿惊疑。盼切。"[②]

▲报载军都督府特令省城各学堂"十六日"（按：即 11 月 6 日）"一律照常开学"。说："云南军都督府以各学堂为造就国民之机关，学生不可久停课程，特令学政司李华赶速传知管教各学员招齐学生，当于十六日省城各学堂一律照常开学。"[③]

3 日（九月十三日）

▲蔡锷电谕云南各属官绅，本军府"必妥筹善法，以相安置，勿自惊扰"。说："各府厅州县官绅同鉴。本军府光复汉族，大局已定，顺宁、大理等府官民，均电表同情。自应维持秩序，共保治安。满人琦守璘能识大义，首先赞同，自当以汉籍相待，一体任用。该处同胞，亦不得视为异族，胥泯猜虞。楚雄崇守谦，广南桂守福，若能来归，尤加优待。各属流寓满人，本军府亦必妥筹善法，以相安置，勿自惊扰。此谕。大汉军政都督府。元。印。"[④]

▲阿迷邹文翿等电复蔡锷，"所有应办事宜，均请电示遵办"。说："云

① 曾业英编《蔡锷集》（一），第 346 页。原文未署日期，由文中"近闻省城内外"一语推定。
② 曾业英编《蔡锷集》（一），第 320 页；又见《滇南新建设》，《申报》1911 年 12 月 6 日。
③ 《云南光复后之现状·学堂开学》，上海《时报》1911 年 12 月 12 日。
④ 中国人民政治协商会议云南省委员会文史资料研究委员会编《云南文史资料选辑》第 15 辑，云南人民出版社，1981，第 186 页。

南军都督府蔡钧鉴。元奉钧电敬悉。省垣恢复，军政完全，阿迷人民闻风欢庆。现官商绅学各界，公同组织保安会，举文翻为会长，担任保安一切事宜。遵即举邹正祥、方永安速募保安军两营，保护车站商人，以靖地方，而维大局。是否有当，伏祈示遵。所令悬挂旗号，未谙旗式，所有应办事宜，均请电示遵办，并宣布无电邻封，一件［例］遵行。阿迷保安会会长邹文翻暨同人等庆叩。删。"①

4 日（九月十四日）

▲谘议局函请军政府饬李文治到局参议一切事宜。说："敬启者。窃惟维新基于旧治，事实起于言论，现承军政府法令，维新之始，所有本局应议之件，仰承钧处提交议办，及本局自行提办之件，均须速行解决。伏查李绅文治精明老练，深孚众望，且熟于地方各情形，因由局议定函请军政府令该绅随时到局参议自治、保安地方诸要件，应声气灵通，易昭信效。至一切军事办法，军府自有权衡，不敢参议。可否之处，请示酌核办理，此请台鉴。议局肃。九月十四日发。"②

同日，蔡锷电复省谘议局，欢迎前昆明县知事龙汝霖肯出而任事。说："来示敬悉。龙君肯出，不胜欢迎。即请贵局派员偕来一叙。至保护一节，本军政府力担责任，请勿过虑。此复。敬颂筹安。军政府复，十四日。九月即日到。"③

又函复孟揆、香庵"点查存银"事。说："来示悉。请由贵局（按：即云南谘议局）诸君即赴龙元、财政两局及财政公所点查存银可也。惟盐库所存四十万亦须一并清点，允由贵局诸君办理。此请台安。军都督府。九月十四日到。"④

又电询黎元洪"现时捷报"及各省举事情况。说："鄂军都督鉴。遥望义旗，恭伸庆贺。滇于重九起义，全省均表同情。临安、大理各驻本军劲旅，立即底定。惟地处僻远，声息不通。贵处现时捷报及各省同志举事

① 上海《神州日报》1911 年 11 月 30 日。
② 《滇省谘议局光复后之报告书》。
③ 曾业英编《蔡锷集》（一），第 318 页。
④ 《滇省谘议局光复后之报告书》。

几处？情形如何？务期速电详示为幸。滇都督府蔡锷。寒。"①

又电询谭延闿"现时捷报"及各省举事情况。说："长沙军政都督府鉴。遥望义旗，恭伸庆贺。滇于重九起义，全省均表同情。临安、大理各驻本军劲旅，立即底定。惟地处僻远，声息不通。贵省现时捷报及各省同志举事几处？情形如何？祈赐电复为幸。军政都督府蔡锷。寒。"②

6 日（九月十六日），谭延闿电复蔡锷说："寒电悉。鄂都督黎元洪前月齐日（按：应是皓日，即八月十九日）举义旗，湘省本月初一日，都督为延闿。陕西亦初一日，都督张凤鸣［翔］。皖省初九日，都督刘国栋。黔省十四日，都督杨君。其余九江、芜湖、萍乡、吉安地早均反正。湘省全境一律克复。惟四川糜烂已极，省城仍未克复。鄂当满奴兵冲，正血战于汉阳兵工厂近境，湘已派援兵五千余人前往，足以相持。刻正拟遣兵出澧州，攻荆、襄，窥河洛。又已出兵萍乡，趋南昌。贵处如何进行，乞详复。都督谭。铣。印。"③

10 日（九月二十日），谘议局将"各省都督举义事宜"，以蔡锷为首的"军都督府"名义，通告蒙自赵统领复祥、李关道曰垓、临安朱统领朝瑛、大理曲统领同丰暨各道府厅州县。说："接鄂都督黎元洪、总司令黄兴、湘都督谭延闿先后电开，各省先后光复，陕西初一，都督张凤鸣［翔］；安徽初九，都督刘国栋；贵州十四日，都督杨君阁（按：指杨荩诚）。赣、粤、杭、齐、晋电不通，日期及都督未确知，探明续告。吴禄贞由东三省进攻北京，荫（昌）、袁（世凯）仓猝撤回，满乞和未允。湘除派兵五千赴鄂助战外，又别遣一支攻荆、襄入川，一支出澧州，一支出萍乡助赣等语。我军现备大军，分三路入蜀。军都督府。哿。印。"④

▲贵州宣布独立。报载蔡锷随即襄助"黔省饷械"。说："贵州军政各界见各省均已宣告独立，亦于九月十四日由新军及政党齐集议局宣告独立，举杨柏舟君为都督，惟饷械俱缺，甚觉为难。滇都督蔡公以滇黔一体，互应襄赞，特由滇筹助饷银三万两、快枪一千支、子弹十万颗。已于日昨封

① 《蔡锷集外集》，第 96 页。
② 《申报》1911 年 11 月 17 日。
③ 《滇省谘议局光复后之报告书》。
④ 曾业英编《蔡锷集》（一），第 325 页。

雇马匹运黔。昨接黔都督来电，深为致谢。"①

5 日（九月十五日）

▲蔡锷颁布剪辫告示。英国驻云南总领事额必廉在致函朱尔典的一封信中对此有详细记述："11 月 5 日，云南府贴出了一张告示，命令人民在五天的期限内剪掉他们的辫子。可是，人民普遍没有理睬它，因为它没有说明不遵守命令时应给予什么处罚。但是，期限届满后，各主要街道上布置了士兵，用大剪刀剪去那些仍然留发的所有市民的辫子。结果是不可思议的。在十二小时内，城内看不见一条辫子，现在甚至在附近的村庄内，大多数人已经没有辫子。那些不遵守新规章制度的人们，当有事前往城郊的时候，在他们也许碰巧经过的最近那个警察哨所内，有人替他们剪去发辫。"②

▲张文光电告"滇省军都督府"，他领导腾越反正的经过。说：

> 痛自满清据鼎，汉族戴盆，同胞因压制牢圈，诲宇隶臣妄赇籍，由祖宗而来至于今，历二百余年，人物山川，惨黯已达极点。台、朝、缅、越割弃，尽失藩篱。幸天心眷汉，革命继起，满奴半多褫魄，神州幸免就湮。光生长西陬，界连英缅，凤具国民血忱，国民的国家早印脑筋。故经营历有年所，辄招奴吏见忌，几罹于罦，而志尤网 [罔] 懈。自授孙大总理寄来《方略》、宣言，并与黄子和君秘密缔约后，即奔走呼号数千里，组织灼急。适得蜀因路政激动公愤，又鄂举义，湘响应确音，光念千载一遇，时不可失，遂于九月一日纠合同志，秘密开议，六日首先发难，占领腾城，俱照《方略》举动，草木鸡犬不惊。越明日，经军、商、学各界会议，并援《方略》载起义首领任都督之条，公推光为都督。当时人心未定，百端待理，光迫于众议，恭任斯职。惧弗克胜，先以严重交涉，保护外人生命财产，并护送英员出境，均有往来正式公文存案，即以维持秩序，保卫地方为宗旨。现在各土司均闻风来归，阗闺 [阗] 欢幸。初十日龙陵响应，十二日永昌服从，

---

① 《云南军事要闻·襄助黔省饷械》，上海《时报》1911 年 12 月 17 日。
② 《总领事额必廉致朱尔典爵士函》（1911 年 12 月 6 日），《英国蓝皮书有关辛亥革命资料选译》上册，第 281 页。

榆、丽已密为运动，顺、云当次第规复。犹因东路电阻，未得省垣真象，正拟由洋电询，旋由十四日（按：11 月 4 日）永昌来函云：风闻省垣于重九恢复，众推公为大都督，顷聆之余，狂喜无状，愧歉致贺。① 第未悉东南两路现象如何？念公与诸君等伟筹硕划，展布裕如，况举义首善之区，不日计可全定。光起点边陲，志同道合，今虽幸达目的，如持管窥天，时虞颠踬，倘蒙不弃樗质，务请圭臬电赐，以便率循。光殚竭驽力，共筹西事，稍效指臂一助。否则归田养亲，得赋遂初为幸。谓予不信，有如皦日。近闻报载，南方各行省均反正，竖独立旗，果尔则天命人归。不日民国成立，更为同胞幸矣。披沥直陈，聊贡岩略，敬颂勋祺，统乞衡示。②

上旬（九月十一日至二十日）

▲顺宁府琦璘接省城军政府宣布"独立"电报后，即"召集士绅及巡防队哨弁于自治公所宣布电文，并解印付绅，即拟避位，为众绅坚留，举为正议长，并举罗令为副议长。琦当即捐银六百元赏给巡防兵丁，嘱其保护人民，维持治安，并传令城乡于十八日（按：11 月 8 日）举行庆祝，家插黄旗二，一书'汉'字，一书'官绅军民共保治安'字，复调团扎要道，以防不虞。一时万岁之声，震动屋瓦"。

后发生匪乱，各署被抢，"先是卸县萧桂祥疏脱要犯撤任留缉，与琦有隙，又前哨弁秦炳灿纵兵淫赌，被人告发。琦禀禁之，易以石弁。八月间保释在外，住痞匪谭占标家（又名谭鸿兴）。腾越初七起事，琦得电，虑秦勾营作乱，乃传入署内住宿，不知秦早已与兵有约，复使萧县煽动城外哨

---

① 张文光在九月初十日（10 月 31 日）谕同胞国民书中就说过："省垣今已有信，昨日（按：即九月初九日）反正复城。"（《滇复先事录》，《云南文史资料选辑》第 17 辑，第 25 页）九月十四日（11 月 4 日）又在谕寸尊福、寸尊寿"前往仰光一带劝捐"的特谕中说："照得我军义聚同志于九月六日晚，恢复腾城，专以扶汉排满为宗旨，百姓安堵，鸡犬不惊。龙陵、永昌、顺、云一带，已次第恢复。省城亦遥遥响应，各府、厅、州、县均树独立旗。"（同上，第 35 页）这里却说"因东路电阻，未得省垣真相，正拟由洋电询，旋由十四日（按：11 月 4 日）永昌来函云：风闻省垣于重九恢复，众推公为大都督，顷聆之余，狂喜无状，愧歉致贺"，显然自相矛盾，可见其是有意将得知省城反正的时间向后推。即使不是 10 月 31 日得知省城独立的信息，起码 11 月 2 日已肯定得知了这一信息，因为如前 11 月 2 日所记，这一天蔡锷将这一信息通报全省各地了，而且陈警天也证实了这一点。他在 11 月 2 日到孙中山的电报中明确说了腾越本日获悉省城昆明已经反正。

② 《滇复先事录》，《云南文史资料选辑》第 17 辑，第 36—37 页。

兵，哨弁滕久名亦有淫掠志，遂许之。谭亦同时勾通痞匪，于十六日（按：11月6日）早同时暴动。石弁及排长某不从，枪毙之。于是哄入府署及电报局（在府署旁），打抢一空。琦及电局朱委员、耿马防营教操、董教员及亲兵数人，由后缒城出，兵匪分头打劫厘局、县署，概被搜刮，并将监内各犯尽数放出，百姓恐慌万状。于是痞匪愈集愈多，谭占标遂自称营长，声言沿家搜抢。时有自治绅李步仙、计蓼仙、杨恒超等将《光华报》（报馆在英缅仰光）中载军政府规划各州县反正章程交谭，谓兵丁不得滋扰，人民乃获幸免"。"琦守等出城后，西至炭山，各兵匪志在打劫，尚未追搜。十八日，顺云协马某（按：指马长安）将到相庄，琦欲与马面谋攻匪事，绕径至东山寺，时天将曙，购米作炊，村人告知近寺无赖许超，遂纠众入寺，琦等束手受缚入城，至警察局见谭，令写投降罪状毕，拥出局门枪击之。琦中枪犹摇手曰：满人只我，他皆汉人，不可加害。匪兵即万刃相加，且疑其吞金，而剖及肠胃。朱董为士绅力保，得不死。"琦守被戕后，"时痞匪来投效者甚众，谭分之为三营，自扎中学堂，滕久名扎府署，曾镜涯扎萧祠，秦炳灿为三营督队官。惟各匪皆乌合，饱者已陆续远扬，未获者则蠢蠢思动。谭拟沿家压派粮饷，经士绅自愿认筹始得稍安。二十六日，永昌国民军督队官袁宣臣（按：即袁恩锡）率兵六十余入顺，谭等出迎，袁进城后，即令谭等交军装，因之各怀疑忌。十月初一日，遂有互斗之事。谭（占标）、曾（镜涯）均被击毙，余党四窜，滕、秦逃脱，匪乱始得稍衰"。[1]

张文光于击毙谭占标后，十月十五日（12月5日），在"管、邦带李光斗、马鸿发"禀称"奉饬率师恢复顺宁，并剿逆匪谭占标由"中批示："禀悉。该匪首谭占标等，既经诛戮，以谢地方，亟应安抚整理，勿使余匪远匿滋扰，致顺民遭涂炭。所有单开出力兵勇，现已录功在案，仰俟核夺奖赏。此批。"在顺宁自治公所公呈"会剿谭匪在事阵亡及出力人员恳恩恤奖由"中批示："禀阅悉。该匪等种种不法，经绅民会同军队枭首，殊甚嘉励。所请恤奖一节，已据情电达鄂矣，仰即遵候。此批。"又在顺宁自治公所公呈"所有地方应办善后事宜，拟定暂行章程请核夺饬遵由"中批示："禀悉。该绅等呈拟试办各政，其法甚善。查财政非公正绅耆不能专任，民

政非洞悉民情难孚众望，所拟各员，如果胜任，自应照准。惟军政以该处守卫兵士编为一哨，遴员约束，似可从权办理。兹据称该处地瘠民贫，饷难筹应，且有兵无械，何能捍卫地方。如此困难，应勿庸议，容酌拨军队，前来驻防。第该绅等务须各尽丹忱，共保治安，为生灵之厚望，仰即遵照。此批。"①

对琦璘死事，另有报载说："云南顺宁府知府琦璘虽系满人，素极维新，亦常以满廷专制为恨。自接省城光复电，深为欢跃，当即复电投诚。蔡都督以该府在顺数载，尽心民事，政声远播，不惟仍令照旧供职，且令大理陆军极力保护。讵顺宁有一巨匪名谭占标者，行为不法，受琦府严惩数次，衔恨刺骨。因见省城光复，不及防备之时，伊竟招聚匪类百余人，并勾结驻顺巡防营勇乘时作乱，以图抢劫。当于九月十六日早，忽将府城占据，杀入署中。琦府督率亲兵十余人，与之酣战，奈寡不敌众，败走出城。当即飞调缅宁协马某速带驻缅防营救援。至十八日，琦府闻马兵将到，琦出于距城五里之某庙中等候，马兵一到，渠愿身先夺城，以救黎民。因黎民在城中被谭匪抢掠奸淫，骚扰不堪。不料马兵来至距城十里，尚未与琦合，听闻谭党利［厉］害，竟折回不敢前来救城，而琦府不知之。后庙僧私漏琦府消息于谭匪，被匪党围庙，将琦府拿获，解入城中。琦仍毫无惧色，一见谭匪，即拔手枪轰击，意欲为民除害。岂琦枪未中谭，而谭转将琦轰毙，并挖琦之心肝。现在省都督以谭占城掠民，罪大恶极，电由榆城派大兵前往攻剿，为琦府复仇云。"②

▲蒙化情况与顺宁类似：

自奉滇军政府电谕，速办民团，城中即募兵二百名，枪械尚足敷用，乡间正值筹办之际，忽有警信，谓腾、永乱军有觊觎太和、蒙化之意，邻近皆有戒心，民间则更惶恐。幸榆军扎下关、合江一带，防守甚力，且奉军政府命，欲招抚该党，使为我用，曾命周华（国）、马明远到合江与之交涉。讵该党首陈天星顽强不服，自命名曰国民军，内藏盗贼之心，外假仁义之名，值榆军于九月晦日（按：阴历每月末日为"晦日"，应是 11 月 20 日）退扎下关，该党即乘虚窜入蒙化。十

① 《滇复先事录》，《云南文史资料选辑》第 17 辑，第 83—84 页。
② 《云南之汉人满人·满人尽忠汉人》，上海《时报》1912 年 1 月 7 日。

月初二（11 月 22 日）晚歇大仓。民户虽甚惊惧，但见其惟住观音寺自治局及二店内，未曾骚扰居民，众亦安之。其人数不过二三百名，彼则虚张声势，谓有数千，次日即陆续入城。城绅不允其入，群往阻之，该党不听，竟一哄入城，直近厅署。林倅志恂闻风而逃，该党未即休息，即乱放空枪，向天轰击。团兵早已预备，一闻枪声，即四面合围开枪相击，互有死伤。该党器械不敷，相持未久，即为团兵击败，纷纷逃散。团兵又将厅署放火焚烧，该党乃全行逃散。事定后，各绅以官走无主，即派人四出寻觅，闻林倅初逃至弥都，继之大理，厅绅凑集旅费，专人前往迎接云。①

▲蔡锷电请各府厅州县官及自治公所"照办"以下"保安土地、人民"各项规定。说：

现在军政府为保安土地、人民起见，省城人心大定，商民各界，照常安集。惟大局初定，省城虽可无虑，而外府厅州县各属，难保无借端生事者扰害地方，乱我秩序，甚非军政府保我人民之意也。兹与诸君约定各条，开列于后，请照办为幸，并希即复。

一、各地方凡有外国教堂，教士居处游历，我自治团体应会同地方官力加保护。

一、地方官应由我自治团体请其照常办事，不必惊疑。我自治团体亦应弹压匪类，不宜与地方官为难。

一、各地方巡警稀少，诚恐匪人滋扰，人民财产不无损失，应由我自治团体酌添团勇，以资守卫。

一、学界各学生照常上课，勿得解散。

一、各州县地方积谷，照旧认真存储，除因公用外，不准耗散。

一、各府厅州县应解地丁钱粮及厘金税等项，照旧上纳，暂解交诸议局转解军政府。

一、凡地方官册籍粮案关于地方自治之件，应竭力保存勿失。

一、地方官及厘金委差，如有不明大局私自逃匿之处，即由地方自治公所公举正绅收解。

---

① 《蒙化兵乱纪闻》，《申报》1912 年 1 月 18 日。

一、自治责任，无论议事会成立及未成立之处，望我同胞绅民力为办理，勿稍卸责。①

▲报载昆明反正后，"各街道摆设古董者，多有以顶翎、袍褂、花衣、朝珠、朝裙等出售者，种种怪物，不一而足。推其原因，乃一般奴才已失资格，各思回籍，而旅费不赀，借贷无门，不得已将素所心爱之物，一一陈列市上，冀得西江一勺水，以济涸辙。无如赐顾者寥寥无几，有识者无不见而哂之。然亦大可怜矣"。②

关于社会秩序，额必廉在致朱尔典的信中谈道："一般说来，新政府已维持良好的秩序，如发现人们犯有抢劫或勒索他人钱财时，立即予以枪决，然后斩首示众，作为对其他的人的一个警告。有一定数目的士兵不时逃亡。在某些情况下，他们携带武器，大概加入大路上的土匪，这些土匪在本省各地日益活跃。在另一些情况下，当他们不愿侵害他人生命时，他们则把他们的步枪扔入池塘和沟渠中。政府已悬赏收回这些步枪以及许多惊跑或被盗的马匹。新政府请人捐赠大米和现银；人们一度担心它将派兵至城内各富户收集这些东西，但这种担心证明是没有根据的。"③

关于社会救济，报载"昆明秋间淫雨为灾，前清龙令汝霖曾将应行豁免钱粮区域禀报旧藩司存案。现财政司成立，钱粮为其专责，正稽查旧案，分别征收。昆明中路雄川堡、南路普自堡，十九村乡约管事等以该两堡受灾甚重，原在应免之列，恐财政司未及周知，乃由乡约联名禀请豁免，已奉批准。其余应行征收数目，悉依旧案办理，已定于十月初十日（按：11月30日）起各依应纳数目，封固全完，亲赴旧团防局上柜云"。

又载："实业司批准开办实业执照。如镇雄留省学生黄在田申请开办该属白果树、瓦石料卤，立即受理批准。'镇雄向系行销川盐，由川省代征厘团等款，解滇作饷。前次该州瓦石料地方出有卤汁，州人拟自行煎盐，因解饷一事与川省磋商，因循不果。现该州留省学生黄在田等查得该属白果树、瓦石料二处确有卤汁，欲重行前议，集股开灶，禀实业司请发给执照，

---

① 《申报》1911 年 11 日 25 日。

② 《金马碧鸡新光采》，《申报》1912 年 1 月 7 日。

③ 《总领事额必廉致朱尔典爵士函》（1911 年 12 月 6 日），《英国蓝皮书有关辛亥革命资料选译》上册，第 281—282 页。

实行开办，业经该司批准。讵该州绅士徐绍越等忽禀实业司谓镇雄盐井，前清劝业道已允许该绅开办，兹黄在田等乃从中夺去，太占便宜。该司以开井原系地方公益，阖属人等皆当各除私见，今事未成，而争端即现，实业前途可为寒心，亟饬两造和衷共济。现闻有郡绅徐熙出而调停，愿以一身调和两造，化除意见，仍请实业司允许开办。司中正苦无以善后，今得该绅排解，乃大加奖，并谕令其协同两造将卤汁区域煎法、盐数、征课、解饷各办法调查清确，禀报立案，总以和衷共济力谋公益云云。若是，镇雄盐务，庶几有起色矣。'"①

▲开化军绅学各界急电"滇都督府"，请速筹饷项。说："文电（按：即11月2日电）敬悉。各界均表同情，正在拟卫地方，乃有前龚道电饬石府新募已成军之一营，并巡防九营及地方痞匪，于十五夜乘间勾结变乱，约数百人，抢掳民间，并围攻各署局所，府署饷项、盐局、厘局、电局掳掠一空。当经夏镇军□□第一营兵士、各绅耆等彻夜恶战，极力攻扑，始将乱匪逐出，计毙匪百数十人，余匪解逃。十六晨收队，查点军队，尚未大伤。开化石府殉难，城内外巨商均被掳尽，所幸军装局及镇署、县署未失。此役幸得夏镇军竭力御战，转危为安，保全阖城生命，始将反正，绅商军学界同深感激，请夏镇军为开广都统，主持全局，以维边郡，而镇民心。现悬汉旗，出示安民，惟开化饷项，闻由省运，现虽各防军尚靖，而逃匪在外，结队掳抢，时生阻力。无饷难以持久，兼难筹布，开广为全滇门户，请速示办法，以全黎庶。开化军绅学各界庶民人等公叩。"②

▲报载蔡锷电令大理派兵往助丽江截堵"匪党"。说："迤西丽江府本在滇省极边，省城宣布独立，该府亦深表同情。不意本月中旬，该府所属营盘街忽来匪党无数，声言进取丽江府，地方甚为恐慌。现在已由李统领带兵赶往截堵。蔡都督得电，业已电令大理派兵往助。"③

7日（九月十七日）

▲5日（九月十五日），曲同丰致电"滇军政府"，表示愿赴川北征。说："滇军政府鉴：来电省军准备入川，喜甚。迤西大致就绪，弟愿赴川，

---

① 《金马碧鸡新光采》，《申报》1912年1月7日。
② 《云南要电一斑·开化之恶战》，上海《时报》1911年12月6日。
③ 《云贵要闻汇纪·丽江府亦来告警》，上海《时报》1911年12月26日。

再由秦晋北征，以报同胞。速电复。曲同丰。删。"①

7 日，蔡锷电复曲同丰暨府县自治机关："各电均悉。机关部成立，经即肃电复贺，想已收到。议长改为总协理，至为切当。关防暂行刊用，盐款暂准酌留一成，学堂应解经费，应照旧催解。地方官厅一律暂用旧印，勿庸更改，以免纷歧。俟官制定后，另行颁新缴旧。再各节待商办，答复稍迟。各部初立，万端待理，如有阙失，务希鉴谅，并赐匡正为祷。军政府都督府。筱。印。"②

▲蔡锷电告各省都督，北洋陆军是一支保国军队，应予招抚，以为革命所用。说："自武昌倡义，旬月之间，长江以南及秦、晋各省先后光复。现在北省亲兵虽顽强抵抗，人心思汉，自易荡平。惟念北军之中，不少同胞将士或为威力所制，不克行动自由，或且限于交通，未识南方情况，若令玉石俱败，殊失义举初心。拟由各省公推熟悉北洋情形，并素有声望之员，前往山东、直隶等省沿海一带，招抚北洋各军队，庶几我兵临战，可无投鼠忌器之虞，敌房军情即有釜底抽薪之势。现在敝省军务部总长曲君同丰籍隶齐鲁，监督北洋速成学堂多年，各省陆军将校半出其门下，鲁、冀各军多其旧侣，北方情形最为熟悉，拟即举曲君为北洋招抚使。诸公若以为然，请速电敝处，即请曲君克期赴滇，商酌北行机要。事关大局，立盼电复。"③

27 日（十月初七日），黎元洪电复蔡锷说："筱电悉。所筹招抚北方军士之策，足见慧眼佛心。曲君既籍隶齐鲁，相识最多，拟为北洋招抚使，敝处极表同情。此复。"④

▲都督府防务处通电各属，省防各营均已反正，请速定各营进退抉择。

---

① 上海《神州日报》1911 年 12 月 3 日。

② 《云南文史资料选辑》第 15 辑，第 186 页。

③ 曾业英编《蔡锷集》（一），第 350 页。此电原载《蔡松坡先生遗集》（四），第 3—4 页，未署日期。曲同丰时任云南新军第三十八协统领，驻大理。据《迤西篇》记载，他是九月二十日（11 月 10 日）"惊走"大理的（见第 54—55 页）。从蔡锷电中"即请曲君克期赴滇"一语，可知曲同丰此时尚在大理。而易国干等编《黎副总统政书》第 20 页黎元洪复蔡锷电中又说蔡锷此电为"筱（按：即十七日）电"（卷三，湖北官印刷局印行，1914，第 20 页）。可见，此电当发于九月十七日（11 月 7 日）。

④ 《黎副总统政书》卷三，此电系黎元洪复蔡锷电，《黎副总统政书》署"辛亥十一月初七日"，蔡锷电既为"筱"电，发于九月十七日，黎元洪不可能久拖至一个月又十九天后的"十一月初七日"才复电，似有误。此电发于"十月初七日"，当更为合理。

说："大理、丽江、永昌、腾越、顺宁、楚雄送大姚，昭通送靖江、大关、永善，曲靖送罗平，普洱送镇边，思茅送猛遮、临安、蒙自、开化、马白、河口、广南、普厅、剥隘各防营管带览。省防各营均已反正，该营如能输诚效力，迅即回电报告，以便仍照向章按月筹发薪饷，如愿退归田里，悉听自便。但须将原领枪械、军装如数呈缴，仍当清发尾饷，以示体恤。如敢负固恃械，抗不服从，或观望不速电复，定即派兵剿办，毋谓言之不预。军都督府防务第七部长唐尔锟布告。筱。印。"①

▲谘议局函复河口副督办许九畹（按：许德芬，字九畹），"冀推心置腹，巩固岩疆，以张我汉族势力"。说："来函敬悉。我公统筹大局，虑长心重，实为滇人所依赖，钦佩何极。鄙人等于十七日申刻接到赐笺，当即会商同人，立将原函承商军政府，转达尊处，筹划一切，均极感佩。现在军政府一以保守土地、安抚军民为惟一无二之宗旨。台端成算在胸，谋略过人，滇省南防，倚若长城，办理一切事宜，非公孰任。尚冀推心置腹，巩固岩疆，以张我汉族势力。现今省垣百姓，秋毫无惊，各官俱出而赞佐。知关绮注附闻。除军政府已行电达外，专函敬候公安，并请福示。外给专介大洋四元。议局肃。十七戌。"②

同日，蔡锷函请云南谘议局，以军府"倚重之意"，"委婉转达"许德芬。说："手示暨许函均读悉。许君（按：指许德芬）顾全大局，甚佩。本府业于今晨直接致电，尚未得复。现拟电委办理南防及交涉事宜。贵局复许函，请将本府倚重之意，委婉转达是盼。此复。顺颂议局诸公钧鉴。许函留府。军都督府。十七日。"③

又电告河口副督办许德芬，"已委李曰垓就近代理关道，请公会办南防营务处及交涉事务，仍驻河口"。说："河口副督办许九畹兄鉴。大函读悉，宗旨正大，筹画宏伟。南方防务交涉，关系大局安危，得公热心任理，庆幸奚似。部协滇饷，准留三十万两。省、蒙现均安靖，本都督府业经成立有日，尊处一席，非公不能胜任。且开朗似公，亦必不忍袖手旁观，甚愿与公宏济艰难，力维全局。现龚仙舟弃职引去，已委李曰垓就近代理关道，请公会办南防营务处及交涉事务，仍驻河口，已照会英、法领事。防饷照

① 《滇南缔造之新手续》，《申报》1911 年 12 月 1 日。

② 《滇省谘议局光复后之报告书》。

③ 曾业英编《蔡锷集》（一），第 321 页。

旧支给开报。散兵携枪为匪，极为可虑，务希设法布置。英、法领事，已在省交涉，彼允中立，并饬铁路运兵，我许以确实保护。在从前条约，凡我军兵力所至及范围内继续有效。如有交涉事件，乞随时电商本都督府及蒙关道办理，免致纷歧，立盼电复。军都督府。筱（十七日）。印。"①

对于罗佩金"赴南方巡征"问题，12 月 12 日（十月二十二日）也有报纸提及："军都督府既组织成立，即电达各府厅州县赶速反正，复我汉业，三迤州县固已欢迎投诚，而各边防防营尚图抗拒，因之军都督府又委罗佩金充当南征统领。昨已带兵前赴南方巡征矣。"②

自 10 月 15 日（八月二十四日）起，由北京经天津、上海、香港、海防、河口返昆明，乘火车抵达蒙自的周钟岳，也说曾"访子畅（按：李曰垓，字子畅）与九畹，九畹极言南防统领赵又新名复祥，恃功而骄，左右无得力人，又滥招兵，将来必败，可往规之。至则阍者云，赵至电局，遂归"。

1914 年周钟岳又在其"补记"中说："省军反正时，驻临军赵复祥亦响应，略取蒙自，为南防统领。添募新兵，流品太杂，又军中赌风甚炽，闻前清道库尚有存款，又许九畹由河口解省银数十万，赵截留十余万在蒙，匪兵觊觎，一日哗变，攫取公款无算，并焚劫哥胪士洋行，南防大震。法人亦借保护为名，欲派兵入境，军府一面阻止法兵，许以竭力保护法人，一面派军政部总长罗佩金单骑赴蒙查办。罗到蒙自，诛首乱李镇邦等十数人，并分别遣散兵卒，不旬日乱平。惟哥胪士洋行索偿太巨，乃归省交涉。"③

8 日（九月十八日）

▲蔡锷发布祭战死将士文。说："维皇汉四千六百有九年秋九月十八日，谨以太牢之祭，致奠于我皇汉义军战死将士之灵曰：呜呼！逆胡窃据，垂三百年。秽德腥闻，上通于天。惟吾汉族，人心不死。断肠陷胸，一瞑不视。东海之蹈，博浪之椎。太白入月，胡虏可摧。粤维今祀，天地革命。江汉炳灵，拨乱反正。洞庭之南，大江之西。义旗高骞，白日可麾。北衰

① 《滇南缔造之新手续》，《申报》1911 年 12 月 1 日。12 月 4 日上海《神州日报》也载有此电，但删去了"且开朗似公……现龚仙舟弃职引去"这段文字。
② 《云南光复后之现状·南征统领》，上海《时报》1911 年 12 月 12 日。
③ 《惺庵日记》第二册。

齐、豫，南举闽、浙。攻无不取，战无不克。黔、蜀、粤、桂，如鼓应桴。惟吾滇土，僻在南隅。繄我将士，同心同德。曰争自由，独有铁血。时维九月，日在上九。乃挥天戈，取彼渊薮。天人合发，大告武成。洒我国耻，扬我皇灵。咨尔顽冥，舍顺取逆。抗我颜行，据我咽嗌。有枪如林，有弹如雨。蝥弧先登，前仆后起。繄我将士，于兹不死。谁无父母，曰吾有子。谁无夫妇，曰祈战死。谁无兄弟，曰有外御。谁无婚姻，曰光吾里。昆池之功，黔国之烈。陟降先灵，在天对越。五华之巅，翠海之隈。招我国魂，与之同归。天作高山，瘗此忠骨。碧血所藏，后土为热。酒以百壶，牲以太牢。崇祠有赫，百祀不祧。呜呼！生为国殇，死为鬼雄。高风沓飒，尚其来降。尚飨。"①

又以"军都督府"名义电请大理曲同丰"速拨一营"，交赵藩"统率"，"镇慑"西防。说："大理曲伟兄、赵樾老同鉴。伟兄致根源电悉。腾越西防重地，动涉外交，何堪糜烂，致肇国衅。根源本拟亲赴，奈省事尚待整理，腾防又急不可缓，因思樾老榆城老成硕望，夙佩热忱，救民水火之中，自必引为己任。乞伟兄速拨一营，交樾老统率前往，即任迤西关道兼营务处，并统领西防巡防各营，随事商同伟兄办理。此次腾事之起，虽秩序未稳，致滋扰乱，究与寻常暴动不同，得樾老镇慑其间，自不难立致治安，徐图补救。英法领事，省中已与商定，彼许中立，我许保护，樾老本此宗旨，曲与维持，遇有交涉事件，随时电省，自易接洽。李梓畅已就蒙自关道任，与樾老双方对峙，滇事不足平矣。幸顾念桑梓，毋辞。起程定期即电告，至盼。军都督府。巧。印。"②

又急电黎元洪等人，请派舰、械护卫曲同丰"前赴山东、直隶等省沿海一带招抚北洋军队"。说："昨致筱电，举曲君同丰为北洋招抚使，前赴山东、直隶等省沿海一带招抚北洋军队，计已达览。查北京为根本重地，此举用意，一面告以大义，拯出同胞，一面晓以兵威，牵掣敌势，事机迫急，不宜久延，拟请曲君不日出发，速与各省都督面商机要。惟滇处西[极]边，鞭长莫及，应需军装饷械，不能不望沿江沿海各省大都督速为接济。鄙意军舰恳由粤、闽、沪斟酌派三四艘护行，枪械请粤、沪制造局拨

①　曾业英编《蔡锷集》（一），第322—323页。
②　《滇南缔造之新手续》，《申报》1911年12月1日。

用，饷项前请各省分担，交由粤、沪两处随时筹济，是否可行，望由海线电复。辛亥十一月初八日到。"①

又电告石膏井提举暨灶绅，各井盐务"不得停煎误课"。说："普洱电局转石膏井提举暨灶绅览。现在大局已定，所有各井盐务照常办理，不得停煎误课。存款妥为保管，毋许丝毫挪动。如违严究。军都督府。啸。"②

9 日（九月十九日）

▲蔡锷通电各省军政府，表示全国统一机关似以武昌为宜。说：

> 各省军政府鉴。痛哉！二百六十年，我汉族九死一生，仅留残喘，幸诸公义旗特起，天地光华。锷等以爝火微萤，亦得附骥尾于戎庵，未及一旬，全滇底定者，固黄帝在天之灵，与将士用命之效。锷等从事其间，亦与有荣。嗣后缔造建设，发挥国光，诸公必有伟画壮谋，同心孟晋。锷虽不敏，固将部署约束，敬候指挥。窃查目前各国情状，对于各省义军，虽已认为交战团体，暂守中立，并未认为完全政府，列为国际团体。自今以后，非有集中统一之机关，即无对外活动之资格。现在长江以南渐次光复，黄河流域当必陆续反正，统一机关之急宜组织，谅为数万万同胞所共认。武昌居全国中心，交通总汇，联合枢纽，似以此地为宜。至国体政体如何规画，自宜由各省军团选派代表，集会武昌，公同筹议，以至短之时期，立不拔之基础。务使新造之国家能直接于国际团体中确占一席，庶不致迁延日月，外迟列强承认之机，内贻生灵涂炭之苦。斯为全局之幸。如承赞同，请互发通电，预定日期，以便各派代表，一致进行，无任盼祷。滇军都督府蔡锷。效。③

---

① 《黎副总统政书》卷三，第 20 页。但电中说"拟请曲君不日出发"，而且张文光九月二十七日（11 月 17 日）致陈云龙电中也要求其赴榆"会议"时，"须与曲同丰君联络一气"（《滇复先事录》，《云南文史资料选辑》第 17 辑，第 51 页），可见曲同丰此时尚未离开云南。而蔡锷在 12 月 10 日复黎元洪电中交代曲已于十月"江日出发"（11 月 23 日）。"十一月初八日到"显然有误，应是"十月初八日到"。由电文中"昨致筱电"一语可知此电当发于 11 月 8 日。

② 曾业英编《蔡锷集》（一），第 322 页。同日，还以同一内容电告白、黑两井提举与灶绅。

③ 上海《时报》1911 年 12 月 1 日。又见上海《民立报》1911 年 12 月 1 日《云南首义大战记》一文中。

10 日（九月二十日）

▲军政部函请谘议局务宜"妥慎图维"各地方治安，"各保桑梓"。说：

> 顷接四函及附抄各件均悉。取销各属路股一节，已将原议呈候军都督筹议办理。议员诸拟减薪金，已发交财政司悉心筹划，呈候核订。饬发安民告示一节，刻已饬将此项告示先印一百张，交由贵局按属飞递张贴。议员彭坤年君等议举丁绅彦为迤西总团长一节，查丁君现任本部实业司副长，现在民生凋瘵，实业为救贫至计，即一切建置事宜，均资赞襄，实全局所依赖之人，万难放手。现迤西道已委赵月村先生藩，一切边防团务均归擘画，自能维持公安，以释西顾之忧也。路南州绅张家祜等函陈税契一节，查税契为地方收入，应即悉数报解本部财政司收储，以符财政统一。次函所陈各节，核阅办法，深明大义，甚合保守秩序，维持治安之旨，甚以为慰。现在全省行政总机关甫经成立，设置一切，日不暇给，各属地方官吏自应饬令一体照旧供职，以免纷更，而致惊扰。将来大势就绪，即将各部分次第整理，分别贤否，另定办法。各地方之治安，为吾各地方人之责任，务宜设法妥慎图维，各保桑梓。至各地方官吏亦断不能令无知识之徒稍生暴动，以致扰乱秩序，贻害社会，是为切要。希将此意剀切函复该绅等查照为要。此复谘议局台鉴。军政部。九月二十日。①

▲月初（九月十四日、十五日），省城军政府任命已被大理反正士绅推举为自治总机关总理的赵藩，为"迤西安抚使，节制西防国民军，兼摄迤西道"。②

9 日（九月十九日），赵藩电复"滇军政府"说："删电冒渎，计邀鉴谅。奉巧电，惶悚无地。衰庸乏助，尤昧外交，往必贻误，后悔曷追，非执籓籓小节也。万恳收回成命，速简贤能，大局之幸。藩暂襄榆事，俟略定趋省，以方外备顾问，决不逶谢。赵藩叩。皓。"③

---

① 《军政府致本局维持地方秩序启》，《滇省谘议局光复后之报告书》。
② 《彭蕙致张文光电》（1911 年 11 月 19 日），《滇复先事录》，《云南文史资料选辑》第 17 辑，第 54 页。
③ 曾业英编《蔡锷集》（一），第 324 页。

10 日（九月二十日），蔡锷、李根源分别以"后学"和"受业"名义电复赵藩说："皓电敬悉。我公闳猷硕望，夙为滇人所钦。现大局初定，一切建设，端资规划。西防为全滇屏蔽，国防边防，非公莫办。故为斯民请命，万望为大局计，强起一行，无任盼祷。稔公廑怀民瘼，必不忍恝然也。何时启行，乞先电知。边事紧急，希速为要。后学蔡锷、受业李根源等叩。号。印。"①

11 日（九月二十一日），赵藩电复军政府说："号电悚悉，辞不获命，令蹈汤火，得安滇存，心迹可白，百不计矣。拟请署衔曰云南腾、永安抚使统领西防国民军，刊用关防，专办此事。西道缺差，暂摄以待，迅简事定，即乞归养，不受特赏，勉完初志。闻防军半散，商会公请榆军暂拨一营，并拟调防军第一营赵勋泰先募半营随行差遣，提台兼管并饬旧部杨钟骥驰回鹤、剑，速招一营续往，以资弥补。别招卫队百名随护。枪械由榆配发，饷项由桥井盐课解济。永属已无官，拟暂用自治正绅，合理〔理合〕候速委员赴任，以专责成。迤西机关部初设，已饬另推总理，其管理银钱，系范宗莹等。藩惟尽义务，别无经手未完。腾、永电久不通，应赶紧整接，请派报生三名，运机三架及应用之料速来。至备外交、联土司、抚军民，遵迭次电示，先发函告妥办。现一面候电复指示照办，一面治行，至速须月初方能起身。此行誓以身许。滇亲老子幼，素弱寓省，统以相托。藩叩。个。"②

其间，有报载大理电告云南军政府，干崖土司刀安仁"现统率土勇数千人，已漫过永昌府，至黄连铺"。说："军政府已任赵藩为西道，令其带兵前往剿抚。将由大理出发。不意顷接大理来电告急，谓有腾越之干崖土司刀安仁，见滇省恢复汉业，以为各州县必多反对，义军不能顾全，竟欲乘此时机，占据数府，自立为王。现统率土勇数千人，已漫过永昌府，至黄连铺地方，欲进取大理府云。"③

▲蔡锷电告黎元洪，滇以"蜀事自任，现正准备入川"。说："两咸及筱电读悉。效日通电计达，盼示。海外邮电，已可由越南接通，惟广州尚阻。昨闻法领言，广州复挂龙旗，未知究竟，俟探实再闻。现拟电告张坚

---

① 曾业英编《蔡锷集》（一），第 324 页。
② 《滇南新建设》，《申报》1911 年 12 月 6 日。
③ 《云南光复后之现状·土司荒诞》，上海《时报》1911 年 12 月 12 日。

白（按：张鸣岐，字坚白）、沈幼岚（按：沈秉堃，字幼岚）、龙稚丞（按：龙济光，字子诚，亦作紫宸、稚丞），凯〔剀〕切劝导。现上海已复，制造局想归我有，请电沪加工赶造。汉阳战情，请随时赐示。敌帅北归，军心必涣，似宜乘机招抚，俾归我用。滇居边远，分兵助战，缓不济急，至深愧愤。惟有以蜀事自任，现正准备入川。川定东下，会师长江，共图北进。师期既定，即当电告。辛亥九月三十日到。"①

21 日（十月初一日），黎元洪电复蔡锷说："哿电悉。贵都督以川事自任，硕画极佩。川事定，湘鄂可免西顾之忧矣。敌帅北归，敌军仍与我相持于汉口，前后大小数十战，胜负未分。现长江兵舰，均为我有，拟候湘赣皖各省兵到，水陆会合，再斟酌情形办理。此时招抚，恐不易言也。谨复。"②

▲蔡锷电劝张鸣岐速起"拔赵易汉"，以免"进退失据"。说："广州张坚帅鉴：自武昌倡议，各省陆续反正，锷等于九月九日光复滇垣，传檄旬日，全省胥平。迭接湘、鄂电，清军屡败，荫、袁（按：指荫昌、袁世凯）北走，满廷惶急，叠电求和，各省义军志在恢复主权，拒而未允，人心思汉，大局可知。广州士气郁愤，万难久遏，清援既绝，岂能独支？以公雄才重望，如能拔赵易汉，应天顺人，东南半壁，指顾可定。新国大计，舍公莫属。若意涉迁就，任人掣肘，特结怨同胞，莫补清室，甚或祸起萧墙，楚歌四逼，进退失据，收拾尤难。锷凤受知遇，莫报为歉，为公熟虑，深以为危，用敢披沥肝胆，冒昧直陈，君国轻重，惟公择之。仲帅（按：指李经羲）因迟疑莫决，失机于前，现虽延住议局，相待以礼，群情不附。惟戴莫田、龙子澄因在粤抵抗义军，家族濒危，另电忠告，并以奉闻。如何？敬候电示。蔡锷。号。印。"

又电劝沈秉堃"拔赵易汉"，否则危矣惜矣。说："桂林沈幼帅鉴：铁密。中华为汉族疆索，满清窃据，实数万万同胞之耻。自武昌倡义，湘、秦、闽、赣、皖、黔、沪陆续反正，我军亦于九月九日光复滇垣，三迤陆防官绅同遵节制，全省胥平。迭接鄂电，汉阳清兵屡战屡败，吴禄贞直攻北京，荫、袁狼狈星归，满廷惶急，屡电求和。各省义军，志在恢复主权，

① 曾业英编《蔡锷集》（一），第 325—326 页。据以下黎元洪复蔡锷电，知此为"哿"电，发于 11 月 10 日。黎"九月三十日（11 月 20 日）收到"此电。
② 《黎副总统政书》卷一，第 7 页。

拒而未允，人心思汉，大局可知。广西僻在边隅，民穷势蹙，外无应援，内乏饷械，邻封悉树汉帜，一隅何能孤守？以公雄才重望，如能拔赵易汉，顺天应人，两粤望风，传檄可定，我辈从公之后，亦与有荣。若复意存观望，勉支目前，结怨同胞，无补清室，为公危之，为公惜之。凤荷心知，敬献忧悃。如何？候复。蔡锷。苕〔皓〕。印。"①

11 日（九月二十一日）

▲蔡锷电复广西军政府，祝贺光复"桂垣"。说："顷得电示，欣悉贵军光复桂垣，敬贺。惟贵省土匪遍地，恐乘机蹂躏，自宜急力弹压，以保治安。尊意如何？"②

又通告长沙、武昌、安庆、西安、贵阳、广东、福州都督府暨上海、九江等处，广西光复。说："顷得桂电，桂林于十七日光复，各属安堵，特闻。滇都督蔡锷。个。印。"③

又电谕云南各属，自 11 月 11 日（九月二十一日）起取消随粮路股。说："各道府厅州县暨自治局览：遽谘议局呈请取消随粮路股一案。查滇中自烟禁既行，实业未兴，民力雕瘵，已达极点，仅输正供，犹惧不给，再加担负，将何以堪？兹特明白宣示：自九月二十一日起，所有各属路股，一律停止征收，以苏民困。前此已收未解者，均暂行存候拨用。其铁道路款，另由本军政府竭力图维，断不忍以此重负累吾民也。除刊刻告示宣布外，着将此意先行通谕周知。军政府。马。印。"④

次日，正式发布《取消随粮路股示》。说："出示晓谕事：现据谘议局呈请取消随粮认股一案，查滇省僻处边隅，实业未经发达，迥非财赋之区。又本年内各灾频告，民间困惫异常。本军政府目击时艰，仅令惟正之供犹惧不给，倘再以路股责民担负，其何以堪？兹特明白宣示，自九月二十一日起，所有各属路股，一律停止征收，以苏民困。至前此已收未解者，仰暂行存储，以俟拨用。其铁路股款，当另由本军政府竭力维图，未忍以此重负，累吾滇民也。今即示谕，为此仰合省人民一体周知。特示。二十

---

①　以上二电见上海《时报》1911 年 12 月 6 日。
②　曾业英编《蔡锷集》（一），第 328 页。
③　《申报》1911 年 11 月 29 日。又见上海《时报》1911 年 11 月 29 日。
④　《滇南新建设》，《申报》1911 年 12 月 6 日。

二日。"

12 日（九月二十二日）

▲蔡锷发布《豁免被灾各户地丁条粮示》。说："（为）出示晓谕事：照得天灾流行，国家代有，补救贫乏，自古为然。本年霪雨为灾，据灾区各属业经先后呈报，并已饬员分别查勘各在案。本军政府披查成案，不禁恻然。当兹军事傍午，需款浩繁，既不能出帑藏以惠黎元，亦奚忍剥脂膏而促民命。本年被灾各区各户，除札饬财政司办理外，所有灾区各户，其地丁条粮以及随粮征收各项，着即一律豁免，以惠灾黎。此外，未经被灾各属，仍着一律完纳丁粮，违即重咎。为此通告征收官绅及军民人等，一体周知。倘有不肖官吏，未能实力奉行，从中舞弊，一经查实，定即撤省，从严议处，决不宽贷。其各凛遵勿违。特示。廿二日。"①

13 日（九月二十三日）

▲蔡锷以"军都督府"名义电告曲同丰，崇谦同情"反正"，不得对其"别生意见"。说："此次反正，楚雄府崇守（按：即崇谦）既表同情，且平日政声洋溢。希告我大汉军官，凡经过楚雄地面，理应极力保护，不得别生意见。"②

又以"军政部"名义电告楚雄县议事会、劝学所，"不得妄生满汉意见"。说："来电悉。此次系政治革命，并非种族革命，不得妄生满汉意见。崇守、涂令（按：即涂建章）均有政绩，理应力为保护，以为亲民者劝。除经电饬大理曲统领传谕所属军官，道经楚雄地面，妥为保护外，凡该属土著客籍亦应仰体德意，不得别生意见，致累贤良。电到，仰该会即将电文印刷多张，遍为宣告。军政部。漾。"③

又以"军政部"名义电请崇谦"勿生疑虑"。说："该守莅楚，实心任事，本政府一视同仁，并无满汉意见。已饬曲统领暨地方极力保护。该守

---

① 以上二电见曾业英编《蔡锷集》（一），第328—329页。
② 上海《神州日报》1911年12月11日。
③ 上海《神州日报》1911年12月11日。从电文内容与以上蔡锷致曲同丰电相当吻合来看，可推知此电与以下致崇谦电当为蔡锷授意而发。

仍当靖共尔位，勿生疑虑。军政部。漾。"①

14 日（九月二十四日）

▲军政部通报各府厅州县自治局，添委唐继尧、李曰垓等人为次长等事。说："各府厅州县自治局议事会览。兹奉军都府札开，现在分部办事，所有各都[部]总长、次长均经分别委任在案。惟军政府事务较繁，亟应添设次长，以资襄办。查有参谋部次长唐继尧，并前委蒙自关道李曰垓，均堪委任本部次长。在本部应设参事官一职，非有学识经验之员不能胜任。查有周钟岳堪以委充是职。合行通知。都督府（军政部）。敬。印。"②

▲蔡锷电令开化夏文炳、河口许德芬查明张宗靖新募防营若干等情况。说："顷得安平议事会电称，十九营张宗靖扼防安抚，转危为安，同人公认为安边督带，督练新募各营各防营及安属各区团练等语。张宗靖素属同志，此次镇抚安属，尤见措置得宜。惟该处新募防营究有若干，如何分驻，省中未便悬揣，应请尊处就近查明，并张宗靖应如何委派，希即详复核办。都督府。敬。印。"③

▲12 日（九月二十二日），安平议事会电请"军都督府"任命夏文炳为"安边督带"。说："安平极边千里，伏莽实多，防范稍疏[疏]，即群思为乱。开广镇夏文炳谋勇兼全，恩威素著，镇开二载，民深感戴。此次开化匪勇勾结肆乱，匪有踞文收安之谣，赖夏镇一战即平，乱匪解散溃逃，而安亦暗受其福。今开郡各界电保公认为开广军都督，安属各界亦愿表同情。十九营张宗靖大才内含，临事镇静，当闻开匪临境时，安属人心动摇，内匪思逞，张管带派兵扼防，督团安抚，转危为安。各率同人送旗，公认为安边督带，督练新募各防营及安属各区团练。伏乞俯顺舆情，准如所请。全厅幸甚，代表等幸甚。安平厅议事会叩。养。印。"

14 日，蔡锷以"都督府"名义电令安平议事会务须赞助张宗靖镇抚所属。说："养电悉。此次剿平开匪，夏公保障勋高，已电委仍摄开化镇，统

---

① 上海《神州日报》1911 年 12 月 11 日。

② 《滇南新建设》，《申报》1911 年 12 月 6 日。鉴于此电首句便说"奉军都府札开"，可知其非发于"都督府"，而是"都督府军政部"。

③ 上海《神州日报》1911 年 12 月 9 日。

领开广各防营。张宗靖扼防安抚布置极合，惟新募防营共有若干，如何分驻，省中未得详报，当俟电商夏公、许会办（按：指夏文炳、许德芬）查复核办。贵会务须赞助张君镇抚所属。都督府。敬。印。"①

又电令夏文炳仍署开化总镇。据报载，事起于开化知府石受铭"新招营勇，忽然作乱，戕官夺城，掠民劫商，势甚猖獗"，被开化镇夏文炳剿灭。军民电请昆明省军政府，"保夏充当开化都督，蔡都督以一省不合有二都督，仍电令夏署理开化总镇"。夏"复电允任总兵之职"。②

但是，次年1月23日，又有报载夏文炳明虽同情反正，"实则暗蓄异志"。说："开化镇夏文炳军门，智勇兼全，素为滇人所信仰。省城反正后，即经蔡都督仍委夏仍署镇缺。后该处变军作乱，夏极力拒抗，始克保全。惟省中近日多有报告，言夏明虽同情，实则暗蓄异志，在开广一带密为布置，因此人心不免疑惧。日来夏知满清将倒，无所为力，只得倾心投降。日昨电致都督云，满清亡在即，民族之观念宜绝，所有虏酋所颁之上谕及福禄等字悬于署中公堂者，已一律销毁云。"③

▲蔡锷委任12日刚自阿迷回到昆明的周钟岳为"军政部参事，兼参议院参议"。④

15日（九月二十五日）

▲蔡锷电复黎元洪、谭延闿等人，否定民国新政府采"联邦制度"，主张建"一完全统一国家，设立民主立宪政府"。说："顷接黎都督皓电开，接汉口各国领事接各该国无线电称，清摄政皇帝及满政府均逃出山海关外，北京失守，并由清廷电告南京张制台，饬将南京交付民国军等语，由各领事派员报告前来，亟应建立联邦国家，为对外之交涉，速派全权委员来鄂云云。现满政府既倒，中华民国政府急宜建设，敝省全权代表即日选派赴鄂，共商一切。惟联邦制度于吾国不甚相宜，仍应主张建设一完全统一国家，设立民主立宪政府，内政外交均易措置。各省如别有意见，祈于代表

---

① 以上二电见《滇南新建设》，《申报》1911年12月6日。
② 《新云南剿匪安民》，上海《民立报》1912年1月2日。
③ 《云南新事记·开化镇》，上海《时报》1912年1月23日。
④ 《惺庵日记》第二册。

来会议前，先电相商尤善。代表姓名，派定再闻。"①

16 日（九月二十六日）

▲蔡锷命谢汝翼为第一梯团长，率顾品珍、张开儒、黄毓成向昭通、叙府前进。② 额必廉在致朱尔典的信中记载了这天的情况。他说："11 月 16 日，一千五百名士兵，其中有许多人属于怀有不满情绪的第七十三标，动身经过昭通前往四川，很可能是去参加该省民军的战斗。虽然当时蔡锷都督及其参谋人员明确地说，该军远征的目的是要征服和兼并四川省的南部地区，从而使云南这样一个著名的穷省并照例从富省得到大批协饷的省份，将克复妨害它成为一个绝对独立共和国的主要障碍，并把它北部邻省的大量财富运入云南府库。这支部队将是先头部队，还有更多的部队将接着前往。"③

关于云南出兵四川的原因，当时有报载说："川督赵尔丰因川省争路风潮，结怨川人，性主残忍，妄肆杀戮，川民死伤数万。旅滇川人闻之，极为伤心，军政府亦以赵督如是行为，神人共怒，拟即发兵入川，拯救川危；俟得川省，然后再长驱北伐，与鄂军联为一气。现已令谢汝翼充当协都督，统带一梯队，入川讨赵。"④

经蔡锷审订的《云南光复纪要·援川篇》的记载是："辛亥九月中旬，滇垣光复甫旬余，西、南两路，尚未大定。地则偏于一隅，兵强而财不足，且介乎英、法两大之间，虽反正，独立难，不能不联合邻省，致力中原，以谋辅车之依。而是时武汉战争甚烈，湘、赣、皖、苏虽先后响应，鄂据扬子江中游，当中国腹部，又首发难，为战事焦点，必鄂定而后中原可定，北虏可灭，势也。乃汉阳复而旋失，汉口继陷，武昌危迫，大局尚不可知。其扼乎长江上游，足以制鄂之命者，则清川督赵尔丰之兵，方驰骋于成都、简州间；清使臣端方之兵，亦盘踞重庆；而联豫、傅华崶等，复率兵出西藏以据雅州；清军又适陷晋省，甘督升允亦兵出秦中。秦地东接晋、豫，

---

① 曾业英编《蔡锷集》（一），第 330—331 页。
② 《云南光复纪要·援川篇（二）》，第 141 页。
③ 《总领事额必廉致朱尔典爵士函》（1911 年 12 月 6 日），《英国蓝皮书有关辛亥革命资料选译》上册，第 285 页。
④ 《云南光复后之现状·发兵救川》，上海《时报》1911 年 12 月 12 日。

南通巴、蜀，又遥与赵、端兵联络，势将分道而出，一由川北逾秦出晋，以达燕、豫，为北军之中坚；一由简、资、重庆合兵夔州，以出宜、荆而达汉阳，断鄂之左臂。则大局之危，危于鄂，而鄂之危，又危于蜀。赵、端、联、傅一日不去，蜀一日不平。蜀不平，鄂东北受敌，西南援绝，终将不保。筹策者必以先平蜀，释武汉西顾忧，为兵谋上最大关键焉。而川中假同志会之属，蠢动如毛，所在劫掠焚杀，又自予敌以间。赵、端等复传檄远近，假忠爱名词，煽惑而号召之。匪徒得两方借口，乘隙作乱，遂至面面树敌，蜀中革命志士新起，兵力固不能制也。初，蜀人士抗争铁路，护督滇人王人文助之，为请命，不获，去。清廷代以赵尔丰。尔丰曾任永宁道及用兵西藏，性暴虐，人目之曰屠伯。自是以兵抵任，益大暴，拘抗议者蒲殿俊等署中。清复派端方率新军入渝，威胁蜀人。人心愤激，义勇之士集同志誓以死争。武昌应之，乃举义旗，而蜀中棒客、痞匪，由之借名蜂起，四路骚然。自渝以上，邮电隔绝，声息不通，殆不知域中为谁家天下矣。方是时为北军力所不及，与蜀唇齿相依，可分兵援蜀，出顾大局者，惟滇、黔耳。黔力弱且梦，滇遂不能辞责。而旅滇蜀人郭灿等，以乡里糜烂，奔走号呼，相率涕泣上书，乞师于滇军政府。黎、黄、谭前后自湘、鄂来电，敦嘱援蜀，以解鄂危。重庆都督张培爵复迭电请援，胡景伊亦自广西电请滇军出师赴急。景伊曾居云南陆军要职，与滇中诸将佐习，多信用其言者。且滇之东面、北面、西北面，皆与川接壤。言形变则以叙州为吭咽，泸、渝为门户，谋滇者恒重视之。而蜀乱适以东南方当扬子上流诸地为尤烈，又不无兵谋上之关系。旧讨川协滇饷，岁常数十万，川难急，滇人于义亦不能漠视，爰是滇军政府因有援蜀之议。"[1]

1914 年，周钟岳的"补记"则说："滇省光复，大局粗定，军府会议，以四川扼长江上游，当秦陇右臂，关系中国全局，且与滇唇齿相依，设蜀道梗沮，则与中原隔绝，形势尤为孤危。而当时川督赵尔丰犹据成都，蜀中同志会纷起，全省糜烂，不能不由滇派兵援川，乃编两梯团，以谢汝翼、李鸿祥率之，分道出师。"[2]

张培爵、夏之时以下电报也说明重庆的确曾电请蔡锷出兵援蜀。该电

---

① 《云南光复纪要·援川篇（一）》，第 122—124 页。
② 《惺庵日记》第二册。

报说："云南同庆丰转军政府蔡都督：江（按：即 11 月 23 日）电敬悉。敝省因路事肇务［兴］，赵贼妄拘各绅，省垣附属荼毒不堪，嘉邛雅眉各处，均以同志会号召收复各处。赵贼乃厚集各路兵勇于成都，新军久图反正，赵贼用巡防满营六成，钳制新军四成，以此事难发动。敝处因见同志会名义颇不正大，同人等特就重庆建立蜀军，俾可号召全川。川东一带，大致已定。敝军现值草创，克日组织完全，即行整军西伐。惟赵、端诸贼盘据省垣，兵力尚厚，西伐之举，甚望贵省援军早日到川，匡助戡定，敝省幸甚，中华民国亦幸甚。再贵会援军取道何处、带兵何人，时望电示，互通消息。敝处因长寿电杆被匪砍断，湘鄂之电，遂不能通，敬请将各电代达各省，无任感幸。鄂军近日战争及京津各省现状如何，望电示。蜀军政府张培爵、夏之时。印。湛阳代。"[1]

关于重庆军政府请云南援川的时间，朱尔典在这年 3 月 12 日致格雷的信中说："看来重庆军政府要求云南派遣一支远征军进入四川的邀请，是在已故总督赵尔丰为代表的清朝当局仍然统治成都，以及长江沿岸的合江县仍然坚持抵抗民军进攻的时候发出的。他们恳求云南的帮助；既然为原来的目的已不再需要它，人们认为它仍可用来使四川省免除迄今遭到的土匪蹂躏的祸患。如果国内其他地区许多军队变成不守纪律和没有职业的游民的情况可以用来作为一项标准，那么，正如英国驻成都和重庆的两位领事官员所预料的一样，用委婉的话来说，云南部队更可能无意空手返回家乡。"[2]

关于云南"援川"的目的，额必廉在这年 1 月 13 日致格雷的函中说："目前，（云南）军政府感到焦虑的一大根源是现款问题，或者更确切地说，是缺乏现款。以前的劝业道台、现任军政府参议（按：袁玉锡）在不久前告诉该省邮政司考夫曼先生说，省库中的现款仅够用到即将来临的农历二月初，大约是公历三月中旬。他们发布告示，要求人民向政府提供捐款，结果得到了两万元。现在，他们打算发行总额为五十万元的纸币，而

[1] 《蜀军政府复云南军政府电》，张鹰、曾妍编《张培爵集》，重庆出版社，2011，第 15 页。原电无时间，当发于 11 月 22 日重庆独立之后。

[2] 《朱尔典爵士致格雷爵士函》（1912 年 3 月 12 日于北京），《英国蓝皮书有关辛亥革命资料选译》下册，第 505—506 页。

且还谈论到按照外国方式发行公债以及政府举办彩票。"①

2月18日，额必廉又在致格雷函中说：

　　自新年开始以来，云南府最突出的特点，是临时政府为了使行政机构全面开展工作以及为急需公款问题谋求满意解决而进行的活动。由于对腾越不服从命令的革命派进行军事威胁以及云南府任命的一位道台（按：指赵藩）的就职，从而消除了全省统一中最后的一个不协调的因素。蔡锷将军的影响仍然是最大的。某些有权势的云南人因蔡锷都督系湖南人而提出反对意见，一度很可能导致严重骚乱，而蔡锷本人明白表示想要离开云南府前往湖南原籍，这些都幸亏没有成为事实。他仍然是云南的独裁者；在他的指挥下，四川和贵州两省已处于隶属本省省城的附庸地位。

　　现款问题始终被认为是对临时政府稳定性的最大考验。在中国人和欧洲人中间，都普遍认为，白银供应持续的时间不可能超出二月底，或充其量不可能超出三月中旬。向人们提出自愿捐献的要求没有获得很大的成功，通过这个办法所得到的全部款项大约为三十万元。发行价值一百万两的云南纸币的建议已经失败；募集公债的意见最初提出的时候，是颇受欢迎的，但由于财政司长的坚决反对而被放弃，他赞成举借外债，认为他能够维持下去，直到民国获得承认为止，那时他有信心从外国方面得到一笔借款。有人告诉我，他们曾向南京和广州行政当局要求提供款项。前者已经拒绝，理由是它需要把所得到的全部款项用于对北京的作战；广州方面愿意作一笔商业性的交易，但利率却是本地政府所不愿接受的。在清政府统治下，云南每年从湖北和四川两省得到巨大款项，以应付行政管理的日常开支。如果得不到援助，云南是无力负担这些开支的。因此，作为最后的一项办法，它把注意力转向四川，该省内部的不和大大有助于执行一项迅速制订的计划，不惜任何代价把款项交给云南府。外交司长告诉我，总人数达一万二千人以上的云南部队据有叙府和泸州，并占领了自流井的著名盐井，据说该处每年把七百万两至八百万两的税收给予四川政府。他们

---

① 《关于12月份云南、贵州及四川部分地区情况的报告》，《英国蓝皮书有关辛亥革命资料选译》下册，第421页。

已经作了安排，每月从盐井的税收中将拨出三十万两给云南政府。我相信，第一批款项现正运往云南府途中。我不能够从英王陛下驻重庆领事那里得到对这些说法的证实，因为电报联系迄今还没有恢复。这些部队是用四川的钱付饷的，所以使本省财库免除了对它那贫乏的财力的一项消耗。①

1912 年 3 月 12 日，朱尔典还转述英国驻成都总领事所述，云南出兵四川是为了解决云南的财政问题。说："云南部队对四川进行的袭击，大概在一定程度上可由这件事加以说明，即四川是一个富省，它平时提供一部分多余的税收以支持云南。"②

还有滇军人士透露，滇军入川初意，本拟"出荆襄以为赴宁地步"。这年 2 月 18 日与川军政府达成 8 条《川滇黔北伐条约》后，蔡锷随即致电黄兴、吕志伊，"密商"拟"将滇军充中央卫成之用"，因而指示李鸿祥："似宜仍照初议，出荆襄以为赴宁地步。设此事不成，则以分兵经营卫藏为宜"。③ 实际是为了消除一部分不稳定的军队在云南搞动乱。因为第三十七协就曾嫌分到的战利品不多而有此企图。另外就是志在四川的财富。2 月 25 日，韩建铎致电蔡锷说，滇黔川订立北伐条约后，滇军下级军官普遍对此约不满，认为是失败的，不愿北伐。"据李旅长报告，滇军全体官长谓条约失败，意将群起暴动，并决意与铎为难。滇军性跅，久在洞鉴。""至现在下级官长以至目兵，大都不愿北伐，经铎、谢、李、黄再三解说，仍不应命。推厥其因，由李修家一营目兵首先倡议，影响波及各营。盖李营攻自流井时，各目兵得力［利］不少，故决意回滇。其有谓条约失败者，非北伐亦志在得蜀之财力耳。闻大局已定，北伐可缓，或回滇退伍，抑经营西藏，以消隐患之处，统乞复。"④

---

① 《总领事额必廉关于云南省至 1912 年 2 月 15 日为止的半季度情况报告》（1912 年 2 月 18 日于云南府），《英国蓝皮书有关辛亥革命资料选译》下册，第 507—508 页。

② 《朱尔典爵士致格雷爵士函》（1912 年 3 月 21 日于北京），《英国蓝皮书有关辛亥革命资料选译》下册，第 530 页。

③ 《蔡锷致李鸿祥电》（1912 年 2 月 27 日），谢本书等编《云南辛亥革命资料》，云南人民出版社，1981，第 385 页。

④ 《云南辛亥革命资料》，第 382 页。

17 日（九月二十七日）

▲蔡锷以"都督府"名义，电知各镇道府厅州县"赦款四条"。说："所有本军都督府颁行赦款四条，除出示外，先行电知，仰即一体出示晓谕遵照。一、凡大汉四千六百零九年九月初九日以前，犯谋杀一家数命，及逞忿图财，谋故杀人，并一切逆伦强盗重犯罪，拟斩绞立决，情无可原者，无论在省在外，即行正法，以昭儆戒，而快人心。一、凡罪该斩绞监候，旧例应入情实者，概减为苦工五年。一、凡罪该斩绞监候，旧例入缓决者，改为苦工三年，准量情节，轻重赎免，赎款准拨充该地方团费。一、遣军流徒监禁工作者，悉予开释。倘释放后再犯罪刑，照新律加一等治罪。凡工作未完者，统俟完工再行释放。军都督府。沁。印。"①

▲滇西前军都指挥陈云龙电告蔡锷他参加腾越起义及其后的经历，并拟请命率前军各营赴黔、赴鄂，并同时将原电转致张文光，以示其已遵命电告蔡锷了。陈云龙在致蔡锷电中说："省垣蔡都督鉴。云龙奉同志张君文光令，于初六日（按：即 1911 年 10 月 27 日）晚九句钟，纠合驻腾七十六标第三营右、后两队，防军四、五两营，冒死举义，于九句钟由张派人致信税司及各洋员，宣明宗旨，令无惊恐。并派同志保护街市，布置周妥，即发号令。陆军管带张、防营管带曹起欲抵抗，旨〔皆〕枪毙之。整队入城，攻拔军械库，转攻镇道厅署。镇自戕，道厅越垣走，腾遂恢复。初十克龙陵，毙龙管带。十二复永昌，毙罗管带，毛令服金自毙。顺宁、缅（宁）请兵到永（昌），已派三营往援。嗣因榆标教练官郭龄昌东下，拆桥断电，前途未知确否反正，是以移军曲硐。此间情形，因电报未通，不得上陈。闻榆谣诼谓为土匪，恐讹传到省，不蒙鉴察，返〔反〕碍进行，拟率前军各营赴省请命，赴黔赴鄂。除电湖北军政府外，用敢电闻。省中组织如何，望细示复。"②

18 日（九月二十八日），蔡锷以"军都督"名义与参谋部总长殷承瓛、军政部总长李根源、军务部长韩国饶联名电复黄连铺"腾、永国民军指挥官"陈云龙说："电悉。初六日腾军起义，举动文明，武〔龙〕陵、保山以次恢复，极深佩慰。省垣系初九日光复，全省已先后平定。腾、永事因

---

① 《要电》，《云南政治公报》第 1 期，1912 年 2 月 11 日。

② 本电录自陈云龙此日致张文光电中，见《滇复先事录》，《云南文史资料选辑》第 17 辑，第 51—52 页。应是张授意的，几乎与张的话一致。蔡也未听信陈言，还是决定派兵西进。

电报不通，消息全阻，谣传遂起，榆军惶惑，故有严防下关之事，其实并无他意，已电榆嘱其和衷办理。惟腾、永为西防重要之地，亟宜驻兵镇慑，目下省垣兵力甚厚，已派一梯团援川，尚可陆续济师，腾、永军勿庸东来，务速回扎腾、永，以重边防，弹压土匪，并将所部妥为编制，仍复旧日原状。如人数已多，可添编二三营，老弱者给资遣散。编定后先行电省，随后造送名册，饷需若有不济，可电省筹拨。此次恢复腾、永、龙陵各处，所有立功人员及死亡将卒，并目前详细情形如何，均望一一电复。此间已委赵藩为迤西安抚使兼署迤西道，一切务须禀赵商办。省中布置，曾通电各属，可饬人到黄连铺取阅。驻腾外人，已送出境一节，业经照会领事，得复甚感，严守中立。现在各省均全行反正，已由各省派代表赴武昌，会议国家组织之法，并闻。军都统［督］蔡锷、参谋部总长殷承瓛、军政部总长李根源、军务部长韩国饶。勘。印。"

22 日（十月初二日），李根源、罗佩金再电陈云龙说："黄连铺专送腾军指挥官陈君云龙鉴。勘电（按：指上述 18 日电）谅递到。中央政府已成立，将来大总统必由各处公举，滇省现在安谧，兵力亦敷分布。风闻兄欲分兵往顺宁、蒙化、丽、鹤等处，（其）早经反正，已电委治理。若此次兵队再往，民间必多疑惧，请将此行作罢。至在榆驻兵，系为镇慑地方起见，实无他意，缘前电报不通，以致谣言纷起。至若兄等之热心，在源、金所共知，即同志诸君亦莫不同声钦佩也。当此腾、永一带建设初定，百废待举，仍请率兵驻扎腾，可勿来省，诸事均祈照前勘电办理为要。樾老为滇人所最推重，吾辈均以师事之，即外人亦为欢迎。其赴腾，到时务望吾兄和衷赞助。同［顾］全大局，尤所切祷。辱在至爱，敢布腹心。李根源、罗佩金同叩。冬。印。"

26 日（十月初六日），蔡锷以"都督府"名义电告大理赵藩、孙绍骞，永昌彭蓂，腾越张文光暨迤西各府、厅、州、县说："大理赵樾老、孙统带，永昌彭君蓂，腾越张君文光暨迤西各府厅州县鉴。彭君蓂支电（按：即 11 月 24 日）悉。腾越举义，永、顺先后收复，地方安谧，省中早有所闻，拟联络一气，商办善后之策。曾屡电陈云龙，告以省事大定，榆军暨迤西各境，悉属同志，腾、永为西防重地，急宜慰抚百姓，辑睦外交，请速返勿东来等语。乃陈云龙不惟不听，反恃众挑衅，致电本都督府，声言率队入关，分三路进发，并以悖谬之条件，要约榆军谓：不认省派官吏；

令榆军封缴军械，另候陈云龙编制；令陆、防官兵，不带军械，出关迎接；全省各州县，陈云龙均要亲巡一周。此等要约，实属居心叵测，狂妄已极，且连日分队，窜扰蒙化、缅宁、云龙一带，直欲残破已复之完城，扰乱守法之军队，并与永平县蒋树本狼狈为虐。日昨腾、永绅民来省诉称：陈兵抢掠肆扰，情同草寇。又迤西机关部电称：派委代表，前往理喻，并被拘留。此而不诛，何以安民心而杜隐患？已饬榆军迎头痛剿，务绝根株。初五日（按：应是十月初五日，即 11 月 25 日）合江之战，擒斩匪党三百余人，夺获枪弹多件。该陈云龙经此败衄，诚恐四窜滋扰，为地方之害。且据腾、永人均谓：陈本系积年巨匪，尤易勾结为患。特悬赏格，有能拿获陈云龙、蒋树本者，每名给银三千两，由大理赵巡按使查实发给。其余经输诚，概予赦免，希各出示晓谕。彭君来电，西防编为二十余营，有兵无械，耗饷无益，请计算枪械之数，酌定留数营，余悉妥为遣散。彭、张二君素明大义，必能使迤西一带安堵不惊，事定论功，当可预决。李总长印泉不日赴西，到时益易接洽。都督府。鱼。印。"

其间，张文光电告蔡锷等人，"初七夜接省初四来电"，并解释"榆军、陈军稍有乖违者，实缘电坏信阻"，"万请毋生疑虑"。说："军都督及同志诸公鉴。初七夜接省初四来电，一切敬悉。光冒死举义，誓无二心，捧读教言，疑惧胡释，凡诸事务，自当照办耳。其榆军、陈军稍有乖违者，实缘电坏信阻，情形隔绝，此恐榆军反对，彼恐陈军进攻，由此积疑生畏，宵小谗言，即乘间而得入之故。初五接陈飞电示榆军奸使周华（国）诱迎陈军逾合江四十里桥，榆军即毁断桥梁，截抢饷驮，枪炮并举，意欲尽灭。陈不得已，始竭力争斗。光阅来电，孰是孰非，尚难预定。惟同室操戈，心殊悲恻，已飞电撤退陈军。陈回则查实惩办，务协公理。若陈果怀不轨，则榆军攻前，腾军攻后，决不能容此跳梁，致碍宗旨也。万请毋生疑虑，有碍大局。赵樾老来，悉乐欢迎，望治孔殷，并无异见，恳饬该老亦无旁听奸言，自起蛇影杯弓之虑。凡百事宜，俱希电教为祷。张文光叩。"[①]

按：《申报》在以上四电之前，特加有如下"前言"："腾越六营新军统领陈云龙乘民心思汉，于九月初六日反正，事成即专恣不法，于省局大

---

① 以上各电见《腾越之伪革命》，《申报》1911 年 12 月 24 日。

定后，倚永平知县蒋树本为参谋，竟欲帝制自为，电省争充都督，要约八条，语多狂悖，分兵扰顺缅蒙榆，赖大理军击之于合江镇，距榆两站。陈大败遁，死伤三四百人，委弃枪械无算，刻李总长印泉亲率劲旅西上，复悬赏各三千两，购陈、蒋首级，想釜底游魂定难苟延旦夕也。兹将滇军政府往来电，照录于下，以见此事之始末焉。"

18 日（九月二十八日）

▲9 日（九月十九日）①，黎元洪通告各独立省份军政府、军政分府，"满清政府既已推倒"，请速派全权委员来鄂共商联邦政府组织之法。说："长沙护都督、南京张制台、南昌吴都督、兰州制台、山西张都督、广东制台、云南蔡都督、成都制台、太原军政府、迪化抚台、贵州杨都督、安庆抚台、济南抚台、九江分府马都督、杭州汤都督、赣州分府刘都督、福州制台鉴。驻汉各国领事接各该国无线电报，称清摄政王、皇帝及满政府均逃出山海关外，北京已失守，并由清廷电南京张督饬将南京交付民国军等语，由各领事派□（员）报告前来。满清政府既已推倒，汉室山河依然复旧，急应建立联邦国家为对外之交涉，请尊处急速派全权委员来鄂共商联邦政府组织之法。现满清政府既已推倒，此间北兵名义无属，如不投诚，即以土匪看待，尽数剿灭，已由敝府照会各驻汉领事矣，立盼复示。鄂都督黎元洪叩。"②

18 日，蔡锷致电各省都督，对中央政府组织纲要，提出三点主张："前致鄂、湘、闽、赣、粤、晋、秦、黔效电想早达。昨接武昌皓电，知北京光复，满廷已倾，当即电复。前得长沙谭都督巧电、赣州彭都督啸电均悉。对外非列入国际团体不能活动，欲列入国际团体，则中央政府之组织不宜稍迟。在中央政府未成立以前，关于全国权利义务之交涉，似可商从缓办。至寻常保护酬酢之事，目前各省不难随权应付。赣电谓承认鄂军政府为外交代表，本极赞同，惟权力稍弱，殆不足以资展布，过强则与政府无异。现既各派代表定期会商，中央政府年内必可成立，此项临时机关应否设立，尚祈公酌。其中央政府组织纲要，鄙意有三端：一、定国名为中

---

① 由以下蔡锷 18 日电，可知此为"皓"电。
② 《北京光复之朕兆·武昌黎都督电》，《申报》1911 年 11 月 20 日。

华（国），定国体政体为民主立宪；二、建设一强有力之统一政府，俟军政撤消，方为完全立宪；三、扩张国防辖境，缩小行政区域，以期消融疆界。敝省代表，不日赴鄂，商拟一切。诸公于世界趋向、民俗国情，讲求有素，管蠡之见，未识当否？乞赐教为幸。"①

同日，蔡锷以"军都督府"名义，札饬各界新式服装改用本省绸缎布匹。说："现闻市面洋呢价值陡涨数倍，实由各界新制服装需用过多所致。查军用品以就地取材为宜，公私用各项服装以采用土货为要。若因改易服装之故，将土货弃而不用，致使本国自织之丝绵材料一切滞销，工商业必大受影响。况滇省向来行销之绸缎布匹，用充新式衣料，如果缝制得法，亦甚美观，何必舍此取彼，徒受经济上之损失。嗣后凡我军警政学工商各界一切公便服装，均应采用本省向销物品，以塞漏卮。特此通饬，并由民政司出示晓谕。其各懔遵，勿违。"②

▲法国驻昆明总领事韦礼德和英国驻昆明总领事额必廉于本日拜访蔡锷。据额必廉说：由于"大约从十日起，开始收到关于本省不安全的令人忧虑的报告……到11月17日，城内各种令人不安的谣言变成为一项传说：一部份士兵打算发动兵变，杀死政府的成员，普遍进行抢劫，然后解散"。18日，"韦礼德先生和我就即将发生起事的问题拜访了蔡锷都督，劝他采取必要的防范措施。都督假装不相信有可能发生任何事情，并向我们保证说：城内和附近一带一切都很平静；关于法国军队在前来云南府途中已抵达蒙自的谣言（这个谣言在士兵和市民中间几乎引起恐慌），已遭到人们普遍的怀疑。按照我对其他的人提出的建议，甘蒙先生和我住在城外的法国饭店，第二天返回领事馆，发现它完好无恙。表面上没有发生任何事情，但我们后来听说，起事实际上已经爆发，但由于都督的警惕性而立即被镇压下去。都督命令一大批可靠的部队整夜处于戒备状态，并准备在他的都督府内抵抗围攻。后来，又有人两次企图发动兵变，但不是遭到蔡锷都督的阻止，便是被他迅速镇压下去。怀有不满情绪的士兵主要是属于从前第七十三标的，他们认为，在发动革命那天夜间洗劫各衙门所得的战利品中，

---

① 曾业英编《蔡锷集》（一），第332—333页。

② 《公文》，《云南政治公报》第3期，1912年3月1日。此札饬摘自《军务部遵饬各界新式服装改用本省之绸缎布匹文》。

他们没有获得公平的份额。他们还有一个想法，即革命的结果仅仅是由蔡锷都督代替李经羲总督——由斯托克国王代替洛格国王。① 关于那些可以被认为是对他们采取革命行动的奖赏，我听说许多士兵所获得的掠夺物的价值，每人不少于四百两。我不知道第七十三标的士兵怎么会一无所获。最近，蔡锷都督已发给该标士兵每人四十两"。②

当时报纸也有类似报道，说："云南自光复后，人民皆互相庆幸，以为脱绊。惟前月下旬（按：即九月下旬，11 月中旬），市面忽有一种谣传，谓蔡、李（按：当指蔡锷、李根源）意见不合，将生内变。至二十八夜（按：11 月 18 日），果有某营谋乱，幸蔡、李诸公预先防备，是以中止。不意本月十四（按：12 月 4 日）晚，街面又忽戒严，有称七十三标今夜将攻都督府，并抢掳省中各富户。因之各居民不胜惊慌，有互相逃避者，有意图自尽者。至二更后遍街行人，均纷纷奔窜，云将起事。又有多人遍街命令铺户息灯闭门，严行防备。一时民人尤为惊惧，以为死期已至，啼悲不已〔悲啼不已〕。迨待至天明，仍清吉无事。军政府秘密调查，始知有一马标杨钟俊，素充司务长，因出征中途，逃回到省，造此谣言，意图淆乱人心，便中滋事。昨已拿获讯明，就地正法。"③

▲梁启超电告袁世凯，今宜"速开国民议会"，"绝对服从"其"结果"。说："袁宫保鉴。阅东报，见新内阁员，以超滥竽，且疑且骇。超庸愚何足赞鸿业？备员伴食，于国于公，两无所裨，谨坚辞。深负雅意，无任惭悚。顾窃欲进一言者，祸变至此，今后戡乱图治，必须视全国民多数意向，虽有非常之才，苟拂舆情，终无善果。传闻诸道路，谓新政府尚主战议，同胞涂炭，岂有未极，何忍更加剃狝？况欲备战力，势且不得不有所仰于外，险象之乘，讵堪设想？公之忠诚明察，当不出于此。今惟有于北京、武昌两地之外，别择要区，如上海之类，速开国民议会，合全国人民代表，以解决联邦国体、单一国体，立君政体、共和政体之各大问题，及其统一组织之方法、条理，会议结果，绝对服从，庶几交让精神得发生，

① 原译者注：在《伊索寓言》中，斯托克是一位暴君，而洛格则是一位有名无实的君主。这句话是比喻蔡锷和李经羲的。

② 《总领事额必廉致朱尔典爵士函》（1911 年 12 月 6 日），《英国蓝皮书有关辛亥革命资料选译》上册，第 282—284 页。

③ 《匪徒煽乱》，上海《民立报》1911 年 12 月 24 日。又见《云贵要闻汇纪·前夜之大恐慌》，上海《时报》1911 年 12 月 26 日。

分裂之祸可免。超一月以来，殷忧深念，从各方面穷思国家前途安危，悲喜参半，颇有所怀，别容函布。辱承雅意，聊贡愚诚。梁启超叩。勘。"①

19日（九月二十九日）

▲蔡锷电告各省都督，贵州商派在滇省任法制局局长兼秘书官熊范舆，与参议院副院长兼临时议会特派议员刘显治，为贵州派赴沪、鄂会议全权委员。说："敝处迭接贵州军都督府枢密院来电，商派敝都督府法制局局长兼秘书官熊范舆、参议院副院长兼临时议会特派议员刘显治充当贵州派赴沪、鄂会议全权委员，请代给委任状凭文等因。除给状启，并复由贵州军政府通电外，特此电闻，以便接洽。再，各省会议代表，与各军都督府通电，拟准商由附近各军政府代印免费，并希通知。"②

▲彭蓂电告张文光，赵藩来函中所言省军政府任命其为"迤西安抚使"等情况。说："顷接赵藩来函，大致谓渠奉军都督电，准为迤西安抚使，节制西防国民军，兼摄迤西道，饬统新军并添募防军，克日赴腾、永安抚一切，委杜育为头队先锋等语。查杜育前系代理保山县团事，蓂入城时，伊即乘间逃匿，经手军装饷银俱未交代清楚，此事如何对付，祈速电示，以便转达前途。蓂叩。艳。印。"

同日，张文光电复钱泰丰、彭蓂说："来电悉，光奉孙大总理恢复祖国示，我军已于九月六日举义腾城，渐复永、龙、顺、云、云龙各府厅州县，举动文明，军民相安，俟将各光复地善后办有端倪，即亲统兵丁出巡。请达前途诸同志，各相守勿稍轻动，致滋物议。光到后一切事宜，当与诸同志切实磋商，若有高明，愿附骥尾，非敢妄居高位也，速将此电转达赵藩是盼。都督光。艳。印。"

24日（十月初四日），彭蓂电复张文光说："顷接陈指挥漾濞急函云，侦探得大理军情，兵力甚厚，堵扎下关，有攻我军之意。我军先锋各队，只得驻扎合江平坡，大营驻漾濞，以观机变。请速饬第四营黄星夜前来，以助军威等语。现已如函饬黄开援赴濞。此刻电已修通，蓂复已电至榆、省，交通声气，彼此联合。合肃禀闻。蓂叩。支。印。"③

---

① 《梁启超致袁世凯电》，上海《时报》1911年11月26日。
② 曾业英编《蔡锷集》（一），第333页。
③ 以上三电见《滇复先事录》，《云南文史资料选辑》第17辑，第54—55、63页。

▲蔡锷将 40 支步枪和 6000 发子弹送至法国驻昆明领事馆。据额必廉说,"此事在当时看来,似乎是"蔡锷"肯定期望外国人进行自卫,而不要依靠他的保护"。又说:"尽管王先生①向我保证说,革命军政府的成员们都是很好的朋友,在行政工作中绝对团结一致,但是,我有一切理由相信,事实是相反的。有一次,由于激烈争吵的结果,湖南籍的都督蔡锷坚持把主管职责交给云南籍的二号人物李根源②。李根源尽力主持政府工作只有三天的时间,后来使请求蔡锷卸去他的重任。"③

20 日前后(九月三十日前后)

▲蔡锷发布滇省《军政府宣言》,宣布滇军出师四川之本意,专在"与全蜀之人,左提右挈","共扫满虏专制之余烈,以张汉族独立之威灵"。说:

> 大汉云南军都督府为布告事。满虏盗我国土,肆其荼毒二百六十余年于此矣。祖父子孙,世济其恶,残戮我人民,丧割我土地,毒痛[痛]四海,民怵祸,尽擢虏之发,不足数虏之罪。惟我汉族豪杰之士,疾专制之淫威,惧孑黎之殄灭,断胆陷胸,以争自由。而虏不悟,犹复淫刑以逞,又得一二曲学之士,从而附益之,遂妄欲假立宪之名,以行其专制之实。皇族内阁,中央集权,尽收天下之柄入满人之手,于以制吾死命,使之不得喘息。虏廷所立内阁之初出现也,即明目张胆,悍然不顾,首夺吾所自筑之干路,而悉归之于虏有;而虏廷固无力以成之也,乃有四国借款之约,至欲举吾族四万万人生命财产,悉置之于外人监督之下,冀于其间攫取余利,供虏母子兄弟之淫乐,任虏奸奴悍仆之私饱,此则满虏宁赠友邦,不予家奴之明证也。

> 惟兹事之起,实为吾蜀父老子弟首蒙其祸,然犹停[含]辛仡

① 原译者注:此人原名及职务不详。但额必廉在后文的叙述中提到"11 月 29 日,翻译王先生通知我"的话(《总领事额必廉致朱尔典爵士函》(1911 年 12 月 6 日),《英国蓝皮书有关辛亥革命资料选译》上册,第 285 页),可见这个王先生实际是军政府派出的英文翻译。

② 原译者注:李根源的正式职务为云南军政府军政部长,但昆明光复时所出告示中他署为副司令。见《辛亥革命》(六),第 228 页。

③ 《总领事额必廉致朱尔典爵士函》(1911 年 12 月 6 日),《英国蓝皮书有关辛亥革命资料选译》上册,第 284 页。

[茹] 苦，涕泣请命。而虏廷之对之也，一则曰以违制论，再则曰格杀勿论，吾父老子弟之婉转呼号，襄如充耳，不之恤也。又虑所置疆吏其有稍具人心，略知大义者，或不敢于杀人，乃利用元凶赵尔丰冥顽不灵，贪残成性，然后甘于党逆，乐于效死。赵尔丰者，本出降虏之裔，彼自祖宗以来，世为满人厮养，迹其在蜀杀人媚人，因以酷吏起家，夙有屠伯之目。今复自知其罪大恶极，无所逃于天地，而倒行逆施。自此贼入蜀以来，迄于今兹，屠僇之惨，为吾蜀父老子弟所身受，此无待于尽言者也。

今者武昌一军，首倡义举，南北各行省，先后反正。吾滇僻在南陬，亦于九月九日，率我将士同举义旗，扫除膻腥，光复旧业，三迤之地，以次底定。念全国义师之起，良由蜀中之难，有以激之，矧吾蜀父老子弟，方在水深火热之中，凡我同胞，所宜葡匐往救，不遑暇食者也。矧吾滇、蜀之人，以势则辅车之相依，以义则脊令之急难，又吾滇人被发缨冠，不容自逸者也。且自军兴以后，吾滇养兵之赀，历年仰给于蜀，虽以民力艰难，叠议改拨，以次递减，然犹岁解银七万两，则我军食蜀中之饟 [饷]，赴蜀中之急，亦为义务所在，无可解免者也。

兹本军都督府特简协都督谢汝翼率滇军第一梯团赴援，于九月二十五日出发。复以参议院副长郭灿为蜀中巡按正使，参议陈其殷为巡按副使，宣示我军出师之本意，抚绥沿途被难之人民。所至之处，吾父老子弟，当知本军之出，专在赴蜀之难，同心勠力，取彼凶残，以与全蜀之人，左提右挈，出于水火，共扫满虏专制之余烈，以张汉族独立之威灵。凡我同胞，自喻斯旨，共矢同仇之义，绝无畛域之分。又我军节制之师，恪守纪律，即滇中起义之日，人民安堵，秩序如常，亦为遐迩所共晓。此次经过地方，行旅居民，务宜各安其居，勿得自相疑阻。布告远近，咸使闻知。①

又颁布《滇都督训条》六则和《两梯团之纪律及其注意条件》。其训条说：

---

① 曾业英编《蔡锷集》（一），第331—332页。

一曰守纪律。夫乌合之众，决不乱节制之师。所以能为节制之师者，明纪律也。吾滇军悉已在营三年，凡应守之军纪、风纪，闻之已熟，在营在途，原无异致。所虑者，中有新兵掺杂，纪律未娴，教育日浅，遂发生不文明之举动，贻人口实，为全体羞。须知名誉两字，千万人保之不及，一二人坏之有余。凡我精练之兵，或驻或行，均负维持之责。设有一二不肖之辈，乱我法度，逾越范围，轻则互相劝箴，重则禀官究办，决不使一人之污点，害我同群。庶几名震全球，威行遐迩，此所切望于诸君者一也。

一曰爱百姓。军人者，百姓化身也，入伍则为军人，退伍则仍百姓。倘在伍之时不能保民，退伍之后焉能责人保我？况军人出征，苟无百姓援助，不惟失其动作能力，而处境亦危。粮食、草料、运输、向导、侦察，何一非资吾百姓？古有箪食壶浆以迎王师者，惟军人之能爱百姓，故百姓亦以其所爱者爱之。试观汉口之士，我军转弱为强，百姓欢声震动，非互相关爱之明效大验乎？此所切望于诸君者二也。

一曰戒贪幸。竞争之心不可无，贪功之心不可有，冒险之心不可缺，侥幸之心不可存。此四语我军人须谨记不忘也。况川、滇不啻一家，此行原为保种，苟非万不得已，开战之事务须减少，杀人之心尤不可存。本乎仁义，出以哀矜，以存人道。自武昌反正以来，环球列国俱赞我军不绝于口，以其不妄杀一人也。同种相残，功且不可居，贪于何有？此戒贪之说也。蜀道之难，人所共知，稍一不慎，即陷于危。诸葛用兵，一生谨慎，犹且不免偶疏。我军处境，须常存敬慎不败之心，毋作侥幸图功之想，此所切望于诸君者三也。

一曰勤操演。精神愈用愈出，技艺日练日精，戒满戒盈，古有明训。诸君虽入伍三年，有官长之督率，指挥进退，自不逾乎准则。惟学问之道，本无穷期，况军事日新，苟非勤于操练，则昔之所学者，不免随得随失；今所未知者，尤属愈离愈远。跋涉长途，固不能从事操练；倘有余暇，切勿稍图安逸，致将所学抛荒。军人之事业方长，铁血战事未已，此所切望于诸君者四也。

一曰敦友爱。积千万不相识之人，教育与同，甘苦与共，患难相顾，手足相亲，人生何幸而得此？在无意识之人，每因小忿［念］微嫌，动生怨望。若诸君皆自教育中来，同胞同泽，应明斯义。况以战事之激烈，尤非一手一足之力所能奏功，自宜友爱同群，推诚相与，同以保种保国为目的，庶能前仆后起，万众一心。语云："师克在和，不在众。"惟其能和，而后能爱，此所切望于诸君者五也。

一曰讲卫生。本都督切望于诸君之事，已于前五条尽之。然尤有最后一条告诸君者。以诸君之远涉遐方，日形劳顿，枕戈待旦，露宿风餐，一旦不慎，最易发生疢疾。诸君诸君！须知我辈既为军人，其责任匪轻，其关系极重。国家之建设、人民之治安，何莫非军人是赖？在战时之督策，固以一死为荣；而平时之护持，则以卫生为第一要义。盖必有健康之身体，而后能树伟大之事业；必有活泼之精神，而后能收美满之功。缔造方新，前程远大，愿诸君自保，勿负谆谆。是为训。

其《两梯团之纪律及其注意条件》说：

行军间之纪律。一、各官佐士兵，一律严守军纪，保持秩序，勿失严整。一、各士兵苟无长官命令，不得擅离队伍及任意行止。一、各士兵在队伍中，不得任意解脱衣帽及高声谈笑。一、队伍若经过城镇村庄，尤须整齐严肃，不得东张西望、偶语嘻笑，以损军严。一、于出发前，须早为准备，不得临时迟滞，以误限期。一、大小休息，须遵所定时限，不得借故拖延。一、须保持所定行军长径及速度，以节疲劳，而合机宜。一、先头队伍尤须保守速度，不可遽止急进，以妨后方队伍秩序。一、士兵若有病患，须报告长官许可，始能离队。一、军械军需保护尽致，不得任意抛放及污染损失等弊。一、途中休息，不得任意离开地点，或散放他处及乱入人家。

行军间之注意。一、出发以前，各官佐须留意部下之新靴、新鞋及鞍具等，究竟合适与否，并可令其预为试用，以免临时着用，多受鞍伤之弊。一、各官佐须注意所部之军械、被服、装具、蹄铁等物，若遇有损失、浸湿、生锈等事，须设法迅速整理，并查看人马之靴伤、鞍伤及四肢有无疾病，以防减损之弊。一、途中若遇雨雪寒冻后，不可遽近火热，且戒饮用火酒。一、出发前须将水壶注满，于途中节制饮用。不许任意取饮路间菁沟溪河之水，致生病患。一、休息时，不可躺卧湿地及坐靠阴冷处所。一、选择休息地，必以宽阔干燥及清洁高朗者为合宜。一、休息场所，必指定大小便之地点，勿许任意便溺，有妨卫生。一、途中不可滥食村市间所卖之零杂饮食，有碍卫生。

驻军间之纪律。一、队伍到达时，各官佐、士兵须按舍营司令所分配之地域驻扎，不得扰乱错杂，有干军纪。一、熄灯后，不得任意点火、谈话、吃烟等。一、不得擅自出队或私入民房。若有不得已之事件，必得舍营司令官之允许，方准外出。一、口角斗殴，最宜严禁。且言谈之间，尤须低声，免伤风纪，而失体统。一、赌博及一切非为之事，尤宜严禁。一、购买须要公平，不得依势估压人民。纵有不合之处，须报告长官，听候理论，不得妄与人自争斗。一、口令宜记忆确实，有问即答。遇有疑怪之人，可拿获送交官长，听候处置。但不得任意开枪，致惊扰他人之休息。

驻军间之注意。一、到达之初，不可急就饮食及睡卧。一、大小便须认定厕所，不可任意乱行，致害卫生。一、饮水若不能确定为良者，须待用消毒法或澄水法后，方可饮用。一、不可乱饮凉水。一、背包、水壶及一切物件，宜随时收拾妥当，以免临时寻找，或致拉乱失落等弊。一、有不合宜之靴鞋等物，须迅速整理更换，以免受伤。一、各士兵到达后，即须检查有无靴伤、鞍伤及四肢之疾病否。若有发现者，须及时医治之。此事各长官尤宜代为注意。一、选择宿营地方，须清洁干燥并无传染等症之处。一、由宿营地出发时，须注意将火灭尽，以防不虞。一、夜间突闻紧急号音，须各自整备，静待命令，不可妄事喧哗，或妄开枪炮，致自相误伤。若遇敌人突入，不得已时，可协同棚内兵士共御之。

战斗间之纪律。一、长官须要沉稳指挥，万不可举动仓皇，而阻部下之勇气。一、长官须身先士卒，为部下之表率。一、指挥须要确实，切不可妄发口令，而失信于部下。一、射击时，各士卒须知子弹为战用命脉，不可任意浪费，静听指挥官之口令。一、民间房屋，各士兵不可任意焚毁。倘为敌人之隐蔽地，或不利于我射击时，亦必须听指挥官之命令，方准毁坏。一、散兵进退时，各士兵须要听指挥官之口令，不可自行进退，以乱军心。一、见赤十字会中人，切不可开枪击之。倘有敌兵借该会掩护前进时，方准射击。一、指挥官发口令后，各士兵即依命而行，切不可有悖指挥官之意旨。

战斗间之注意。一、各长官须常注意与邻队联络，并须协同一致，进退相依。一、各士兵须常留意指挥官之口令。及利用地物时，勿妨害他人之射击，并严守射击军纪为要。一、各士兵须节省子弹，总思先时妄费一子弹，即后时少杀一敌人，此念须常存心中为要。一、快放慢放，须依口令而行，不可张皇乱行，致失指挥之效力。一、倘遇有利之目标，指挥官尚未发口令时，各士兵可以独断开枪，但此外均不为例。一、指挥官不幸遇损伤时，凡为该官职次级资深者，须猛勇代理之。一、遇伤不能放枪者，须将自带子弹交付邻兵，自己忍疼支持，不可作哀怜状态，以失军人气度。

以上所列条件，各官长于余暇时，即集合部下讲解教授。无论行军驻军，有暇即行三令五申，总使心领神会，永记不忘，则获益无穷矣。然所列者，不过择要举例，其余细目详件，尚未完善。各长官须将平日心得，按照本旨热心补助讲说。胜负攸关，皆在此念之转移。忧者常胜，骄者常败，诸君共勉之。[1]

与此同时，云南援蜀军巡按使郭灿等人也电告成都谘议局及各地方自治公所、同志会说：

成都谘议局暨各地方自治公所、同志会公鉴。满窃汉土，民不聊生，反对暴政，吾蜀最先。各省响应，皆告成功，天祚汉德，遂驱朔房。不意吾蜀以发起之人，乃受最久最烈之祸，数月以来，上虐于官，下困于匪，同胞雁劫运者，何啻数千百人？西顾蜀云，愍焉如捣，推原其故，由赵尔丰诸民贼，顽悍凶暴，荼毒川民，抑亦同志诸公起义之初，屈于专制，只争路权，致满房横加匪逆之名，辱我父老，屠我弟昆。兹幸汉族同胞，万心一致，义旗并举，胡运告终，甚望吾蜀同胞，决定宗旨，军商学界，联络一气，堂堂正正，主张恢复，不争易挽之路权，共建独立之新国，万勿散漫游移，久寻祸乱。湘鄂诸省，闻皆派兵赴援，滇蜀唇齿，关系密切，军府诸公，于本省反正之后，不及半月，即拣精兵万人，救援吾蜀，前队已到昭通，赴义热忱，允宜同感。援军统领谢君汝翼，于滇省光复，勋绩最多，智勇忠诚，当今豪杰，军律最严，秋毫无犯。将佐诸人，皆极一时之选，抵川之后，

---

① 《云南光复纪要·援川篇（二）》，第157—165页。

必能救焚拯溺，捍患卫民。吾蜀同胞宜表欢迎之意，共成反正之功，万勿稍涉猜疑，致负救援之谊。滇中又虑用兵之后，地方亟宜整理，特派灿与其殷、先沅为援军巡按使，与诸君共筹善后之策，维系治安。灿等固桑梓之邦，其殷亦旧游之地，亲戚故旧，良觌匪遥。患难之余，喜唁交集，谨布悃忱，诸维亮察。云南援蜀军巡按使郭灿、陈其殷、陈先沅暨乡人张国玺、王珣、陈汝祺、张国源、王荫枬、陈绍文公叩。①

关于云南援川军的军纪，额必廉在 1 月 13 日致格雷电报中说："有两伙传教士自云南东北部的昭通和东川抵达此地。他们曾见到大批开赴四川的士兵，并发现这些士兵总的说来举止极为端正和友好。然而，有一次，一批士兵显然是怀有敌意的，特别是一名士兵高声叫喊'现在我们容忍你们这些外国人，但我们的机会将要到来'；另一名士兵对他们这伙中某人的五岁小女孩直吐唾沫。我把这些士兵的详细举动告诉了蔡锷将军，他表示遗憾，并且答应如果能够查出他们，将予以适当的处罚。"②

张培爵、夏之时在次年 2 月 19 日复成都军政府尹昌衡、罗纶电中也说过："滇黔援军到渝，纯抱援川宗旨，极有秩序，并可受我军指挥，唇齿之义，殷勤可感。敝处已与滇黔两军订有合同，并资助旅费谷米，以表联络之意。"③

20 日（九月三十日）

▲额必廉电告朱尔典，蔡锷面临失去权力的危机。说："云南已宣布为独立的共和国，甚至企图派兵夺取四川的部分土地。云南为云南人所有的思想是占支配地位的，因此在领导者中间发生了意见分歧。云南政府的首领是一位湖南人，由于库存中缺少现银，他正在失去权力。纸币大概会贬

---

① 上海《民立报》1911 年 12 月 23 日。又见《云南近事一斑·蜀军巡按使郭电》，上海《时报》1911 年 12 月 26 日。两报文字有个别差异，基本意思相同。
② 《关于 12 月份云南、贵州及四川部分地区情况的报告》，《英国蓝皮书有关辛亥革命资料选译》下册，第 423 页。
③ 《蜀军政府致成都军政府报告工作近况电》，《张培爵集》，第 8 页。

值，抢劫日益盛行。"①

21 日（十月初一日）

▲蔡锷以"军都督府"名义，通饬各镇道府厅州县，不得挪用学款，违即重究。说："照得此次反正之后，诸凡要政，亟应次第举行。而教育为国民基础，尤宜从重。查各属办学款项，前经提拨各项公款集合而成，充裕者既属寥寥，勉强支持者复居其半，甚有以经费支绌之故，学科教员图籍仪器每每缺乏，致成为不完全之学校者亦居其半，是经费不充，于学务前途，诸多滞碍。现通电各属，凡关于学务款项，应饬经收人照旧征收存储，以资办学作正开支。第恐地方劣绅，趁此机会，觊觎公款，假托挹彼注兹，巧立名目，致累学务。为此通电各属官吏及一切办学人员遵照，凡关于学务事件，于学款中不得丝毫挪用，违即重究。切切。军都督府。东。印。"②

22 日（十月初二日）

▲蔡锷以"军都督府"名义，通饬各镇道府厅州县，以及议事、参事会，自治局，如有劣绅把持公款，挟制官长，务必查实禀报。说："顷接石屏州文电，该州绅罗长华、袁嘉猷等自称为石屏军政府正副统领，并有私刻关防，并勒令该州官吏将印信、积谷、军装、公款交与自治局，似此举动，实属荒谬已极。当经电饬该管道府，严查究办，并将石屏军政府名目取销，一面仍由杜牧照常管理。犹恐他属有一二不明事理之劣绅，尚有此项举动，为此通饬电到该管官迅为查明，如有前项情事，并把持公款，挟制官长，及私立名目者，一经查实，即行禀报来府，定照军例从事不贷。仰即一体遵照。军都督府。冬。印。"③

23 日（十月初三日）

▲11 月中旬（九月下旬），蔡锷为编订中央会议大纲，以"军都督府"

---

① 《总领事额必廉致朱尔典爵士电》（1911 年 12 月 20 日），《英国蓝皮书有关辛亥革命资料选译》上册，第 68 页。
② 《要电》，《云南政治公报》第 1 期，1912 年 2 月 11 日。
③ 《要电》，《云南政治公报》第 1 期，1912 年 2 月 11 日。

名义，发布告与云南各界团体及素有研究之士，预筹办法，分条缮具说帖，送府汇交赴鄂代表文。说：

为布告事。照得破坏之后，建设为先，君主专制久为时势所不容，今欲发挥自由，改造民国，则凡国家构造之法，与夫人民权义所关，均应挈领提纲，折衷至当。现在各省定议，各选全权代表，齐集武昌，公同会议，本都督府拟即派专员，定期出发。惟兹事体大，为四万万同胞共同之利害，允宜征求舆论，广益集思，用特编订会议大纲，先行发表。凡在滇各界团体以及素有研究之士，均各按照大纲预筹办法，分条缮具说帖，送由本都督府汇交代表，俾集众长，以协国民公意。为此布告同胞须知，此次会议实关系国计民生，我万世子孙乐利之基，胥于是乎在。其各发抒谠论，赞弼宏图，岂特滇省之幸，实我大中华国万世之幸，切切此布。

中央会议大纲：一、国民［名］；二、国体及政体；三、国权之集中及军政、宪政之次序；四、扩张国防区域；五、缩小行政区域；六、国旗；七、纪元；八、中央政府所在地；九、立法、行政、司法机关之组织；十、全国财政之统一；十一、全国军政之统一；十二、全国外交之统一；十三、全国教育之统一及教育宗旨；十四、全国交通之统一；十五、实业；十六、民政；十七、各种暂行法律；十八、官制；十九、各种文书之程式；二十、服制；二十一、礼制；二十二、大统领之任期及权限；二十三、临时大统领选举法。[①]

23 日，又电告各省都督说：

滇省军政府成立后，条拟中央会议大纲二十三条，兹录全文如下，文曰：

军政府为布告事。照得破坏之后，建设为先，君主专制，久为时势所不容，今者发挥自由，改造民国，则凡国家构造之法，与夫人民权义所关，均应挈领提纲，折衷至当。现在各省定议，各选全权代表，齐集武昌，公同会议，本都督府拟即派专员，定期出发。惟兹事体大，

① 《文告》，《云南政治公报》第 1 期，1912 年 2 月 11 日。

为四万万同胞共同之利害，允宜征求舆论，广益集思，用特编定会议大纲，先行发表。凡在滇各界团体以及素有研究之士，均各按照大纲预筹办法，分条缮具说帖，送由本都督府汇交代表，俾集众长，以协国民公意。为此布告同胞须知，此次会议实关系国民民生，我万世子孙乐利之基，胥于是乎在。其各发抒说论，赞弼宏谟，则岂特滇省之幸，实我大中华国万世之幸，切切此布。

中央会议大纲：一、国名；二、国体及政体；三、国权之集中及军政、宪政之次序；四、扩张国防区域；五、缩小行政区域；六、国旗；七、纪元；八、中央政府所在地；九、立法、行政、司法机关之组织；十、全国财政之统一；十一、全国军政之统一；十二、全国外交之统一；十三、全国教育之统一及教育宗旨；十四、全国交通之统一；十五、实业；十六、民政；十七、各种暂行之法律；十八、官制；十九、各种文书之程式；二十、服制；二十一、礼服；二十二、大统领之任期及权限；二十三、临时大统领之选举法云云。以上各条，关系重大，特逐一布陈，文漏义误，知所不免。诸公卓识宏见，尤精研有素，祈指示勿吝。中央会议委员，滇已选齐，不日出发。望尊处亦速选派，员数不妨稍多，用收集思广益之效。愚昧之见，并陈鉴察。滇军都督锷。江。

稍后，又就此问题发布《布告全省同胞文》，提出滇省具体主张，说：

为布告事。此次各省义军风发云涌，恢复旧土，保卫民生。其宗旨在铲除专制政体，建造良善国家，使汉、回、满、蒙、藏、夷、苗各种族结合一体，维持共和，以期巩固民权，恢张国力。本都督府凤表同情，爰倡义举。乃者清廷倾覆，皇室北窜，已定议由各省选派全权代表，会集武昌，将来商定建设办法，自必抱定前项宗旨，一致进行。现在滇事初定，政务急行整理，不得不由本都督因势利导，力保完善之区。特恐全省同胞未能周悉，爰特声明宗旨，明白宣布，其各咸喻斯意，勿生误会，本都督府有厚望焉。

今将纲要列举如下：

一、定国名曰中华国。

二、定国体为民主国体。

三、定本军都督府印曰：大中华国云南军都督府之印。

四、军都督府内设参议院、参谋部、军务部、军政部。部各分设部司、部厂。各院部同署办事。地方文武各官依事务分配，直接各部，秉承办理。

五、定国旗为赤帜，心用白色中字。

六、建设主义以联合中国各民族构造统一之国家，改良政治，发达民权，汉、回、蒙、满、藏、夷、苗各种族视同一体。

七、建设次第，由军政时代进于约法时代，递进而为民主宪政时代。

以上七条，系本军都督府现定大纲，将来全国统一政府成立，仍应照统一政府之命令办理。①

▲蔡锷以"都督府"名义电告永（昌）黄（连铺）"腾、永国民军"陈云龙、彭蓂，永平县蒋树本，各属均已反正，望兵退"腾、永，借释群疑，以便同商要防善后之策"。说："自省垣恢复，丽、维、大理、楚雄各属，均已一律反正。近丑［日］纷传腾、永军将三路攻榆、顺、楚各境，人心惶惑，谣言四起。此事若确，想系诸君尚未知各属早表同情，望仍退扎腾、永，借释群疑，以便同商要防善后之策。英领事、税务司现已回腾，足见诸公举动文明，实属同志。惟兵不退，疑仍难解，因疑致乱，必非诸君本意。赵樾村派充迤西安抚使，已改为巡按使。全省共设八缺，分途巡视，宣传我举义宗旨，不止迤西一处。现复商派军政部长李印泉西上，与诸君接洽商办一切，不日即发。前致各电，想皆达览。都督府。江。印。"

24 日（十月初四日），彭蓂电请张文光"赐复""如何办理"蔡锷兵退"腾、永"要求，② 但未见张文光的答复，只见其 24 日电复"云南省都督府"一通，对省军政府任用赵藩表示极端不满（详后 24 日电）。

随后，腾越、永昌军电复蔡锷，申辩说："军都督府、军政部长、谘议局、腾永驻省诸同胞钧鉴。来电敬悉。查在腾举义年成［张文］光，即年［张］少三，系腾越人，密约彭、方、和、钱、陈、黄等，于九月初六日首发大难，兴汉灭满，恢复故土。继李、张收复龙陵，彭率义兵据永，均各

---

① 以上二文见曾业英编《蔡锷集》（一），第 334—335、344—345 页。
② 《滇复先事录》，《云南文史资料选辑》第 17 辑，第 63—64 页。

秋毫无犯，人民不惊，安堵如常，早经电达在案。兹来电云三路进兵，因十七、八等日接顺宁同胞急函，云缅宁马协反对，土匪摇动，请派兵前来弹压安抚，因有右路之兵也。又接赵藩来函，云伊奉委迤西安抚使，统领腾、永国民军，兼西道腾越领事，并先派永昌逃犯杜育率队先来，大军继后等语。当时电断未通，故未知榆城内情，倡义诸君金谓杜育系藏匿兵饷万余金、拐带快枪数百杆、先事逃逸之犯，兹赵不察贤愚，派为先锋，故永、腾人心惶惑，所以有陈指挥中路之兵也。左路一军，因盐井为迤西利源，恐有土匪滋乱，是以派兵保护。三路之军，所到秋毫无犯，尤不伤杀一人。讵料赵藩及孙管带包藏祸心，明为欢迎，诱我军过后，遂焚断四十里桥，暗伏大军，用开花炮轰击陈军，伤毙同胞无数，闻之实堪惊骇。所谓共表同情者，不知其意何居？但我军严守革命《方略》，抱定宗旨，以保民为主义，如有他意，以上断头台为誓。恳请勿听赵藩一面之词，致诬倡义者冤沉海底。大局幸甚，我同胞幸甚。电谓退军一节，尚请电知赵藩，亦无非革命《方略》，先自退兵，一面将杜育递解回永问罪，我军自当惟命是从。来电代表谢翊晋是否即前永府？立候电示。丰、华同叩。"[1]

24 日（十月初四日）

▲张文光以"滇西军都督"名义，径电"云南省都督府"，反驳蔡锷兵退"腾、永"要求。说："光以草茅崛起，手无寸柄，经数年经营联络之久，奉中国同盟会孙大总理命令，恢复祖国，集合同胞于九月初六夜举义，恢复腾城，次第克复云（州）、龙（陵）、永（昌）、顺（宁），人民安堵，鸡犬无惊。嗣即成立国民革命军二十营，预为北伐之计（按：张文光宣布成立每个营时，都说是为了"保卫地方"，非为"北伐"）。厥后风闻省垣响应起义（按：暗指昆明起义只是响应腾越起义），幸慰非常。光以国旗〔体〕甫立，善后未妥，是以未及锤〔垂〕教，歉仄万端。不日当亲赴省垣，听候指挥。屡接永昌彭统带（按：指彭冥）转电，均称滇西大事，省都督已委赵藩统制全局，并兼理腾越镇事务，军民人等一律遵照云云。现西事大局已定，治理待人，光碌碌蠢材，诚难胜任，且出力无多，恒恐舆情不洽，遗诮将来。若果得贤能接理，光得以置身事外，实为幸事。光

_____

① 《云贵要闻汇纪·腾军之辨诉电文》，上海《时报》1911 年 12 月 26 日。

虽暂充军都督，实为腾绅商军学界公举，遵《方略》暂以办事，非故出自本心也。赵氏之来，未识果否？伫望直接见复腾署，俾便预办首尾，以免临时差误，贻恋锯［居］高位之讥。愚直之言，统希原鉴。滇西军都督张文光。支。印。"①

同日，省军政府由李根源出面，向张文光、陈云龙、袁恩锡等人解释省军政府派赵藩"巡按西陲"，以及赵藩态度强硬一事缘由。说："电悉。迤西一带借君等之热心毅力，得以光复，国人无不钦佩。惟赵樾老此次巡按西陲，实为滇人所共举，且当此建设之初，外交尤宜留意，赵于内政外交均极娴熟。其致兄等之电，语气直率，想系军戈旁午之际，失于俭点，当非赵之本心，祈为曲谅。且目的既同，形迹之间，仅可从略。望诸兄同心赞助，消除意见，共济时艰。稍有一私，必（启）猜疑，同室操戈，祸患相仍，有碍大局，恐负初心，如同胞何，如天下何。用敢披沥陈告诸君，均祈照前所来数电办理，是所切祷。自闻诸兄来会，何必功自我成耶？若以名誉言，则同系滇人办滇事，又何分彼此。若以兵戈言，则人械相较，利胜且尽在兄等。总之，伤残同胞，万不可为。况强邻虎视，驻兵河内，正欲乘衅而入。千钧一发，成败之机，关系瞬息，毫厘千里，愿诸君熟思之。根源本欲亲赴军前，一图良晤，缘省中之事，蔡都督虽主军政，一切之事均由源主持（按：此语透露张文光有云南是云南人的思想，不以蔡锷这个湖南人掌握云南最高权力为然，否则，李根源不会说"一切之事均由源主持"）。又拟与吕志伊同往鄂中一行，共商组织中央政府事宜，因此不克分身，良深歉仄，乞复。李根源。支。印。"

大理同人也电告张文光大理光复、李云龙及省军政府相关情况。说："腾越曜三张君鉴：九月十二日（按：11月2日）晚，大理已复，百姓安宁，并未流血。一切均照《方略》施行，民政由机关部主持，省城电信灵通，蔡都督已委赵藩安抚西陲，彼此均表同情。但陈云龙隐怀鼎足意见，必欲攻大理，窥中原，与《方略》宗旨颇背。顷蔡都督调兵伐腾，望君速撤陈兵权，断其协饷，谕以大义，否则名誉一扫，祈速斟酌复电。榆城同人叩。支。印。"

25日，张文光电复蔡锷、李根源，以及大理同志，在复蔡、李电中

<hr>

① 《滇复先事录》，《云南文史资料选辑》第17辑，第64页。

说："支电悉。此间举动，均照《方略》，各属已表同情。前因未接省电，故以兵前进安抚。后得消息，即令停止。谣言浮动，人心惶惑，请速饬各地方官明文宣示，勿怀疑惧。李印泉来，极欢迎。惟腾、永地小，兵饷浩繁，就地筹款，势必不敷。望接济巨款，以维边防。印泉阖家均吉。谨复。腾。张文光。歌。印。"

在复大理同志电中说："汉族不振于兹二百六十余年。八月内，光奉孙总理函委，运动滇事，以图恢复。近因四川路事，人心思汉，咸有跃跃欲动之势，继而湖北振兴，人心大愤〔奋〕。光于九月初六晚集合同志诸君，恢复腾城，外人及商民均安堵如故。随派兵恢复永昌、龙陵、顺宁、云龙诸地，幸俱如愿。但在首事之区，未克遽增完善。继闻省垣恢复，又连接南洋同志来电，谓北京破，摄政擒，南北各省，先后响应。屡聆之下，喜庆莫名。惟贵郡情形，曾屡函致侯，终属鱼雁鲜通。九月下旬，接商号来函，始悉贵标亦已反正，不禁欢呼者再。如此，则滇中大局已定，亟应妥求治安。惟由永至榆，邮电不通，商民惶惑，殊于商务大有妨碍。光恐诸君未深悉腾中情形，转多疑虑，用特披沥敬告诸君：方今天下大事已成，无可专制之区，苟怀私见，即众所不容，不但一邑一州势难孤立，即一省偏安，亦难挡外侮。滇为中华门户，则中华之所注重者为滇，而腾又为滇西门户，则滇之所注重者，亦宜为腾也。光早拟前来磋商事宜，实因庶务羁身，终于不果。今特托贵标同志任、英二君先行回榆，抒陈意见，庶彼此化去偏私，同谋公益。光速将要务料理就绪，亦必亲赴贵郡会商边防事宜，随即下省请示一切。光边鄙下材，殊无远见，但誓为同胞谋幸福，为地方求治安而已矣。尚希贵郡代表诸同志共鉴鄙衷，则同胞幸甚，天下幸甚。腾越代表张文光。微。印。"

又两次电告陈云龙，一表示"大理情虽可疑"，但"勿得轻动，以致同胞自残，殊为虏笑"。要他"即赴榆，联为一气。可单骑入城，以表同情"。二是指示："大理事须主和平，勿得轻动，有害大同名誉。着我军退守漾濞，兄单骑入城，联络一气，以表同情。榆事就绪，望速回永商办边防事。都督文光。微。印。"

不过，陈云龙似并不乐见张文光这一指示，因而于同日回电解释说："腾军都督钧鉴：云龙率师东下，原冀匡助反正，保卫各地方。我军甫抵漾濞，即派何大林、刘玉兴赴榆送信，并张贴军政府宣言，不图赵藩、孙绍骞居心诡诈，计在妒功，将何、刘二人擅杀，并派军堵出下关天生桥各处。及我军先锋扎至合江平坡，该赵、孙等又派张奇前来行刺拿获。云龙念在同胞，不加诛戮，转赠伊鞍马银两放回，俾榆军知我仁义，易于联络。乃赵、孙贪功之心牢不可破，必欲诬我辈而甘心，又派周华国、马明远等诈来欢迎入关交涉，行达四十里桥，榆军埋伏四起，烧断桥梁，截我辎重，将我代表杨大森、祝从龙、陈定州、王桂清、杨春华等捆去。开炮轰击，我军亦用炮还击，幸两无大伤。榆军如此野蛮，合江之战势逼处此，非我军多事。此后如何交涉，祈核示饬遵。指挥云龙叩。微。印。"①

25 日前后（辛亥十月初五日前后）

▲报载蔡锷指示将谘议局改为省议会筹办处，并委刘显治、李文治等充当该处特派议员。说："云南蔡都督以谘议局为将来省议会之一基础，现该局已届闭会，应将该议局改为省议会筹办处，筹议一切建设事宜。当委刘显治、李文治、熊范舆、唐尔锟、孙璞、刘锐恒、游万昆、马启祥、袁玉锡、何秀堂、马柱、刘钧、耿徐煊、郭燮熙、余晋芳、蒋谷、李燮熙、孙光庭、席聘臣、吴琨、陈价、周钟岳、马观政等充当该处特派议员。"②

▲临时省议会成立后，副议长万鸿恩提议请军政府施行北伐意见书。说：

> 窃以英雄举义，当取大名、定大计，审功业之轻重，绝群情之游移，占兵法之先机，连世界之同意，方能所成者大，所及者广，而功业乃臻完善，名誉始垂无穷。鸿恩不佞，近觇现在之事，远稽往古之兵法，窃以我滇有不能不北伐之理由，厥有数端，敢为诸君子公同讨论之。

> 我滇反正，举中华全国言之，不过一部份，事非削平北京，驱除挞虏，则反正之目的，犹未能纯粹完全，此不能不北伐者一也。现在各省举义，虽继续成功，然非攻破北京，则各省之独立，犹是枝叶之计划，而根本上之问题尚未解决，是绝大之政策，终觉摇摇未定，此不能不北伐者二也。北京为通国之领袖，犹之省会为各州县之领袖，

---

① 以上各电见《滇复先事录》，《云南文史资料选辑》第 17 辑，第 65—69 页。

② 《云南近事一斑·新委议员》，上海《时报》1911 年 12 月 26 日。

破一州县者，其功业固不敢与破一省者争；是破一省者，其功业固不敢与破北京者争，此理固甚显然也。昔岑襄勤出师攻打广驿，杨玉科攻打大理，及至大理将破，而岑之文案诮岑曰："大理之破已在旦夕，而公犹迟延于此，恐大理破后，则复滇大业非复君有也。"今各省皆有北伐之师，而我滇竟属寂然，似于统筹政策未尽完美，此不能不北伐者三也。且查中国人民历来之脑筋中，皆藏有北京政府之观念，现在独立之省虽居多数，然北京未破，有识者引以为忧，无识者引以为疑，是北京一日不破，则群情一日不改。欲扫除众人之疑团，而使其统一定向，非北伐不为功，此不能不北伐者四也。且俗谚有曰：擒贼先擒王。北京者，满虏之王也，满王不除，则群小丑必四出而跳梁。虽于我兵无所损失，然到处应敌，未免疲于奔命。昔曾国藩之攻洪秀全也，以各省之师，四处应敌，虽皆常踞优胜，然而旋得旋失，及至移师江南，而各王之兵，方全数解围往救，而外省悉平，此无他，攻其根本也。现在若不直捣幽燕以除其巢穴，仍听其苟延残喘，则彼兵可以出而攻击，我兵亦只能各处抵御，乃兵家之所大忌也，此不能不北伐者五也。近闻报章所载，各省伐北之师，均皆各有分任，而欧洲各国亦甚注意于我军。此举必先推倒满清政府，乃于进行各事方无妨碍。我滇正宜取合各省之同意，命将出师，以为固结各省之地位，此不能不北伐者六也。况就北京之财政而论，自各省宣告独立后，其饷银已绝，虽宫内稍有积蓄，其涸可以立待。然使其根基尚在，行息借外债之手段必渐渐发生。近者报章所载，如赵尔巽以东三省之邮政、电灯各进款，抵借日金二百万，此可为实在之证据也。苟满政府亦照此推行，则灭亡之机尚难逆料，此不可不北伐者七也。

而或者曰："滇处边隅，介于两大，根本要图，尚难自顾。现在分兵援川，已出万难，若再北伐则兵力实有不逮。兼且滇本瘠区，内为受协省份，即使兵力充足，而饷项已不能支。即此两端，而北伐之于事实上，万难做到。"不知滇省饷薄兵单，固为人人所共见，然北伐之举，实根（本）最重要之问题，不能因财政之困难而遽形中止。譬之贫者虽无所求食，决不能自甘饿死而不谋求食之道。我滇虽云财政困难，何妨量财力之厚薄，为用兵之多寡。多者或千人或数百，以为各省之声援，而尽我滇之天职，较之贫者甘于饿死优胜多矣。不然，满政府一日不除，则祸机一日不靖。设北军一旦临境，我滇能以饷弱兵单之故，而遂束手待毙乎？此事理之必不能者也。鄙见若此，尚祈诸君研议，列为建议事件，呈请军都督府衡核施行，则大局幸甚。

临时省议会随即咨请军政府据万副议长之意见组织北伐队。说："为咨请事。窃维军政（府）成立，方足以渐次进行，达共和政体之目的。政体之解决，又必须立正当之标准，使一般人民群晓然于宗旨所在，以鼓其进行之志。我军府自反正后，规划大计，派员到中央政府组织一切，又分军援川，为人民所深信祷者也。惟是根本之计，联合各省之谋，尚有未能进行者。本会筹议数次，冀有以辅军政，而造将来之幸福。现在万副议长（鸿恩）条陈意见，言组织北伐队，为目前所急。当经议会列为议案，议请军府实行。合将意见书一份，备文咨请军府查核办理。此咨。"

军政府对省临时议会万副议长请组织北伐队一案，表示"碍难准行"。说："为札行事。照得前据该会具呈万副议长条陈意见，组织北伐队，当经议会列为议案，议请实行，并呈意见书到本军都督府。据此，当即发交参谋、军政、军务三部会议具复。兹据三部会呈称，窃奉军府发下云南临时省议会呈文，并意见书各一件。奉批：三部会议具复，参谋部主稿，限三日内签复等因。奉此。遵即会同军政、军务两部核议。查前据李伯东等两次禀陈《组织北伐队简章》，当以滇中财政支绌，巨款难筹，如该生等另有筹款之方，定当飞电鄂省源源接济，并以各兵士训练一月，难成劲旅等因，饬照所指事理，再行熟筹在案。兹该议会又以为请。查核该副议长意见书，但有北伐理由，并无切实计划，已觉茫无归宿。而该议会又仅有"列为议案，议请实行"一语，亦属有言论，而不计事功。窃以滇处极边，贫瘠本为人所共喻，反正以后，以黔、川唇齿相依，援师济饷，穷于应付。近以本省各属，时有匪乱，饷械尤为两难。即今大局安定，而百端政事，兴举不遑。况滇省与北京相距万里，该队人数太少则于事无济，过多则款项无出。且师出无路，将遵陆北进，则援川事竣，直捣幽燕，此举已为枝指；将假道越南，则兵队过界，人不我许。该议长等但知图北伐之美名，而未将种种事实通盘筹划，实属碍难准行，拟请仍照前案批饬不准等情。据此，相应札复。札到该会，即便遵照。此札。"①

25 日（十月初五日）

▲蔡锷委任周钟岳"兼充登庸局局长"。周"以病未愈，且一身难兼数差辞之，未获。"②

26 日（十月初六日）

▲2 日（九月十二日），江西都督彭程万致电各省都督，表示"各省援鄂军队，应统由黎都督节制调遣，以一军戎"。

26 日（十月初六日）蔡锷电复彭及各省都督说："文电称各省援鄂军队，应统由黎都督节制调遣，以一军戎。苠筹卓见，的处甚为赞同，已饬知援蜀军队，俟东下时，遵为办理。滇都督锷。鱼。"③

▲李根源将蔡锷 26 日（十月初六日）致大理赵藩、孙绍骞，永昌彭蓂，腾越张文光暨迤西各府、厅、州、县电，稍做缓和性的修改，如对"初五日合江之战"，仅说"擒杀之百余人"；对陈云龙，仅说"且据腾、永人均谓，陈本系无赖"，删除"彭君来电，西防编为二十余营，有兵无械，耗饷无益"等语；再电大理赵藩、孙绍骞、彭蓂、林春华，腾越张文光、李治及各局送各府厅州县说："彭君蓂支电悉。腾越举义，永、顺先后收复，地方安谧，省中早有所闻，拟联络一气，商办善后之策。曾屡电陈云龙，告以省事大定，榆军暨迤西各境，悉属同志，腾、永为要防重地，急宜抚绥百姓，辑睦外交，请速返，勿东来等语。乃陈云龙不惟不听，反恃众挑衅，致电本都督府，声言率队入关，分三路进发，并以悖谬之条件要约榆军谓，不认省派官吏；令榆军封缴军械，另候陈云龙编制；并令陆、防官兵，不带械出关迎接；全省各州县，陈云龙均要巡视一周。此等要约，实属居心叵测，与举义宗旨大相刺谬。且连日分队窜扰蒙化、云龙州一带，直欲残破已复之完城，扰乱守法之军队，并与清永平县蒋树本狼狈为奸。日昨腾、永绅民来省控诉，陈兵抢掠劫扰，直同草寇。又迤西机关部电称，委代表前往，现亦并被拘留，此而杜隐患，已饬榆军迎头痛剿，务绝根株。

---

① 《滇省谘议局光复后之报告书》。
② 《惺庵日记》第二册。
③ 曾业英编《蔡锷集》（一），第 353 页。该书定此电发于"12 月 25 日"，误。

初五日合江之战，擒杀之百余人，夺获枪弹多件，若非陈云龙甘为祸首，何致骈戮多人，殊为悯恻。惟该陈云龙，经此败衄，恐四窜滋扰，为地方之害。且据腾、永人均谓，陈本系无赖，尤易勾结为患。特悬赏格，有能拿获陈云龙、蒋树本者，每各［名］给银三千两，由大理赵巡按使查实发给。其余协从，一经输诚，概予赦免，希各出示晓谕。根源。鱼。印。"①

又电告腾越、永昌、顺宁分送张文光、彭蓂、李治、李学诗、方涵、和朝选、李干櫆、黄鉴锋、钱泰丰、林绮楼（按：林春华，字绮楼）、张鉴安，表示他同意"扶病西来"，是因为省城"同人"的"敦促"，希望各位"竭力开导"陈云龙，"共商善后方法"，否则，"西方之事，自另有主之者"，"惟听之而已"，暗示省城内部意见并不一致。说："前置三电，未承赐复，不胜悬念。根源自省光复，谬总军政，积劳呕血，方期休养旬日，遣赴武昌会议中央政府之事。乃以陈云龙假义军名誉，作草寇行为，昨日竟于毛草哨轰击榆军。事已决裂，生灵行将涂炭，扶床闻耗，吾心滋痛。同人以根源在西边为桑梓之乡，与诸君有一日之雅，大义相责，敦促上道。回忆向日诸君，不以根源为鄙，时相鼓吹革命，及身而告成功，其荣幸何如？第反正以前，不得不借种族问题，以鼓吹同胞之气。反正以后，但期改革政治，保持地方安宁，增进人民幸福，组成共和国家，即达我辈目的。若存帝工思想，致使地方涂炭，则天下共诛之，而况行同草寇者乎。诸君夙具血忱，与我同心，源所素知，惟陈云龙殊难深信。诸君如能竭力开导，令变思想，与我军同宗旨，源当扶病西来，共商善后方法，如其不然，则源不忍同室操戈，蹂躏生民，仍当赴鄂，西方之事，自另有主之者，源惟听之而已。源与诸君相见以心，请诸君亦以坦怀相示，俾定行止。咯血致电，切盼电复为祷。根源叩。鱼。印。"②

12 月 11 日（十月二十一日），张文光电复李根源，一面表示"欢迎"，一面又就"毛草哨轰击榆军""同人宗旨"等事进行辩解。说："李印泉先生鉴。廿日（阳历 12 月 10 日）接获鱼电悉。现陈云龙已调回永，各军队撤退。惟望速至永、腾，合商治安，不胜欢迎之至。同志张文光叩。马。印。"

① 《滇复先事录》，《云南文史资料选辑》第 17 辑，第 70—71 页。
② 迤西陆防各军总司令部编辑《西事汇略》卷一，1912，第 3 页。

李云龙、钱泰丰等人也电复说："沿途探送李印泉师长钧鉴。鱼电号奉悉。此次吾辈举义腾城，继复永、龙、顺各城，所到之处，皆文明举动，鸡犬不惊，惟抱定革命《方略》，顺抚逆诛，并无丝毫扰累。忽因郭龄昌拆沧江桥，毁电线，邮电不通，致榆城消息隔绝，始有陈奎生赴榆联和之举，不知前途误会，发兵阻滞，不容前进，兼被人于中播弄黑白，开此衅端。茅草哨袭击榆军，并无此事，是榆军先来平坡击追我军，且我军四十里桥尚未过，况茅草哨乎。而我辈之宗旨，有无悖谬，幸太公暨各属代表张卫臣、李昆田、林绮楼、张鲁香不日即亲至榆城，吾辈曲直，自得攸分。今值公驾临，是全滇之幸，吾辈幸也。何日到永，请先电示，以便出郊欢迎，是所盼祷。陈云龙、钱泰丰、和朝选、方涵、林春华、李治、马登云、彭冀、张文运、张鉴安、张定甲同叩。个。"

李治等人则再次电复说：

李印公钧鉴。鱼电悉。已由同人拟复，兹更再陈梗概。闻公西来，同志等眉飞色舞，欣庆万端，使滇西同胞转祸为福，此同志等喜极欲涕，而惧不可必得者。至尊电询及同人宗旨，令其坦怀以告，庶便首途西顾，否则当置诸不问。西方之事，自有主之者云云。复不禁四股战栗，莫可为计。革命军只一种，天下无不同之宗旨，讵榆、腾特有异耶。两军之所以再相冲突，及事实上稍有玷于名誉者，因事冗人繁，彼此均不无昧于大义之人以致此耳。至草寇行为、帝王思想，度两面当轴诸君，不特无是事，亦断无是想。陈君之所以引兵东渐者，意在援应独立，复我邦族，非具有何种野心，只是作事或有操之太急之时，即为人所不谅。治等此番之来，均是受腾父兄之举，张少三都督之托，贲一己之志，不揣绵薄，以冀冒险入榆，大表同情。解疑团而苏间阎，化意见而庆大同。治等始动身时，两军仅一战相持，以为均出无心，易于挽救。何期途次金齿，遽闻再战之耗，即惊心动魄，气衰力阻，已知两军解释，非卑微所能为力，只以所志如此仍［乃］尔，遄征以终，乃［仍］事无何。途次杉阳，遇陈君遵绍三都督命令，拔队归来。谘询之余，复知此役，于使命有完全之妨害，无万一之效力，乃仍偕绮楼、杰三二君返永，思欲更图奇道，以得万全。劳心焦思，正值莫可谁何之际，忽省榆电通，光明大放，得先生西来之电，如此则同人释怀，草木皆春，端惟先生是赖。腾之事，即先生之事；先生之志，即少三与诸同志之志，无纤毫歧异，更无纤毫乖隔也。中国同胞，榆、腾不仅同胞，四海兄弟，榆、腾逾于兄弟。是非不必太明，曲直不必甚判，忍在同胞，让在兄弟，他人不能间我也。仁人之言，其利甚溥，解纷排难，群仰望于先生，造我邦家，责无旁贷。先生其重念之，时间逼人，百不得一，愧惧惭悚，不知所云。李治、张文运、张鉴安叩。①

▲张文光致电大理机关部，认为双方冲突的责任在大理一方。说："初六日，腾越恢复，连复龙、永、顺、云，兵不血刃。后闻榆城、省垣迭次反正，同心同德，无胜欣幸。已于东、歌等日迭电调陈指挥回永。兹忽得来电称，周华国等诈许欢迎我军代表，俟半进合江四十里桥，榆军即截我辎重，烧断桥梁，放炮开枪，势欲尽扫，未识确否，或者又有别故耶？请开诚布公，直言见教，无任各起猜疑，自戕同胞，以负彼此之初心而势同谋夺也。立侯赐复。腾代表张文光。鱼。印。"

大理陆军同人当即电复张文光等人予以否认，说："来电敬悉。贵处已表同情，且办理均合《方略》，良深钦佩。大理于九月十二日反正，共张汉帜，兵不血刃，远近皆知。乃陈云龙、刘竹云假义军之名，心怀叵恻［测］，事权不一，民心惶惑，怨声时有所闻。敝处屡次寄达诸君函电，均为扣留，其居心已不堪问。迭奉省城军政府电饬，兴兵痛剿，以安闾阎，而息嗟怨。用特布达，以免误会，谓为自残同胞。请速设法将渠等调回，明正典刑，免损同志名誉，而贻环球羞，是为切祷。大理陆军同人公叩。"

大理军学绅商各界代表也电复张文光说："闻名隔面，初接电音，豪杰乘时，事理明达，佩甚。此次全滇复汉，改革文明，各省都督一体电贺。现派代表赴武昌会议，统一政纲，汉官威仪，共欣复睹。前闻腾、永已复，而秩序西［混］乱以［亦］如此，甫当破坏之际，电邮俱断，无从问讯，乃未几而已复之蒙化、合江、漾濞一带，被陈军前来纷扰，同人等以情理劝阻，抗不听从，显有窥取大理之心。执事来电言治安，而此辈行为背宗旨甚，为执事想，心迹之非，口舌可明。切望鉴纳忠言，速调回腾，分别

---

① 以上三电见《西事汇略》卷一，第3—5页。

惩戒约束，保守边防，以候政府之奖赍［赏］分［颁］布，共图幸福，乃不负义举初心。否则如前来电所云各节，竟成虚语，何以对榆郡人民，何以质滇军政府，同胞同里爱切言直，执事其谅之。榆城军学绅商各界代表同复。鱼。印。"

张文光接获二电后，一面电复大理陆军，表示"来电已悉。陈、刘二人已电调回永，特闻。"一面电告永昌钱泰丰说："初四晚接榆电云陈奎生有鼎足之势，曷深诧异。如果属实，则同志名誉何在。前于东、歌等日已两次电调回永。未闻启程，望兄兼程前去接指挥事，并将榆电宣明，劝仍回腾升任参督，以观榆代表情形如何。函送两统带委扎，已在途矣。"①

▲蔡锷电告陈其美，赞成以鄂都督府为临时政府。说："桂都督感电鱼奉。公推鄂都督府为临时政府，专任外交代表，敝省极赞成。如何组织，人员如人［何］任用，即由都督主持。敝省全权代表吕志伊等即日出发。滇都督蔡。鱼。"②

27 日（十月初七日）

▲赵尔丰在成都宣布所谓"独立"。

12 月 27 日（十一月初八日），朱尔典将四川赵尔丰"独立"有关情况，函告格雷说："四川已于 11 月 27 日宣布独立。总督同意交出他的关防，并重新担任他的边务大臣职务，但在离去之前，将留在成都向新政府提供建议。总督阁下与夺权者签订的协议规定：目前将照常补贴驻防旗兵的大米；行政和司法官员可随意继续留任或离职；保护所有的官员不受侵犯；对满、蒙、汉、回各族人一律不加区别。"③

28 日（十月初八日）

▲张文光电命陈云龙"速退守漾濞"等地，"分兵防堵要隘"。说："来电榆军先迎后战，深藏阴谋。合江地小，不宜屯兵，着速退守漾濞、龙街、麦地，并速分兵防堵要隘。一方面专函告榆军孙统带，实彼诱军攻，

① 以上各电见《滇复先事录》，《云南文史资料选辑》第 17 辑，第 69—71 页。

② 曾业英编《蔡锷集》（一），第 341 页。

③ 《朱尔典爵士致格雷爵士函》（1911 年 12 月 27 日），《英国蓝皮书有关辛亥革命资料选译》上册，第 274 页。

非我军多事也。光已将情形电榆军同人矣。都督文光。庚。印。"

12 月 1 日（十月十一日），再电陈云龙说："庚电接否？榆军诈迎，酿成合江之战，若相持日久，难免地方惊惶。着速将全军撤回永平，分防各隘为盼。都督光。真。印。"

3 日（十月十三日），陈云龙电复张文光，"谨遵电示办理"。说："真电奉悉。我军已遵庚电退扎漾濞。现在榆军经合江战后，尚未甘心，若再退，则稍示以弱，恐启追战之隙。兹为地方计，谨遵电示办理，请纾锦念。指挥陈云龙叩。元。印"①

▲27 日（辛十月初七日），张文光电恳蔡锷、李根源"及同志诸公"，饬赵藩"勿旁听奸言，自起剑影杯弓之虑"。说："初七夜十二点钟接省支（按：初四日，11 月 24 日）电敬悉。自当照办。念光九月六日冒死举义，恢复腾城，鸡犬不惊。次第光复永昌、龙陵、顺宁、缅宁、云州、云龙、永平各地，均幸宁谧。因邮电隔阂，不知榆中真像，遂派军前往匡助。不图我军东下，榆军见疑，两相乖违，此恐榆军反对，彼恐陈军进攻，因此积疑生畏，宵小谗言，乘间而入。歌日（按：即初五日，11 月 25 日）接陈飞电云，赵藩、孙绍骞居心诡诈，计在妒功，先将我送信并贴宣言之何大林、刘玉兴擅杀，又遣张奇前来行刺拿获。念在同胞，不忍加戮，转赠鞍马银两放回，俾榆军知我仁义，易于联络。乃榆军使周华国等诈来欢迎，诱陈军入榆，至合江四十里桥，榆军埋伏，毁断桥梁，截枪饷，并捆去代表杨大森、祝从龙、陈定洲、王桂清等。斯时枪炮并举，陈不得已，始竭力争斗等因。并接永昌彭夔来电亦同。光迭阅之余，孰是孰非，尚难预定。惟杀我信夫，捆我代表是实。已飞电撤陈军，查实惩办，务协公理。若陈果怀不轨，则榆军攻前，腾军攻后，绝不容此跳梁，致背宗旨。如榆军擅杀擅捆，衡诸公理，未免野蛮，仍望诸公公断，万请勿生疑虑，有碍大局。赵樾村来，悉乐欢迎。望治孔殷，并无意见。恳饬该老，亦勿旁听奸言，自起剑影杯弓之虑。凡百事宜，俱希电教为祷。张文光叩。阳。"②

28 日，蔡锷以"军都督府"名义电复张文光说："腾张君抚鉴：电悉。

---

① 以上各电见《滇复先事录》，《云南文史资料选辑》第 17 辑，第 76—79 页。

② 《滇复先事录》，《云南文史资料选辑》第 17 辑，第 74 页。《申报》之《腾越之伪革命》一文中也载有此电，口气相对缓和。见该报 1911 年 12 月 24 日。

榆事原因，全由陈云龙不听劝告，势逼处此。同室操戈，岂独阁下为之恻然。果能飞电撤回，查实惩办，允协公谊。从此嫌疑尽释，务奋精神，培养民国基础，方不负我辈数年苦心。若陈云龙仍复不知利害，横行占据，诚如来电，榆腾夹攻，螳臂其能挡车？赵槭老自应饬令速行，惟陈军不退，恐道路多阻耳。腾越近情尚妥否？速见告。军都督府。庚。印。"

同日，李曰垓则电复张文光、张鉴安、李治说："历读来电，卓识宏度，力顾大局，佩甚。腾处极边，易惹外交，诸兄举义最先，度已计虑周全。惟招集既众，恐流品不齐，偶有一二不明事理之徒，举动稍乖，即足以有坏全局而损诸兄名誉。日前榆军与东来前军冲突，纯系误会。此事似宜诸兄查明，严加约束。盖全滇一律反正，腾、永举义在先，而声气在各属之后，此实美中不足。印泉不日西上，面晤时一切疑误当自释然。现在通国反正，清帝已逃，各省约开中央大会议，建一大共和国。滇中全权代表，日内遣发。以后帝王事［侍］臣等字样，举无所用，割据分封等事，为世所不容。省垣省事诸公，现虽建立军府，不过为镇压匪徒，保持公安起见，一俟中央会议既定，诸公或归镇，或归田，亦决不留恋政局也。垓前被军府委任暂摄蒙自关道，坚辞晋省。又以军政部次长见委，虽事势至此，不能稍效犬马，而私心自揣，仍决不受职。盖革命极高尚之事业，苟有一毫功名势利之私见存乎其中，即辱没革命两字矣！凤蕴斯旨，辄以附闻。家有老父，音信久违，恳饬讯问，并报知愚弟兄，暨腾人之寓省者均吉，至感。弟曰垓叩。庚。印。"①

29 日（十月初九日）

▲蔡锷电告各省都督，重庆已反正，援川滇军一队先后开拔。说："重庆初二反正，都督张培爵、副都督夏之时。敝省曾得张、夏来电，谓长江电阻，湘、鄂电不通，嘱转达中原。近况希随时电告。并援军一队已先后开拔，并闻。滇都督蔡锷。佳。"②

---

① 以上二电见《滇复先事录》，《云南文史资料选辑》第 17 辑，第 75—76 页。
② 上海《民立报》1911 年 12 月 9 日。

30 日（十月初十日）

▲蔡锷委婉电询黎元洪，各省是否已多数公认鄂为临时政府。说："连得各省电，公认鄂为临时政府，专任外交代表。请尊处查各省公认之电，如已得多数，即由滇省急电知会各省就近照会领事。并由尊处先照会外交团电达各该国家承认，以便切实办理外交。至要。至盼。除通电外，专电奉恳。辛亥十月十八日到。"

12 月 8 日（十月十八日），黎元洪电复蔡锷说："议决鄂为中央政府，所有外交暂由鄂担任。俟南京临时政府成立，即由南京主持。祈释廑念。"

▲蔡锷电请黎元洪先告外交团速电各该国承认。说："得各省电，公认鄂为临时政府，专任外交代表。兹事不宜迟缓，请鄂都督查各省电，如已占多数，即用海线发电通告各省就近知会各国领事，并由鄂先告外交团速电达各该国承认，以便实行。至要。至盼。"

又通电黎元洪及各省都督，主张各省迅派代表莅鄂，"从速组织中央政府"，并发表"国家组织纲要"五条。说：

> 对外非列入国际团体不能活动，欲列入国际团体，则中央政府之组织不宜稍迟。赣电谓承认鄂军政府为外交代表，本极赞同。惟内部无完全之组织，为此临时代表机关，恐各国未必承认。即使承认，其实力既受拘束，各省对外交涉无从划一，设外人执以诘难，代表之责何能担负？似不如照鄂、湘电，由各省迅派代表莅鄂会商，从速组织中央政府。代表资格须对于该省军都督府能确负军事责任，或富于政治学识经验，其人数不妨稍多，庶可就两种资格中各选所长。代表到鄂，先设一委员会，筹议国家之组织、中央地方之权责。大纲既定，即共同组织临时政府，一面整理内（部）庶政，一面分遣驻使，谋外交之活动。至国家组织纲要，鄙意略有数端：一、定国名为中华民国，合汉、回、蒙、满、藏为旗式，构造统一之国家；二、定国体政体为民主立宪；三、建设有力之中央政府，总持兵政、外交、财政各权，由君政时代迭进为民主共和时代；四、划定地方区域，设军都督专治兵事；五、缩小行政区域，以期行政敏活，消融省界。诸公于世界趋势、民俗、国情，考求有素，必有宏谋伟画，巩固国基。管见当否？敬祈赐教。辛亥十月二十三日到。

12月13日（十月二十三日），黎元洪电复蔡锷说："通电悉。宏议五条，皆精当不易之言，无任钦佩。现在各省代表，已赴南京组织临时政府，必能仰体伟见，切实磋商。惟是外交不能一日无主体，当临时政府未成立以前，群议仍以敝军政府为对外代表。自惭寡学，日惧弗胜，惟冀早卸仔肩，以告无过。"①

▲蔡锷任命李根源为"陆军第二师师长兼国民军总统，节制文武官吏。自楚雄以上六府（楚雄、大理、丽江、顺宁、永昌、腾冲）、三直隶厅（景东、蒙化、永北），共三十五州县悉属于"李。"省中不为遥制"。②

又以"军都督府"名义，电令云南"各属镇、道、府、厅、州、县陆防各军"，务必体念时艰，同心赞助李根源师长。说："前委李总长根源第二师长，率师前往大理，业经通电在案。现在大局初定，权责宜专，已加委李师长总统迤西陆防各军，并节制迤西各属文武，会同赵巡按办理一切善后事宜。文武各员，务体念时艰，同心赞助。军都督府。蒸。印。元日到。"③

▲额必廉函告朱尔典，参加在上海召开的各省代表会议的云南代表于本日离开云南府。"代表团由蔡锷都督的主任秘书吕志伊先生（按：秘书处处长为周钟岳，吕任秘书），军政府参议、前任检察厅长张一鹏先生，以及其他三四人组成。"④

▲蔡锷以"军都督府"名义，通饬各道府厅州县暨自治局，切实保护教堂教士、教民及铁路洋员。说："滇事大定，省中各国洋员、教士、教民，均由本军政府力加保护。惟省外各属教堂教士、教民及铁路洋员之生命财产，尤应极力认真保护，既以尽我滇敦睦友谊之责任，亦以答各国严守中立之感情。该官绅等须知此事关系匪轻，责无可贷。倘稍涉疏虞，则必贻巨患。除另札饬遵照外，合亟先行电知，电到即行会同妥为筹划，设法切实保护，以维大局。勿稍膜视，仍口〔将〕遵办情形电知，并出示晓谕军民人等，不得稍为煽动滋事。切切。军都督府。印。"⑤

---

① 以上各电见曾业英编《蔡锷集》（一），第342—344页。

② 《雪生年录》卷一，第22页。

③ 《滇复先事录》，《云南文史资料选辑》第17辑，第80页。腾越12月3日才收到此电。

④ 《总领事额必廉致朱尔典爵士函》（1911年12月6日），《英国蓝皮书有关辛亥革命资料选译》上册，第286页。

⑤ 《要电》，《云南政治公报》第1期，1912年2月11日。

又致法文学堂便条，介绍法人渥古可任该堂监督。说："渥古现充河内参办翻译，可充该堂监督。其人通中文，将来亦可令兼任中学堂或其他学堂教习。便中应与韦领事（按：指法国当时驻昆明领事韦礼敦）一商。"①

又电复东川府县暨自治局，招抚队已经派出。说："东川告急，昨已派招抚队前来。迫不及待，请由贵属就近设法先行协守。如不敷，添募团兵可也。"②

又以"军都督府"名义，"行军政部转饬各司局所，凡星期日非有特别命令，均不放假"。说："为命令事。照得滇省大局虽定，诸事多为系草创，所有分派，一应职任，正赖各部员司朝夕进行，方克与人民谋幸福，何暇稍自安逸，致误要公？自兹以往，凡星期日非有特别命令，均不放假。仰该部转饬各司局所一体遵照。切切，此令。"

1912 年 1 月（十一月），蔡锷又令都督府各部司局转饬所属一律规复星期例假。说："为命令事。照得本都督府前因反正后，事务殷繁，百端待理，当令各部司局处所执事人员逢星期日暂不休假。现在诸务渐有端绪，星期例假应准规复。除巡警局及各区员警职务重要，应照旧无星期例假外，其余各处人员均准星期休息一日。惟各该处于星期日仍须酌留一二人值日，以免误公。仰即转饬所属一体遵照。此令。"③

11 月下旬或 12 月上旬

（十月上旬或中旬）

▲报载云南为保治安，成立商团，所需枪弹，向军政府请领。说："云南商务总会，以各省反正后，商界均组织商团以保安宁，云南讵可独缺。况时届降冬，宵小窃发，防务尤紧，因会议组织云南商团。议定凡街市铺户，每铺应出人一名承充商团，所有火食即由铺主担任。早间七点钟，商团须至三皇宫事务所会操，午间仍各自谋生，夜间须巡查街市，防御贼盗。所需枪弹，由商会总理向军政府请领转发。"④

① 曾业英编《蔡锷集》（一），第 345—346 页。
② 《滇省谘议局光复后之报告书》。
③ 以上二命令，见《云南政治公报》第 3 期，1912 年 3 月 1 日。原未标注日期，此为推定日期。
④ 《云南近事一斑·开办商团已成立》，上海《时报》1911 年 12 月 26 日。

12 月

（十月十一日至十一月十二日）

1 日（辛亥十月十一日）

▲报载"云南访函云，民军政府之新政，进行极有条理，而外间近忽谣传民军各领袖各怀意见，殊不融洽，实则云南省城迄仍安静如常，并无变故。况蔡都督办事饶有毅力，目下全省已承认新政府之成立，惟东北一带因受川事影响稍有不靖耳。……又闻民军光复时，测量滇川路线之美国工程司二人，意欲取消合同，辞任归国，经民军再三挽留，请其照常办公，并准休息两月给以全俸。现该工程司已于数日前启程赴南，出其诚意跋涉山川，愿为华人谋幸福。闻全功告竣后，尚须请其测量滇省至广西西江之路线。此路向西兴筑，如果筑成，则滇越铁路必将受其影响也。"①

2 日（十月十二日）

▲李根源奉命"扶病出师"。② "出发之顷，当事及绅学各界胥望能保和平之局。"③

有报载李根源出征缘由说："腾越厅城当于九月初七日经陈云龙、刀安国［仁］起义，先将腾城占据。旋即进取永昌、龙陵，并分兵进取顺宁府属，顺宁琦璘亦遭杀戮。后则正欲逼攻大理，省都督得电，当即电达陈云龙共表同情，并任渠为腾永军指挥官，令速退兵腾越，竭力防边为要。讵陈、刀等以省都督畀任稍卑，未能足愿，竟大变厥志，亟欲攻进大理以为根据后再自立，现在正与滇军征战中。蔡都督以此事非寻常，若不大集兵力，不足以慑此志，特由军政部长李根源君亲带大兵，驰往征抚，已于今日出发。"④

又载蔡锷派何鹏翔前往各州县募招新兵。说："蔡都督以川省同胞正受赵督惨杀，尚在水火之中，讵可不救，特派一梯团赴川讨赵。现又因腾、永军心怀叵测，意图自立，又派大兵往讨，省中兵力单薄，拟再添招一镇。

---

① 《云南新霁色》，《申报》1911 年 12 月 22 日。
② 《雪生年录》卷一，第 22 页。
③ 《李根源复大理赵藩电》（1911 年 12 月 11 日），《西事汇略》卷一，第 9 页。
④ 《云南军事要闻·李总部长征腾永》，上海《时报》1911 年 12 月 17 日。

昨已派参军何鹏翔君前往各州县募招矣。"①

3 日（十月十三日）

▲军政府军政部电告各府厅州县暨自治局，务必继续"禁烟"。说："禁烟为图强之本，滇中早经禁绝，务仍悉力进行，勿稍疏懈，致隳成功。各属生民凋敝，素所轸念，今方整兴实业，以裕吾民生计，并将此意通谕知之。军政部。"②

▲报载蒙自是晚发生兵变，"各商号、洋行突被抢劫，经罗部长荣［镕］轩到蒙密查，乃系驻蒙之第三、四营所为。二十六、七两日（按：2月16日、17日），经罗部长先将两营新军由专车载运省城，在车上半途截缴军械，共搜出洋银三万六千，大宝七十八锭，并将乱军二百余名，一并擒获，经解到省审办。该营司令官李镇邦，管带龚裕和、徐国光三人，经罗部长留后，二十八日午始行到罗部长衙署禀辞，而罗部长送出三人堂外下阶，即呼护军将三人捆绑，不料三人觉机，先行拔枪向罗部长放发，幸未受伤，即喝护军乱枪轰毙，将三人枭首示众。此时枪声隆隆，蒙自全城闭市。后知无事，下午始行开铺，照常贸易。当时无辜枪毙者五人，轿夫二名、团兵一名、衙中杂役二名。此次罗部长之遇险，亦云幸矣。"

19 日（按：十月二十九日），蔡锷"传谕蒙军，云蒙自十三日之乱，全局动摇，几于牵一发而全身俱动，危亡之机，不容一间。天福吾滇，蒙军将士，能洞瞩大局，亟宜悔祸，哀痛愈恒，借我皇祖之灵，用能恢复秩序，未致溃决，幸也。何如值噩耗飞传，法人日夜运重兵于边境，伺机而动，一面向我强硬交涉，谓我无保护外人生命财产之实力，无节制骄兵悍将之功能，要求军府除赔偿损失而外，须将此次肇祸之人与［予］以重惩，并由该国特派警兵在沿铁路一带屯扎保护。而巡防各军有谓新军假起义之名而行强盗之实，深恶痛绝，亟思一逞。其不肖者，犹思乘乱劫掠，甘为戎首，事机至此，可为悲痛。经本军府分别布置，幸大祸潜销，人心镇定，惟首恶不除，不独无以谢外人而杜借口，尤不足以解陆防各军之愤怒而安反侧，更无以对我普天之同胞。故将为首之李镇邦、龚裕卿等立予正法，

---

① 《云南军事要闻·添招新军一镇》，上海《时报》1911 年 12 月 17 日。

② 《军政部致各属自治局电》，上海《神州日报》1911 年 12 月 3 日。

以昭炯戒，而快人心。本都督见我将士悔祸之诚，且恢复临、蒙各城著有勋绩，其余诸人概不根究，仍以手足股肱相待，此心可质诸天日。本都督尚拟亲率诸同胞入川赴援，进图北伐，以湔蒙乱之耻，而立不世之功，务望共矢天良，以肝胆相见，庶不负起义之初心，使中国得安于盘〔磐〕石，滇军名誉得与日月争光，其一体勉旃。军都督蔡锷。十月二十九日右谕交蒙军第一营管带李镜明宣示全营将士凛遵。"①

后来，又专为此勒一"碑铭，用昭炯戒"。说：

> 鞑靼窃据中国二百六十有余年，内治窳败，外患迭乘，国境日蹙，民生凋瘵。我国民既惧沦丧，又痛世仇，爰举义旗，全国响应。数月之间，清室土崩，而滇军光复南疆，市廛不惊，万众欢庆。乃不幸而有十月十三日蒙自之变，土匪乘之，横肆劫掠，一方傲扰，全局几为牵动。乃命军政部总长罗佩金往治其事，得始乱李镇邦、龚裕和等三十余人，立置之法。以稔恶葛耀龙、王志林、张如江等十余人送省鞫实，悉予骈诛。胁从弗罪，蒙自军队移驻省防，复撝诚以申儆之，群情帖然，事乃底定，然亦危矣。自军兴以来，人心惶惑，而滇处徼边，衅隙易生，不逞之徒，乃欲乘机窃发。推其意，不过（一）时之攘夺已耳，而其弊则足贻国家无穷之忧。卒之身被显戮，为世唾弃，己则不保，而所得者复何有也！爰勒碑铭，用昭炯戒。铭曰：
>
> 捍卫牧圉，军人天职。居则恤民，出则摧敌。国家之光，生灵之福。胡不率命，而自贻戚。攘夺矫虔，是曰蟊贼。赳赳男子，身膏斧锧。宁不汝怜，罚不汝贷。后有来者，视此穹石。

1912 年 1 月 2 日（十一月十四日），蔡锷为此事再次行知云南省临时议会。说：

> 为行知事。案准法交涉委员照称，近因蒙自兵乱，并芷村抢案，拟于宜良、婆兮、阿迷、壁虱寨、芷村五处添驻法国警兵八名、安南助手二十名等因。本都督查指定车站五处，均在云南内地，未便驻有法、越捕兵，尤恐侵及我路警权限，当与法委磋商于沿路线另筹保安

① 以上二文见《蒙自险酿交涉》，《申报》1912 年 1 月 16 日。

办法，力任无虞。殊法委坚谓此举系借以安慰在滇法侨及安南人之意，免其纷纷迁避，致起谣言，牵动大局，并历陈近日铁路抢劫危险情状，恐法侨既去，则彼亦不能驻滇等词来相要挟。复经本都督暨同外交司再四磋商，只允划清权限，缩短日期，各车站所驻法、越捕兵，由法委给予切实训条，不使干预车站外及华人行旅之事。议定限一个半月以内，如路线平安，即将该添驻警兵及助手一并撤去。本都督查前铁路建筑时，曾于宜良、阿、虿等处设过法警，路成后一律撤退。兹法委所请，既系暂设，又有成案可援，并承认不预站外华人之事，并定明期限，不得不通融照准。嗣据河口夏副督办筹华〔划〕电称，法捕及越捕先后入境，腊哈地车站并驻有法捕一人、越捕二人。又据中段路警局长商文炳电称，猓姑车站驻有法捕一人各等语。本都督以腊哈地、猓姑不在原议指定五车站之列，饬由外交司照会诘问去后，随据法委复称，敝国所派暂驻铁路法警八名、安南助手二十名，并未逾原议之数。只以腊哈地及猓姑二处均有照料车站洋员，因其太孤，故各派法国警兵一名，以为之伴。原议虽未载及，然人数未加，不过分拨而已。应请贵政府谅情俯允，敝国谨遵中立，不敢有他，乞无疑议等语。除分别札行参谋、军政部外，合亟行知。为此行该临时议会，即便查照办理。切切。特行。①

同月 7 日，报载蔡锷又通电伍廷芳、各报馆说：

外交总长伍秩庸先生暨各报馆均鉴。滇省义军反正举动颇属文明，对于外交尤极慎重，英法领事感情均洽，洋商教士身命财产均经竭力保护。倏于十月元日（按：1911 年 12 月 3 日）蒙自溃军勾结土匪陡掠洋行暨越路公司，车站稍受损失，当事初起，深恐外人借词保护铁路，致生重大交涉。当即与法领会商，声明滇军政府对于外人力任保护，并许以相当之赔偿。经法领电知该国，法政府即已释然。现磋商就绪，可望和平解决。去滇洋人渐次来归，腾越英领、税司均自缅返，法领屡称滇省稳固，较他省为优，外间谣传滇省内部倾轧，军人不服长官及排斥外人，戕害教士等事，均属道路流言，殊非事实，祈释廑

---

① 以上二文见曾业英编《蔡锷集》（一），第 803、362—363 页。

怀。惟锷偕同志恢复滇垣，深恐措置失宜，不克副吾初志。惟冀时赐教言，俾得勉全大局，一俟共和成立，即当卸此仔肩。此间人均甚和衷，并以附及。蔡锷叩。①

13 日，额必廉向英驻北京公使格雷报告蒙自兵变有关情况，以及此事对昆明省城的影响与蔡锷所采取的措施及效果。说：

3 日晚上八时，蒙自驻军闹事，洗劫了蒙自城，他们仅在该地财库一处就获得了大约二十万银两，并且把注意力集中在城外外国人居住区内的几幢房屋。卡波比安可旅馆和百货商店（意大利人的）、斯百多公司的房屋、一般商人（德国人）以及法国铁路公司都遭到抢劫。在法国铁路公司，存放在保险箱内的海关税款二万五千两被夺走，开罗斯兄弟百货商店（希腊人的）遭到抢劫后又被焚毁。多次发生胡乱开枪的情况，开罗斯百货商店的三名希腊人受伤，当时另一名希腊人不知去向，人们担心他惨遭不幸，后来终于被找到了，未遭伤害。据说，这次闹事的原因是欠付部队的饷银。次日夜间，一位名叫阿里托的意大利承包商的住宅和作坊，位于法国铁路线上腊图②车站附近二百零九公里的地方，遭到了袭击和劫掠，有一名法国人负伤，一名苦力被杀。阿里托乘坐一辆手推车沿铁路线行走的时候，遭到一伙匪徒的射击，他的一名苦力受伤。5 日夜间，一伙匪徒袭击了一百五十二公里处浙宗③（芷村）的外国人住宅和类似外国人的房屋。接着发生了一场激烈的战斗，一小批外国人在一所房屋中避难，顺利地驱走了匪徒，但属于一位中国人所有的西式旅馆以及意大利承包商瓦格略的住宅遭到抢劫，一车鸦片（贵重的奖赏）被运走了。在听到第一声枪响的时候，有三个人一伙，其中包括一名妇女在内，匆忙登上一辆恰好升火待发的机车，以最快的速度南行，听任其他外国人尽力去做他们所能够做到的事……再一次也是最后一次袭击大约发生在本月中旬，当时在二百九十六公里处的宝溪④佩利尼旅馆（意大

---

① 《公电》，《申报》1912 年 1 月 7 日。又见曾业英编《蔡锷集》（一），第 358 页。
② 原注：译音。
③ 原注：译音。
④ 原注：译音。

利人的）遭到抢劫。

又说：

由于从云南府派遣了约五百名可靠的士兵前往该处，以及经过很大的困难之后撤走了以前那些哗变的驻军，所以该口岸已恢复平静。这些哗变的士兵最初公开拒绝服从命令，但枪毙他们的两名军官之后，他们闷闷不乐地屈服了。到本月底，他们都已抵达云南府。这次闹事中的十二名首领已在此地被公开处决。他们中间有些人终于放下了武器，其余的后来甘愿被送往四川，所有这些人以前都曾经声称，无论在哪种情况下，他们将宁肯战斗，而不愿屈服。都督没有预料到这么轻易地获得胜利，因为外务司司长在谈话中曾经说过，如果我们听到城外战斗的声音，没有理由感到惊慌，因为那意味着哗变的士兵正受到"压制"。

为了保护铁路起见，十二名法国宪兵以及二十名左右的"越南辅助部队"已分布于各主要车站，事前蔡锷将军对此完全了解，他后来对这些军队的驻扎向法国领事提出了形式上的抗议。

我不认为这样说是过甚其词的：蒙自遭到洗劫的消息在云南府引起了极大的恐慌。蒙自的士兵们这么容易地在几个小时内获得了等于许多月饷银的东西，人们几乎难以指望，他们在此地的伙伴，其中有许多人是心怀不满的，将不遵循他们所树立的坏榜样。大家都知道，他们已经为一次总的起事作了准备，那些心怀不满的士兵藏有一张一百一十七名富裕居民的名单，这些居民的住址将首先受到他们的注意。此外，人们还看到许多状貌可恶的异乡人每天乘火车到达，在南郊游荡，显然是等待开始行动的信号，而回民们是急躁不安的，准备利用部队中间任何骚动。但是，蔡锷将军以他独特的严肃认真精神进行工作。城墙每天夜间有人守卫，南门象以前一样每天开放到半夜，驻有重兵防守，准备对付来自城外的攻击，而强大的巡逻兵巡查城内和郊区的各个地方。他们逮捕了许多人，紧接着对其中大多数人立即处决。据说，炮兵象步兵七十三标一样感到不满；两名炮兵军官于12月5日被枪毙，其中一名是因为他被发现藏有秘密结社的某种徽章或标志。另一名军官于12月9日被枪毙，二十四名士兵于10日被处死。临安驻军的一名参将因私事前来云南府，该事确实证明是与秘密结社有关的，大约在同一时间被处决。最后，于16日竟然发生了一次暴乱，但被迅速镇压下去。该日午后不久，许多迄今尚未武装起来的新兵试图冲进军械局，看来似乎是希望找到存放在该处立即可用的枪支弹药，借以武装他们自己。附近营房以及设在前师范学堂的陆军总部的士兵们立即对他们进行猛攻，经过一场很短的战斗，有七名叛兵在战斗中被枪杀，一百二十人被俘。俘虏中有五人于次日被斩首，其余的接着被处决。这伙叛兵的首领没有被捕获。人们发现，所有这些士兵都属于哥老会，他们试图夺取军械局是预定计划的一部分。如果他们获得成功，两千多名哥老会员将发动起事并洗劫全城，然后建立一个新政府，他们已指派官吏主管各衙门……18日，大概是根据从俘虏中获得的情报，他们逮捕了哥老会的十一名首领，其中有三名被立即斩首，其余的监禁在狱中。由于总头目已顺利地逃走，而且哥老会仍显然很有力量，所以人们担心他们将策划另一次起事，但蔡锷将军的精力似乎已挫败所有那些将要破坏和平的人，因为尽管有好几次谣传即将发生动乱，云南府城自那时以来一直是很平静的。

由于人们没有企图减少那些促使蔡锷将军考虑建立一支"商团"的人的影响，所以有可能引起麻烦。大约有两千人已应募入伍，每人每月得到六元饷银。商店老板们接到要求，或者出一个人，或者每月出六元钱，由都督寻找代替人。这些人中间绝大部分都是代替人，人们了解这一点是不会感到惊讶的。现在，城内各街道每夜由商团进行巡逻，夜间布置在城墙上的卫兵已经撤走。

云南的陆军现已改编，并且增加到六标。以前的陆军番号均已取消；步兵各标的番号从一起到六为止，中外文数字的号码已缝在制服的衣领上。有人告诉我说，几乎所有的前陆军士兵都已离开云南府，城内的那些士兵大都是新兵。云南军队的总人数大约为二万四千人，其中约有六千人驻在云南府和本省南部，西部也同样驻有六千人，大约有一万二千人已分期分批前往四川。

最后，额必廉评价蔡锷说：

我不止一次地提到蔡锷将军在应付他所管辖的那些不安份的军事

人员和其他人员方面的能力。他在许多方面是一位卓越的人物。如果他幸存下来，目前的革命在未来几年中很可能获得显著成就。有许多人憎恨他，更多的人敬慕他。我知道，此地的许多绅士和学生，以及许多士兵和临安、开化、广南等东南三府，都是强烈反对他的，但是，由于他的朋友们的帮助以及他本人的无容置疑的才干，他迄今终于设法坚持下来。我毫不怀疑，只要他继续掌权，云南府将是平静的。他仍然很年轻，现在仅三十岁。①

2 月 12 日，蔡锷电请外交部王宠惠转告"前途"，蒙自德商斯波顿"不日当可完结"。说："卅一电真悉。蒙自系土匪抢劫，德商斯波顿曾有损失，现该商回蒙，正饬关道调查确数议赔，不日当可完结。至旅滇外人生命财产，数月以来，已竭力保护安全，英、法领事咸谓滇地宁谧，均各挈眷来居，堪以奉慰。请转前途，斯波顿案，议赔款若干，俟关道报到，再行电达。着［蔡］锷叩。文。"②

▲张文光电令永昌彭蒉"前军速回沧江防堵，以释省中之疑"。说："开花炮不必用。明日蔡都督密友唐练心、张贤楼等前来解和，以救同胞。由永星夜专函，命前军速回沧江防堵，以释省中之疑。前军饷项欠缺，将请昆田所汇之款收齐，速解两驮接济是盼。至永用之款，后数日由腾运济可也。都督光。元。印。"③

4 日（十月十四日），又电令其速送李根源父函于李根源。说："永（昌）彭统带鉴。兹有李蔚然寄与李印泉函一件，烦兄照录如下。字谕根源知悉。月之初十日（按：11 月 30 日），由军都督专快寄信一件，十二又由仰光转云南电一封，刻想均未收到。顷闻榆军与腾军互相冲突，彼此相伤，借聆之余，深为骇然。查腾越张曜三，于九月初六晚举义，人民安堵，鸡犬无惊。次日即命陈奎君前往永昌、大理联络，并无畛域之分。因榆将张贴宣言之何大林并送信之王槐所杀，彼此见疑，开此衅端。其中曲直，不知孰是？甚至浮言四起，各处惊疑。若不趁此疏通，则迤西生灵涂炭，不

① 《关于 12 月份云南、贵州及四川部分地区情况的报告》，《英国蓝皮书有关辛亥革命资料选译》下册，第 418—421、424 页。
② 中国第二历史档案馆编《南京临时政府遗存珍档》（二），凤凰出版社，2011，第 588 页。
③ 《滇复先事录》，《云南文史资料选辑》第 17 辑，第 80 页。

堪设想矣。兹地方公同浼请余同张蔚臣、张鲁香，由永赴榆，说明各情，同声相应，庶地方得安。准于十五日由腾起行。闻尔已由省起身之说。如果属实，张曜三誓表同情，毫无他意，汝可力为解释为要。相见不遥，余俟晤说，特此先为告知，此嘱。父李蔚然寄。十四日戌刻等语。事关大局，请速缮就封固，专快漏夜送交军政部长李印泉开柝〔拆〕，万勿延误是盼。都督光。寒。印。"①

4日（十月十四日）

▲蔡锷电嘱行军至老鸦关的李根源，因蒙自兵变，稍留勿进。说："南防兵变，蒙自抢掳一空，统领赵复祥、临沅镇总兵朱朝瑛不知下落，以镕轩任南防总司令，出兵靖乱。"嘱李根源"少留"。李根源复电说："既得镕先往，临蒙之乱不足平也。我如濡滞于此，西事将益抢攘，不可收拾。且所带之兵，非尽善类，一旦别生枝节，将奈何？"蔡以李"言为然，允前进，谆嘱随事谨慎"。②

5日（十月十五日）

▲鹤庆士绅丁维乾、蒋一忠等人电询蔡锷，如何处置鹤庆张继良问题。说："张镇反对悬旗，不交枪械，其心叵测。哨弁黑德魁，系巴塘叛匪，尤凶狠，起意煽乱，勾结痞匪，谋劫库掳掠。初七日事机露，夜，绅耆集民团围张公馆，拒战一夜，互伤二人，张镇被拘留，即交枪缴（械），请愿归田，黑逃。张牧首鼠两端，养奸，顷应如何处置，乞速示。详细情形，另续禀。现市境安堵如常，乞释廑注。鹤庆士绅丁维乾、蒋一忠等。庚。印。"

7日（十月十七日），蔡锷电复丁、蒋等人说："清总兵张继良倾心满虏，竟敢勾结煽乱，苟非鹤庆绅耆事先发觉，民团奋勇围攻，地方已不堪设想，殊勘痛恨。张继良着即就地正法，并严缉黑德魁，务获惩治。张继良首鼠两端，几酿巨祸，应由赵樾老迅派干员前往查办。至此次消乱未萌，该州地方绅士办理得宜，并查明详细情形及出力民团，呈候从优给奖。都

①《滇复先事录》，《云南文史资料选辑》第17辑，第82页。
②《雪生年录》卷一，第22页。

督府。蒸。印。"①

当时也有报载说："前鹤丽镇伪总兵张继良，近日见州民悬旗庆祝，张镇竟图反对，并不肯交缴枪械。并联哨弁黑德魁，并勾结土匪，密谋劫库掠民。幸事机败露，绅团围攻，拒战一夜，互伤数人，始将张镇拿获。军政府电令速即正法，以除后患。"②

1912 年 4 月 9 日，李根源电请"省城军都督府"饬部查明前鹤丽镇张继良在省领得军饷确数。说："兹源到永，据鹤庆人言，前署鹤丽镇张继良在省领得军饷银一万六千两，到任后仅发营饷四五千，尚余一万余千两。反正时携银匿于某巨绅家，后张只身远扬，其银落于某巨绅家等语。可否凭信，本不可必，惟现在公帑支绌，不能不从事清理。究竟张继良在省领获若干，乞饬部转饬查明示复，以便到榆侦察是否不虚，再为核办。师长根源叩。虞。印。"③

同年 12 月中旬，蔡锷电请袁世凯饬直隶都督查封张继良财产。说：云南"军务司副官张继良携款潜逃，严缉未获，请饬直隶都督查封该员原籍冀州家产并分饬各省通缉，押解归案究办。"

21 日，袁世凯颁令说："云南都督蔡锷呈军务司副官张继良携款潜逃，通缉未获，请饬直隶都督查封该员原籍冀州家产，并分饬各省通缉押解归案究办等语，应即照准。此令。"④

1913 年 1 月 12 日，蔡锷电告黎元洪，并未深究、苛求丁彦、丁维乾叔侄。说："国务院青电、副总统书⑤电敬悉。前据李师长、殷司令（按：指李根源、殷承瓛）先后电称，丁氏叔侄（按：指丁彦、丁维乾）种种不法，请予严究。当查去年反正之初，张镇继良蓄意反抗，勾结煽乱，肇害地方。该丁维乾等将其拘禁，电请核示，经即电饬将张继良立予就地正法。乃该丁维乾等又复借词欺饰，竟将张继良纵逃，实属违背命令。又丁卸镇已，于交卸时不将库内枪支缮册移交，希图朦混。据新任张镇（按：指张文光）揭呈，复电饬追缴，仍不敷甚多，种种妄为，殊难宽纵。当饬殷司

---

① 以上二电见上海《神州日报》1911 年 12 月 27 日。

② 《云贵要闻汇纪·张继良应该正法》，上海《时报》1911 年 12 月 26 日。

③ 《西事汇略》卷五，第 20 页。

④ 《命令》，《申报》1912 年 12 月 23 日。

⑤ 原文如此。韵目代日表中无"书"日，或系"真"日之误。

令组织军法会审，秉公讯断。旋据该丁氏一再恳求具结，认罚锾具赎，经已原情照准。而据人民控告之案，纷纷多起，亦未予深究，结终并无苛求。合电冒陈。中华民国二年四月十二日到。"①

4月13日，黎元洪电复蔡锷说："前准一月文电，知丁氏一案，并不苛求，明公执法原情，本无遗〔异〕议。惟丁槐面称，伊兄丁彦莅鹤丽镇甫三日，即出防永北，地方赖以安堵，所失枪支，系前任取用，及团绅借去，实非彦罪。伊子树年捐款办团，保全桑梓；侄孙维乾带团平匪，不无微劳。至释放张继良，由鹤庆绅耆护送出境，并非维乾私纵。李师长、殷司令因勒捐起见，种种罗织，辱之以图圄，迫之以刑威，始勒现银，继追房产，陵虐已甚，情不能堪，恳予电请查办等语。此事台端应有权衡，何待鄙人饶舌？惟念丁氏军务起家，素无过失，此次事出有因，似宜稍从末减，除已缴各款不计外，其永昌、省城等处房产，拟请饬加保护，不再穷追。至丁树年、丁维乾等前虽受辱，请由台端昭雪，给予职衔，以全体面，俾丁氏与滇人解释嫌怨。明公笃念勋旧，必当留余地以相处也。敢布区区，伫候电复。"②

22日，蔡锷再次电请陆军部缉拿张继良。说："中密。前滇军务司副官张继良携款潜逃，已电奉大总统令饬拿办在案。现闻张已到京，请大部缉拿严办为祷。锷叩。祃。印。"③

7日（十月十七日）

▲蔡锷电告湖南都督谭延闿，滇省"并无戕杀教士之举"，"乞勿误听"。说："真电筱奉。闻命惶悚。滇省克复，举动差告文明，此间法领所言及西报所论，各省兴义以滇省最有秩序，至起事诸人，勠力同心，毫无芥蒂。外人生命财产，早经通电各属妥为保护，并无戕杀教士之举。现在亟图建设，需才孔殷，各省在滇人员，方皆延揽，何至加害？河口之电，想系匪徒奸乱之言，乞勿误听。滇都督锷。筱。"④

---

① 依据黎元洪以下复电所说，蔡锷所发此电为"一月文电"，即1月12日所发，不知黎何以"四月十二日"才收到？或许其所记有误。
② 曾业英编《蔡锷集》（二），第839—840页。
③ 《滇督蔡锷任职期间关于联系军杂事务文电》（1912年5月—1913年10月），中国第二历史档案馆藏，档案号：1011－1114。
④ 《长沙日报》1911年12月16日。又见《蔡锷集外集》，第109页。

又与罗佩金、吕志伊电请上海《民立报》登报探寻李增等人下落。说："《民立报》并送高子白、天余祥鉴。（李）增，字灿高，□（电码不明）瑶龄，字聘金，前在北京，现到沪否？请登报探询，盼甚。云南军都督府锷、佩金、志伊。"①

9 日（十月十九日）

▲报载蔡锷对外国人的生命安全做了妥善安排。说："月前各报喧传云南外人有被害之消息。兹据北京某报云，十月十九日接云南友人来函，据云蔡都督因恐土匪变乱，或有残害外人情事，已将外国妇孺送至城外避难。其余尚有外人三十余名，由蔡给与军火子药若干令其自卫，均已迁入领事署中妥为安置矣。"②

▲李根源电请军都督府"饬军政部督司会同参议院迅速公议，交谘议局议决"以下九件关系财政、吏治的要事。说：

> 兹有亟应呈商各事，胪列于左。一、各属府厅州县未定公费，办事观望，诸多竭蹶，拟请从速确定，宣布实行。一、各属房书，悉令裁革，拟分财政、文牍、讼狱三科，由本管官择人办理，以清积弊。一、各属钱粮杂税，拟派自治绅监官收。未定公费以前，其向归官者，照旧提出，平余各项办公。已定公费后，即尽数报解，隐匿侵挪者，分别究治。一、绅监官收及应否酌给津贴，及收税之司巡书役人等，应否给予薪工。其自愿包收、包解者不计。一、征收钱粮所用书役，向有规费，如串票、裁票等数，应否准其照收？一、征收钱粮向章，以龙元一元半作银一两，针费、解费、炸课、上库等费在外，故各属有仍以一元七八毫作银一两者。兹拟实征实解，统以银元钱票上纳，准以龙元一元作七钱二分，一切征费、解费、炸课等项，悉予蠲除。财政司不必沿用搭解之法，则各属报解，固照核实，而民间实减轻负担无算。一、随粮征收夫马团费，仍照征外，积谷一款，前虽豁免，但现在各属，动用积谷办事者不少，拟仍照前征收，买谷填仓，以备储蓄。既除去针费等项，担负减轻，即重收积谷一项，民间亦不受累。

----

① 上海《民立报》1911 年 12 月 9 日。
② 《云南外人无恙》，《申报》1911 年 12 月 26 日。

一、各属之牲税，升斗税、酒税、肉税，以及各府之百货税，现商务不甚流通，抽收定必减色，拟令实收实报实解。既派监收，或无隐匿。如或弊混，查出重究。一、各属向有陋规，除琐屑扰民者应予革除外，其前经具报有案，已饬化私为公，照数收解。但未给公费之前，应否准其照收，以作办公之用。一、各属因案罚款，以及讼费暨充公之款，应饬据实详报，准其留作该地方振兴教育、实业之费。以上各节，应如何斟酌妥善，拟请饬军政部督司会同参议院，迅速公议，交谘议局议决，呈请核定通饬遵行。此系行政官亟应着手之事，关系财政、吏治，似不可缓。是否有当，祈电示饬遵。师长根源谨叩。皓。印。①

10 日（十月二十日）

▲蔡锷电复陆荣廷，曲同丰已于 11 月 23 日启行。说："庚（按：十月初八，11 月 28 日）电悉，曲君招抚北洋军队，经多省复电赞成，已于江（按：十月初三日，11 月 23 日）启行。"②

又电复陆荣廷、王芝祥，已饬王国宾及府厅速派兵堵截。说："支（按：十月初四日，11 月 24 日）电悉。已饬广南分统王国宾及府厅速派得力兵团，前赴交界处所堵截，请桂军接洽为荷。"③

▲李根源电陈军都督府，凡府县同城者，拟"将县缺裁撤，县事由府兼摄"。说："查府县共官一城，治理归县，府若闲曹。兹当改革伊始，亟宜斟酌损益，拟请凡府县同城者，即将县缺裁撤，县事由府兼摄，既汰冗员，复节糜费。昨在楚雄，已裁县缺，该县事务，饬黄守兼管，卸令涂建章长于实业，该员到省，尚可备用。崇守谦颇有政声，宜加奖劝，已照省议，令改姓黄，由楚拨给公产，即入楚籍，另给五百金，俾生计有托，复委充自治公所名誉总理，寓保护于无形。谨闻。师长根源叩。哿。印。"

又电请军都督府将"通省学官概行裁撤"。说："儒学久为冗官，自劝学所成立，即可全裁。现在政治改革，岂容闲员糜费。此次经行抵楚，

① 《西事汇略》卷六，第 18—19 页。此电未署月份，从电文中有"交谘议局议决"一语，而韵目代日的"皓"又尚属阴历的十九日，当可推知其发于阳历 12 月 9 日。
② 曾业英编《蔡锷集》（一），第 350 页。此电原载《蔡松坡先生遗集》（四），第 4 页，署为"哿"（二十日）电。因此时的中国尚未采用阳历纪年，而电中又言明曲同丰"已于江日（十月初三日，11 月 23 日）出发"，可知此电当发于阴历的"哿"日，即 12 月 10 日。
③ 曾业英编《蔡锷集》（一），第 351 页。

在任者亦属寥寥，拟请将通省学官概行裁撤，廉俸归之公家，学租提为该地方高、初两等小学经费，似不无小补。乞衡核通饬遵办。根源叩。哿。印。"①

上旬（十月十一日至二十日）

▲蔡锷函复云南谘议局，解释"蒙自乱事"后，与越南法国殖民当局交涉有关问题时所持立场和态度。说：

> 接读惠书，备悉壹是。外省同乡来电，事非无因。然本军府于此铁路一方面极为德意。至运载军装子弹入蒙一节，查铁路输送货物，必经税关查验，加铁路巡警于违禁物品，后亦加以禁制，火车入境，河口、壁虱寨均设有分关，一再检阅，路警从旁监视，似非漫不稽查。况军装子弹，约章极为厉禁。此次反正后，复饬河口严密查验，如箱运军火，必有报闻。

> 又法派警兵分段驻扎保护一节，查旅滇西人生命财产，本军府力系保全，迭向法委切实声明。彼初亦能相信。迨蒙自乱事、芷村抢案发生后，居滇法侨及安南人纷纷迁避。法委恐牵动大局，故要求于宜良、婆兮、阿迷、壁虱寨、芷村五处，暂添驻法国警兵八名、安南助手廿名。本军府当以指定处所均在云南内地，准驻法警，不免侵及路警权限，力与磋商于沿路线另筹保安办法。殊法委坚谓此举不借以安慰法侨，使知法国官员出力照料，稍系其流连不返之心，倘因近日铁路抢劫危险，法侨尽去，知彼亦不能驻滇，情词极切。本军府复督同外交司再四磋商，只允划清权限，缩短日期，各车站所驻法越捕兵，由法委给予切实训条，不使干预车站外及华人行旅之事。议定限一个半月以内，如路线禀安，即时该警兵及助手一律撤去。本军府查铁路建筑时，曾于宜良、阿迷等处设过法警，路成即已一律撤退。兹法委所请既系暂设，又有成案可援，不得不通融照允。

> 又各营散队有在铁路一带扰害治安一节，查遣散之兵，漫无约束，必至流为匪类，若任分聚沿路，诚为可虑。已设法查拿解散，首恶业

---

① 以上二电见《西事汇略》卷六，第17—18页。

经就诛，谅必知所警惕。并拟编铁路保安队，增足路警名额，分段梭巡，特设铁路兵警总办一员，以资督率。此保安队未成立以前，已派干部学堂学生百余名，分驻各车站，以资保护。

又蒙自乱事，焚掠洋行、铁路公司暨劫芷村车站，其损失应如何赔偿，尚无确切报告，法委亦不愿在省开议，其结果尚难逆料也。本军府顾念邦交，熟权利害，未遽为强硬之对付，当为同胞所共谅。诸君远跖高掌，大局关怀，必另有卓见，尚希有以赐教也。此复察照。①

又为滇军出发四川，发布《布告川省同胞文》。说："滇省大局，刻已粗定，所有善后事宜，业经本都督府特设机关，分别处理。惟滇事虽有头绪，中原尚未全平，亟应命将出师，取道蜀川，以通腹地。现在川省同胞上被官虐，下被匪扰，水深火热，亟待救援。非先将川乱戡定，则我军东下，难免后顾之虞。本都督府刻定先派一梯团，委谢汝翼为第一梯团长，率领前驱入蜀，大兵陆续进发。所有经过城镇市集，已命令该梯团长严饬所部恪守军纪，毋犯秋毫。至所需宿营处所及粮食草料等物，应由地方官会同正绅妥为预备。该军一到，即由该梯团长照征发规则，公平发价，或给现银，或给纸币，或发信据收执饬领。如有不法之徒，假冒本军名义，需索滋扰，到谢梯团长行营投告。一经查实，即照军法严办，该地方官绅军民勿得惊惶自扰，以副本军为国为民之意。"②

11 日（十月二十一日）

▲蔡锷以"都督府"名义电告大理赵藩、孙绍骞及机关部"诸君"，腾、永各军已遵赵藩指示"回驻永昌"，并请李根源令尊等人"赴榆调和"时"派委员前往漾濞先行接洽，并饬沿途力为保护"。说："接永昌李昆田（按：李治，字昆田）等电称，腾、永各军已遵赵安抚使示，回驻永昌。腾、永全体同志请李印泉令尊蔚然，并张蔚臣、张鲁香、李昆（田）赴榆调和，祈告慰机关部，经过榆界，力为保护等语。又接李师长印泉电，谓得樾老电，略同前由，并有源系公仆，难顾私恩，应如何电复办理，抑或

---

① 曾业英编《蔡锷集》（一），第347—349页。此函原无日期，因" 蒙自乱事"发生于1911年12月3日，故推定其发于12月上旬。

② 曾业英编《蔡锷集》（一），第347页。

另委贤能负担此事，以免两面困难云云。查腾越一军，实由陈云龙构衅，屡经此间劝阻，该匪反肆野心，诚恐其长驱东向，蹂躏生民，始檄榆军迎击，事非得已，心实恻然。兹得李蔚翁率腾、永诸军出而调停，苟可以罢兵息民，使迤西生灵，得安衽席，自无不共表同情。惟该军窜扰云龙、喇井一股，并须一律撤归，方可以免人民之惊疑，而相安无事。否则，既止东向，又肆西封，祸结兵连，何所底止？已将此意电达永昌，并嘱印泉剀切电告。倘一律撤退，我军亦可收回。陈云龙一人系首（开）衅端，仍应惩办外，其余概免株连，庶此事早得结束。请由尊处电询李太翁启行日期，即派委员前往漾濞先行接洽，并饬沿途力为保护，至为企祷。办理情形，并乞随时电告。都督府。个。印。"①

同日，又急电行营李根源说："哿电悉。我军起义，志在脱专制淫威，求人民幸福，并非黩武穷兵。腾、永军光复各属，吾辈方深庆幸，乃陈云龙率兵东向，经此间屡电劝阻，该匪反肆野心，诚恐蹂躏生民，始檄榆军迎击，事非得已，心实恻然。兹得尊大人出而调停，意在罢兵息民，将使迤西生灵，得安衽席，非独吾辈所深望，即榆军亦必有同情。已电嘱榆军派员到漾濞迎接，并饬沿途竭力保护。一俟尊翁到榆协商，即可和平了结。使生民早一日得休兵革，即吾辈早一日得卸仔肩。惟既撤合江、漾濞之师，并须云龙、喇井之师亦一律撤回，方足以免人民之惊疑，而稍安无事。否则，既止东而又肆西行，祸结兵连，何所底止？此间得永来电，已将此意复之，并望兄电达鄙忱。果能一律退师，除陈云龙一人包藏祸心，首开衅端，仍应惩办外，其余均免株连，庶事早得结束。兄素为腾、永信仰，得兄一行，自易解决。为大局计，为桑梓计，不容辞也。委刘有金管带一电均悉，即照办，并闻。锷叩。个。印。"②

又以"都督府"名义电告永昌李昆田、张蔚臣、林绮楼，表示如陈云龙仍"穷而反噬"，则"愿与滇中父老子弟共歼之"。说："阅致谘议局电，得悉腾、永各军已回驻永昌，并有李蔚老偕同志诸君将赴榆调和，甚欣慰。自我军起义，各属而风，方期罢兵息民，整理内治，乃陈云龙率兵东向，

① 曾业英编《蔡锷集》（一），第375—376页。原依《电光集》（抄本）第一册所载"辛亥冬月二十一日"，署为1912年1月9日，误。

② 《西事汇略》卷一，第10—11页。曾业英编《蔡锷集》将《电光集》第一册所录此电原署"辛亥腊月二十一日"改为"冬月二十一日"，仍误。

意欲侵略［扰］榆、蒙。经此间致电谓大理、丽江、顺宁、楚雄均已一律反正，无须用兵，令其退扎腾、永，借释群疑，以便共筹善后。乃陈悍然不顾，反肆种种要求。诚恐其蹂躏生民，始檄榆军防剿，事非得已，心实恻然。兹得诸君出而调停，如陈云龙一军能一律撤退，不复分窜顺（按：指顺宁，今凤庆）、云（州）、喇井，使迤西生灵得安衽席，则榆军亦何忍穷兵。现已电告榆军，询明李蔚老启行日期，即派妥员前往漾濞款接，并饬沿途妥为保护。俟李蔚老到榆协商，自可和平了结。如陈仍负固不服，或阳称撤归，而实行侵扰，穷而反噬，则陈云龙一人不独为榆军所同仇，亦实为腾、永人民之公敌，愿与滇中父老子弟共歼之。都督府。个。印。辛亥腊月二十一日"①

▲李根源以陈云龙既"已退兵回永"，电告大理赵藩、孙绍骞，似不便再以"公敌拒之"。说："玉峰马电悉。顷接彭蓂、李学诗等来电暨机关部代转张文光电称，陈云龙已退兵回永，林绮楼、杨镕斋代表来迎，誓无他意，已知倾诚豫附，似未便再以公敌拒之。倘其蓄有二心，我军现方整备以待，不虞狡逞。又细核张、彭诸人，自起义迄今，屡次来电，均无犯义抗命之意，固当姑允所请，以释群疑。驻蒙之第一营并第二营左右两队，仍饬驻蒙。如已出发，行抵何处，均即停止前进，听候调拨。玉峰勇于赴敌，完全军人本色，佩甚。特战争者和平之母，果能和平解决，自无需乎战争。兹之准予言和，盖亦默揣事机，不得不出于此。至陈云龙激犯众怒，后自有以持其平，目前暂作缓议。根源叩。马。印。"

又电告省城"军都督府"，腾军无反对"省、榆"之意，而且"两方已渐嫌疑，言归于好"。说："任宗熙来函称，腾中尚形安静，外人照常保护，陈天星即陈云龙，经张文光撤去兵柄，令即回永。惟蒙化尚有防兵数百。该员代表来榆，表明腾军革命系为地方谋幸福，人民求治安，并无与省、榆反对意见等语。谨闻。师长根源叩。个。印。"

又电告说："源昨抵吕合，胃病增剧，前途如有战事，即力疾奔赴，不

---

① 曾业英编《蔡锷集》（一），第378页。此电原载《电光集》第一册，时间系"辛亥腊月二十一日"。曾业英编《蔡锷集》改订为"冬月"二十一日，由文中"有李蔚老偕同志诸君将赴榆调和，甚欣慰"一语，可知均误。因腾、永代表"赴榆调和"的启程日期是十月"廿七日（12月17日）"，到达日期是十一月初七日（12月26日）（《滇复先事录》，《云南文史资料选辑》第17辑，第112、120页）。

敢爱身。现两方渐释嫌疑，言归于好。拟在途休息一日，稍事调理。电机即设宿营地，有电请径寄。谨陈。师长根源叩。个。印。"

不过，孙绍骞起初仍不太能接受李根源的意见，复电说："永电自初七阻，至廿通，此半月中，匪四窜，不得周知。我大军西上，始甘言求和，然不言撤兵，斩陈云龙、刘竹云，但言告各营停兵，险狡如见。请公速来，先以方略电示，此间仍整备不懈。绍骞叩。马。印。"

次日才又电复李根源，表示遵命。说："马电敬悉。准予乞和，足见恩威并用，感佩莫名。奉饬驻蒙之一营并二营左右两队仍饬回蒙，如已出发，行抵何处，即止勿发，听候调拨等因。遵即飞札探交钟管带遵照办理。此次主战系迫于政府命令，如能和平解决，则幸甚矣。钧恙想已占勿药。念甚。统带绍骞谨禀。养。印。"

李根源随即复电解释其何以极力主张和平解决腾、榆矛盾。说："赵樾师、孙统带同鉴。养日两电均奉悉。致家严电，委曲恳至，感甚。西事之起，迎头痛剿，本源主持。兹之自违初议，实具苦衷，非因彼为转移。现在中原大势，视边省为急，西事非迅在一二月中了之不可，此际不能不迎机利导，功罪可徐理也。此中情节重要，应俟到榆密陈。家严如驻永，即乞迅电永、腾绅商代表，克期赴榆，一面即由榆派人前往招待，源不日即到，事机甚迫，难以濡滞，一切办法，统俟面商。根源。养。印。"①

12 日（十月二十二日）

▲报载云南军政府内"盛倡云南系云南人之云南"，不宜湖南人蔡锷"为都督"。说："据改良会丁君义华自海防来函云，该代表与书记等原拟自海防搭滇越火车入云南，不料行至河内，云南之西人皆奉本国领事命令，纷纷退出。据西人云，滇省现象甚属可危，新立之政府分门结党，各争利权（惟愿此言不确），且以蔡都督系湖南人，不肯奉戴，盛倡云南系云南人之云南，不宜湖南人为都督（记者曰：云南者，中国四百兆同胞之云南也）。复有许多心术不端之辈，阳奉革命为名，阴行谋财主义，以至独立之进行间断，日近纷扰之祸点（此系旅滇西人之言，虽未便信以为真，然云

---

① 以上各电见《西事汇略》卷一，第7—8、9、11页。

南同胞亦实有贻洋人以口实者矣）。又闻腾越地方有杀死英领事之耗，英兵数千现已进至大理。越南法军亦整备一切，俟旅滇西人悉行退出后，即假保护铁路为名，进兵滇境矣。"①

按：所说"又闻腾越地方有杀死英领事之耗，英兵数千现已进至大理"之言，实际并无其事。

▲11 日，李根源两电"军都督府"，其一请示腾、永军退出顺、云后，"应如何办理"。说："顷接彭蓂个电称，陈云龙奉张少三命令，已于文日（按：12 月 2 日）退兵回永，霰日（7 日）单骑到城，共以保同胞、顾大局为主义，并无他意，请老师速命驾临，以便妥商善后事宜。太老师霰日到城，备聆教诲。乞将由楚起程日期先行电示，俾得知会林绮楼、杨镕斋率同绅商代表徒手前来欢迎。区区苦衷，皇天后土，实所共鉴。学生彭蓂叩等语。查彭、张辈情殷豫附，自可迎机导之，惟欲释嫌猜，必先饬将顺、云、云龙兵撤退。顺、云边要，彼兵甫退，我军即往，恐不免又生冲突，但彼去而我军未至，中间无人镇慑，关系尤巨，应如何办理，祈即核示，俾便遵行。根源叩。马。印。"

其二"拟请由军府通电榆、永、腾各处，先行赦宥陈罪，以安张、彭之心"。说："彭蓂个电已转呈。刻奉家严电谓，昨张文光及地方自治局请偕张蔚臣、张鲁香到榆调和，十八（按：12 月 8 日）抵永，次日张文光将漾濞军队全数调回，永昌、蒙化之兵亦调回顺宁，陈云龙素抱革命思想，本无他意，前因彼军误用魏正荣一队，沿途生事，兹陈已将魏正荣及兵匪十余人就地正法，其余各军均尚镇静，地方军民，尤望速来，已预备迎接。源查陈云龙为人所误，致肇衅端，已将滋事官兵，就地正法，其情殷豫附可知。拟请由军府通电榆、永、腾各处，先行赦宥陈罪，以安张、彭之心。至顺、云边要，该军撤退应如何办理，并乞速示。师长根源叩。马。印。"

12 日（十月二十二日），蔡锷电复李根源说："两马电悉。彭蓂豫附，迎机利导，荩筹极佩。云、顺各属，请公预委妥员为地方官，并委各该地

---

① 《函述云南独立之怪谈》，天津《大公报》1911 年 11 月 12 日。

正绅帮同办理，酌允就地筹款，募兵自卫，一面先行示谕，以安人心。当否？诸祈临时核办，省难悬揣。哿电已复，并电旝榆矣。锷。祃。印。"

▲李根源转陈林绮楼致李个电于省城"军都督府"。说："接永昌林绮楼个电，驱逐鞑虏，恢复中华，建立民国，我辈夙所希望者，今已达其目的。华毫无才能，得亲见大功底定，何幸如之。永自国民军第二标统兼政治事宜彭冀到后，一切政治，均有端绪。华在幕中勉尽义务，分所应为。顷接省佳（按：11 月 29 日）电，委彭为永昌国民军督带，华署府职云云。本不当辞，但现在大局初定，当守定《革命方略》第一期军政之治，民政附于军政治理，乃能完善，乞速电军都督蔡公，收回成命，暂行仍旧办理，俟时再为定夺。杨忠毅公遗骸已购梓，由镕斋发运至城，开追悼会。陈云龙退兵回永，并无他意，已飞函分调各营，一体撤回，共保治安。尊驾速来为妙，何日起程，乞示知，以便往迎。林春华叩。等语。谨转陈鉴。师长根源叩。养。印。"①

▲周宏业以蔡锷是两三年后"可以出而争天下"之人，函告梁启超"拟驰往相助"。说："窃以为和局无论成否，中国今日之事万非袁世凯等所得而治，孙、黄破坏之人更不足以言建设，底定大业，当另有人。云南天府之邦，松坡在彼握有兵权，唯太直率，恐其与今日社会相遇，易遭失败。且彼地人士，囿于见闻，坐昧大势。拟驰往相助，以云南之铜，就原有造币厂铸成铜币，加以少数银币作为本位，就原有大清银行发行钞票，再为整理厘税，以裕财政，再修道路。彼地四塞，二三年不受兵革，斯时承袁、黄之敝，可以出而争天下矣。业素长厚，未任大事，不知此法是否可行，尚乞指示。"②

13 日（十月二十三日）

▲蔡锷电告大理赵藩，不必介意"局外流言"，继续维持西陲大局。说："我公为人望所归，同人等于反正之初，早经电请来省主持大计。嗣因陈匪（按：指陈云龙）披猖，榆、蒙岌岌，不得已乃请公坐镇西陲。幸赖

---

① 以上各电见《西事汇略》卷一，第 8、12 页。

② 《周宏业致梁启超函》（1911 年 12 月 12 日），《梁任公知交手札》，台北：文海出版社，1974，第 523—524 页。

老成硕画，匪挫民安，使大局不至糜烂，繫维我公之功。局外流言①，何足介意。现在腾军就范，然喇井之捷音甫报，云州之警告又来，匪患未平，遽难歇手。乞忍辱负重，始终维持，大局幸甚。锷。梗。印。辛亥冬月廿三日。"②

又电请李根源诘问"腾军既云撤兵回永，忽又纵兵掠云，其意何居"？说："连接行营转来彭蓂、林春华、李学诗等电，方谓迤西生民可免涂炭，乃倏得榆电，据云州（绅）民飞禀，州已反正，忽有永昌白芝瑛率匪屠戮云州，惨无人理。已电檄榆军星夜赴援，迎头痛击。并电告腾军，果以保同胞为宗旨，何又纵白芝瑛之蹂躏云州？望合力围剿，歼此螫贼，以拯生民。腾军既云撤兵回永，忽又纵兵掠云，其意何居？请兄以此诘之。锷叩。梗。印。"③

15日（十月二十五日），李根源电复"军都督府"说："梗电奉悉。云州事，经具敬电，计已呈览。前致顺宁电甫发，即接顺宁李学诗养电称，学诗自腾起义，随赴永昌，适顺绅袁恩锡到永求援。又接顺绅函称，琦府反正被戕，绅民如在水火之中，当督同第二、第三、第六三营赴顺，擒斩谭匪洪鑫等，人心大快。当时不知榆、蒙有阻，故第三营管带率军赴蒙。闻云州尚有谭匪余党，因饬第二营管带白芝瑛先往云州拿匪，学诗率同第二营（按：疑系第三营之误）管带李干橹，添招第十四营管带邵华亦由云赴蒙。到云时，云州方君濂、顺云协马君长安率绅欢迎，推诚相待。当饬李管带率军回顺赴蒙。讵有谭匪余党李宗唐于十五日夜纠众扑城，经学诗督军击退，并会同马君军队，拿获李宗唐，就地正法，绅民快慰。适接宋管函称，榆、永两军失和，学诗随拟回顺，免受蒙城之疑。而云城父老遮道苦留。后闻土匪已散，乃于今日回顺，各军亦均回住顺城等语。本日行抵青华洞，复据云州绅士宋遇春、汤国卿、李翰唐、虞效曾、赵炜、李启唐、李尚文、王光斗等具禀求救前来，并称曾赴榆告急，榆已据情电请军府发兵。惟面讯［询］该州情形，言人人殊，及加诘问，则宋遇春等大率

在途传闻，据以禀报，并非在云目击。又查李翰唐、李启唐均系李宗唐之弟，李宗唐即谭匪余党，经李学诗会同顺云协马长安拿获正法，所禀各情，恐有挟仇图报情节。该州绅袁恩锡现系该处营管，询之该等，共称其公正，而所递禀中，又与白芝瑛并列，自相矛盾，尤为支离。源途中侦查，西事诗幻万状，仅以一方面为凭，断难得其真相，如轻听妄动，关系实非浅鲜。除俟顺宁电复，再行续陈外，谨此电闻。师长根源叩。有。印。"①

14 日（十月二十四日）

▲谭延闿电告黎元洪、蔡锷等人，有关反击袁世凯"借停战议和，为缓南攻北之诡谋"的部署情况。说："黎都督、陈都督、程都督、徐总司令、孙都督、蔡都督、林统领、徐州黄统领均鉴。袁借停战议和，为缓南攻北之诡谋，顷得安庆及上海陈都督转安庆急电，据称袁军分三路攻颖，太和已失，寿合戒严，已电请蒋都督、林统领从津浦铁道直取山东。前得蒋都督皓电，联合徐淮各军，分攻彰卫，以图横截京汉铁路。已由敝财政司电龚统领子沛速筹进行，想早计划妥帖。现在安庆军政尚未十分稳固，我军所恃者海军全有、江面肃清，设令寿合不守，牵动安庆，则长江之险将与敌共。顷孙都督漾电，已组织混成协一标，由海道援鄂，即恳诸公会筹北伐兵策，一面请陈都督速派舰队，联合孙军北攻天津，一面请龚统领由徐淮攻彰卫，一面请黎都督派援鄂赣军，由黄冈攻黄陂，着着妥备，俟战书发表，四面进攻。是否有当？伏候钧裁。湘都督谭延闿。敬。"

16 日（十月二十六日），黎元洪电复各省都督，英领事表示不许袁世凯"违约"。说："前电敌人背约，由外交部与英领事严重交涉，顷据禀复称，英领事已电驻北京公使转诘袁世凯。袁答以并无其事，恐系谣诼。而该领事复坚谓，倘袁世凯果有违约举动，不但民军不容，英使亦更不许等因。据此，理合通告贵处。伏望安徽孙都督，就近详细调查确实，从速示知，以便对待。毋任盼祷之至。元洪。宥。"②

▲李根源电告腾越张文光，永昌彭蓂、林春华、方涵、杨镕斋、张鉴安、李治、张文运、张静臣、李学诗、李干橹，云龙刘得胜，省军政府处

---

① 《西事汇略》卷一，第 17 页。

② 以上二电见《公电》，《申报》1911 年 12 月 18 日。

理"西事"的宗旨和腾、榆军事对峙的若干举措。说："来电均悉。源力疾西来，出于乡人迫望，西事所以至此，亦颇审其真相。要之，此行实以维持大局、共保和平之福为宗旨。所望共体斯意，勿负初心。现驻蒙化云南驿，准备出发之军，源已电准军府飞饬停止，所有顺云、云龙、喇井等处之兵，既经声明撤退，亟宜从速，用明诸君之心，而释榆军之疑。现已电请军府速委贤有司为之治理。军政时代，蜕嬗宜早，地方之事，当委诸政治家，非吾侪武人所能任也。腾、永军哗饷内争，闻已至再。兵犹火也，不戢自焚。源今日方亟思解柄归田，冀全末节。明达之士，当亦谓然。陈君云龙，心迹固有难明者，然事初与军府电，屡事诪谋，已非公理。复对榆军布命令八条，不啻自暴其野心，致激众怒，启衅端，殆难自解。第念其为蒋树本、魏正荣等所误，非其本心，源已两电军府，恳予宽宥，尚未奉复。俟得复电，再以奉闻。又乡人迫家君之出，无非表联合之情。然诸君果欲源任此事者，其间实多不便。惟望另举代表，如绮楼、卫臣、昆田、镕斋、鲁香、镜虚诸君，刻期赴榆，面议一切，俾西事得以早定。家君暂住倚[绮]楼处，起居乞加照料，务须商定电复。根源。敬。印。"①

15 日（十月二十五日），李治等人电告李根源，不认同其对陈云龙的说法。说："漾电悉。大同私衷，均符尊意。目下一切组织，不过暂保治安，非长计。目的已达，须富贵何为，速得政治家出而治理，斯亦同人所欢迎。来电于陈奎生君苦衷，烛照无遗，无任拜伏。至前与军政府之要求，及布榆军各条陈，实无此浪举，日久自见。顺、云、喇、蒙诸路，已由陈飞函调回，只道里遥远，或者不无差误。顷又得顺宁来电，谓已守和平，何榆军又来，声称将当头痛击，出人意表。除再电谕飞调回永外，尤望再嘱榆军退回，以免伤残同胞为要。闻驾西来，老伯已决意住永，一切事专俟驾到榆后电示，自当遵办。同人等拟来曲洞欢迎。总之，腾、永诸事，惟公是赖耳。李治、张鉴安、张文运、杨发锐、林春华、杨毓铣、张定甲、方涵、彭蕡同叩。径。印。"②

▲报载"云南蔡都督因事避至香港"。③

---

① 《西事汇略》卷一，第 13 页；《滇复先事录》，《云南文史资料选辑》第 17 辑，第 101 页。
② 《西事汇略》卷一，第 13 页。
③ 《专电·中国革命消息》，上海《时报》1911 年 12 月 14 日。

按：此系谣传。

15 日（十月二十五日）

▲驻宁各省代表会电告武昌、长沙、南昌、九江、安庆、苏州、湖北、上海、杭州、福州、广东、桂林、云南、贵阳、重庆、西安、太原、济南都督府，盛京、吉林、齐齐哈尔、开封、兰州、天津谘议局，暂延选举临时大总统时日。说："各省代表会本月二十六日在南京选举临时大总统，现因特别事故，暂延时日，专此布闻。各省代表会叩。径。"①

▲陆荣廷、王芝祥电告蔡锷等各省都督，袁世凯违约攻颍州。说："各省都督鉴：江北来电，张兵死灰复然［燃］，袁贼违约攻颍。蒋都督所筹进攻方略，极佩卓见。请黎都督暨总司令统筹进行。敝省援军一协当已到鄂，续编邕、龙军，陆续由粤遵海前进，如何调遣，惟命是遵。桂军政府陆荣廷、王芝祥叩。有。"②

▲蔡锷通告各省都督，滇省全权委员吕志伊"可就近莅会"。说："浙江汤都督漾电敬悉。辱奖感谢。敝处主张认武昌为临时政府，已于删（按：十月十五日，12 月 5 日）电布告。外交上有急切事件，须于沪上集议，敝省全权委员吕志伊等刻将抵申，即可就近莅会。此复。滇都督锷。有。印。"③

▲李治、张鉴安电告腾越张文光，"奉命赴榆调和"之事，已获蔡锷认可。说："来电悉。初以为两军相持，奉命赴榆调和，抵永（昌）调查，前途言之心痛，昨已由函详明。弟接赵樾村、蔡君松坡复电，允表同情。现在榆军退守四十里桥，我军退守曲硐。连日将各情电呈印兄，祈舒廑念。又赵来电言，弟等赴榆，宜轻骑减从，用周华国、王炳之带队来漾相迎，此亦见榆心也。现弟等及鲁香兄在此一二日决定赴榆，已电请印兄先令亲随卫队来漾接护，然后入榆，方不辱命。腾、榆交涉请印兄裁夺，在兄以为如何？弟等顷展印兄来电谓：诸事在弟一人身上，总之力主和平，千万勿虑。李治、张鉴安叩。有。印"④

---

①　《公电》，《申报》1911 年 12 月 18 日。

②　《公电》，《申报》1911 年 12 月 18 日。

③　上海《民立报》1911 年 12 月 21 日。又见上海《大共和日报》1912 年 1 月 12 日。

④　《滇复先事录》，《云南文史资料选辑》第 17 辑，第 104 页。

▲12 日，李学诗致电李根源、赵藩等人，表示云州绅民所言"太失真"了。说："前致李公印泉详电，谅已得达。顷接养电，云州绅民飞函，语太失真，此事勿庸深辩。有云城马协、方州长近在同城，且有云城父老公禀可质。缘匪党李宗唐、施廷扬、叶玉庭等蓄谋已久，始欲戕害方州，继欲计杀马协，把持云城团权，强掠沙坝盐店，意在俟谭匪到云起事。既闻谭匪被诛即逃。白管带率军到云时，只杀抢掠盗匪一人，匪党叶玉庭磕索吏目赎命银两有据，始拟惩办，群保即释放。讵该等欲乘我西路两军尚未联合时，鼓惑众人，扑灭我军暨方、马各数人，以遂其肆行抢掠之心。于十五日遇我专信赴榆之人，即支解以祭旗。百姓有不从者，立杀数人，督众袭击我军，被我军登时击毙，擒劫匪徒三十余人。又闻匪众败奔马河溺毙及带伤逃回死者数十人。虽真假未知，然愚民被胁而死，深堪悯恻。则该匪首等之罪，愈不容逭。幸会同马军拿获匪首李宗唐，立予正法，人心大快。当时云州正绅有痛恨土匪、请我追击者，深恐误伤从匪良民，故停兵不出，饬绅劝导解散，群服我军文明，诚不知造谣者是诚何心？若非匪党，必系忌我者所为。我军所行，可质天日，惟此方人群，莠多良少，且最服重大之权，一切善后事宜，惟有静候李公印泉亲到顺宁商定，不胜切盼，并候电示。统领国民军李学诗谨叩。养。印。"①

15 日，李根源电告"省城军都督府"，将派员前往云州彻查，"以彰是非"。说："顷接顺宁李学诗养电称云云。查此事各执一是，内情诡幻，非

---

① 《西事汇略》卷一，第14—15页。1913 年夏编辑成书的《滇复先事录》也辑有此电，现将其所辑原文并录如下：18 日，李学诗复电张文光说："漾电谅已达。敬奉电示，转达榆电各节。查云州绅民飞禀，语太失真，此事勿庸深办，有云州马协、方州近在同城，且有云城父老公禀为质。缘匪党李宗唐、施廷扬、叶双庭等，蓄谋已久，始欲戕害方州，继欲计杀马协，把持云城团权，强掠沙坝盐店，意在俟谭匪到云起事。既闻谭匪被诛即逃，白（芝瑛）管带率军到云时，只杀抢掠盗匪一人，匪党叶双庭磕索吏目赎命银两有据，白拟惩办，群保即释。该匪等欲乘我西路两军尚未联合时，鼓惑众人，扑灭我军，暨方协各正〔数〕人，以遂其肆行抢掠之心。于十五日遇我专信赴榆之人，即支解以祭旗。百姓有不从者，立杀数人，督众袭击。我军登时击毙掠斩匪徒三十余人。又闻匪众败奔驰〔马〕河，溺毙及带伤逃回死者数十人。虽真假未知，然愚民被胁而死，深堪悯恻，则该匪首之罪，逾不容逭。幸会同马君拿获匪首李宗唐，立予正法，人心大快。当时云州正绅有痛恨土匪请我追击者，深恐误伤从匪良善，故停兵不出。饬绅劝导解散，群服我军文明，诚不知造谣者是何居心，想系忌我者所为。我军所行，可质天日，惟此方人情，莠多良少，且最服重大之权，一切善后事宜，惟有静候李君亲到顺宁商定。此情业经电禀大理总机关，并李君印泉矣。此复，敬请伟安，统带国民军李学诗谨禀。勘。印。"（《云南文史资料选辑》第 17 辑，第 110 页）

派员前往彻查，不足以彰是非。拟俟廿七到榆，商同派查，禀候核办。师长根源谨叩。有。印。"①

中旬（十月二十一日至十一月初一日）

▲李根源父亲留言李根源说："根源览：欲解决西事，在武装平和，至要。雨阶月底随余返腾。蔚然。"②

16 日（十月二十六日）

▲报载云南反正后，澄江府江川县巨匪伏万章、史春能，被"军政府"特设之"奇计"擒获。说："澄江府所管之江川县有浪广村者，向产土匪。自省垣光复后，该村有巨匪伏万章、史春能者，欲乘此建设之时不及防备，该匪就浪广勾结党羽数百人，在铁路附近抢掳人民，无恶不作。遂又往攻新兴州城，未破，并劫新兴富户，不计其数，实为社会一大害。军政府以剿不易剿，特思一奇计，诱至省城，明许给以官职，发给枪支，听候重用。该匪等胆大心雄，亦欲来省领给枪械后，再图抢劫省城，并举大事。竟带党（徒）一百二十八人，于前日（二十六日）抵省。先由巡警局长吴公给以匪首军服以为号，随后亲领该匪羽至军械局，配发枪支，该匪等不知计诱，概至械局。迨入局后，即将前后锁闭，呼令拿人。该匪尚欲徒手抗拒，全数震闹，然已入法网，不能为力，全被我军擒获，一无脱逃。当时因该匪羽在内暴动，不得已用枪伤毙数人。其余押入模范监中，分起讯供确实，于前晚昨日分别首从，提出正法二十余人。余俟查明罪之轻重，再行发落。"

又载越南华侨"助饷之热忱"。说："云南自光复后，建设一切，事甚繁难，兼之滇为贫瘠省份，款拙事滞。幸昨得越南调查员龚劲甫君来函，越南华侨诸同胞以滇起军义〔义军〕，实为同胞谋幸福，现已由越筹集巨款甚厚，欲汇回滇中，以助军饷。昨已由蔡都督致电鸣谢矣。"

滇人"从军之人众"。说："蔡都督以滇中虽克，北虏尚在，非讲求军事，不足以立国于世界，特令讲武堂韩公赶招新生，肄业军学。韩公自出示来，未及二十日，而赴该堂报名者，已满一万人有奇。似此滇人，已知

---

① 《西事汇略》卷一，第 14 页。
② 《西事汇略》卷一，第 12 页。

当兵义务，何愁不日见富强耶。"

陈云龙参谋蒋树本之被诛。说："腾、永张文光、彭蓂、陈云龙等亦以革命名义，在腾、永一带起事，占据数府。惟军令不严，到处抢掠，陈云龙尤为横暴，不惟抗拒我军，其意亦欲以云南大都督自命，并欲攻据大理府。幸孙统带及赵巡按使出以奇兵，我军奋勇抵敌，毙匪多人，现在尚在相持。惟陈云龙之参谋，前清永平县蒋树本率带陈羽数百人，往占蒙化厅。到蒙时，人民已表欢迎，讵蒋匪党羽入城之后，大肆抢掠，人民甚为寒心。蒙城有某绅士素号知兵，当即密召团练数百人，并暗选民之精壮者，不动声色，混入城中。然后将城关闭，内外夹攻，匪不能支，然又逃窜无门，因之全匪覆没，即匪首蒋参谋亦为伏诛。"①

▲朱尔典函告格雷，云南治安似日趋恶化。说："自 11 月 14 日以来，云南的情况似乎愈益恶化。12 月 10 日，思茅税务司来电说，局势是无法忍受的，他将于该日离开那里。第二个消息是，最近招募的一标新兵从蒙自开往云南府途中，感到极为不满；省城正在加强防务，做好准备以对付人们所预料的一次攻击。12 月 16 日，省城发生武装起事。一些士兵试图夺取军械库，但经过短暂的战斗之后被镇压下去。他们显然是属于所谓'哥老会'的结社，该会多年来在煽动中国的乱事方面起了显著作用。在西安府大屠杀事件期间，这个组织表现得极为活跃。由于喜好杀人和盗窃而已声名狼藉的组织重新出现在偏远的云南和贵州两省，对全国来说是一个不好的预兆。"②

▲赵藩电告腾越张文光，省军政府饬李根源所带陆军进攻顺宁。说："军府饬陆军进顺，以正白芝瑛屠云（州）之罪"，但他与李根源"已电止勿战，候李学诗等查办"。③

▲张培爵、夏之时电告宜昌司令部，成都虽曰"独立"，腐败依然。说："司令部唐鉴。唐电悉。张简廷已到数日，湘鄂组织援军，无任感荷。全队若干人，器械是否新式，敷支配否，大炮几尊，均恳电示，本军已准备欢迎。端方初七为贵军格杀，随带首级旋鄂，成都亦于初七宣布独立。

---

① 《云南军事一束·擒匪之奇计》，上海《时报》1912 年 1 月 5 日。
② 《朱尔典爵士致格雷爵士函》（1911 年 12 月 27 日），《英国蓝皮书有关辛亥革命资料选译》上册，第 273—274 页。
③ 《滇复先事录》，《云南文史资料选辑》第 17 辑，第 107 页。

后发见蒲殿俊诸人与赵尔丰私订密约三十条，第一不排满人，第二筹八旗生计，并割西藏与赵，岁由川担负兵费及一切费五百余万。成都各界代表来言，成都虽能独立，旧日之腐败官吏、恶劣绅士，仍然登用，未尝更动一人。且自宣布后，各营兵士全体纵假十日，既无纪律，而又骚扰，屡有奸抢，都督漫不置问。至十八日下令归营，各兵士要求恩饷未允，遂及大变。巡防首先开炮，旋即溃散，分劫伪清、浚川两银行，及劝业场典商富户，一扫而空，损失不下千万。新军初颇严肃，继亦相率暴动，自十八午后四钟起，掳掠奸烧，直至次日午后乃止。城门终夜不开，居民连日不寐。赵仍拥居督署，蒲逃窜，新军得免。成都人民，迭遭浩劫，惨不忍言。请将此项情实，代电贵都督，并乞贵都督转电各省，俾海内同胞咸知。吾川不幸，荼毒之祸，熠而复炽，大局如此，川局如此，奈何奈何。谨此电复。省代表公布《寇约驳议三十条》交邮，贵军便旋带去分布，并闻。蜀军都督张培爵、夏之时叩。宥。印。"①

17 日（十月二十七日）

▲蔡锷电告陈其美，滇省电局"仍由上海总局统辖"。说："各省电局仍由上海总局统辖，敝省承认照办，已饬滇总局转饬各分局知照。再他省寄滇各报极为迟滞，有稽延一月电到者，请告电政局飞饬各省局留意是幸。滇都督锷。感。"②

▲李根源抵大理。③

19 日（十月二十九日）

▲蔡锷以"都督府"名义，电告赵藩、李根源，准取保开释祝宗云。说："据永昌府留省同乡会代表刘德泽等禀称，祝宗云素业教育，行谊不苟，此次因陈云龙迫胁到榆，今被监在狱，实属为人所累，恳准监察赏准开释等情。查祝宗云既系迫胁，情尚可原，应准取保开释，希即照办。都督府。艳。印。"④

① 《蜀军都督致宜昌司令部电》，上海《时报》1912 年 1 月 10 日。
② 《申报》1912 年 1 月 8 日。又见《大共和日报》1912 年 1 月 8 日。
③ 《李根源致李学诗电》（1911 年 12 月 17 日），《西事汇略》卷一，第 18 页。
④ 《西事汇略》卷一，第 6 页。

▲李根源电告腾越张文光，永昌彭蓂、林春华、钱泰丰、杨镕斋、李治、张文运、张鉴安、方涵、和朝选，顺宁李学诗、李干橹暨同事诸君，他已抵达大理，以及省城对陈云龙态度与腾、永当前应办要事。说："源念切西事，深冀速平。日昨抵榆，首与樾老及诸执事剖析始末，已明前此之衅端，皆由两方之睽阂，宿疑涣释，共矢同心。樾老恺悌宏达，豁然大公，尤人所难。云州事，逆知其中情伪，前在吕合云南驿等处，迭经电饬孙统带飞饬钟管带湘藻停止前进，犹恐钟已出发，阻止不及。又闻顺电不通，焦急万状，当即电由绮楼、尧阶转顺，由希白转交钟管遵办。当夜复发严重命令，专弁星夜前往迎投，文电交驰，必不至有遗误。腾、永、顺、云各军饷项支绌，源早审知，现已会同樾老电请军府急为计划解榆，以资散放，而辑士心。陈君云龙心迹，前曾迭电沥陈，顷奉军府电，允宽其既往。但经此次激战，军中难保不无意见，遽难委以兵柄，将来出师北伐，陈君愿往，源当力任，俾得图功以湔前失也。腾、永、顺、云营数及各军人员、军械，希速查明电示，再行分别种类，造具简明表册送榆，以凭转呈军府核办。其有功各员，应予确查详核，分别等第，汇电示知，转请奖叙。现在任事各员，学行才具如何，堪任何职，均请绍兄确切开列，电榆转请委任。又始事之初，仓卒召募，鲜堪为用，适以滋扰。近数月中，诸君与源身历艰巨，不戢自焚，无待烦言。况目今饷源竭蹶，军费过繁，万难支拄，务宜设法严加汰遣。在军府计划，所留人数，必以所有军械为准。唯诸君留意，从速着手为要，并希电复。腾、永代表诸君，已否首途，盼甚。刘得胜已委西防第六营管带，仍归绍兄节制。晨接省电，援川谢梯团长已复叙州府，并闻。根源叩。"①

▲张文光电告李根源，腾、永赴大理谈判代表"（张）蔚臣、（李）昆田、（张）鲁香、（方）镜虚"等人于"廿七日（12月17日）由永（昌）

---

① 《西事汇略》卷一，第18—19页。《滇复先事录》，《云南文史资料选辑》第17辑，第111页也收有此电，只是文字稍有不同，最大的差别在于"陈君云龙心迹，前曾迭电沥陈，顷奉军府电，允宽其既往。但经此次激战，军中难保不无意见，遽难委以兵柄，将来出师北伐，陈君愿往，源当力任，俾得图功以湔前失也"一段文字，被代以"陈君云龙事，前将委曲迭电力陈。顷奉军府电开，陈举动谬乖，致肇衅端，本难遽予宽免，惟现经查实力保无他，果其心迹可原，准予宽其既往等因。即希转告陈君知照。但经此次激战，军中难保不无固［意］见，遽难委以兵柄。将来出师援蜀，陈君愿往，源当力保，庶可图功以盖前失也"。考虑到两书的编者不同，相对而言，《滇复先事录》的记载当更为真实。

首途，兼程赴榆。"①

20 日前后（十一月初一日前后）

▲16 日（十月二十六日）②，黎元洪电请各省军事机关"选派军事知识完全人员一二员"，速赴南京组织"全国参谋本部"。说："长沙谭都督发起组织全国参谋本部，暂设于南京，实为联络各省、统筹全局切要之图。旋经多省赞成，湘、桂、秦、江北各省所派各参谋已先后到鄂，与敝省参谋部会议决定组织全国本部，由各省选派军事知识完全人员一二员，速赴南京设立完全机关。敝省当派妥员，即日赴宁。凡未经派员各省，请即由尊处电达催其派定，克日起程赴宁。至各省援军参谋，仍请集合于武昌，并希电复。"

20 日前后，蔡锷电复黎元洪说："寝电组织中央参谋部之议，极佩。敝省现以道远，不及派员代表，拟请沿江海各省速行就近组织，敝省无不赞同。"③

▲李根源通饬大理各府厅州县，裁撤所设机关分部理由。说："照得大理迤西机关部，实因反正之际，人心惊惶，由各绅等禀请暂设，借资维系。今大局既定，人心已安，若长此因循不改，实于行政、司法权限，多有侵越纷歧。昨奉军都督府电饬裁撤，业已转饬遵照办理在案。至各府厅州县所设分部，其初亦本为维持地方起见，惟士绅之中，贤愚不一，竟有假该部名义，杀人敛财，如永北之劣绅黎元和者，实不足以维持秩序，而反足以害治安，自应将各属所设分部概行裁撤，以归划一，并将该部以前所颁文告，一律取销。除电饬遵照外，合行札饬。为此，仰该府厅州县即便遵照，并转饬所属官绅，一体遵照。自宣告裁撤之后，如有无赖匪徒，借名义以侵治权，假文告以淆观听，一经觉察，或被告发，定行分别重惩不贷。地方官扶同隐匿，或通同一气，舞弊营私，尤当加等治罪。本总司令言出法随，慎勿视为具文也。凛之慎之。切切。特札。右札迤西各府厅州县官。"④

---

① 《滇复先事录》，《云南文史资料选辑》第 17 辑，第 112 页。

② 由以下蔡锷复电说黎电为"寝电"，可知其发于 12 月 16 日。

③ 曾业英编《蔡锷集》（一），第 353 页。

④ 《西事汇略》卷六，第 1 页。

20 日（十一月初一日）

▲蔡锷电告叙州谢汝翼，东川李鸿祥、张开儒"自恣威权"，"已电调回省"。说："前接昭通张联长开儒电称，郭、陈（按：指郭灿、陈先沅）两巡按祖护恩安姚令、永善邓令，已札饬该巡按等回省销差。并追缴委札、关防、军衣等语。查郭、陈早有报告到省揭姚、邓两令不职状，已由军政部遴委接充。张不加详察，又不先行电闻，遽追缴该巡按等关防，并将永善、鲁甸两令自行撤换，殊堪诧骇。兹又闻张将郭巡按弟茂兰拘押昭通自治局，郭、陈避匿，张又派兵围搜。似此自恣威权，恐人人自危，殊非同心戮力之道。已电调回省，令随榕［镕］轩赴蒙，非独为川事计，亦所以保全张君。特此电闻。都督府。东。印。"①

▲18 日（十月二十八日），赵藩、李根源电请"云南军都督府"示知可否委李学诗署顺云协兼督带国民军两营，说："李学诗颇识大体，在顺（宁）歼匪保城，其劳亦不可没，拟请委署顺云协兼督带国民军两营，俟张守汉皋到任，将顺宁府事务交代清楚，即行率兵赴云州。该属地方事宜专归张守办理，李学诗不得再行干预，以清权限。惟李学诗所部现有五营，已饬严行裁汰，仅留两营听候编制。张守即饬从速赴顺，准招亲兵二十名，并拟派陆军一小队随同前往，俟到任后仍行调回。可否之处，伏乞示遵。藩、根源叩。俭。印。"

20 日，蔡锷电复李根源说："俭（按：即十月二十八日）电妥恰之至，便可拍发。西事得公料理，自易解决，一切处分，公可便宜行之，此间不为遥制。惟求将腾、永所立之营，切实淘汰，缩小范围，所有人数，必以所有军械为准。至多不可出七营之数，每营以三百员名为限。此实目前最切要之着，不可稍有迁就。其余善后事宜，亦希与樾老预为计划，随时电闻。锷。东。印。"

▲赵藩、李根源电告顺宁李学诗，省城军政府已准委其"署顺云协兼督带国民军"。说："顺、云一带，赖君保全，实所佩慰。昨由藩等会同电请军府，以君专任一方，借资镇慑。顷奉军府电开，俭电悉。李学诗着委

① 曾业英编《蔡锷集》（一），第 334 页。此电《云南辛亥革命资料》和曾业英编《蔡锷集》皆署"1911 年 11 月 21 日"，即十月初一日。距离张开儒 11 月 16 日离开昆明［《云南光复纪要·援川篇（二）》，第 141 页］，随梯团长谢汝翼出发去四川的时间仅隔五天，与该电所涉内容也不吻合，当有误。比较合理的日期是"十一月初一日"，即 12 月 20 日。

署顺云协兼督带国民军，责成妥为陶［淘］汰，归并为一营，饷力所限，不得不尔。即请给委等因。顺、云西南屏蔽，得君镇抚，足纾西顾。贵部各营，希遵照军府电示，力加陶［淘］汰，并为一营，该营管带、帮带、哨官、哨长，即由尊处拣员电知，以便转请给委。现委顺宁张守汉皋，廉干勤能，深识大体，治绩为迤西（之）最，已饬从速起程。请俟该守到任，将地方民政事宜，交待清楚，再行赴云接篆。军府委札及印信，随后专送。仍请将转奉电委日期，先行具电通报查考。藩、根源。东。印。"

但是，李学诗不同意这一裁汰方案，随即电复李、赵说："李总司令、赵巡宪均鉴。诗奉电谕，蒙委署顺宁协，俟张守到顺即行交代，勿得干预地方事件，敢不凛遵。惟诗才短任重，恐有贻误。且前顺宁协马长安、云州知州方濂颇得众心，早以（已）率兵投诚，将印信、器械交来，诗不敢当，仍命领去，应如何布置，统候钧裁。但查顺宁一带，土匪丛滋，酌留两营，实不足以资防御，不得不多添一营，如何之处，即祈电示。学诗叩。印。"①

22 日（十一月初三日），再电赵、李，申说其不同意裁汰方案的理由。说：

> 赵巡宪、李师长钧鉴。冬奉东电，谬承嘉饰，保委署协，诗之苦心孤诣，已蒙明鉴，感何可言！但诗舍身起义，原为同胞，目前顺宁军事民事，均极困难，断不敢图一人得所，而置诸将士于不问。此区区苦衷，不能不为知我者详陈。诗所统带三营，管带宋学诗、帮带邵华轩，第二营帮带白芝璞，皆在腾越起义之列。宋、邵到顺，诛戮谭匪，随诣鼠街，抵御蒙军。白到顺，诱获谭匪、军械，到云拿办土匪。第二营管带李干櫓，在顺诱获谭匪、军械，同诛谭匪。第十四营管带邵华在云，拿办土匪，均著绩劳。此次钟大队长不听命令，炮击我军，该管带等各率所部弁兵，身先士卒，争先战斗，其勇武敢死，实皆将官中特出之才，所带弁兵，亦皆各有劳绩。今奉裁并之令，本应遵行，奈将士之功赏未论，弁兵之奖饷未发，何能凭空陶［淘］汰？纵若辈不致激而横决，而目前防边保民，正资将士，亦不宜如此薄待。乞两

---

① 以上各电见《西事汇略》卷一，第 20—22 页。

公为诗思之，当信其非固执也。顺宁马君长安，本是宿将，勇略兼全，此次始因允百姓之请而反正，继因民为匪绅所愚，全体怀疑马公，先未剪除，亦为慎重起见。继因匪绅与我为难，即会拿匪首正法，诸事与我和衷商办，此实足任坐镇之才，不宜轻易，请两公代达军府，收回成命。马营右哨在顺，因什长从匪，以致散失，请饬马协招足一营，发足军装，饬令坐镇云州，分防缅宁。目前如有土匪蠢动，我军可以协办，将来安静，一营足镇。云缅顺宁幅员极宽，盗贼极众，绅界虽不乏老成，若无毅力，一遇奸狡者强主其事，群听所为。此次谭匪之杀降官，蒙军之犯顺城，皆绅士袁恩锡、杨元昌、江如渊等暗中主持播弄，此地不设重兵，将来必至糜烂。闻该绅已到榆城，两公万勿信用其谗言，并请转告张太守，不可信用其毒害同胞之伎俩，致防不胜防。现在我军将士，深愿北伐，不愿驻顺。诗以劳力不少，忍弃前功，故不惧方命，尽所欲言。诗仍统五营，暂驻顺宁，俟张太守到顺，查看情形，应留与否，届时再行定夺。彼时或由诗统带到榆，或饬遣北伐，以犁扫满房之庭，或拨归省防，均听饬遵。现在五营兵丁，皆因快枪不足，半用铜帽枪支，犹能奋勉直前，如用快枪，更可必其杀敌立功。现在枪械仍嫌缺乏，能否由榆添发，即祈电示。或专人来领，或由张太守带给。诗处人多械少，未能遵示就械留人，实因各军将士，皆可用之才，且历经战事。现乃多事之秋，亦不能专顾惜经费。至于诗之素志，两公所知，俟此次善后办妥，但蒙委任，决不辞责。惟求两公，将各将官衔名，先行代达军府，分别给予官阶。战功劳绩，以宋学诗、邵华轩、白芝璞为最，李干橹、邵华次之。伏乞核夺电饬遵照，以励有功。其余弁兵，容查明续电，禀请奖励。所有下情，合肃电禀。张守何日到顺，亦祈电示，以便派兵妥护。统领顺云国民军五营李学诗谨叩。江。印。

24 日，李根源再电告李学诗说：

顺宁李希白兄鉴。江电悉。志虑闳远，不计功利，源所深佩。军府委任，本为地择人，捍卫边圉，尤义所在，无所于让。裁并营数，来电亦有苦心，然际此时艰，统筹全局，有不能不严行限制者。滇中养兵之费，全资邻省协助，今南北用兵，协款概归无着，本省钱粮盐课，征收既难，损失尤巨，厘税等项，更形减色，饷源竭蹙，已臻极点，虽将地方行政经费严加裁节，所得无多，再事增兵，饷将何出？现在开化镇夏豹伯所统裁撤三营，广南裁撤二营，蒙防复裁三营，皆反正之际，与有防边戡乱之力者，且该处国防边防，关务路政，其重要视顺云为何？如若顺云一隅，即留五营，此项饷糈，既无从出，一朝哗溃，其患安穷。腾、永各军哗饷，事已迭闻，且因饷项无措，遂不能禁搜括滋扰之行，是兵之设，非以保安，实徒以厉民也。假令搜索民财，足为久计，虽戕贼同胞，得罪天下而不惜，然当此民穷财尽，搜索讵能久乎。闻兄在彼，不免勒捐之举，殆坐斯患，事果有征，则日以同胞为言，恐此心终无以自白。兵犹火也，不戢自焚，甚可惧也。要之，裁汰营数，专为饷源，顾虑饷源，专为弭乱，事关全局，无可变更。至源对于腾、永、顺、云各军，开心见诚，可矢天日，若犹妄生疑阻，拥兵自卫，凡我同人，当不若是。前电就械留人，特源变通之计，尚未蒙军府核准，方饬裁兵，转请发械，重违命令，姑且勿论，聚集多兵，有械无饷，是授利器以为乱也。至各项人员，前经通电，请速查明电复，转请奖叙。弁兵奖银，应俟统筹发给，早经电知，待遇已为不薄。兹开宋学诗等五员，即候据情转电军府，以管带帮带分别记名委用，仍按月支给管带帮带全薪，俟该营遣散后，或到省或留防，听候委任，以励有功。兵勇奖银，候合各营核议定夺，一体发给。其裁并一节，务望遵照军府电示，妥慎办理，不能稍事迁就。余有应商事件，但在军府所指范围内者，无不可协力代筹。张守才识，治顺绰有余裕，并有吾兄镇慑，更无足虑。马君长安，军府已另有位置，源任西事，艰苦万状，幸有今日和平之局。念与吾兄既托本支之义，复忝切磋之雅，所愿同心戮力，共保乡邦，对越先人，庶几无忝，军府总摄纲维，万难就一隅而碍大局。吾党承乏行间，尤宜守命令而严纪律，如不熟察所言，来日之事，非所敢知矣。如何，幸速决示复。根源叩。微。印。

25 日，李学诗又电复李根源，辩解说："李总司令鉴：鱼奉微电，既鉴苦心，复为远虑，感甚。筹饷之难，诗亦深知，无如顺、云土匪如毛，绅界又无长才主持，蠢动之举，防不胜防。现计云、缅必需一营，顺宁必须一营，如一两月后，人心安定，再行酌量裁并。诗实为保全地方治安起见，并非拥兵自卫。第三营管带宋学诗、邵华轩因永饷未到，已于本日开赴永昌就饷，应如何裁并，请电钱、彭两君转饬遵照。诗处现统有李干橹、白芝璞二营暨邵华一营，又马君长安处尚有两哨，如编作国民军营制，每营四百余人，一营亦足分布，如仍照防营营制，必须两营。如蒙照准，即乞电示，亟应遵照编定。其马君士卒，皆训练有方，请电马君，将士卒移交。如该兵士愿随马君回省效用，即将枪械移交诗处，以应急需。至于顺、云、缅三属，若共留防营一营，不惟诗不敢任此危局，请询马君一营能否敷布，自知诗言不虚。顺宁民事待治孔殷，请催张太守速来。尊驾何日赴永，均乞电示。再各军到顺到云，均系向公所借款发饷，并无勒捐之事。合肃电复，立候电示。统领李学诗谨叩。鱼。印。"

28 日，李根源再电复李学诗，表示军府计划已定，不可更改。说："顺宁李希白兄鉴。鱼电悉。裁并营数，军府计划已定，无论如何，均应勉为其难。所云国民军编制，事关全省通章，尤属不能独异。顷反复筹度，必不得已，现马君长安返省，即将所带两哨，并归吾兄督带，准派管带或帮带一员，仍由兄处保员电知，转请军府给委。即此已属曲为变通，舍此别无办法可言。防范土匪，固属要图，然全局之事，更有大于此者。现腾、永公推代表，至榆开议，军府电布条款，首为裁汰营数，腾、永、顺各处军队，以七营为限，饷源所关，不能稍事迁就也。张守已于本日由榆起程，一切地方事宜，希照前电办理。源行期未定，并闻。根源。佳。印。"①

▲赵藩、李根源电陈"军都督府"，大理机关部已于 12 月 16 日裁撤。说："榆机关部遵于十月廿六日裁撤，总理由云龙暨参事范宗莹等亲交到木质关防一颗，折一扣，册三本，案卷五十八宗，由藩点收。源到后会饬将卫兵二百五十名妥为遣散，所有该部截留盐款，即于裁撤日截止。除用外，余存壹万有零，并同枪械照原领数目饬交饷械分局点收报部。查核用款，饬自行核实造册报销，交到木关防，即行销毁。合肃电陈。藩、根源叩。东。印。"②

---

① 以上各电见《西事汇略》卷一，第 22—25 页。
② 《西事汇略》卷六，第 1 页。

21 日（十一月初二日）

▲报载"滇省反正后"，派往"交通四川"的滇军招抚营受到沿途武定、元谋、苴却一带的"欢迎"，于本日抵达会理。说："川滇唇齿，尽人皆知，宁远五属，向归六诏，犬牙相错，休戚尤觉相关。滇省反正后，派招抚营蔡管带交通四川，滇军所至，安堵无警，武定、元谋、苴却一带沿途欢迎。冬月初二日抵会理，住扎距里许之滇南会馆。一般深谋远虑之绅士，恐滇军心怀不轨，占据该城，捏称该城自已反正，不劳滇军久驻，按户派人守城。然会理英华萃于城外北街，其居民数千，与滇军相安无事，且有往来酬酢者，且有到营外卖小菜食物称获厚利者。商界极表同情，送米三石、猪二只饷军，滇军坚辞不受。蔡管带见四川反正公文，即许撤兵。惟招抚营川人居多，数见会理官绅猜忌无礼，皆愤不能平。幸蔡管带晓以大义，于冬月初七日拔队回滇，沿途皆秋毫无犯，滇军纪严肃，略见一斑。吾谓滇军果怀侵略主义欤，恐非一纸空文所能搪塞也。我会理果知反正为应尽之天职欤，固不待友邦之迫促也。奈何滇军还，而专制如故也，旧污如故也，吾不能不为会理前途太息也。"①

22 日（十一月初三日）

▲赵藩、李根源电陈"省城军都督府"，拟"撤换"宾川、浪穹、漾濞所用之人。说："查现代宾川知州商廷倬难胜繁要，且该州属土匪遍地，应变通委用武员，方资镇慑。查有榆标二营前队官杨赞东，直隶人，才勇兼济，复经孙联长力保，堪以委任该州知州。又查浪穹县知县高觐光，及漾濞巡检张泌，均平庸无能，亦应撤换。拟请以蒋继曾委署浪穹县知县，解敦临委署漾濞巡检。乞示遵办。藩、根源叩。江。印。"

又电请"秘查拿办""逃匿至省"的"卸顺宁县萧桂祥"。说："据顺宁绅士杨元昌等禀，卸顺宁县萧桂祥，因逃脱要犯撤任，欠兵谷五百石，每石合银壹两壹钱，又借用警款壹百伍拾两，二共合银柒百两。琦守勒追未缴，土匪之戕琦守，萧实与谋，现已逃匿至省等情。应请秘查拿办。藩、根源叩。江。印。"②

---

① 《碧鸡新语录·会理之军情》，上海《时报》1912 年 3 月 9 日。

② 以上二电见《西事汇略》卷六，第 26、27 页。

▲李根源电告腾越张文光，"榆中机关部，亦经裁撤，惟盼代表诸君来耳"。说："腾越张曜三兄鉴。艳电敬悉。过蒙奖借，弥滋颜汗。乡邦之职，愿与诸君子共负其任，而兄尤为其难。深愧未识无能为役，何敢言劳。所陈规划，悉符刍虑，尤所深喜。营数及军械人员等项，即希迅电示复，立行转呈军政府核办。榆中机关部亦经裁撤，惟盼代表诸君来耳，心深思虑，亟思返腾。此行惟步、马、炮、机枪队悉备，兵数甚众，咸思自效，方拟计划出川，系有用武之地，行止届时再告。根源叩。江。印。"①

按：榆中机关部的裁撤，意味着腾、永与李根源谈判的性质也变了，已不是与大理机关部的谈判，而是与省城军政府的谈判了。

23 日（十一月初四日）

▲蔡锷急电宣威李鸿祥，准调申家树赴川。说："电悉。申牧家树既系自愿赴川，联络绅商办理筹饷及行政事宜，准即调往。所遗州缺，已饬部遴员接替。俟新牧到任，仰该申牧即便起程，迅速赴川，听候遣用。余均照办。都督，支。印。"②

26 日，李鸿祥电复蔡锷说："东密。前电调牧家树同行，已蒙允许，请迅速遴人代理，饬该员前来。张君儆贞已启程否？前途多事，拨巡防驻永及续运子弹各节，尤为善要，望速办理。鸿叩，虞。印。"③

24 日（十一月初五日）

▲22 日（十一月初三日）④，李根源等人电请"省城军都督府"将鹤丽镇暂移永北厅。说："永北厅属地面寥阔，川、滇接壤，匪徒时有滋扰。现值大局粗定，川匪、土匪尤易窃发，非有大员坐镇，不足以资镇慑而保治安。拟请将鹤丽镇暂移该处，镇厅相辅，为理必能渐臻安谧。根源行将

---

① 《滇复先事录》，《云南文史资料选辑》第 17 辑，第 115 页。

② 《云南辛亥革命资料》，第 325 页。原署"辛亥年十月四日（1911 年 11 月 24 日），误。"

③ 《云南辛亥革命资料》，第 325 页。

④ 云南是 1912 年 1 月 15 日开始统一使用阳历纪年，李根源又是 1911 年 12 月 2 日离开昆明，12 月 17 日抵大理的，可见李根源江电和蔡锷歌电均为阴历辛亥年十一月初三日和初五日。曾业英编《蔡锷集》（一）系为 12 月 3 日、5 日，误。

计划援川，永北为必经之道，镇移该处，亦可借为后援。藩、根源、彦会商意见相同，是否可行，乞饬核议，示复遵办。藩、根源、彦叩。江。印。"

24 日，蔡锷电复大理李根源等人说："大理李师长、赵樾老、丁硕翁鉴。江电悉。鹤丽镇移驻永北，借资坐镇，而保治安，苍筹甚善，即可定计，由硕翁前往布置。惟取道永北援川一层，尚须计议。闻宁远一路，道路艰险，军资缺乏，不利大军行进，宜先派员前往侦察，再定区处。锷。歌。印。"①

25 日，李根源电复"省城军都督府"说："歌电敬悉。出师宁远以援川，此议发于源，而定于赵樾老。钧电以道路艰险，军资缺乏为虑，吁谟深远，钦服无似。惟樾老曾任永宁，习知情势，且亲故部曲，在彼甚众，于彼中夙有联络，可为我应。我军所至，必无间阻，道险似不足虑。资粮于彼，亦不虞其匮乏。故樾老于此主张尤力，已另有电详陈。刻又经派员前往侦察，如蒙俞允，拟令钟湘藻或王太潜率一大队，附炮二尊先发，支队长拟就孙、刘两联长，以一人拣任。驻榆军多，久屯非计，此中关系，节经密陈，如何之处，伏候核夺示遵。腾、永代表林春华十一人齐日可至，遵当以裁汰营数为首图。彼军现有廿一营，弟无论如何均当扼定钧府所定七营为限。余如严禁摊捐、遵守纪律，一切条件，皆当申明约束，俾就范围。此外，如有应与订议事宜，乞电示，以便遵办。师长根源叩。鱼。印。"

26 日，蔡锷电复大理赵藩、李根源，表示我军不宜"取道宁远"。说："月密。鱼、麻两电均悉。苍筹本极赞成，惟体察近情，尚须商酌。顷接我军叙府电，成都独立，端诛赵逖，蒲殿俊为都督，又因放饷被戕，仇杀相寻，势益糜烂。我军此时宜先收泸、叙，急趋成都，为之扫荡廓清，整理内政，恢复治安。若取道宁远，似嫌过迟。且接会理公呈，已经反正，而邛、雅一带多为同志会所分据，若专事假道，则粮无可因［运］，欲节节进攻，则多费兵力。虽沿途多樾老旧属，然近日地方官势力已失，呼应亦恐不灵。又腾、永军甫就范，善后尤待经营，印公即行出川，西事恐难巩固。

---

① 以上二电见曾业英编《蔡锷集》（一），第 349 页。

愚虑所及，辄以奉商，卓裁如何？仍希赐复。锷。虞。印。"①

　　1912年1月1日，赵藩、李根源电复"省城军都督府"说："虞电奉悉。蜀乱至此，诚宜疾趋成都，不当为迁远之图，指示一切，尤仰见谟虑宏深。惟得彼中近函，会理尚未反正，匪徒窃发，方严警备，大势杌陧，深冀滇援。会理州牧王香余、防营管带董玉书、宁远府王典章、打箭炉厅钟寿康皆藩旧属，盐边厅为藩弟荃，盐源县赵舒怡亦藩族子。又旧部中建昌镇董南斌最为忠勇，川南巡防统领朱登五现扎犍为，马边管带李光枢与有姻连，雅州管带纳汝弼为阿迷人，皆可信倚，将吏豫附，力足为助，不虞失事。军中给养，取办必易，资粮亦非所患，侦察所向，虽道路不无险阻，尚无他虞。至同志会之分据，其事虽不能详，就近得消息，审彼中情势，似不烦以力取也。且取道宁远，为蜀计固迂，第已有一军由叙直入为之扫除，今以偏师由此道先收建南各属以为根据，相机进退，力不逮则驻守，时可乘则济师，建宁一带边幅广而荒廓，兵力薄而乱滋，我军填〔镇〕抚亦蜀之利。藩等奉电反复筹商出师计划，何敢不策万全。可否照准前电所陈，以钟湘藻或王太潜先发，腾、永已就范，善后藩当勉任，源暂偕往，以兵辅之，事定后行可从缓议，如何之处，伏候衡核示遵。藩、根源谨叩。元。印。"②

　　2日，蔡锷电复李根源，仍婉拒其"出师宁远"的意愿。说："月密。元电悉。出师宁远，以进取为消纳，非但为蜀，亦以为滇。惟此间连接会理州杨德修、宁远自治局公文暨建昌董镇、宁远王守等来电，皆云川省独立，各属均已遵照反正，地方安谧。滇以唇齿相依，自应力主共和政体，请滇军无庸入川。又谢旅长由叙府来电，内有川人对于我军，外虽欢迎，内实疑忌等语。又闻相岭、渡河之间，痞首罗某屯兵甚众，我军过此，设有抗拒，胜之不武。而宁属贫瘠，乱离之后，元气大亏，施设为难，得之

　　① 以上二电均见《西事汇略》卷十，第1页。曾业英编《蔡锷集》依据《电光集》第一册署《蔡锷复赵藩李根源电》发于"辛亥腊月初七日"，定其发于1912年1月25日，并据此定李根源致军都督府电发于1912年1月24日，误。因李根源致省城军都督府电中明示有"腾、永代表林春华十一人齐日可至"大理一语，而李根源又在1911年12月27日致张文光电中交代"张、李、林、刘、和、方、杨诸君，阳日抵榆，源与樾老率绅郊迎，馆于大理府署"（《滇复先事录》，《云南文史资料选辑》第17辑，第121页）。由此可知，李电与蔡复电当发于1911年12月24日与26日。

　　② 《西事汇略》卷十，第1—2页。

足为滇累。此间迟回审慎，职此之由。榆军久屯，诚如尊虑，拟饬钟湘藻率领来省，以备北伐。现调临军一标与工程二营编为北伐队，派唐次长继尧为司令官率之入蜀，或假道湘、黔，即会师武汉，直指卢龙。如以榆军编入此队，较为有用，而少顾虑。尊意如何，仍希裁复。又滇边辽阔，逼处强邻，土司蠢蠢，不能自立，间多外向，经营西防边务，以巩固滇疆，亦一大事业。印公到腾、永，能竟此功，尤所盼望。而腾、永善后各事，非慑之以兵威，难速就范，兵力似又难以遽分也。锷。寒。印。辛（亥）十一月十四日。"①

8 日，李根源再次电复蔡锷说："巧电奉悉。钟、王两大队，已饬准备如期出发，枪械、水壶、饭盒、外套等项亦遵饬运省。惟志愿兵以中学以上学生组织，无论素无军事教育，不胜战阵，即山川跋涉艰苦，亦非所堪，疲惫之余，壮心摧丧，始慕从军之乐，继将怨征戍之苦，养之无素，客气固不足恃也，此犹论其粗者。改革之后，建设需材，中学以上学生，加以淬励，即可备用。用之于政界、学界或可尽其所长，用为军人，身体弱而思想高，转非所利。根源于此亦深知军府之用心。然推而行之，在诸生亏一篑之功，在国事无毫末之裨，似非得计。方今一般言论，莫不鼓吹从军投笔请缨，便要荣誉，不虑人民无尚武之思想，亦无庸再事提倡。况武装国家，必有与立，一切为治之具，固不能弃而不讲，胥天下之人出于一道也。管见如此，可否罢议，仍予留堂上课，统候衡裁。师长根源谨叩。哿。印。"②

▲李根源电陈"省城军都督府"，请"公家补助"大理府、下关两处筹办警察费用。说：

榆郡为迤西要冲，下关尤商旅辐辏，亟应筹办警察，保护治安。榆城警兵原额本六十名，旧只有四十名，嗣机关部竟全撤之。近恐诘责，乃临时募数人站街，以为涂饰。下关则旧隶赵州，从前并未举行。查城关五方杂处，难免游民流痞，溷迹其间。惟将巡警办理完全，乃能保卫地方，借补军队所不及。现饬两处绅商，筹款开办。郡城拟用警察长一员，巡长二员，警兵九十名，以六十名驻城，三十名巡乡，

① 曾业英编《蔡锷集》（一），第 361—362 页。
② 《西事汇略》卷十，第 2 页。

约需常年费五千元，开办费一千元。下关拟用巡长一员，警兵四十名，即由郡城警察长兼管，均归大理府节制。约需常年费二千五百元，开办费八百元，所募警兵，分班教练。郡城旧有在教练所毕业者，先行召集，服务不足，即再补充。现已委前陆军警察队官张子英充警察长，饬大理秦守督同筹办。两处警款，下关尚易措集，昨据该处商绅来谒，允认设法，势在必行。惟调查旧有之款，全年只有银一千一百余金，再三饬绅妥筹，乃欲以百货加抽，并提学款及零星杂捐，以为搪塞。查学款固不应提拨，而百货加抽于税厘有碍，且下关既由商会担认，更不能再予重征。前太和胡令前经禀准灯捐，局绅抗议不行，兹竟搁起不提，其意决不允认。然细查城内市廛冷落，似亦未便过于深求。现饬该绅另再筹议，并谕秦守于庙产公产设法提拨，未知如何。地方困敝如斯，而警察又刻不容缓，断不能以经费支绌因，仍苟且不为实行。无已，惟有公家补助之一法。榆郡为迤西重地，似不能不特别整饬也。现已谕两处，一面举办，一面筹维，不得观望迟疑，务令克期成立。请饬军务部拣发配刀九十把、警笛三十个、百步灯二十盏，迅委解榆应用，俟开办后即将员兵薪工及应用服装各物数目，详细列折呈报候核，伏乞示遵。巡按使藩、师长根源叩。歌。印。①

按：据李根源说，此电"昨奉复电"，军都督府"以公家补助，终非持久善策，且恐各属借口要求，难于应付为辞"，未予允准，并认为军都督府的"理由甚正，自应仍以就地妥筹，不苟不扰，方为正办"。②

25 日（十一月初六日）

▲18 日（十月二十八日），谢汝翼电告云南"军都督府"，"川中无一二可用之兵"，"我军大有可乘之势，足戡川乱"。说："成都反正，由将军饬赵尔丰交出政权，推蒲、朱为正、副都督。赵带少数兵由〔向〕西藏逃逸，并经过州县城镇，一律屠杀。成都兵因放饷激变，杀蒲。自是仇雠相寻，杀机时发，排外省人尤力，官于蜀者，有岌岌不可终日之势。饬二梯

---

① 《西事汇略》卷六，第38—39页。
② 《据太和县自治公所正议长范宗莹等呈为警费由分区担负请核示由》，《西事汇略》卷六，第41页。

速进，以便出援。重庆都督得鄂军之助，尚堪自立。泸州温、刘亦称都督，除保安一泸城以外，别无能力，故泸属及自流井一带极糜烂。俟叙事就绪，根据稍固，即前发资州。鄂军反正，端方被杀，所遗军械极多，拟前往收拾。叙州对于我军，外虽欢迎，内实疑忌。目下全州无一片干净土，同志会志在财货，甲得而乙夺，乙得而丙攫，纷争扰攘，必无宁日。请电知湘鄂，速筹办法，以免外人借口。总之，川中无一二可用之兵，无论新军、巡防，官长、兵夫，尽皆哥会，号令不行，何以云战？我军大有可乘之势，足戡川乱。拟推大关彭丞，暂摄宜宾，清我后路，滩头巡防，委本部副官李炳箴，即正洪管带。李德厚调一等副官。惟张联队未报告行次，乞电促。翼。俭。印。"①

25 日，蔡锷电复谢汝翼说："俭电悉。川事糜烂，仇杀相寻。救民水火，实吾滇军天职。假令赵屠逃遁，川人能为统一机关，内保治安，外平土匪，则我军即可东下援鄂。今川人能力既不及此，不唯内部生民遭其涂炭，且恐北虏乘间袭取秦、陇，潜师东出，赵贼又招集余党与之相联，以扼我军之吭，而拊鄂军之背，后患何堪设想。故我军今日不能因蜀人宣告独立，遽尔歇手。凡其割据扰攘之地，我军必为之扫荡廓清，并择贤有司整理民政，以巩固我军势（力），恢复蜀土安宁。凡我兵力所及区域，一切官民均须隶我统治之下。其有顽强抵抗者，即以土匪看待，决不任其□□〔割据〕争雄，致碍大局。我军第二梯团早已出发，可抵昭通（按：疑"可抵昭通"四字前有脱字），李旅长亦将到威宁。俟师会齐，即可先收叙、泸一带为根据地，再图进取。此间计划，约略如此。至应如何布置、如何进行，希妥筹详告为盼。彭丞如着实可靠，即可委署叙守，兼摄宜宾，清我后路。余均照所拟办理。锷。鱼。印。"②

1912 年 1 月 4 日（十一月十六日），谢汝翼电复蔡锷，表示"遵命遂行"。说："军都督鉴。鱼密电悉。川事糜烂，治乱方法，诚如电训，遵命遂行。近川省军政府加多，川北有李都督，雅州有傅都督，分裂愈多，大局益坏，戡乱弭难，责在我军。现叙州自、贡两井已定，提纲挈领，平治想自易易。顷接确信，湖北汉军，将涉危险，得英美之助，攻破张彪军，

---

① 《云南辛亥革命资料》，第 322 页。
② 曾业英编《蔡锷集》（一），第 354 页。

彪已败还豫。虏势日蹙，想指日可望肃清。张支队刻可抵犍为，如何情形，尚未来报。南溪复被土匪围困，寒日派五小队救援。翼，谏。印。"①

▲11 月 27 日、28 日（十月初七日、初八日），黎元洪接连电请各省都督派兵援鄂。说："敝处血战六昼夜，敌兵恃火器较利，抵死进攻，汉阳城恐不能守。我军拟坚守武昌城中待援。事关大局，危急异常，恳刻即分别遣海陆军队，星夜兼程来援。盼切。"又说："连日汉阳剧战，因我军力单薄，半系新募之兵，不能支持，只得退保武昌。窃思武汉关系中国全局，武汉危即全局难保。元洪当督率将士，誓以死守，以维大局。惟敌人以全力争武汉，同胞必以全力援助，方能取胜。务恳诸大都督，迅速调拨老练之兵，携带枪弹并机关炮、新式快炮，星夜来鄂援助，或另分兵他出，以牵敌势。统希裁夺施行，并祈示复。"②

12 月 13 日（十月二十三日），原贵州副都督，代杨荩诚坐镇贵阳的代都督赵德全电复黎元洪，表示"军事宜有一定之规划，以图进取"。说："武昌待援，敝处援川之师已发，杨都督（按：指杨荩诚）又东向镇算，急切无人向鄂，焦急万状。光复大业，本非一战所能定。但军事宜有一定之规划，以图进取。鄙意各省须各认一路，分负责任。滇、黔全力定川，联合川、陕之力，以定中原，此为西路。苏、皖、杭州，平定南京，联合山东，进取燕云，此为东路。中路以鄂为第一聚兵点，以湘为第二聚兵点，合两广、闽、赣，全力以谋之。前敌以多聚兵、一事权为要，后路以储将弁、急训练、备军械为要。胜不必喜，败不必畏，竭同胞之力，示敌以无穷之势，不胜不止，尊意以为何如？"

12 月 20 日或 21 日（十一月初一日或初二日），贵州军政府枢密院电告蔡锷，"愿合川、陕举公为北征都督"。说："某电敬悉（按：指以上赵德全电）。北伐方略，滇、黔、川、陕同任西路，不患力薄，患不统一。闻我公原有躬率一旅直指北廷之意，此言如实，敝处愿合川、陕举公为北征都督。三省遣兵，同受节制。军政府叩。"③

25 日（十一月初六日），蔡锷电复贵州军政府，表示"现仍拟以全力

<hr />

① 《云南辛亥革命资料》，第 331 页。

② 贵州社会科学院历史研究所编《贵州辛亥革命资料选编》，贵州人民出版社，1981，第 28—29 页。

③ 以上二电见《贵州辛亥革命资料选编》，第 32、34 页。

先戡蜀乱","再图悉师北伐"。说:"东、冬两电敬悉。苏筹甚佩,承推锷为北征都督,愧何敢当。北虏一日不摧灭,中原一日不肃清,北征之军,实不容缓。惟连接援蜀滇军电,成都于十月十九宣布独立,端诛赵遁,蒲为都督。又因秋饷被戕,仇杀相寻,势益糜烂,可为悯念。近闻北虏又有窥秦、晋之势,恐潜师东出,与赵贼余党相联,以扼我军之吭,而抐鄂军之背,为患滋大。现仍拟以全力先戡蜀乱,巩固我军势力,恢复蜀土安宁,再图悉师北伐,庶北虏无窜扰之地,而我军无后顾之忧。尊意如何?尚希赐复。锷。鱼。印"①

对于此事,有报载:"日前传闻,贵州军政府因地方贫瘠,无款办事,军政府业已解散,此说殊属不确。缘日昨贵州军政府尚有电致蔡都督,以北虏一日不摧灭,中原一日不肃清,推举蔡都督为北征都督,滇、黔两军同速北伐。蔡都督以连接援蜀滇军来电,四川同志会人格不齐,常时扰乱,成都虽于十月十九日宣布独立,端诛赵遁,蒲殿俊为都督。旋因放饷被戕,仇杀相寻,势益糜烂,可为悯念。且近闻北虏又有窥秦晋之势,恐潜师东下,与赵贼余党相连,以扼我军之吭,而抐鄂军之背,为患滋大。现仍以全力先戡蜀乱,巩固我军势力,然后再图北伐云云,电复黔省都督。"②

下旬(十一月初二日至十二日)

▲蔡锷以"军都督府"名义,"札饬财政司"速办预算计划。说:"为札饬遵办事。照得本军督府成立以来,百务倥偬,尚未将全省收入、支出预先计划。现在一切行政,稍有头绪,不能不将出入款项预算大略,以便酌盈剂虚,权衡协当。着由军政部督同财政司将全省自本年十一月初一日起截至本年底止,又自明年正月起截至六月底止通盘筹划,各预计旧存实款若干,应收确数若干,应支款项若干,抵除之外余存或不敷若干,按照现成机关统系,分类列册,限于本月二十八日报告本都督府。其参谋、军务两部出入数目较易核计,限于本月二十五日以前通知军政部,以便由该部汇齐核办。凡事非财不办,若不先期熟虑,必至临时拮据,何堪设想?望速会商赶办。此令。"③

---

① 《电光集》第一册。又见《云南辛亥革命资料》,第65页。
② 《金马碧鸡之新剑气·贵州军政府解散不确》,上海《时报》1912年1月14日。
③ 《命令》,《云南政治公报》第3期,1912年3月1日。原未标注日期。文中日期当为旧历。

26 日（十一月初七日）

▲报载蔡锷特委丁彦任鹤丽镇总兵。说："蔡都督以鹤丽镇总兵一缺关系紧要，且现在丽江、大理均处危急，特委丁彦任理。因丁君系鹤庆州人，颇有声望。所遗实业司副司长一缺，只得另委华封祝任理。"①

27 日（十一月初八日）

▲赵藩、李根源电告"省城军都督府"，腾、永代表已抵大理，拟定开议条件。说："腾、永代表阳日（按：12 月 26 日）到榆，商拟严重提议条件，谨电呈鉴。现定期真日（按：12 月 30 日）开议。如有未协，即乞迅赐核示，以便遵办。拟定条件如下。奉军都督府命令，与腾、永代表诸君会议条件，一、裁汰兵勇，只留七营，其已裁者，收回枪械。二、停派捐。三、设官置吏，凡军队不准干预地方政治。四、所有收入用出之款，须逐款胪列通告。五、腾、永所发纸币，如何收回？六、禁运缅盐。七、将刘竹云、杜文礼等解案审讯酌办。八、七营以外，裁撤各员弁，应饬到省听候委用，或随李师长行营差遣。九、腾、永贤能，公推多人，到军都督府各部各司参议院等处，襄办一切庶政。再会议专条外，果将兵勇裁留七营，该七营饷糈，并奖赏费与懋奖在事出力人员，均由军都督府承认，合行声明云云。谨陈。藩、根源谨叩。齐。印。"②

▲李根源电请"省城军都督府"，"饬军政部察酌妥议"是否仍宜遍设邮局等事。说：

> 邮递便利，较驿站可靠，前在省曾议及各属暨繁盛市镇，均一律遍设，由外交司商之邮政局总办，未成中止。兹查此项，仍宜举办，如虑遍设正局为难，或设代理分局，似亦可行；且办邮政，便可将原有之驿站夫马一项，全行裁撤，即以此款添资邮费，不无小补。以后文件，概交邮递，即不发塘。又检验吏一项，原备相验命案之用，由省学习毕业，发回各属一二名不等，每名月支工食四两，向由随粮抽收夫马钱文项下坐支。其实该吏等经验太少，各属每留用旧件以助之。此项应否照旧，抑或裁撤，以节糜费。孤贫一项，名额多寡不同，每

---

① 《云南近事一斑·新委司镇》，上海《时报》1911 年 12 月 26 日。
② 《西事汇略》卷一，第 25 页。

名月给银三钱，向系请领，按月支发，此后应否仍饬具领，抑由何款开支，各属既定公费，似不便将此项归并在内，致有赔累。又原有讼费，本系两造并出，差役官中各半，此官中一半，多以分给跟丁，有另给跟丁工食，而以此款移作伤赏医药赈恤案犯各用者，今既酌定公费，此项讼费应否准收作为差役工食，抑作为该地方实业费或警察费。以上各节，所过州县，纷纷请示，未便判决，乞饬军政部察酌妥议，迅赐示遵。师长根源叩。齐。印。①

28 日，又电请"省城军都督府"，暂颁行"中华纪元"，待"中央历法定后，再饬奉行"。说："颁历授时，所以纪岁。现在历法未定，榆城竟有以宣统五年时宪书出售者，虽非故奉满清正朔，实足以摇惑观听。拟请改用中华纪元，通谕颁行，俾暂有所遵守，俟中央历法定后，再饬奉行。当否，乞饬军政部核办示复。师长根源叩。佳。印。"②

28 日（十一月初九日）

▲蔡锷电告蒙自罗佩金、何国钧，开化夏文炳、张世勋，各处解到之款，"几足拨充第十一、十二两届饷项"，"请将何营何署局及支拨数目先行电知"，各营预支伙食一层，"似宜仍照通章办理"。说：

> 前由阳日由军务部电致豹翁（按：夏文炳，字豹伯）文曰，前李大松来省请领银四万两，除该员亲领一千两外，三万九千两于初一派员解送到蒙。嗣蒙饷紧急，故着暂留蒙用。查开、广边防国民军及本防保卫队计二十五营两哨六对汛，除陆督带（按：指陆国桢）六营饷由蒙、河领发，广南王督带（按：指王保国）所部各营业由盐款拨领，尊处所部九营六对汛，以第九、十两届薪饷及统带等费，共应领银二万六千六百六十余两，前由许会办（按：指许德芬）拨发银四万两。又开化盐局拨交尊处四千余元，除发九、十两届外，尚应余银一万七千余两，以之充贵部第十一届饷项，有余无绌云云。旋接豹翁虞电，略谓九月望夜开化之变，石守（按：指石受铭）殉难，开饷被掠，乃

---

① 《西事汇略》卷六，第19页。
② 《西事汇略》卷六，第55页。

设法筹挪画理饷项，以定军心。本蒙饬河口许副办拨饷四万两，除解费、补水等项，实收银三万七千四百两，又收到开化盐局先后拨交银四千余元，所有开边各营、麻栗坡副督办及各所辖各汛第九、第十两届薪饷，均已照章关发清楚，其余赏需、杂费、夫马等项及郡城各署局应支之款亦已垫发。现张守到任，即请自十一月初一日起由张守仍管支发，初一以前因各营有借支十一届伙食者，仍由广昌和商号借款挹注。昨实业司电饬广南府由盐款拨银三万两解开，据桂电复尽拨银一万五千元，如能解到，余〔除〕还广昌和借款外，余悉解交张守查收。已饬各营汛局所自十一届应领之款，仍照旧赴府请领等语。查开饷局系由开化府支拨，现张芗翁业经到任，仍归该府经理，以专责成，自系正办。惟查开饷自九月以来，由河口拨发四万两，又由开化盐局拨交四千余元，又李大松新领一千两，除发豹翁所部各营汛薪饷及统带等费，又加河口汇款解费等项，尚应余银一万五千余两，广南盐款解到，应共存银二万五千余两，几足拨充第十一、十二两届饷项。兹接豹翁虞电所云各营借支十一届伙食及垫发各署局应支之款，未审共支若干？请将何营何署局及支拨数目先行电知。又查向章，勿论新军、防营，皆有存饷，无庸垫发伙食。豹翁电谓各营预支伙食一层，似宜仍照通章办理，并希示及。锷。佳。印。辛（亥）十一月初九日。[①]

1912年3月中旬，报载蔡锷下令处决在迤南开化府"倡乱"的自治总董兼巡防营管带余树松。说：迤南开化府"汉夷杂处，游民极多，满清时该处驻有防勇尚多"，"竟有自治总董兼巡防营管带余树松狼狈成性，乘虚倡乱，于去冬某夜统率所部，忽然占据城池，围攻府署，战毙附〔府〕守石某（按：指石受铭），并抢劫商号盐店甚多。幸经开化镇夏文炳极力抵敌，始行击散，将府城保住。后省中得警，当派河口副督办带兵于中途将该管带拿获，日昨解至省并经开化各商店具禀清〔请〕究追赃，昨经都督委审判局长详细研讯，余逆供认不讳。昨奉都督命令即将余逆斩决示儆。"[②]

---

① 曾业英编《蔡锷集》（一），第355—356页。

② 《云南通讯》，上海《民立报》1912年3月17日。

▲郭灿、陈其殷急电"滇军都督府",报告到达雷波情况。说:"急。滇军都督府鉴。鱼电报告雷波情形,谅达钧鉴。该厅因同志会蹂躏之后,又谣滇军往剿,人民纷纷迁徙。土司调集夷团数千,防守要隘,人心异常惶恐。灿等庚日率米贴马管带队六十人,亲赴雷波,开导汉土官绅出示安抚百姓,规定善后办法。该厅官绅共表同情,即日剪发反正,悬旗庆祝。适次日蜀都督文告亦到,全厅大定。屏山为同志会所踞,现在纷扰,拟蒸日由雷前往安抚再报。马管带此次贴费同办,甚为得力,并闻。灿、其殷叩。青。印。"①

同日,谢汝翼也电"滇军都督府"说:"支密电悉。在滩大驱假同志(会),军纪甚严,叙人极敬佩。叙州府仍以陈周礼署,以便号召外属,宜宾委彭汝鼐,均另发关防,速委干员任大关。我军俟韩军至,联为一气,分进资、嘉,然后酌规成都。目下川中旧日巡陆各军,携有财货,俱各星散,颇可进取。成都政府,内容腐极,乱机不止,恐波及西南半壁。我军不轻动,亦不坐失时机。翼。佳。印。"

次日,谢汝翼再发"火急"电"滇军都督府"说:"自流井为会匪周鸿勋所踞,横虐万状,我军叠得井属绅商请援报告,于江日黄斐章(按:黄毓成,字斐章)率支队出发,微日距井三十里宿营。次日筹备一切,午后前进。分有两纵队,一进自流,一进贡井,夜间占领阵地,拂晓攻击敌军。虽出不意,抵抗颇强,而我军奋勇猛攻,至午后六时肃清,我军大获全胜。酣战时,我军小队长陈占先奋不顾身,率兵苦战,为敌所忌,合围来攻,该小队长没于战场,兵士二名受轻伤,其功非小。计俘获快炮三百余支,洋抬炮数门,马四十五匹,铜钱七千串,提出五百串,盘送陈小队长灵柩回籍,余犒赏各部队军士。井属绅商及本部各官佐,共筹陈小队长家属赡养金二千元。井绅请立石像,以彰其功。当由本部派遣得力人员,到井清厘盐务,收拾财政。而成都乱耗,日有所闻,且井属地面延袤,黄军深入,尚非万全,必另进兵嘉定,乃能联络。又兼叙属匪党,已无能为(力),拟即编支队,由藻林(按:张开儒,字藻林)率领,占嘉定,留一大队、辎重队、机关枪一门、炮二门,镇守叙属,保固后路,当可无虑。祈饬韩军速进,即达成都,以问排斥各省同胞及以歌〔哥〕会部署政府之

---

① 《云南之要电一斑》,上海《时报》1912 年 2 月 2 日。

罪。翼。蒸。印。"

同日，张开儒也急电云南军都督府"参谋部"，报告滇参谋部其攻吊魂楼一带战况。说："联长于初六日（按：12月15日）抵叙府，力主驱退假同志会匪，梯长赞成。于初八日一梯兵攻叙城，联长率二梯兵攻会匪之根据地吊魂楼一带。枪毙匪首罗子舟及统领、管带二十余名，匪党四十余名，搜获枪支二十余杆，穷追三十余里，我兵一无损伤。为此电告。儒。蒸。印。"

1912年1月5日（十一月十七日），蔡锷电复谢汝翼说："幼密。佳、蒸电悉。川匪假同志会名目，分踞劫掠，我军既悉〔系〕援川，自当力为驱除。惟地广匪多，黄（按：指黄毓成）军深入，尚非万全，亟应分驻泸、嘉，互相策应。已分电韩师长、李旅长速进矣。我军所至，宜严守纪律，力保治安，万不可淫掠骚扰，致贻口实。亦不可贪功幸进，轻启衅端。总须妥慎筹商，相机因应。其蜀军之宗旨正大、纪律严明者，亦应与之联络，既可以明我军援助之意，亦可（以）释蜀军疑忌之怀。此事关系至重，切宜注意。郭、陈两巡按，人皆端重，且悉川情，宜资以通蜀中声气。现已至雷波，抚慰相晤，幸诚与之。现组织北伐队，以唐冀赓为司令官，不日出发。并闻。锷。筱。印。"①

同日，再电告昭通韩建铎、毕节李鸿祥说：

> 昭通探送韩师长、毕节飞送李旅长鉴。列密、东密。接谢梯团长佳电称，齐日在叙驱假同志会，枪毙匪首罗子舟及统领、管带二十余名，匪党四十余名，搜获枪支二十余杆，穷追三十余里。我军亦无损伤，军纪甚严，叙人敬服。拟俟韩军至，联络一气，分进资、嘉，然后再规成都。又蒸电称，自流井为会匪周鸿勋所踞，横虐万状，我军叠得井属绅商请援报告。黄斐章率支队于江日（出发），微日抵井，麻日午后前进，分为两纵队，一追自流，一追贡井，故军抵抗甚强，我军猛攻。次日午后六时，我军大获全胜，夺获快炮三百余枝、洋抬炮数门、马四五十四、铜钱七千钏。我军小队长陈有〔占〕先力战阵殁，兵士二名受轻伤云云。查四川会匪多假同志会名，分踞劫掠，我军既

---

① 以上各电见曾业英编《蔡锷集》（一），第388—390页。该书所定各电日期均误，因云南此时尚未采用阳历纪年。又见《要电》，《云南政治公报》第3期，1912年3月1日。

系援蜀，不能不代为驱除。惟地广匪多，黄军深入，尚非万全，亟应分驻嘉、泸，互相策应。我军所至，尤宜严守军纪，力保治安，万不可淫掠骚扰，致贻口实。亦不可贪功幸进，轻启衅端。总须妥慎筹商，相机因应。其蜀军之宗旨正大、军纪严明者，亦宜与为联络，既可以明我军援助之意，亦可以释蜀军疑忌之怀，此事关系至重，切宜注意。张开儒擅用威权①，应即撤差，已派张子贞接替。郭（灿）、陈（其股）两巡按皆正派，且悉川情，正资以通蜀中声气，务望推诚待之。现既组织北伐队，以唐蓂赓为司令官，不日出发。姜聘卿（按：姜梅龄，字聘卿）已到，委充志愿兵大队长。并闻。锷。筱。印。辛（亥）十一月十七日。②

月底（辛亥十一月八九日）

▲蔡锷以"军都督府"名义，札饬各部司局有关官制问题，"分饬所属，一律照案办理，依限申复"。说："为札饬查报事。法制局案呈，照得滇省反正，亦既两月，已由军政时代渐进于约法时代。光复伊始，革故鼎新，百端并举，所有本都督府暨各部司巡按道府厅州县并各军队局厂学校会所银行一切机关现行官制规则章程，容有淆杂扞格之虞，非次第整理，力谋统一，不足以示轨辙，而资遵循，自宜从调查各项机关入手。各项机关已订之章程规则，详略或不一致，除仍应将所<已>有规章照抄一份呈报外，所有关于官制应行调查之件，约分十一目：一曰名称及驻扎所在；二曰所掌事项；三曰本机关之组织；四曰所设员役暨其名额；五曰各员役俸给之数；六曰各员役之职务；七曰职员系统；八曰职员阶级；九曰所承本管官厅暨所承各主务官厅；十曰所管各分机关，如所管军队局处场厂学校会所银行及其他所属之类；十一曰关于官制各事宜。以上十一目应责成各主管机关逐目详切开折，并同原订章程具报暨分饬所属，一律照案办理，勿或遗漏，统限文到五日内申复。除本都督府官制即由本部照所呈事项札

---

① 指张开儒（时任援川滇军步兵联长）"以郭灿、陈先沅两巡按使祖护恩安、永善两县令，私自撤换，郭、陈避匿，又派兵围搜，并拘郭弟于昭通自治局"一事（《云南辛亥革命资料》，第323页）。

② 曾业英编《蔡锷集》（一），第367—368页。

知外，为此札仰该即便迅速办理，依限申复，勿得违误。切切，特札。"①

29 日（十一月初十日）

▲赵藩、李根源电告"省城军都督府"，与腾、永代表开议的有关情况，说："佳电奉悉。腾、永代表会议条件，当于本日开议。各代表等对于各款，均已承认。纸币一款，经照指示各节质问。据云发出之票，不及壹万，将来着手办理，自应遵照电示，审度情形，妥定办法。刘、杜两犯，系经访查明确刻询〔讯〕。据各代表称，此外尚有乱党，请俟到彼严行拿办。惟各代表等具言此行受命于张文光。惟坚请藩、源率兵，迅速赴腾，整理一切，并云张意唯望腾事有主，得以释肩，即当解柄归田，以白初心。但蒙允行，一切唯命云云。其胞兄文运亦在代表中，辞尤诚恳。以意度之，张文光起义之初，凡所布告，咸称革命发起人张某，初志甚正，其后力薄党分，不能宰制，而干崖土司刀安仁，九月十八自称都督，余党蜂起，咸思自为，遂有能发不能收之势。现饬裁并营数，又虑散兵哗溃，团结为匪，不可收拾，故有此请。查腾、永在在毗缅，如有乱兵越境，必启外交，防范安辑，均关紧要，似不能不为之主持，已将会议条件，及各代表所请，电达张文光、彭蓂等去讫。俟得复电承认，源即偕藩带领军队赴腾，妥筹一切，以善其后。如何之处，仍候核示遵行。藩、根源叩。蒸。印。"

▲李根源电告"省城军都督府"迤西各地的拟用人员。说："景东厅蔡丞正绰，拟调办丽江厘金，遗缺以前委署永昌府知府林春华调署。递遗永昌府缺，拟以由云龙署理，兼摄保山县事。所遗模范第二中学校校长差，拟以杨琼接充。永平县知县，拟以李治署理。永康州知州，拟以和朝选署理，兼带巡防队一营。龙陵厅同知，拟以张鉴安署理。又杨毓铣拟委办永昌厘金。林景清拟委办弥渡厘金。此系内审机缄，外察情势，择人择地，实具苦衷。谅蒙烛察，伏候核示，以便给委。根源、藩叩。蒸。印。"②

▲蔡锷电告开化张世勋军府用人情况，并请敦促"王君"早日赴任。说："参、密两电悉。夏豹翁磊落光明，深顾大局，此间同人均极钦佩。前

---

① 《文告》，《云南政治公报》第 1 期，1912 年 2 月 11 日。时间由文中"照得滇省反正，亦既两月"一语推定。

② 以上二电见《西事汇略》卷一，第 25—26 页。

因蒙自关道缺，关系重大，曾密商豹翁往任此席。嗣接复电，以开化士绅恳留，亦遂不复相强。亦念坐镇南防，诚非此公莫属也。更动之说，实属谰言。至蒙饷截留一事，缘九月以来，拨解开饷已合五万数千两，曾饬军务部核算豹翁所部各营应支饷额，已足关发至第十二届。适接蒙电需饷甚殷，不得不先其所急，故着暂留蒙用，并无成心，乞将此意转达豹翁，以免疑虑。滇省夙称贫瘠，近复协饷停解，厘税短收，政费日增，饷项奇绌，故各处新招之营，多令裁撤。虽强为遣散，稍觉为难；而强为留存，终多隐患。繁糈难继，则哗饷立生，不容不早为之虑。执事为保守饷银起见，自可暂准拨营收束，仍须设法节裁，以省经费。又前因调嵇祖佑来省办铁路警兵，不能不用知兵之员承其后，故调张宗靖赴麻栗坡副办差。遣〔遗〕缺安平，亦关紧要，乃委王君充任斯缺。王君热诚，当不因难见沮，并请敦促早日赴任，无任盼祷。锷。灰。印。辛（亥）十一月初十日。"①

30 日（十一月十一日）

▲12 月 19 日（十月二十九日），谢汝翼"急"电蔡锷，请速向中央政府电达四川详情。说："滇军都督府鉴。川事糜烂，达于极点。谍查姚布六，自成都来叙，面述各节，现川政府以哥会权力组织而成，政府即以哥会应酬为重要政策。我军未及与该政府通信，姚携该政府照会梯团公文一件及颜楷致蔡都督一函，均以无饷谢绝我师，殊无意识。省城藩盐各库及永宁官商绅民，巧日兵变，一抢而空。该政府除苟安一城外，不能兼顾各属。同志会布满全省，多以争权劫夺为事，川难决无已日。目下，中央政府当已成立，速电达川事详情，应由黔、滇、湘、鄂进兵，伐平川难，整理内政，以杜外人觊觎，使不妨害中国全局。我军俟张联长（按：指张子贞）到，即进嘉定、自流井。现川正都督号为尹昌衡，留日学生；副都督为罗纶，哥会首领。余不另电参谋第二部，祈送览。翼。艳。印。"

22 日（十一月初三日），再次急电蔡锷说："滇军都督府钧鉴。成都巡防、同志、新军先后三次兜抢，公私交困，秩序大紊。省外各属同志（会）麇集，必养成流寇。川人一般心理，私利以外无所知觉。但川难不靖，牵及大局。重庆得鄂军之助，尚有兴立基础，已派陈芷香（按：陈先沅，字

---

① 曾业英编《蔡锷集》（一），第 357 页。

芷香、芷江，别号钧灵）赴渝商办。可否请转各省，以该军政府为全国所公认，大纲一举，万目乃张，即我军行动方不牵掣。在叙编一支队，本日出发自流井，归斐章调遣，小斋（按：顾品珍，字小斋）偕行，饬二梯速进翼处，俟藻林到，即上嘉定。翼。江。印。"①

30日，蔡锷电复昭通韩建铎、谢汝翼，威宁李鸿祥说："谢梯长艳、江两电悉。川乱关系大局，未能任其纷争。我军仗义兴师，自应以伐平川乱、恢复治安为己任。重庆一军，尚有秩序，或可相与联络，合力办理。进止机宜，仍望详告。川中近状，已通饬报各省。都督。真。印。"②

又电告南京黄兴、武昌黎元洪、上海伍廷芳、各省都督，现滇军已先后转叙、泸，拟与张培爵联为一气，以期恢复治安，早定大局。说："近得援蜀滇军电报，成都于前月十九（按：应是初七日，十九日系指成都兵变事，此处混淆了二者时间）反正，举蒲殿俊为都督。赵尔丰率残兵西遁，沿途肆杀。端方在资州伏诛。成都兵因放饷变乱，又举尹昌衡为都督。内乱未已，仇雠相寻，不可终日。重庆得遂援助，尚堪自立。泸州温、刘亦称都督，泸、叙属及自流井一带极糜烂，同志会良莠不齐，志在劫掠。省城藩、盐各库，因巧日兵变，一掠而空。现在川事为各［哥］会所把持，全蜀蔓延，争权劫夺，川难决无息时等语。滇军援蜀，本拟以定即往援③，现赵尔丰已遁，而土匪蜂起，割据纷争，蜀难未已，殊堪悯念。现滇军已先后转叙、泸，拟与渝张都督（按：指张培爵）联为一气，共平土匪，整理民政，以期恢复治安，早定大局。湘、鄂两军如能分兵策应，尤为盼祷。滇都督锷。真。印。"④

31日（十一月十二日）

▲李根源电告腾越张文光，永昌钱泰丰、马登云、彭蓂，顺宁李学诗，

---

① 以上二电见《云南辛亥革命资料》，第322—324页。
② 曾业英编《蔡锷集》（一），第357—358页。
③ 此处曾业英编《蔡锷集》原注"原文如此，疑有脱误。"实际指蜀事定后即往援黄兴革命军，并未脱误。
④ 曾业英编《蔡锷集》（一），第381—382页。该书系其年为1912年1月11日，误。因为云南军政府遵南京临时政府令开始使用阳历的时间是1912年1月15日，因此这时的"真"日应是阴历韵目，当为阳历的30日。又因文中有"成都于前月十九反正，举蒲殿俊为都督"语，指的是十月初七日一事，故可断定此电发于是日。

省军政府所定与腾、永代表谈判的条件共九条。说："顷奉军都督府命令，与腾、永代表诸公会议条件如下。一、裁汰兵勇，只留七营，其已裁者，收回枪械。二、停派捐。三、设官置吏，军队不准干预地方政治。四、所有收入用出之款，须逐款胪列通告全省父老子弟周知。五、腾、永所发纸币如何收回；六、禁运海［缅］盐。七、将刘竹云、张文焕、王元、杜文里［礼］解案审讯酌办。八、七营以外，裁辙各员弁，应饬到省听候委用，或随李师长行营差遣。九、腾、永贤能，公推多人，到军都督府各部各司参议院等处，共同办理一切庶政。会议专条外，果将兵勇裁留七营，该七营饷糈并奖赏费与懋赏在事出力人员，均军府承认，合行声明。以上各条，经于十一日开议，代表诸公均表同意，特电奉布。如何，迄［祈］复。根源叩。文。印。"①

同日，张文光电复李根源，表示裁兵"留七一层，遂难径行"。说："榆李印泉鉴。文电悉。顷示撤［裁］兵，留七一层，遂难径行，恐生不虞，光罪滋大。光与地方自治诸君，望公如岁，惟冀旌节，迅发至腾径酌办，期归妥善。兹事体重大，光忧心如焚，总求大局获安，无不惟命是听也。文光叩。文。印。"

又电永昌张蔚臣、李治等人说："在榆所议撤［裁］兵留七，节兵息民，本属善法。惟就现在边腹情形论，骤难办到。至于兴捐停止，饷源立竭，安危所系，谅诸公早已洞及。光旬日以来，于此事通盘筹虑，寝馈难安，惟望兄等速请印泉兄旌节莅临，庶光得以就近商办，务求妥善之方，期保宁静之福，不胜感激。光叩。文。印。"②

1912 年 1 月 6 日（十一月十八日），李根源就"停派捐"问题，向张文光解释说：

顷奉家严霍电，具审腾中现状。惟查前电所开军府命令停苛捐一条，系指各处摊派勒索者言，至因罪经公议罚，如华盛荣、贵兴祥各

---

① 《西事汇略》卷一，第 26—27 页。《滇复先事录》，《云南文史资料选辑》第 17 辑，第 126—127 页中也收录有此电，但文字稍有出入。最大的不同是，《滇复先事录》收录之文缺第七条："将刘竹云、张文焕、王元、杜文里［礼］解案审讯酌办。"此外，还将第二条"停派捐"，改成了"停《方略》捐"。又将"代表诸公均表同意，特电奉布"一句，改成了"代表诸公均表同情，特电禀布"。

② 《滇复先事录》，《云南文史资料选辑》第 17 辑，第 127 页。

款，自应从严追缴，不得借词抗延。其殷实商号富户报效之款，在军府本不轻于收受。惟春延记、寿记各号，乐于输将，早经认定确数，亦可照收，不在限制之列。公债一项，现尚未行，非经明定办法，不宜滥行使用。但张以芳等借款，既经认定有数，暂可借用，以济急需。俟后电禀军府核准，再为补给公债票。腾中有此数项巨款，足支目前，其余不急之需，务望严加核减，以节糜费而裕饷糈。至将校兵丁，卓著功劳，应予奖叙，俟源到腾，商酌办理，以慰我将士之勤劳，即希先行通谕各军知悉。华盛荣汇关之款，已经饬令缴出解永。再，源与吾兄，悉托肺腑，一切困难，乞径电筹商。腾中情形，源所深悉，无所庸其迂回也。根源叩。巧。印。①

---

① 《西事汇略》卷一，第29页。